덕과 지식, 그리고 행복

고대 희랍 윤리학 입문

2011년도
대한민국학술원 선정
우수학술도서

이 도서는 대한민국학술원에서 선정한
"2011년도 우수학술도서"로서 교육과학기술부의
지원으로 구입 배부한 것임.

Virtue and Knowledge: An Introduction to Ancient Greek Ethics
by
William J. Prior

덕과 지식, 그리고 행복

고대 희랍 윤리학 입문

윌리엄 J. 프라이어 지음 | 오지은 옮김

서광사

이 책은 William J. Prior의 *Virtue and Knowledge: An Introduction to Ancient Greek Ethics* (London and New York : Routledge, 1991)를 옮긴 것이다.

덕과 지식, 그리고 행복 : 고대 희랍 윤리학 입문

윌리엄 J. 프라이어 지음
오지은 옮김

펴낸이 — 이숙
펴낸곳 — 도서출판 서광사
출판등록일 — 1977. 6. 30.
출판등록번호 — 제 406-2006-000010 호

(10881) 경기도 파주시 회동길 77-12 (문발동)
Tel: (031)955-4331 / Fax: (031)955-4336
E-mail: phil6161@chol.com
http://www.seokwangsa.co.kr / http://www.seokwangsa.kr

제1판 제1쇄 펴낸날 · 2010년 12월 30일
제1판 제4쇄 펴낸날 · 2024년 5월 30일

ISBN 978-89-306-2552-4 93190

옮긴이의 글

이 책은 윌리엄 J. 프라이어가 쓴 *Virtue and Knowledge: An Introduction to Ancient Greek Ethics* (Routledge, 1991)의 번역서이다. 이 책에서 저자는 서양 철학의 발생지인 고대 희랍에서 덕 개념이 어떻게 형성되고 발전되었는지 설명하면서, 덕 윤리에 관심을 갖기 시작한 학생들이 꼭 알아야 하는 핵심적인 내용을 소개한다. 저자는 고대 희랍 윤리학에 대한 조명이 도덕 철학을 접하는 참신한 시각을 제공해 줄 수 있으리라 믿는다. 특히, 그는 옳고 그름의 보편적인 원칙을 일차적 주제로 삼는 현대의 도덕 철학과 사회 · 문화적 실존과 긴밀한 연관성을 가지는 덕 개념을 대조함으로써, 현대 도덕 철학의 문제 틀에 대한 검토와 반성을 유도한다.

먼저 고대 희랍에 본격적인 철학의 문화가 자리 잡기 이전, 호메로스의 문학 작품에 나타난 덕의 특징들이 묘사된다. 이와 더불어 소포클레스의 비극 작품에서 지혜라는 덕이 어떠한 위상을 갖는지도 검토된다. 이후 소피스트와 소크라테스, 플라톤, 아리스토텔레스 그리고 에피쿠로스학파와 스토아학파의 윤리관을 차례로 다룬다. 이 과정에서 저자는 각 이론이 나오게 된 시대적 배경도 친절하게 소개하며, 당대의 사회상에 대한 독자의 이해를 돕고 있다. 예컨대 페르시아 전쟁과 펠로폰네소스 전쟁을 겪고 아테네인의 의식이 어떻게 변화했는지, 또 알렉산드로스의 통치와 로마 제정이 희랍인들의 철학적 사고에 어떤 영향을 미쳤는지 잘 나타나 있다. 저자가 소크라테스에게 보이는 남다른 존경심도 흥미롭다.

이 책의 특징은 무엇보다도, 위에 열거한 철학자나 학파가 '덕과 지식 및 행복의 관계를 어떻게 설정 했는가' 라는 일관된 물음을 던지고 그 답을 구하고 있다는 점이다. 저자는 이 주된 관심 하에 철학적 이론들을 상세히 풀어 나가면서, 각 이론이 어떤 면에서 다르고 어느 지점에서 서로 만나는지 진단한다. 단, 저자는 고대 희랍의 덕 윤리를 도덕 철학의 유일한 대안으로 간주하지는 않는다. 오히려 그는 종종 덕 윤리 내부에서 발생할 수 있는 문제점이나 한계를 지적하는 객관적인 태도를 보인다.

제목을 비롯하여 이 책의 전반에 걸쳐 등장하는 "knowledge"라는 표현은 대부분 희랍어 에피스테메(epistēmē)의 번역어에 해당한다. "knowledge"의 사전적 의미 중에 일차적인 것이 "지식"이어서 번역어로 "지식"을 택했다. 단, 아는 내용이나 아는 마음 상태 및 그 앎을 사용할 수 있는 능력보다 아는 '활동'이 강조되는 문맥에서는 "knowledge"를 "인식"으로 번역했고, 이성적 사고를 특징으로 하는 에피스테메를 가리킨다고 보기 어려운 경우(예컨대, "perceptual knowledge")나 이성적 사고를 특징으로 하는 에피스테메를 가리킨다고 하더라도 표현을 자연스럽게 다듬을 필요가 있는 경우에는 좀 더 일반적인 의미의 단어인 "앎"으로 새기기도 했음을 밝혀 둔다. 그리고 이 책에 나오는 모든 작은따옴표(' ')는 수식어가 연달아 나와서 번역문이 지나치게 길어질 때 또는 별도의 강조가 필요할 때 독자의 이해를 돕기 위해 옮긴이가 추가한 것이다. 대괄호([ ])안의 내용은 모두 저자의 것이고, 꺾쇠괄호(〈 〉)는 저자가 인용할 때 택한 번역서에 나오는 것이다. 인용문을 번역할 때에는 저자가 택한 번역서들을 참고하되 될 수 있으면 희랍어 원전에서 직접 옮기려 했다. 이는 이 책의 모든 인용구와 인용문에 해당된다. 왜냐하면 어떤 말을 다른 나라의 말로 옮길 때 그 나라의 어법과 어감에 맞도록 불가피한 약간의 수정을 가하기 마련인데, 이러한 수정 과정을 거친 결과인 영어 자체를 다시 우리말로 옮긴다면 희랍어 원전을 직접 옮길 때보다 표현의 가감이 더 커질 것이라 판단했기 때문이다. 단, 저자가 택한 번역서에 삽입되어 있는 꺾쇠괄호 안의 내용은 본문의 저자 설명과 연관되곤 하기에 그대로 살렸다. 그리고 희랍어의 라틴어 표기에 장음 기호는 옮긴이가 추가한 것이다. 저자가 호메로스나 소포클레스의 작품에서 인용할 때 택한 번역서의 행수와 희랍어 원전의 행수가 조금 다른 경우가 있는데, 이런 경우 희랍어 원전의 행수를 표기하는 것을 원칙으로 했다. 그리고 번역 과정에서 설명 없이 이해되기 어렵다고 판단한 경우, 역자주를 통해 간단한 설명을 덧붙였다.

옮긴이를 믿고 이 책의 번역 기회를 주신 김성호 선생님과 서광사의 김찬우 부장님께 감사의 말씀을 올린다. 그리고 부족한 점 많은 원고를 인내하며 정성스럽게 교정해 주신 송신지 선생님과 다른 편집자 분들께도 진심으로 감사드린다. 더불어 번역 과정에서 행간의 의미를 파악해야 할 경우 저자가 말하고자 한 바가 무엇일지 함께 고민해 준 정재민 동학과 4장 아리스토텔레스의 『니코마코스 윤리학』을 원서와 대조해 가며 읽고 틀린 번역을 지적해 주신 편상범 선생님께 감사의 마음을 전한다. 여전히 여러모로 미흡한 이 번역이 옮긴이의 손을 떠난다니 걱정이 앞선다.

2010년 9월

옮긴이 오지은

편집자의 글

이 책은 덕 개념, 특히 지혜 또는 지식으로서의 덕 개념을 고찰한다. 이를 위해, 우선 호메로스의 서사시와 소포클레스의 비극 작품에 나타난 덕의 흔적을 짚어 본다. 이후 플라톤과 아리스토텔레스, 그리고 스토아학파와 에피쿠로스학파의 철학자들의 저서를 선별적으로 다루면서 윤리학의 본격적인 주제로 자리 잡은 덕론을 살핀다.

논의를 이끌어 가면서 윌리엄 J. 프라이어가 던지는 핵심적인 질문은 '덕의 본질적인 특성은 무엇인가?', '개별적 덕들은 서로 어떻게 연관되는가?' 그리고 '덕과 행복 또는 잘 삶은 어떤 관계에 있는가?' 이다.

여러 학자들 중에서도 특히 알래스데어 매킨타이어와 필리파 푸트의 연구 덕택에 최근 덕 개념에 대한 새로운 관심이 늘어났다. 이런 상황에서, 윌리엄 J. 프라이어의 『덕과 지식』은 고대 희랍의 덕 윤리에 어떤 사상적 배경이 있는지 보여 주고 그 해석의 틀을 마련해 줌으로써, 고전에 익숙하지 않은 독자들이 플라톤의 『국가』나 아리스토텔레스의 『니코마코스 윤리학』과 같은 저서에 접근할 수 있도록 안내한다는 점에서 가치가 있다. 이와 더불어 명쾌한 문체와 정돈된 표현으로, 잘 알려져 있는 이론들을 새롭게 조망할 수 있는 시야를 제공한다.

이 책은 희랍 윤리학에 흥미를 갖고 있는 모든 이들에게, 특히 철학에 입문하는 학생들에게 길잡이 역할을 해 줄 것이라 기대한다.

윌리엄 J. 프라이어는 캘리포니아 산타 클라라대학의 철학과 교수로 재직 중이고 대학 특별 프로그램의 책임자로 활동하고 있다.

차례

머리말

최근 철학계에서 덕 윤리에 대한 관심이 부쩍 늘어나고 있다. 예컨대 알래스데어 매킨타이어와 필리파 푸트를 비롯한 여러 학자들은 덕 개념에 기초한 윤리학이 현대의 주요 경쟁 이론들보다 우수하다고 주장한다. 덕 윤리를 정초한 고대 철학자로 플라톤과 아리스토텔레스, 그리고 스토아학파와 에피쿠로스학파를 꼽을 수 있는데, 덕 윤리에 대한 새로운 관심이 이 고대 철학자들의 저서에 대한 관심으로 이어지는 것은 당연하다. 이와 같은 고대 철학자들은 후대의 뛰어난 주해가(註解家)와 지지자를 통해 현재에도 건재하고 있다. 그러나 불행하게도 현대의 독자들은 그들 작품이 쓰인 시대의 문화적 맥락을 이해하는 데 소홀한 것 같다. 이러한 상황에서, 나는 현대 학생들과 고대 원전에 놓인 이러한 간극을 메우고 양쪽에 다리 역할을 해야겠다는 생각에서 이 책을 쓰게 되었다.

이 책은 전문적인 학자들을 위한 책이 아니다. 이 책에는 주석도 없고 학자들 간의 논쟁에 대한 친절한 소개도 없으며 풍부한 참고문헌 목록도 없다. 왜냐하면 나는 윤리학에서 위대한 고전 작품 몇 편을 이해하고 싶어 하는 철학 새내기를 위해 이 책을 썼기 때문이다. 특히, 내가 염두에 둔 독자는 철학 입문 과정을 듣는 나의 학생들이다. 그러나 나는 이 책이 독자 일반에게도 도움이 되길 바란다. 사실, 내 주장 중 일부는 학자들 사이에서 논쟁의 여지가 많다. 구체적으로 말하면, 나는 행복에 대한 아리스토텔레스의 견해에 나타난 "주지주의자"적 면모를 다른 학자들이 인정했던 것보다 훨씬 더 강하게 부각시켰는데, 이것이 문제가 될 수 있음을 나도 잘 알고 있다. 그러나 전문적인 토론에 뛰어드는 것은 이 책이 의도하는 독자층에 적합하지 않은 것 같다. 간단히 말하면, 이 책을 읽는 고대 철학 연구자들은 다른 해석들과 내 해석이 어디에서 갈리는지 감지할 것이고, 전문 학도가 아닌 일반 독자들은 내가 세부적인 문제들을 논의하기 위해 옆길로 빠지지 않고 큰 줄기를 짚어 가는 데 충실했다는 점을 알게 될 것이다.

나는 우리의 주제에 관련된 고대 작품들 중 가장 널리 읽히는 중요한 작품들만 선택적으로 다루었다. 또 이 작품들의 다양한 측면을 전부 소개하고자 애쓰지 않았고, 덕과 지식, 그리고 행복이라는 개념에 초점을 맞추어 서술했다. 이 개념들의 관계는 고대의 윤리적 사유에서 핵심적인 주제로 간주되었는데, 이는 고대의 것이든 현대의 것이든 덕 이론을 공부하는 자라면 반드시 고민해 보아야 할 문제 중 하나이다. 내가 생각하기에, 고대의 윤리적 이론들이 갖는 연관성과 세부적인 차이 모두를 드러내 주는 주제로서 이만큼 적격인 주제가 없다.

내가 고대 윤리학에 관한 책을 쓰기로 결정한 것은 어떤 개인적인 확신 때문이었다. 본격적인 논의에 앞서, 나의 개인적인 믿음을 이곳에서 미리 밝히고 시작하는 것이 공정할 것 같다. 우선 나는 도덕 철학에 대한 탁월한 사유 방식이 덕 윤리에서 발견된다고 주장하는 현대 학자들에 동의한다. 또한 덕 윤리에 관한 고대 저서의 우수성이 앞으로도 지속적으로 인정될 것이라 믿는다. 그러나 고대 희랍의 윤리학이 도덕 철학의 결정판이라고 생각하지는 않는다. 예컨대 고대 희랍인들이 윤리학을 대하는 방식은 지나치게 합리주의적이다. 그래서 고대 윤리학은, 윤리학에서 감정이 갖는 긍정적인 역할에 대한 폭넓은 이해를 통해 보완될 필요가 있다. 그럼에도 불구하고 고대 윤리학에 대한 연구가 인문학적 교육에 필수적이라는 사실만큼은 분명하다.

고대 희랍은 실존했던 철학자들 중 손꼽히는 위대한 철학자들을 배출했고, 그들의 윤리학 저서는 그 철학적 우수성에 있어서 타의 추종을 불허할 정도이다. 더욱이 그 중심 주제는 철학에 흥미를 가지고 있는 모든 사람들에게 관심을 불러일으킬 만하다. 이 저서들에는 종종 우리 새내기들을 혼란스럽게 하고 심난하게 만들 수도 있는 추상적인 철학적 논의가 나타나지만, 논의의 주된 초점은 모든 사람들이 돌이켜 생각해 볼 필요가 있는 실천적인 문제들이다. 현대는 고대 사회와 많은 측면에서 다르지만, 그래도 여전히 고대 작품들은 좋은 삶을 사는 데 실질적인 안내자 역할을 할 수 있다. 이것이 바로 우리가 고전을 읽어야 하는 이유이다.

이 책의 초고에 대해 유익한 조언을 아끼지 않았던 M. 스코필드, 그리고 원고를 꼼꼼히 교정보아 준 나의 연구 조교 D. 가바드에게 감사의 말을 전한다.

캘리포니아, 산타 클라라에서

1989년 7월

일러두기

아리스토텔레스의 『니코마코스 윤리학』에서 인용한 내용은 마틴 오스트발트(Martin Ostwald)의 번역(Macmillan Publishing Company, 1962; 1986)을 따랐다. 호메로스의 『일리아스』의 경우, 리처드 래티모어(Richard Lattimore)의 번역(the University of Chicago Press, 1951)을 따랐다. 소포클레스의 『안티고네』는 엘리자베스 위코프(Elizabeth Wyckoff, the University of Chicago Press, 1954)의 번역을, 『오이디푸스 왕』은 데이비드 그린(David Grene, the University of Chicago Press, 1942)의 번역을 사용했다. 에픽테토스의 『편람』은 매트슨(P. E. Matheson, Oxford University Press)의 번역을 따랐다. 디오게네스 라에르티오스의 『저명한 철학자들의 생애와 사상』(vol. 2)는 힉스(R. D. Hicks, the Loeb Classical Library, Harvard University Press, 1925)의 번역을 따랐다.*

---

* 역자주: 원서에서 저자는 위에 언급한 번역자들의 번역서를 인용하였지만, 옮긴이는 위 번역서들을 참조하되 희랍어 원전을 직접 번역했다. 옮긴이의 글에서 밝혔듯이, 이는 단지 희랍어→영어→국어로의 번역 과정에서 불필요하게 표현의 가감이 커지는 것을 막기 위해서일 뿐이다.

들어가며:
덕과 지식, 그리고 행복

윤리학을 대할 때 우리는 대체로 옳고 그름, 도덕성과 비도덕성, 그리고 보편적 · 객관적인 행동의 기준 등을 떠올린다. 그런데 이러한 사고방식은 대부분 유대 기독교 전통의 유산이다. 이 유산이 서양 지성사에 미친 영향은 대단히 커서, 우리는 윤리학을 위 개념들과 동일시하려 하고, 위 개념들을 깊이 연구하는 것 말고는 윤리학적 주제에 접근할 다른 길이 없다고 생각할 정도이다.

한편, 고대 희랍 윤리학이 우리에게 말을 걸어오는 방식은 사뭇 다르다. 물론 위에 서술된 개념들이 희랍 윤리학에 전혀 없는 것은 아니지만, 그렇다고 저 개념들이 희랍 윤리학의 핵심은 아니다. 고대 희랍인들은 대상을 옳음과 그름의 측면에서가 아니라 주로 좋음과 나쁨의 측면에서 생각했다. 그리고 좋음과 나쁨이라는 그들의 개념은 도덕에만 국한되지 않았다. 그것은 인간 삶의 모든 국면을 포용했다. 예컨대 어떤 사람을 칭찬하기 위해 그들이 흔히 사용하던 표현은 **칼로스 카가토스**(*kalos k'agathos*), 즉 "아름답고 좋은"이었는데, 이 표현에서 도덕적 개념 또는 미적인 개념이라고 불릴 만한 것은 '훌륭한 성품'이라는 하나의 이상(理

想)과 결부되어 있다. 그들의 윤리적 사유는 행위의 보편적 원칙이 아니라, 인간 삶의 이상적 유형에 집중되어 있었던 것이다. 희랍인들이 답하고자 노력했던 일차적인 물음은 "보편적으로 올바른 도덕적 행위란 어떤 행위인가?"가 아니라 "인간에게 제일 좋은 삶이란 어떤 삶인가?"였다.

희랍적 사유 방식이 서양 지성사에 미친 영향은 유대 기독교적 전통의 영향만큼은 아니었지만 거의 비슷한 수준이었기 때문에, 후대의 도덕 철학자들은 희랍인들의 저 물음을 완전히 잊지 않고 어느 정도 유지했다. 그럼에도 불구하고 이후의 도덕 철학이 희랍적인 물음에 단지 이차적인 중요성만을 부여했다는 점을 부인할 수 없다. 현재 윤리학에 대해 논하는 많은 다른 연구자들처럼, 나 역시 이러한 철학사적 이행은 일종의 불행이라고 생각한다. 그리고 도덕적인 옳고 그름의 보편적 원칙을 윤리학의 일차적인 주제로 간주함으로써 발생하는 많은 문제들이 희랍 윤리학에 대한 조명과 탐구를 통해 해결될 수 있다고 믿는다.

이상적인 인간 삶에 대한 고대 희랍인들의 관심은 희랍 서사시와 비극 작품의 영웅에 대한 묘사에서 생겨났다는 점이 1장에서 설명될 것이다. 그러나 이 주제가 문학과 철학에서 어떻게 발전되었는가를 본격적으로 논의하기에 앞서, 모든 희랍 사상가들이 공유했던 윤리학의 기본적인 틀을 여기서 소개하고자 한다. 그들이 의견을 같이했던 부분을 먼저 확인해 본다면, 이후에 살펴볼 그들의 견해 차이가 더욱 명확히 이해될 수 있을 것이기 때문이다.

앞에서 언급했듯이, 희랍 사상가들의 윤리적 사유는 모범적인 인간 삶이라는 이상에 기초했다. 그들은 좋은 삶을 성취하는 것을 인간 삶의 **텔로스**(*telos*)로, 즉 목적 또는 목표로 간주했다. 대부분의 희랍 철학자들에게 이 목적은 **에우다이모니아**(*eudaimonia*)이다. 이 용어는 대개 "행복(happiness)"으로 번역되는데, 나는 대체로 이러한 기존의 번역을 따르고자 한다. 단, 희랍 사상가들이 추구했던 목적이 현재 우리에게 익숙한 행복 개념과 상당히 다르다는 점에 유의해야 한다. 우리는 "행복한 삶"을 쾌락적인 경험들로 충만한 삶, 즉 자신의 욕구들이 대부분 충족되는 삶으로 생각하기 쉽다. 그리고 행복을 어떤 주관적이고 심리적인 속성으로 간주하면서, 행복은 우리가 놓여진 객관적 상황과 일치하지 않을 수 있다고 생각하곤 한다. 가난하게 살아도, 심지어 옥살이를 하더라도 행복할 수 있다는 식으로 말이다. 좀 더 거칠게 말해서, 도덕적으로 악한 사람이라고 할지라도 그의 욕구들이 충족되기만 한다면 그가 행복할 수 있다고 여기곤 한다.

비록 후대의 몇몇 희랍 사상가들이, 특히 스토아학파 사람들이, 외부 상황과 마음의 상태를 분리시키고자 했지만, 객관적 측면에 대한 고려와 행복이 전적으로 별개라고 생각한 희랍 사상가는 찾아볼 수 없다. 희랍인들에게 인간 삶의 목적을 달성한다는 것은 단순한 쾌락 또는 만족감의 경험이 아니라 객관적으로 좋은 지위를 획득하는 것을 의미했기 때문이다. 호메로스 서사시에 등장하는 영웅의 지위이든, 플라톤이 주장한 철학자 왕의 지위이든, 스토아학파가 내세운 현인(賢人)의 지위이든 말이다. 다시 말해서, 모든 희랍 철학자에게 인간 삶의 목적은 주관적인 만족의 상태가 아니었다. 그것은 일종의 객관적인 달성, 즉 탁월함(excellence)의 성취였다. 아마 에우다이모니아라는 목적을 "행복"이라고 부르는 것보다 "좋은 삶" 또는 "인간의 번영"이라고 하는 것이 오해의 소지가 적을 것이다.

자, 이제 좋은 삶이란 탁월한 삶이다. 탁월함은 희랍어 아레테(*aretē*)에 해당하는데, 이 단어는 보통 "덕"으로 번역된다. 나는 관례를 따라 이 번역어를 유지할 것이고, 이 책 전반에 걸쳐 덕 또는 덕들이라는 표현을 사용할 것이다. 단, 이 용어의 의미를 오해하지 않길 바란다. 우리 시대의 철학자들이 다시금 덕 개념에 대해 관심을 보이기 시작했지만, 이 옛 단어와 현재의 우리 말 '덕'에는 여전히 다소간의 의미 차이가 있다. 예컨대 요즘 덕이라는 단어에는 성(性)적인 금욕의 의미가 포함되어 있다. 반면, 희랍인들의 아레테라는 단어에는 그러한 제한이 없었다. 성적인 금욕뿐 아니라 우리가 쉽게 떠올리는 '도덕' 조차도 아레테의 일차적인 의미가 아니었다. 아레타이(aretai), 즉 탁월함들 또는 덕들은 칭찬받을 만한 삶이게끔 또는 탁월한 삶이게끔 해 주는 특성이었다. 예컨대 호메로스는 빨리 달리는 능력과 강한 힘과 같은 신체적 특성도 덕으로 간주했고, 아리스토텔레스는 덕의 목록에 큰 포부와 호탕 및 재치까지 포함시켰다. 우리에게 "최고의 인간 삶이란 유덕한 삶이다"라는 주장은 실질적인 도덕적 주장으로 보일 것이다. 그런데 이에 상응하는 희랍인들의 주장, 즉 "에우다이모니아(*eudaimonia*)의 삶은 아레테(*aretē*)의 삶이다"라는 주장은 분석명제나 동어반복이 아닌가라는 느낌을 주기까지 한다. 왜냐하면 이는 "탁월한 삶은 탁월성을 요구한다"로 풀이될 수 있기 때문이다.

우리는 통상 용기, 정의, 절제 등을 도덕적 덕으로 간주한다. 비록 희랍인들은 이 덕들과 우리가 도덕과 무관하다고 여기는 성향을 명확히 구분하지 않았지만, 그들 역시 위에 열거한 덕들이 인간의 중요한 탁월성에 속한다는 점을 인정했다. 이와 더불어 그들이 덕으로 간주했던 또 다른 인간적 특징은 지혜(*sophia*)와 지식(*epistēmē*)이다.

윤리학과 관련하여 특히 중요한 점은 지혜의 두 종류 또는 두 측면이다. 하나는 특수한 상황에서 올바른 행위 과정을 결정하는 실천적인 능력이다. 이러한 지혜는 능숙한 장인이 제작 과정에서 보여 주는 능력, 즉 어떤 작품을 만들 때 재료들을 가장 잘 사용하는 능력에 비유될 수 있다. 그것은 일종의 노하우이고 기술이다. 다른 하나는 좀 더 일반적이고 추상적인 측면의 지혜이다. 이는 인간의 조건에 대한 통찰로서, 우리가 어떤 존재인지, 인간의 삶이 어떠한지, 그리고 전체 세계 내에서 인간이 어디에 위치하는지 알려 준다. '좋은 삶은 어떤 삶인가'를 이해하게 해 주는 것이 바로 이러한 종류의 지혜이다. 이상의 두 종류의 지혜는 인간이 성취해야 하는 목적과 그 목적에 이르기 위한 가장 좋은 길, 양자 모두를 일깨워 줌으로써, 좋은 삶을 사는 데 기여한다.

덕으로서의 지혜가 갖는 윤리학적 위상을 중요시하고 이에 주목한 최초의 희랍 철학자가 바로 소크라테스이다. 소크라테스는 덕과 지식을 동일시했고, 나아가 지식과 지혜를 똑같이 취급했다. 번역상의 어려움이 여기서 다시 한 번 발생하는데, 독자의 순조로운 이해를 위해 제안하고 싶은 것이 있다. 덕과 지식에 대한 소크라테스나 다른 철학자들의 견해를 고찰할 때, 이들이 다룬 지식은 지식 일반이 아니라, 인간 삶의 목적과 그 목적을 성취하기 위한 방법에 대한 지식이었다는 점을 기억하자. 바로 이러한 지식을 "**실천적 지혜**(프로네시스, *phronēsis*)"라고 부를 수 있겠다.

사실 대부분의 희랍인들은 덕이 곧 지식이라는 소크라테스의 주장을 받아들이지 않았다. 그러나 그들 모두, 지혜 또는 지식이 중요한 덕이긴 하다는 점, 그리고 그것이 좋은 삶을 사는 데 크게 기여한다는 점에 동의했을 것이다. 그리고 우리가 앞으로 살펴보게 될 희랍 윤리학 연구자들 모두, 고대 희랍의 윤리적 이론이 가지는 다음의 틀을 인정할 것이다. 첫째, 인간 삶의 이상적인 형태가 있고, 우리는 그것을 성취하고자 노력하며, 성취 가능하다. 둘째, 덕은 이러한 이상의 성취를 위해 필수적이다. 셋째, 지혜 또는 지식은 그 성취를 위해 요구되는 덕들 중 적어도 하나이다.

좋은 삶의 일반적인 틀과 이에 필요한 덕들, 즉 지혜를 포함한 여러 덕들을 인정한다고 해도, 다음의 질문에 정확하게 대답하기란 여간 어려운 일이 아니다. 첫째, 좋은 삶이란 무엇인가? 즉, 인간 삶의 목적을 구체적으로 서술하자면 무엇인가? 둘째, 덕들이란 무엇인가? 정의, 절제와 같은 덕들은 무엇으로 구성되는가? 이것들을 덕이게끔 해 주는 것은 무엇인가? 셋째, 덕들의 관계는 어떠한가? 어떤 덕은 다른 덕보다 더 중요한가? 각각의 덕은 조화로운 전체를 이루는가 아니면 서로 충돌하는가? 덕들 중에 어느 하나는 갖추었으나 다른 덕들은 결여된 상태, 이런 상태가 가능한가? 넷째, 이상의 논의에서 지혜는 어떻게 설명되는가? 지혜는 다른 덕들과 동등한가? 지혜의 본질은 무엇인가? 위에서 언급한 지혜의 두 측면은 분리될 수 없는가, 아니면 한 측면에서는 지혜로운 사람이 다른 측면에서는 지혜롭지 않은 상황도 가능한가? 마지막으로 다섯 번째, 덕들과 좋은 삶은 어떤 관계에 있는가? 좋은 삶에 대해 각각의 덕은 같은 정도로 중요한가, 아니면 어떤 덕은 없어도 되는가? 어떤 덕이 다른 덕의 획득을 방해하지는 않는가? 좋은 삶을 살기 위해 모든 덕은 아니더라도 최소한 어떤 덕을 소유하는 것만큼은 필수적이라고 한다면, 그 덕의 소유는 좋은 삶의 성취를 보장하는가? 다시 말해서, 그 필수적인 덕을 소유하는 사람이 정작 좋은 삶을 살지 못할 수도 있는가? 앞으로 살펴볼 학자들은 이 모든 물음에 대해 서로 다른 답변을 제시했다. 이 책의 주제 중 하나가 바로 이들 사이의 논쟁이다.

1

철학에 앞서:

희랍 문학 작품에 나타난 덕의 모습

덕과 지식, 그리고 좋은 삶에 대한 희랍인들의 사유는 철학이 아니라 문학에서 시작되었다. 어떤 개념의 의미를 이해하기 위해 그 개념의 역사적 기원을 반드시 알아야 하는 경우가 자주 있는데, 우리가 살펴볼 개념들이 특히 그렇다. 왜냐하면 희랍 문학과 희랍적 사유의 시초에 호메로스의 위대한 두 서사시 『일리아스』와 『오디세이아』가 있고, 이 작품들이 후대 희랍인들의 사유에 미친 영향은 실로 막대하기 때문이다.

고대 희랍인들은 덕에 대해 생각할 때 덕행의 추상적 원칙이나 규칙보다 유덕한 사람의 사례를 떠올렸던 것 같다. 역사적 인물이 사례가 되는 경우도 있었겠지만, 그들이 염두에 둔 덕인의 사례는 주로 시에 등장하는 인물이었다. 그 중에 희랍인들의 마음을 최초로 사로잡았던 가장 중요한 덕인은 호메로스의 시에 나오는 위대한 영웅, 『일리아스』의 아킬레우스와 『오디세이아』의 오디세우스이다. 사실 희랍인들은 이 두 인물을 덕인의 본보기로 삼았다고 할 수 있다. 아킬레우스와 오디세우스의 모습이 덕을 대표하는 사례였던 것이다. 덕에 관한 이론이라면, 이러한 역사적 사실을 쉽게 넘겨 버리지 말고 진지하게 생각해 보아야 한다.

『일리아스』와 『오디세이아』는 서양 문학에서 고전에 속한다. 희랍인들은 그들 문화가 배출한 위대한 문학 작품으로 이 두 편의 서사시를, 특히 『일리아스』를 꼽았다. 그런데 그들에게 이 두 작품은 문학적 걸작 이상의 의미를 가졌다. 그들은 이 작품들을 어린이 교육의 주요 교재로 사용했고, 그들의 신관과 윤리학 및 문화 이해도 바로 여기에서 길어 올려졌다.

고대 희랍은 정치적으로 전국 통일을 이룬 적이 없었다. 고전기의 희랍에서 사회 조직의 주요 단위는 자치 도시 국가, 즉 폴리스(*polis*)였다. 이 도시 국가들은 철저하게 독립적이었고, 아테네와 스파르타의 경우에서처럼 정치적으로 경쟁하기도 했다. 그러나 이렇게 도시 국가들이 나누어져 따로 자치하던 상황이었음에도, 그들에게 공통의 문화가 있었다. 종교를 예로 들어 보자. 각 도시 국가마다 고유한 수호신이 있었지만(예컨대 아테네의 수호신은 지혜의 여신 아테네였다), 모든 희랍인들이 올림포스 12신(올림포스의 신들은 오늘날에도 "희랍 신화"에 대한 책이나 강의에서 다루어지는 친숙한 주제이다)을 받아들였다.

호메로스의 시는 이러한 종교 문화에 확실한 틀을 마련해 주었다. 그의 시에는 인간과 소통할 뿐만 아니라 인간적인 모습을 많이 보여 주는 신들의 세계가 나타난다. 신들이 인간에게 화를 내고, 자기들끼리도 분노하며, 트로이아 전쟁과 같은 인간들의 싸움에 끼어든다. 또 신들은 상대가 죽을 운명인 인간이든 불사의 존재이든 유혹하거나 속이기도 한다. 인간을 죽음에 처하게 만들기도 한다. 물론 신들이 인간의 요구를 들어줄 때도 있다. 그러나 대체로 호메로스의 시는 신들을 추켜세우지 않는다. 그러니 적어도 현대의 독자들의 눈에는 아킬레우스나 오디세우스 또는 트로이아 왕자 헥토르와 같은 위대한 영웅에 비해 신들이 그다지 숭고하고 존경스러워 보이지 않을 것 같다.

신들의 모습을 아주 긍정적인 시선에서 그리지 않았지만, 호메로스의 서사시는 후대 희랍인들의 종교적 사유에 토대가 되었다. 대부분의 희랍인들이 신에 대한 그의 묘사를 사실로 받아들였고 여기에 신적인 영감이 불어넣어져 있다고 보았다 해도 과언이 아닐 것이다(호메로스는 두 작품 모두에서 시와 예술의 여신 무사(muse)[>1]를 부르면서 첫 행을 시작했다). 호메로스의 영향은 종교에만 한정되지 않았다. 『일리아스』와 『오디세이아』는 서구 문명 전체에서 성경만큼 중요하다고 평가되곤 한다. 신뿐만 아니라 인간 행동 및 세계 일반에 대한 이해의 원천으로서 말이다. 물론 차이점은 있다. 희랍인들은 호메로스의 작품을 기독교인이 성경을 대하듯 신성한 글로 드높이기를 바라지 않았다. 그러나 성경에 나오는 인물이나 이야기가 수세기 동안 서구 문명에 널리 퍼져 통용되어 왔고 그래서 인간의 뿌리와 본성 및 역사에 대한 시각을 형성하게 해 주었다는 점을 놓고 본다면, 호메로스의 작품이 고대 희랍에 미친 영향도 이와 매우 유사하다고 할 수 있다. 마치 아담과 이브, 노아, 모세 그리고 다윗이 기독교인이 아닌 사람의 의식에까지 자리 잡았듯이, 아킬레우스와 오디세우스 그리고 아가멤논도 모든 희랍인에게 인간 행동의 모델을 제공했다.

작가 호메로스에 대해서는 거의 알려진 바가 없다. 희랍인들에 따르면 그가 『일리아스』와 『오디세이아』를 모두 지었다고 하는데, 그들도 호

>1 역자주: 희랍어로 무사(mousa)이고, 영어로 뮤즈(muse)이다. 이를 비롯하여 앞으로 고유명사가 나오거나 의미 이해를 위해 희랍어로 표현할 필요가 있는 경우, 희랍어로 읽고 때때로 그 뒤에 영어나 라틴어를 병기하겠다(예컨대, 바르바로이(barbarian)와 같은 방식으로). 이런 기준에서 보자면 "그리스"라는 말도 영어이니 "헬라스(Hellas)"라고 해야 번역이 일관되겠지만, 편의상 "희랍"으로 표기한다. 그럼에도 "희랍"이라는 말이 한자 음차인 만큼, 고유명사를 원어로 읽겠다는 기준을 일관되게 지키지 못한 것은 사실이다. 이 점에 대해 독자의 양해를 구한다.

메로스라는 사람에 대한 정보는 거의 갖고 있지 않다. 금세기 들어 학자들이 알아낸 바로는, 원래 구두로 시를 짓는 전통이 있었고 오랫동안 이어져 오다가 그 마지막 단계에 호메로스의 시가 탄생했다고 한다. 그래서 그의 시에는 여러 선대 시인들의 도움이 녹아 있다고 한다. 『일리아스』와 『오디세이아』가 지금의 형태를 갖추게 된 것은 기원전 8세기의 어느 때인데, 여기에 나오는 사건은 그보다 훨씬 이전의 일들이다. 예컨대 어떤 일은 기원전 13세기나 12세기쯤 일어났을 트로이아 전쟁 시기로까지 거슬러 올라간다. 얼마만큼이 실제 사실이고 얼마만큼이 지어낸 이야기인지, 또 어디까지가 선대 시인들의 업적이고 어디서부터가 호메로스의 작업인지 확실히 알 길은 없다. 그러나 시의 저자에 대해 아는 바가 별로 없다고 해서 시의 내용에 대한 평가가 달라지는 것은 아니니, 다행스러운 일이다.

호메로스의 영웅

호메로스 시의 배경은 트로이아 전쟁 시기이다. 고대 희랍인들이 역사적 사건으로 간주하는 이 전쟁은 훨씬 후대의 희랍 문학에까지 소재로 사용되었다. 전해지는 바에 따르면, 트로이아 전쟁은 스파르타의 왕 메넬라오스가 부인 헬레네를 파리스에게 빼앗긴 사건 때문에 발발했다. 파리스는 트로이아(소아시아 연안의 도시)의 왕 프리아모스의 아들이다. 메넬라오스와 그의 형이자 미케네의 왕인 아가멤논은 이웃 도시들에서 배를 끌어 모아 함대를 만들고 거대한 군대를 이끌고 트로이아를 치러 간다. 이 희랍 연합군이 트로이아를 10년 동안 포위했다. 그러나 무력으로 정복하기 어렵게 되자, 희랍인들은 도시 내부로 진입하기 위해 위장 전술을 써서 거대한 목마를 만들어 들여놓게 한 후 트로이아를 함락시킨다. 그런데 전쟁을 마친 후 희랍로 돌아오는 길이 더 험난했다. 고향에 마지막으로 도착한 오디세우스가 귀향하는 데에 또 다른 10년이 걸릴 정도였으니 말이다.

호메로스는 전쟁사 전체 또는 그 뒷이야기를 구구절절 말하려 하지 않았다. 대신 그는 『일리아스』에서 전쟁의 마지막 해 동안 있었던 일, 그리고 『오디세이아』에서는 오디세우스가 표류하던 마지막 나날과 귀향에 초점을 맞추었다. 이렇게 에피소드는 짧지만 이를 풀어 나가는 과정에서 호메로스는 당대 사회의 모습 전체를 보여 주었다.

호메로스 시에 나타나듯, 당대 사회는 고도로 계층화되어 있었다. 최고 계층은 희랍군의 아가멤논이나 트로이아군의 프리아모스와 같은 대왕이다. 이들은 다른 도시 국가들과의 동맹에서 수장 역할을 했다. 물론 각 도시 국가의 왕들이 독자성을 가졌지만, 그들은 아가멤논이나 프리아모스를 "동급인 자들 가운데 으뜸"으로 간주하면서 권위를 존중해 주었다. 대왕과 동맹국의 왕들 아래에 일반 군인 집단(『일리아스』 참조)과 시민(『오디세이아』 참조)이 위치했는데, 호메로스는 이들에 대해 별로 언급하지 않는다. 사회 계층의 가장 아래에 노예들이 있었고, 원래 자유인 태생이거나 귀족 출신이지만 전쟁 포로가 된 여성도 여기에 포함되었다. 호메로스는 두 작품에서 여성을 묘사하는데 상당한 공을 들였다. 그럼에도 이 시대의 여성이 아버지나 남편의 사회적 지위를 물려받을 수밖에 없었다는 점은 부인할 수 없다. 또 신성한 의식(儀式)을 비롯해서 종교적 또는 사회적으로 중요한 역할을 수행하는 사람들, 예컨대 전령이나 예언가 및 의사는 중간적인 지위를 가졌다. 즉, 왕이나 귀족만큼의 대우는 받지 못해도 일반인에게는 없는 특권을 가졌다. 그런데 어떤 위치의 사람이든 각자 자신의 지위에 맞게 행동해야 한다는 규칙이 통용되었다. 영웅들이 자국의 왕에게 행동하는 방식과 전령이나 예언가에 대한 행동 방식, 그리고 일반인을 대하는 방식이 모두 달랐다. 이러한 행동 기준은 전통적으로 신성시되었고, 호메로스 시대의 사회에 이 기준을 모르는 사람이 없었다.

호메로스 시에 등장하는 영웅들이 다른 어떤 것보다도 중요하게 여겼던 삶의 목적이 있는데, 그것은 바로 명예이다. 전쟁에서 명예를 얻는 주된 방법은 전투에서 승리하는 것이었다. 주위의 훌륭한 사람들한테 얼마나 존경받느냐가 명예의 척도였으며, 명예는 단지 추상적인 개념에 그치지 않고 전리품의 분배 등에 구체적으로 반영되었다. 트로이아 전쟁에서 영웅들이 한데 뭉쳐 양측 연합군을 이룰 수 있었던 것도 그들 모두 명예를 추구했기 때문이다. 트로이아 전쟁이 발발한 이유가 파리스 왕자가 헬레네를 납치해 갔기 때문임을 호메로스가 모르는 것은 아니었고, 그래서 그는 『일리아스』 6권에서 트로이아 전사 중 가장 위대한 헥토르가 가족과 가문을 위해 싸웠다고 분명히 밝혔다. 물론 이런 동기도 중요하다. 그러나 호메로스의 영웅에게 그보다 더 중요한 것은 명예를 얻는 일이었을 것이라 쉽게 예상할 수 있다. 당시에 전쟁터는 영웅들이 명예를 차지하는 무대이자 죽음의 무대이기도 했다. 즉, 죽음과 명예는 함께 갔다. 왜냐하면 명예를 얻는 가장 확실한 길이 전투에서 영웅적으로 죽는 것이었기 때문이다. 『일리아스』의 영웅들은 명예의 획득과 죽음이라는 대가의 관계를 잘 알고 있었다. 그러나 그들은 대체로 이 대가를 치를 만한 가치가 있는 것으로 생각했다. 왜일까? 그 이유는 트로이아의 협력자, 영웅 사르페돈의 말과 태도에서 잘 나타난다. 그는 동료 글라우코스에게 이렇게 말한다.

글라우코스여, 도대체 왜 우리 둘은 리키아에서

상석과 고기와 가득 찬 술잔으로 남달리 존경받고,
모든 이들이 신들을 보듯 우리를 우러러보는가? …
친구여, 만일 우리가 이 전쟁을 피함으로써
영원히 늙지도 않고 죽지도 않게 될 것이라면,
나 자신도 맨 앞 열에서 싸우지 않을 것이고,
사람들이 명예를 얻는 전투에 자네를 신속히 보내지도 않을 것이네.
그러나 지금 수많은 죽음의 운명이 우리를 위협하고 있고,
죽을 수밖에 없는 인간은 그걸 피할 수도 없고 거기에서 도망칠 수도 없네.
우리가 적에게 명성을 주든 적이 우리에게 명성을 주든, 자 나갑시다!

『일리아스』 12권, 310~12, 322~8

사람들은 영웅이 명예를 추구하면서 특정한 덕목들을 보여 주길 기대했다. 제일 중요한 덕은 전투를 성공으로 이끌어 줄 재능인데, 여기에는 용기뿐 아니라 강한 체력과 날렵함도 포함된다. 그런데 전쟁은 혼자 싸우는 것이 아니므로, 국가의 대의에 대한 충성 역시 덕으로 간주되었다. 지혜 또한 덕으로 여겨졌는데, 이때의 지혜는 특히 군대의 결집력을 유지하고 전쟁을 성공적으로 치를 수 있게 하는 현명한 자에게서 나타난다. 『일리아스』에서 이러한 지혜를 보인 자를 꼽자면, 희랍 연합군에는 네스토르와 오디세우스가 있고, 반대편에는 현명한 조언으로 트로이아군을 도왔던 폴리다마스를 들 수 있다. 참고로, 아킬레우스와 헥토르, 그리고 아가멤논은 비극적인 상황을 자초했는데, 이는 그들이 들은 현명한 조언을 무시한 결과였다. 단, 일반적으로 지혜는 영웅의 지위를 얻는 데에 아주 작은 역할만 했다. 지혜만 가지고는 영웅이 되지 못했고, 전성기를 누리고 있는 영웅 중에 단지 지혜로만 알려진 자는 없었다. 심지어 약삭빠른 오디세우스도 이렇지 않았다. 싸움도 잘해야 했던 것이다. 『일리아스』의

인물 중에 지혜의 덕을 가장 잘 보여 주는 네스토르가 직접 나가서 싸울 나이를 넘은 노인으로 나오는 이유도 여기에 있다. 게다가 네스토르도 젊었을 때 신세대 영웅만큼 또는 그 이상으로 전투에서 강했다고 한다.

이상의 언급에서 호메로스적 영웅의 전형적인 모습이 나타난다. 영웅은 고도로 계층화된 사회에서 엄격한 행동 기준에 따라 자기 역할을 다하는 높은 지위의 사람이다. 그는 명예를 위해 살고, 덕 또는 탁월함을 발휘해서, 특히 뛰어난 전투 실력을 발휘해서 명예를 획득한다. 이 명예는 동료 영웅들이 준 명성뿐 아니라 선물로도 확인된다. 또 전술적으로 뛰어난 작전을 내놓는 지혜도 덕의 한 형태이다. 한참 전성기의 영웅에게 가장 중요한 덕은 아니지만 말이다. 내가 서론에 언급했던 희랍 윤리학의 일반적인 틀이 벌써 여기서부터 나타나고 있다. 지혜를 비롯한 여러 덕들이 각각의 방식으로 하나의 목적(이 경우, 영웅적인 삶 또는 명예로운 삶)에 기여한다.

아킬레우스

『일리아스』의 걸출한 영웅 아킬레우스는 영웅하면 떠오르는 전형적인 모습과 거리가 멀다. 자기 사회의 전통을 (전부는 아니라면) 대부분 어겼다는 점에서 아킬레우스는 호메로스의 영웅 중에 특이한 편이다. 그런데 전통을 어겼음에도 그는 영웅의 지위를 잃지 않았다. 희랍군과 트로이아군을 통틀어 가장 뛰어한 전사였기 때문이다. 모든 사람이 이 사실을 알고 있었고, 아킬레우스 자신도 그렇게 생각했다. 때때로 아킬레우스의 기량을 의심하던 유일한 사람이 있었는데, 그가 헥토르이다. 그러나 훗날 이것이 헥토르의 자기기만이었음이 드러난다. 한편, 아킬레우스가 신체적으로 강하고 발도 빨랐으며 (그는 보통 "준족(駿足) 아킬레우스"라고 불렸다) 군사 기술이나 용기에서도 월등했지만, 희랍 연합군의 수장은 되지 못했다. 이 지위는 왕이던 아가멤논의 것이었다. 바로 이러한 상황으로 인해 『일리아스』의 모든 문제들이 불거져 나오게 된다.

『일리아스』는 아킬레우스와 아가멤논의 다툼으로 시작한다. 아폴론의 사제(司祭)가 자기 딸 크리세이스를 돌려보내 달라고 아가멤논에게 간청했으나, 아가멤논이 이를 거절하고 크리세이스를 "명예의 선물"로 취하여 자신의 첩으로 삼았다. 이 소식에 분노한 아폴론은 희랍군에게 역병을 내려 고난을 겪게 만들었다. 이후, 아킬레우스가 역병의 원인을 알아내기 위해 회의를 소집한다. 아킬레우스가 예언가 칼카스에게 신변을 보호해 주겠다고 약속하자, 칼카스는 역병이 아가멤논 탓이라고 폭로했다. 마침내 아가멤논이 그 소녀를 돌려주겠다고 동의한다. 단, 그 대신 다른 선물로 보상해 달라는 조건을 달았다. 이 요구가 마음에 들지 않아 아킬레우스가 반대하자, 아가멤논은 아킬레우스가 받은 "선물"인 브리세이스를 데려가겠다고 협박한다. 너무나 분개한 아킬레우스는 아가멤논을 그 자리에서 죽일 궁리를 하고 있었는데, 아테네 여신의 충고를 듣고 싸우지 않기로 결정한다. 아테네 여신이 아킬레우스 앞에 나타나서, 그가 아가멤논한테 당한 굴욕의 대가로 "빛나는 선물"을 주겠다고 약속했기 때문이다.

이 불행한 일련의 사건들이 일어난 것은 아킬레우스와 아가멤논에게 분배된 권력 때문이었다. 만일 아가멤논이 왕이면서 동시에 위대한 전사이기도 했다면, 아무도 감히 그에게 대항하려 들지 않았을 것이다. 희랍군의 영웅 중에 아가멤논에게 맞선 자가 딱 한 명 있었는데, 그가 아킬레우스이다. 아킬레우스가 회의를 소집하여 칼카스에게 신변 보호를 약속하고는 아가멤논을 공개적으로 비난한 것이다. 그러나 앞에서 확인했듯이 아킬레우스도 결국 아가멤논을 죽이기를 망설였는데, 이는 왕이라는 지위와 사회의 전통이 왕을 거뜬히 죽일 충분한 힘이 있는 전사까지도 능가함을 보여 준다. 아가멤논은 아킬레우스의 행동을 왕권에 대한 협박으로 간주했고, 그래서 그를 가혹하게 대했다(어떤 의미에서는 아킬레우스가 처벌을 자처했다고 할 수 있다). 그러나 아킬레우스는 희랍에서 가장 탁월한 전사였기 때문에, 전사로서 다소 뒤처졌던 아가멤논은 그를 죽이거나 군에서 내쫓을 수 없었다. 아킬레우스는 죽이기에 너무나 강력했고, 아가멤논의 군대도 그가 필요했던 것이다.

아킬레우스의 도움이 없다면 희랍 연합군은 헥토르가 지휘하는 트로이아군에 패배하게 되어 있었다. 그래서 9권에서 아가멤논은 네스토르의 조언을 듣고 아킬레우스에게 사절을 보내어 그에게 사죄하기로 한다. 그리고 전쟁에 다시 참여해 준다면 선물을 듬뿍 줄 것이고 브리세이스도 돌려보내겠다고 약속하기로 한다. 1권에서 아테네가 예언했던 대로 된 것이다. 이런 상황에서는 관습에 따라 아가멤논의 제안을 받아들이는 것이 상식적이다. 왜냐하면 앞에서 언급했듯이, 희랍에서 한 영웅이 얼마나 대단한 명예를 가졌는가는 그가 받은 명예의 선물에 달려 있었기 때문이다. 그리고 애인을 빼앗아 아킬레우스에게 모욕을 주었던 아가멤논이 지금 그에게 잃은 선물뿐 아니라 그 이상을 주겠다고 제안하는 상황이기 때문이다. 이는 아킬레우스가 명예를 회복할 수 있을 뿐 아니라 더 드높일 수 있는 기회였다.

그런데 1권에서 아가멤논에게 도전할 때에도 그랬듯, 아킬레우스는 다시 한 번 파격적으로 행동한다. 오디세우스가 아가멤논의 제안을 전달했을 때 이를 무시한 것이다. 아킬레우스는 아가멤논의 사과도 선물도 받아들이지 않고 이렇게 말한다. "나는 그의 선물이 싫고, 나는 그를 털끝만치 여기오"(9권, 378). 아킬레우스는 왜 이렇게 행동했을까? 아가멤논에 대한 들끓는 분노도 어느 정도 작용했을 것이다. 아킬레우스에게 브리세이스는 선물 이상의 의미였다. 그는 브리세이스를 사랑했던 것이다(340~3). 이에 아이아스가 '다른 사람들은 살인자가 주는 보상금도 받아들이는데 이 정도의 일로 보상을 거절하다니 마음이 너무 닫혀 있는 것이 아니냐' 고 아킬레우스를 꾸짖었다(632~8). 아킬레우스는 아이아스가 해 준 권고의 지혜로움을 인정했지만, 자신을 사로잡고 있는 분노를 감출 수 없었다.

> 제우스에게서 오시고 텔라몬의 아들이신 아이아스여, 백성들의 지배자여!
> 당신의 모든 이야기가 내 생각과 같은 듯 하오.
> 그러나 저 일이 떠오를 때마다 내 심장은 분노로 부푼다오.
> 아트레우스의 아들이 내가 아무런 명예도 없는 부랑자인 것처럼
> 아르고스인들 앞에서 나를 모욕한 일 말이오.
>
> 『일리아스』 9권, 644~8

다시 말하면, 아킬레우스는 아이아스와 사절들의 말이 옳다는 것을 알고 있었으나 분노 때문에 더 나은 판단에 반하는 행동을 하게 된 것이다.

그러나 아킬레우스가 제안을 거절한 또 다른 이유가 있다. 브리세이스를 강탈당한 사건을 통해 그는 영웅의 행동이 인정되고 보상받는 체계 자체에 의문을 품게 된 것이다. 그의 분노는 극에 달하여 환멸로 이어졌고, 아가멤논의 행동을 계기로 그는 영웅적인 삶의 기반, 즉 명예에 대해 다시 생각해 보게 되었다. 그 결과 다음과 같은 점을 깨닫게 되었고, 그래서 너무나 괴로웠다.

> 뒤에 머무는 자와 열심히 싸우는 자에게 몫이 똑같소.
> 비겁한 자와 용감한 자가 똑같은 명예를 취하오.
> 일하지 않는 자든 많은 일을 한 자든 똑같이 죽소.

> 나는 언제나 목숨을 걸고 싸우면서 마음으로 고통을 겪으니,
> 어떠한 명예도 내게 소용이 없소.
>
> 『일리아스』 9권, 318~22

당대의 관습에 비추어 보면, 아킬레우스의 말은 사실이 아니다. 아가멤논한테 치욕스러운 일을 당하기는 했지만, 그래도 희랍군 일반은 아킬레우스의 용맹함과 업적을 높이 샀고, 그래서 그를 가장 명예로운 자로 추대했기 때문이다. 그러나 아킬레우스가 저렇게 말할 때, 그는 더 이상 관습에 기대지 않고 있다. 그는 명예라는 전통적으로 인정되어 온 기준에 죽음이라는 짐을 지웠고, 명예가 불완전함을 깨달았다. 아킬레우스의 말은 그다지 영웅답지 않고, 영웅이 따르던 관례(이는 위에 인용한 사르페돈의 말에 잘 나타나 있다)에도 어긋난다. 호메로스의 영웅 중에 관례적인 규칙의 한계를 깨달을 수 있었던 자는 오직 아킬레우스뿐이었다. 9권에 따르면, 그가 남다른 이유는 주체할 수 없는 분노 때문일 뿐 아니라 상당히 뛰어난 통찰력 때문이기도 하다.

이 사회의 가치를 더 이상 무비판적으로 받아들이며 살 수 없고, 그렇다고 사회를 떠나서 자기가 세운 규칙만 따르며 살 수도 없었다. 이것이 아킬레우스가 직면하게 된 문제였다. 이후, 아킬레우스의 동료 파트로클로스가 헥토르에게 죽자, 아가멤논에 대해 들끓던 그의 분노는 헥토르에게로 향했다. 한 동안 아킬레우스는 인간을 넘어선 상태로, 아니면 아예 인간 이하의 처지로 사는 듯 했다. 헥토르를 죽이고 나면 곧 자신도 죽게 될 것이라는 어머니의 경고를 뒤로하고, 아킬레우스는 오직 분노의 마음만으로 적들을 뒤쫓았다. 음식과 물도 마다하면서 트로이아군을 뚫고 나갔고, 심지어 강의 신 스카만드로스와 싸우기도 했다. 마침내 헥토르를 잡아서 죽일 때, 그는 인정사정 보지 않는 무자비한 자의 모습을 보였다.

헥토르가 숨을 거두면서 자기 시신을 버리지 말고 고향에 보내 달라고 부탁하자, 아킬레우스가 이렇게 답한다.

이 개자식아! 내 무릎을 잡거나 부모를 들먹이며 내게 애원하지 마라.
나는 네가 한 짓의 대가로 나의 노여움과 분노가
네 살을 저며서 날로 먹게 하기를 바랄 뿐이다.
그러니 네 머리가 개한테 뜯기지 않게 막아 줄 사람은 아무도 없을 것이다.
그들이 열 배 스무 배의 몸값을
내 앞에 가져와 준다 해도, 아니 그 이상을 약속한다 해도,
다르다노스의 후예 프리아모스가
네 몸무게만큼의 황금을 주겠다고 약속한다 해도, 너의 존경스런 어머니는
당신이 낳은 너를 상여 위에 눕히고 슬퍼하지 못할 것이다.
개들과 새들이 너를 남김없이 뜯어먹을 것이다!

『일리아스』 22권, 345~54

아킬레우스의 분노가 이렇게 폭발하고 말았다. 하지만 결국 그는 헥토르에 대한 분노를 계속 마음에 담아둘 수 없음을 알게 되었다. 신들이 헥토르의 시신을 프리아모스에게 돌려보내라고 명령했건만, 아킬레우스가 시신을 마구 다루어서 신들의 노여움을 샀기 때문이다. 프리아모스가 그의 막사에 와서 몸값을 줄 테니 아들의 시신을 돌려 달라고 했을 때, 아킬레우스는 자기 아버지를 떠올렸고, 결국 눈물을 흘리며 프리아모스와 화해하게 되었다. 9권에서 그랬듯이, 프리아모스를 대하면서 아킬레우스는 인간의 조건을 깨닫고 자극받았던 것이다. 이러한 모습도 영웅이 취해야 할 행동 방식과 동떨어져 있다.[>2]

그렇게 신들은 비참한 인간들을 운명 지우셨습니다.
슬퍼하며 살도록 말입니다. 그러나 신들 자신에게는 슬픔이 없지요.
제우스가 계신 곳의 바닥에는 두 개의 항아리가 놓여 있고,
여기엔 그분이 주시는 선물이 들어 있는데,
하나에는 나쁜 선물이, 다른 하나에는 좋은 선물이 들어 있어요.
천둥을 좋아하시는 제우스가 이 둘을 섞어서 주는 자,
이런 자는 때로는 나쁜 일을 만나고 때로는 좋은 일을 만나지요.
그러나 그분이 나쁜 것만 주는 자, 이런 자를 그분은 욕되게 만드십니다.
지독한 굶주림이 이런 자를 신성한 대지 위로 내몰고
그는 신들에게도 인간에게도 존경받지 못한 채 떠돌아다닙니다.

『일리아스』 24권, 525~33

아킬레우스가 프리아모스와 화해하고 헥토르의 시신을 고향에 돌려보낸 일은 그가 사람들의 사회로 돌아갔음을 의미한다. 아킬레우스가 휴전을 약속했고, 그 기간 동안 헥토르의 장례가 치러진다. 『일리아스』는 헥토르의 장례식을 묘사하면서 끝난다. 여기에 아킬레우스의 죽음이 임박해 왔음이 암시되어 있기도 하다.

『일리아스』에서 두드러지는 아킬레우스의 두 가지 특징이 있다. 첫째, 분노이다. 그의 분노는 이 작품에서 제일 중요한 테마이다. 그래서 호메로스는 아예 『일리아스』의 첫 행에서부터 그의 분노를 언급한다. 둘째, 자신의 조건과 인간 일반의 조건에 대한 그의 통찰이다. 『일리아스』 구성의 대부분이 아킬레우스가 분노(처음에 그는 아가멤논에 대해 분노했고, 나중에 분노의 대상이 헥토르로 바뀌었다)를 통제하지 못하여 일어나는

>2 역자주: 아래는 아킬레우스가 프리아모스에게 하는 말이다.

일들로 짜여 있다. 호메로스가 아킬레우스의 성격을 직접적으로 평가한 적은 별로 없는데, 그럼에도 분명히 보여 준 특징이 하나 있다. 그것은 아킬레우스가 현명하기보다 분노에 휩쓸리고, 그 결과 불행한 일을 겪게 된다는 점이다. 물론 호메로스는 철학자가 아니었고, 그가 아킬레우스의 주체할 수 없는 분노를 묘사한 것도 철학적인 가르침을 주기 위해서가 아니었다. 그렇지만 후대 철학자들은 감정을 다스리기 위해 꼭 필요한 실천적 지혜를 결여했을 때 어떠한 일이 벌어지는지를 보여 주는 대표적인 사례로 아킬레우스의 행동을 꼽는데, 후대 철학자들의 이러한 시도에는 전혀 무리가 없다.

한편, 아킬레우스가 무척 강한 사람인데 이성을 사용하여 분노의 감정을 억제하지 못했고 그래서 길을 잘못 든 인물에 그친다고 해 보자. 그렇다면 그는 철학자들에게 바로 위에 언급한 측면에서 좋은 사례로 꼽힐 수는 있겠지만, 비극적 결말을 맞은 위대한 영웅으로 평가되지는 않았을 것이다. 아킬레우스가 비극적인 위상을 갖는 이유는 그가 인간의 운명을 이해했기 때문이다. 그는 인간이 겪는 고난의 보편성과 인간 삶의 헛됨을 고전 문학에 등장하는 어느 영웅보다도 확실하게 알고 있었다. 그러나 그는 죽음을 단지 모든 인간의 삶이 끝나는 지점이라고 추상적으로만 이해하지 않았다. 그는 어머니의 충고를 통해 헥토르를 죽이면 자신도 곧 죽게 될 것임을 알고 있었다. 이 사실을 분명히 알고도 자신을 죽음으로 이끌 행동을 선택한다.

아킬레우스도 일종의 지혜를 가졌다. 그는 적어도 인간 삶의 윤곽은 어느 정도 알고 있었던 것이다. 그러나 이런 지혜는 좋은 삶을 살도록 아킬레우스를 돕지 못했다. 그의 지혜는 영웅의 사회에서 좋은 삶의 유일한 기준으로 알려진 명예를 거부하게 만들었으나 명예라는 기준을 무엇으로 대체할지 알려 주는 바가 없었다(그가 죽음을 선택한 것도 살 가치가 있는 삶을 끝내 찾지 못했기 때문이 아닐까 싶다). 인간의 실존에 관한 앎으로 인해, 그는 사회에서 통용되는 모든 행동 규범을 어겼고, 결국 절친한 친구의 죽음과 자기 파멸을 초래했다. 그의 통찰은 자신에게 유익하지 않았다. 인간의 삶에 대한 이해 때문에 그는 자신이 속한 문화에서 멀어졌고, 그 사회가 인정하는 삶을 더 이상 원할 수 없게 되었다. 인간의 조건에 대한 그의 통찰이 실천 이성의 활동과 결부되지 않았기 때문에 그가 재앙에 빠지게 된 것이다. 그러나 동시에 그의 통찰은 독자들을 감동시킨다. 특히, 아킬레우스에게서 느끼는 감동은 오디세우스에게서 받는 것과 상당히 다르다. 그 차이가 바로 삶에 대한 아킬레우스의 통찰에 있다.

『일리아스』는 인간 삶의 비극적인 면을 보여 준다. 사람들은 저마다 다른 정도의 덕들을 가질 수 있고, 이는 영웅도 마찬가지이다. 특정한 덕이 아예 없는 사람도 있다. 그러나 얼마만큼의 덕을 갖추었든 이것은 좋은 삶을 보장하기에 충분치 않다. 게다가 하나의 덕이 다른 덕과 충돌할 수도 있다. 실천적 지혜의 길을 통해서는 안전에 이를 수 있지만, 용기의 길을 통해서는 죽음에 도달할 수 있다. 아킬레우스뿐 아니라 아가멤논과 헥토르도 실천적 지혜를 결여하여 재난을 겪게 되었다. 현명한 조언을 새겨듣지 않아 비운을 겪게 되었으니 말이다. 그렇다면 다른 영웅적 덕에 더하여 실천적 지혜까지 갖춘 영웅의 운명은 어떠할까? 이에 답하기 위해 호메로스가 『오디세이아』의 주인공을 어떻게 그렸는지 살펴보자.

오디세우스

『오디세이아』는 『일리아스』와 매우 다른 작품이고, 그 주인공 오디세우스도 아킬레우스와 상당히 다른 모습의 영웅이다. 『일리아스』의 배경이 트로이아 전쟁 시기인 만큼 주로 전투와 관련된 상황이 펼쳐지는 반면, 『오디세이아』는 전쟁이 끝난 뒤로 설정되어 있어서 평화로운 상황이나 가정과 관련된 일을 (물론 여기에도 폭력적인 부분이 있지만) 더 많이 다룬다. 『오디세이아』는 오디세우스가 전쟁을 마치고 10년간 표류하며 모험을 하다가 고향으로 돌아오는 과정을 그린다. 비극적인 『일리아스』와 달리, 『오디세이아』는 사랑 이야기이고 그 결말도 행복하게 맺어진다. 오디세우스는 포세이돈 신의 노여움을 사는 등 많은 난관에 부딪혔는데, 이를 극복하고 귀향해서 20년 동안 만나지 못했던 아내와 아들과 재회한다.

오디세우스와 아킬레우스가 대조적인 모습을 보이기는 하지만, 완전히 다른 유형의 인간으로 보기는 어렵다. 이들의 차이는 정도 차이라고 해야 할 것 같다. 우선 두 사람 모두 귀족이고, 속한 집단 내에서 아주 뛰어났다. 『일리아스』 9권에서 포이닉스는 "말도 잘하고 일도 잘해 내는 인물"이 되게끔 아킬레우스를 길렀다고 했는데(443), 아킬레우스와 오디세우스 모두 이러한 영웅의 이상에 부합한다. 또 말하는 능력을 보자면 오디세우스가 더 뛰어나긴 하지만 아킬레우스도 꽤 괜찮은 편이었다. 9권에서 그가 사절단에게 답한 내용을 떠올려 보라. 사절들은 아킬레우스의 대답을 듣고 입을 다물게 되지 않았는가? 또 24권에서 프리아모스에게 인간의 고난을 들려줄 때에도 아킬레우스의 말솜씨는 탁월했다. 그럼 전사로서, 그리고 활동가로서는 어떨까? 물론 아킬레우스가 오디세우스보다 뛰어났지만, 호메로스는 오디세우스도 특출하다는 것을 분명히 보여 주었다. 예를 들어, 『오디세이아』 8권에서 파이아케스족 에우리알로스가 오디세우스한테 운동 경기에 참여해 보라고 도전했을 때, 오디세우스는 파이아케스족이 던진 원반보다 더 무거운 원반을 더 멀리 던지는 모습을 보여 주었다. 그리고 자신이 활도 더 잘 쏘고 창도 더 잘 던진다고 주장했고, 사람들도 이에 수긍했다(186~229). 아킬레우스와 오디세우스 모두 "말도 잘하고 일도 잘해 내는" 사람이었던 것이다.

그러나 오디세우스와 아킬레우스가 극명한 차이를 보이는 두 측면이 있다. 『일리아스』의 아킬레우스는 영웅의 삶에 대한 비판적 시각을 가졌는데, 오디세우스는 그렇지 않았다. 반면, 아킬레우스와 달리 오디세우스는 상당한 정도의 실천적 지혜를 가졌다. 즉, 오디세우스는 상황이 무엇을 요구하는지 정확히 알고 이를 실천하는 능력이 무척 뛰어났던 것이다. 그리고 그는 기존의 사회에 동화되어 있었고, 그래서 아킬레우스가 느꼈던 사회에 대한 이질감이 그에게는 없었다. 『오디세이아』의 첫 장면에 오디세우스는 칼립소 섬에 발이 묶여 있다. 여신 칼립소가 그를 사랑하여, 그를 불멸하게 해 주겠다고 제안했다. 그러나 오디세우스는 오직 아내에게 돌아가기만을 원했다. 그래서 칼립소의 제안에 이렇게 답한다.

> 존경하는 여신이여, 그것으로 내게 화내지 마시오.
> 물론 신중한 페넬로페가 생김새에서나 키에서나 맞견주기에
> 당신보다 못하다는 점을 나 자신도 잘 아오.
> 그녀는 죽을 인간이지만 당신은 죽지 않고 늙지도 않으니까요.
> 그러나 나는 집으로 가서 귀향의 날을 보기를
> 날마다 원하고 고대하오.
> 만일 어떤 신이 나를 포도줏빛 바다에서 또다시 난파시키실 거라면,
> 나는 아픔을 참는 마음을 가슴 속에 지니며 감내할 것이오.
> 나는 이미 파도로 또 전투로 많은 고통과 고난을 겪었으니까.
> 원하신다면 이에 더하여 또 고난이 닥치게 하시지요.
>
> 『오디세이아』 5권, 215~24

고향과 가족과 멀리 떨어져 있으면서 (아마 아킬레우스는 이 상황을 반겼을 것이다. 물론 그가 아름다운 여신과 섬에 살았다면 전쟁 기량을 발휘할 기회가 없었겠지만 말이다) 오디세우스는 오직 집으로, 그리고 나

라의 사정 때문에 떠나온 그 사회로 다시 돌아가기만을 간절히 바랐다. 또 바다에서 표류하는 과정에서 그는 조국이 아닌 다른 사회와도 친숙하게 되었지만(이는 『일리아스』의 다른 영웅들이 해 보지 못한 경험이었다), 작품 전체를 통해 이타카로 돌아가겠다는 그의 굳은 결심은 거의 바뀌지 않았다.

이 단호한 마음가짐, 하나의 목적을 향해 매진하는 능력, 이것이 오디세우스의 두드러진 특징 중 하나이다. 실천적 지혜가 '주어진 상황에서 해야 할 올바른 행동을 식별하는 능력'이라면, 실천적 지혜는 그 일부로서 '행동의 목적에 대한 분명한 지각'도 요구한다. 달성해야 할 목적이 무엇인지 모른다면, 어떤 행동이 옳은지 알 수 없기 때문이다. 다른 영웅들은 때때로 전쟁의 목적을 망각하곤 했지만, 오디세우스는 그렇지 않았다. 전쟁의 목적은 명예의 추구가 아니라 트로이아 함락이라는 점에 항시 유념한 자는 오직 그뿐이었다. 이런 모습에 비추어 보면, 오디세우스가 트로이아 목마라는 계략을 세우고 이로써 마침내 트로이아를 함락시킨 것은 놀랄 일이 아니다. 그러나 트로이아 점령이라는 목표는 오디세우스 자신을 위한 것이 아니었다. 그것은 아가멤논의 목적이었다. 오디세우스가 이 목적을 받아들인 것은 희랍 군대에 몸담기로 결정하고 나서이다. 전설에 따르면, 오디세우스는 트로이아 원정에 가담하기를 원하지 않아서 이를 피하려고 미친 척까지 했다고 한다. 결국 그는 사적인 이해관계가 전혀 없는 이 목적을 받아들였는데, 이는 그가 호메로스의 전통사회에 동화되어 있었다는 증거이다. 비록 그가 이타카로 돌아오려는 목적을 때때로 잊긴 했지만(예컨대 그는 키르케와 일 년 동안 살면서, 전우들이 일깨워 주기 전까지 귀향하기로 한 것을 잊고 지냈다), 대체로 그는 귀국의 목적을 위해 한결같이 행동했다. 고국으로 돌아가는 것이 그가 진정 원했던 것이고, 전쟁에서 승리해야 하는 이유도 여기에 있었다.

오디세우스를 돋보이게 한 실천적 지혜는 목적에 대한 분명한 지각도 요구하지만, 그 목적 달성을 위해 최선의 수단을 찾는 능력도 필요로 한다. 오디세우스는 후자에서도 뛰어났다. 이와 관련한 탁월함이 그의 별명에서도 드러난다. 『일리아스』의 첫 행에 아킬레우스의 분노가 언급된 것처럼, 『오디세이아』의 첫 행에서 오디세우스는 "수완이 좋은 사람"이라고 표현된다. 여기서 형용사로 쓰인 희랍어 폴리트로포스(*polytropos*)는 "여행을 많이 한" 그리고 "다재다능한, 재주가 많은"이라는 두 의미를 가지는데, 둘 다 오디세우스에게 딱 들어맞는다. 또 그는 폴리메티스(*polymētis*)라는 별명도 가졌다. 그 뜻은 "뛰어난 계획이나 책략을 많이 가진"이다. 별명에 걸맞게 오디세우스는 두 서사시 모두에서 목적 성취를 위해 기발한 수단을 찾는 능력을 발휘했고, 이 점에서 그는 어떤 다른 영웅보다 탁월했다.

오디세우스가 내놓은 책략 중에 가장 유명한 것은 물론 트로이아 목마이다(이에 대해서는 『오디세이아』 4권, 271~89, 메넬라오스의 묘사 참조. 그리고 8권, 492~520, 파이아케스족 가인(歌人) 데모도코스의 설명 참조). 게다가 오디세우스는 약삭빠르기까지 했다. 예컨대 폴리페모스라는 이름의 키클롭스[>3]에게 잡혔을 때(9권, 105~끝), 오디세우스는 도망치기 위해 묘안을 세웠다. 자신의 정체를 숨긴 채 이 거구의 괴물을 눈멀게 한 뒤 그가 키우던 양들의 배에 선원들을 매달리게 해서 함께 빠져나오기로 한 것이다. 또 그가 마침내 이타카에 도착했을 때에는, 변장을 하고 들어가서 페넬로페에게 구혼하는 자들을 처단할 정교한 계획을 세웠다. 그는 이 계획을 자기 아들 텔레마코스에게 알려 준 뒤(16권,

---

>3 역자주: 외눈박이 키클롭스는 법도 규칙도 없이 살고 자기 자식과 아내까지 마음대로 지배하는 야만적인 괴물이다.

270~307), 행동으로 옮긴다(17권~23권). 이 거대한 계획의 실행이 『오디세이아』 후반부의 주요 테마이다.

그런데 계획을 이행하려면 지능 이상의 것이 필요했다. 격정을 통제할 줄도 알아야 했고, 오디세우스는 실제로 이 능력을 가졌다. 메넬라오스의 묘사에 따르면, 그와 오디세우스가 다른 전우들과 함께 목마 안에 숨어 있을 때 헬레네가 다가와서 그들의 이름을 불렀다. 그들 아내의 목소리를 흉내 내면서 말이다. 이 상황에서 침묵을 지킨 자는 오직 오디세우스뿐이었다. 그리고 다른 이들이 뛰쳐나가지 않게 붙들었다. 오디세우스가 이렇게 해 주었기 때문에 계획이 성공한 것이다.

> 그때 나와 티데우스의 아들과 위대한 오디세우스는
> 한가운데에 앉아 있다가 당신이 우는 소리를 들었소.
> 우리 둘은 뛰쳐나가거나
> 안에서 즉시 답하기를 간절히 바랐으나
> 우리의 이런 열망에도 불구하고 오디세우스가 우리를 막고 붙들었소.
> 그러자 아카이오이족의 다른 모든 아들은 조용히 있는데
> 안티클로스만이 당신에게 대답하려 했소.
> 그러나 오디세우스가 힘센 손으로 그의 입을 틀어막았고
> 모든 아카이오이족을 구했소.
>
> 『오디세이아』 4권, 280~8

이제 20권의 맨 처음에 나오는 두 번째 사건을 살펴보자. 오디세우스가 거지로 변장해서 집에 들어갔는데, 시녀들이 구혼자들과의 정사에 대해 이야기하면서 웃는 소리를 들었다. 그는 화가 치밀어 올라 시녀들을 당장 죽일까 생각했다. 만일 그렇게 했다면 구혼자를 죽이려는 계획은 수

포로 돌아갔을 것이다. 그러나 그는 신중했다.

> 오디세우스는 자기 가슴을 치면서 이런 말로 자기 심장을 꾸짖었다.
> '참아라, 심장아. 이보다 더 개 같은 상황에도 참지 않았느냐.
> 저항할 수 없는 키클롭스가 나의 강한 전우들을 먹어 치운 그날에 말이다.
> 죽는구나 생각하던 너를 계략이 그 동굴에서 꺼내 줄 때까지
> 너는 참아냈다.'
>
> 『오디세이아』 20권, 17~21

오디세우스는 이렇게 자제했다. 이와 더불어 그는 숨기는 기술을 자주 사용했다. 특히, 만나는 사람들에게 자신의 정체를 교묘히 숨기기를 거리끼지 않았다. 그는 아내 페넬로페에게도 거짓말을 했고(19권), 아버지 라에르테스에게도 했다(24권). 여기서 페넬로페한테 자신의 정체를 숨긴 것은 정당해 보인다. 왜냐하면 자신이 누군지 페넬로페가 알게 된다면, 그녀가 의도치 않게 계획을 누설할 수 있기 때문이다. 그러나 아버지에게까지 정체를 숨겼을 때는 구혼자들이 이미 다 죽은 상태여서, 이 경우의 거짓말에는 정당한 이유가 없어 보인다. 그러니 여기서 오디세우스의 행동은 무의미하고 무례해 보일 수 있다. 그렇다면 그는 별 다른 이유 없이 또는 단지 습관적으로 남들을 속이곤 했던 것일까? 오디세우스를 공정하게 평가하려면, 그가 키클롭스에게서 도망친 후 항해하다가 어떤 연유로 고난을 겪게 되었는지 살펴야 한다. 그가 도망쳐 나오면서 키클롭스에게서 자신의 이름을 밝힌 것이 문제였다. 그러자 키클롭스도 자기 아버지 포세이돈의 힘을 빌려 오디세우스를 어려움에 빠뜨린 것이다. 그러나 어찌 되었든 오디세우스의 실천적 지혜에서 진실성이라는 도덕적 덕을 찾기 어려운 것은 사실이다. 단, 『일리아스』 9권에서 아킬레우스

가 오디세우스에게 "사실 나는 그자>4가 하데스의 문만큼이나 밉소. 가슴속에 품고 있는 생각과 하는 말이 서로 다르기 때문이오"(312~13)라고 말했을 때, 오디세우스까지 염두에 두고 비난한 것 같지 않다. 아킬레우스는 분명 오디세우스를 싫어하지 않았으니 말이다. 삶을 대하는 아킬레우스의 태도와 오디세우스의 태도는 달랐는데, 아킬레우스는 이 차이를 잘 몰랐던 것 같다.

오디세우스와 아킬레우스의 차이가 실천적 지혜에 있다면, 다른 전형적인 영웅들과의 차이도 이 점에서 나타난다. 물론 오디세우스도 『일리아스』의 다른 영웅들처럼 싸울 때가 있었다. 예컨대 그는 이후 구혼자들에게 자신의 정체를 드러내고 격투를 벌였고, 자기 아들과 몇몇의 충실한 하인에게 도움을 받아 그들을 전부 죽였다(누군지 거의 알려지지 않은 구혼자 무리가 아킬레우스의 적 헥토르만큼 강한 적수가 아니었던 것도 승리의 이유가 될 수 있겠지만). 그러나 이런 식의 싸움은 오디세우스에게 드문 일이었다. 용기나 강한 체력 및 싸움 기술과 같은 전형적인 영웅의 특징이 그에게 없었던 것은 아니다. 또 그는 충성심이라는 영웅의 덕도 가졌으며, 자기 전우들을 보살피려 애쓰기도 했다. 이들이 죽게 된 것은 오디세우스 때문이 아니라 자기들의 어리석음 때문이 아니었던가(『오디세이아』 1권, 5~9). 그러므로 오디세우스와 다른 평범한 영웅들의 차이는 그가 다른 덕을 결여했다는 점이 아니라 그가 지혜를 더불어 가졌다는 점에 있다. 페넬로페의 말처럼, 그는 "온갖 덕에서 빼어난" 인물이었다(『오디세이아』 4권, 725).

오디세우스는 실천적 지혜의 중요성을 알았기 때문에, 다른 영웅들에게 전형적인 덕으로 살기보다 지혜롭게 살기를 선호했다. 쉽게 말해서,

---

>4 역자주: 아가멤논을 가리킨다.

그는 힘과 머리를 다 갖추었지만 머리 쓰기를 더 좋아했던 것이다. 또 그는 일반적인 영웅들처럼 일생을 명예에 바치지도 않았다. 『오디세이아』에서 그는 집과 가족에게로 돌아가고 싶다는 바람으로 행동했다. 이는 그가 파이아케스 공주 나우시카아에게 한 말에서 잘 나타난다. "남편과 아내가 마음을 같이 하여 가정을 꾸려 나갈 때보다 더 강하고 더 뛰어난 것은 없기 때문이오"(6권, 182~4). 오디세우스가 이 목적에 환멸을 느낀 적이 없었던 이유는 아마 『일리아스』의 영웅들을 고무시켰던 명예보다 가정으로 돌아가는 것을 더 궁극적이고 근본적인 목적으로 여겼기 때문일 것이다. 지금까지 우리는 오디세우스의 지혜가 지닌 세 가지 특징을 살펴보았다. 추구할 목적을 확실히 지각하는 일, 목적 달성을 위해 최선의 수단을 찾는 일, 그리고 갈등을 일으키는 격정을 통제하는 일이 그것이다. 이 특징들은 실천적 지혜를 탐구했던 후대 철학자들의 사고에 상당히 중요한 부분으로 자리 잡았을 것이다. 앞에서 말했듯이 호메로스는 철학자가 아니라 시인이었지만, 어떤 면에서 오디세우스에 대한 그의 묘사는 실천적 지혜에 대한 철학적 설명의 원형이라고 할 수 있다.

희랍 철학자들은 아킬레우스와 오디세우스의 모습을 되새기면서 자연스럽게 어떤 일반적인 의미를, 즉 개별적인 이야기를 뛰어넘는 좀 더 보편적인 도덕적 가르침을 찾으려 했을 것이다. 그러면서 아킬레우스가 영웅의 삶을 독특한 관점에서 반성했지만 분노를 다스리지 못하고 실천적 지혜를 결여했기 때문에 비극적인 최후를 맞게 되는 모습을 눈여겨보았을 것이다. 반면, 오디세우스는 항해 도중에 그리고 고향에 돌아와서까지 무수한 위험에서 살아남았고 결국 그가 바라던 목적(이타카로 돌아와서 가족과 재회하는 것)을 달성했는데, 이는 다름 아닌 실천적 지혜 때문이었다. 그러니 지혜는 호메로스의 전통 사회가 인정했던 것보다 더 소중하고 다른 덕들보다 더 높은 지위를 차지할 만하다고 평가되었을 것이다. 이제 실천적 지혜는 단지 여러 덕 중 하나가 아니라 가장 중요한 덕으로 부상할 수 있게 된 것이다.

호메로스의 작품은 오디세우스의 지혜가 좋은 삶에 필수적임을 시사한다. 한편, 실천적 지혜가 다른 덕들과 결합된다면, 이러한 실천적 지혜는 좋은 삶의 충분조건이 될 수 있을까? 오디세우스는 지혜를 가졌지만 많은 시련과 크나큰 불행을 겪었다. 호메로스는 오디세우스를 폴리트로포스("수완이 좋은")와 폴리메티스("좋은 대안을 많이 가진")라고 표현했는데, 이에 더하여 폴리틀라스(*polytlas*), 즉 "힘든 일을 많이 겪고 견디는"이라는 수식어도 사용했다. 그러므로 호메로스가 실천적 지혜로써 모든 슬픔을 죄다 피할 수 있다고 생각하지 않았음은 분명하다. 그러나 그는 실천적 지혜가 있으면 힘겨운 과정을 거쳐도 결국 행복에 도달할 수 있다고 믿은 것일까? 오디세우스의 경우만 보면 맞는 말이다. 그러나 다들 알다시피, 하나의 사례만 가지고 일반화하는 것은 위험하다. 이제 희랍 비극에 나오는 다른 사례들도 살펴보기로 하자.

희랍 비극

이후의 많은 시인들이 호메로스의 뒤를 이었다. 그리고 어느 정도 교육을 받은 희랍인이라면 호메로스와 후대 시인들의 작품을 자주 접했을 것이다. 명성이나 영향력에서 호메로스를 능가하는 자는 없었지만, 기원전 5세기의 아테네가 배출한 세 명의 비극 시인도 그에 못지않았다. 서로 경쟁하던 훌륭한 비극 시인 세 명은 아이스킬로스와 소포클레스, 그리고 에우리피데스이다. 아테네에서는 매년 디오니소스 신을 기리는 종교 축제가 열렸는데, 이때 세 명의 시인들이 각자의 작품을 무대에 올렸다. 이들의 작품 중 많은 것이 세월의 풍파를 겪으면서 소실되었지만, 그래도 꽤 많은 작품이 지금까지 전해져 서구 문학에서 뛰어난 비극으로 평가받고 있다.

종교 축제를 위해 희곡을 썼던 만큼, 이 시인들은 신과 인간 사이의 일들을 다루었다. 신과 인간의 사이의 일을 묘사하기는 호메로스도 마찬가지였지만, 신들의 본성, 신들과 인간의 관계, 그리고 인간의 탁월함에 대한 세 작가의 생각은 호메로스의 생각과 달랐다. 또 그들 각자의 의견에도 차이가 있었다. 그러나 호메로스의 시기부터 전해 내려와 축적된 전설적 설화를 바탕으로 희곡을 썼다는 점에서 세 작가는 일치한다. 이 전설적인 설화에는 호메로스 작품의 내용도 많이 포함되었다. 그래서 호메로스 시를 해설하는 성격이 강한 작품도 일부 있었다. 그러므로 호메로스의 시기에 희랍인들이 가졌던 종교적 · 도덕적 태도와 5세기의 그들 태도를 비교하려면, 5세기의 비극시를 호메로스의 작품에 비추어 가며 읽어 보는 것이 가장 좋겠다.

호메로스 시기에서 5세기에 이르기까지 아테네는 많은 변화를 겪었지만, 전해지는 작품을 살펴보면 5세기의 아테네 문화도 여전히 전통에 뿌리박고 있음을 알 수 있다. 물론 세 명의 비극 작가는 서슴지 않고 혁신적인 신관을 도입했고, 특히 에우리피데스는 개별적인 신들의 특징을 묘사하기보다 신들을 자연의 힘으로 간주하곤 했다. 그렇지만 신에 관한 문제를 다룰 때 이들은 여전히 올림포스의 신들이라는 호메로스의 기본적인 틀을 유지했다. 또 그들은 전설적인 영웅의 모습을 재해석했다. 예컨대 『필록테테스』에서 소포클레스는 호메로스의 영리한 영웅 오디세우스를 평판 나쁜 책략가로 바꾸어 놓으면서 무척 부정적으로 그렸고, 에우리피데스는 고전적인 영웅들을 등장시켜 영웅답지 않은 면모를 보여주곤 했다. 그러나 그들이 전설 자체를 거부한 것은 아니었다. 주지주의

(主知主義)라는 새로운 경향(2장 참조)이 5세기의 아테네 비극으로 흘러 들어 왔음에도 불구하고, 저 비극 작품들을 읽어 보면 5세기의 아테네 문명이 여전히 희랍의 전통 문화에 상당한 정도로 기반하고 있다는 점을 알 수 있다. 비극 작가들은 전통 문화의 이상을 가져와서 그들의 뛰어난 문학적 기량으로 표현한 것이다. 5세기가 희랍 문명에서 "황금기"로 알려진 까닭도 부분적으로 이 비극 시인들의 활동 때문이다.

희랍 비극의 전형적인 주제는 귀족층의 특정 인물 또는 귀족 가문의 몰락이었다(공연되던 모든 희곡이 다 이렇지는 않았다). 그래서 혈통이 좋거나 높은 위치에 있는 사람이 파멸하는 모습이 나타난다. 이 불행의 원인은 불행을 맞은 당사자의 선택이나 성격일 수 있고, 아니면 다른 자의 행동일 수도 있다. 여기서 다른 자란 신일 수도 있고 인간일 수도 있으며, 희곡에 직접 등장하는 인물일 수도 있고 먼 조상일 수도 있다. 고통을 겪는 인물 중 일부는 잘못이 전혀 없고, 어떤 이는 자신의 불행한 운명을 스스로 초래하기도 한다. 그리고 호메로스 이후의 시기에 희랍에서는 신들이 인간의 휘브리스(*hybris*)를 찾아내서 벌한다는 생각이 일반적이었다. 휘브리스는 주로 오만 또는 과도한 자만을 뜻한다. 그런데 『아가멤논』에서 아이스킬로스가 코로스를 통해 '신벌(神罰)을 받을 일은 부유함이 아니라 불경건한 짓'이라고 하면서(744~54) 통상적인 믿음에 의식적으로 반대한 구절에 비추어 보면, 높은 사회적 지위나 큰 부(富)를 얻었다는 이유로 신벌을 받을 수 있다는 믿음도 퍼져 있었던 것 같다.

신들이 휘브리스를 벌할 뿐 아니라 잘못이 없는 자들까지도 신들의 질투를 살 수 있다는 생각이 널리 받아들여졌으니, 황금기의 비극 작품의 세계는 호메로스의 시에 나타난 세계보다 덜 안전해 보인다. 단, 두 시기의 차이를 부풀리지 말아야 하니, 무엇이 다른지 구체적으로 짚어 보자. 호메로스의 시에서 영웅들은 많은 위험에 처했고, 일생의 최후가 죽음이기는 가장 위대한 영웅의 경우에도 마찬가지였다. 그러나 적어도 살아 있는 동안, 영웅은 자신의 능력을 믿고 위험한 상황에 직면할 수 있었다. 그리고 신들이 인간의 행동에 끼어들 수 있었지만, 그 개입의 이유가 언젠가 죽을 존재에 불과한 인간을 신들이 질투해서는 아니었다. 반면, 비극의 세계에서는 무고한 사람도 신들을 두려워해야 했고, 신벌이 언제 누구에게 닥칠지 말할 수 있는 자는 아무도 없었다.

이러한 세계에서 덕은 도대체 어떤 역할을 할 수 있을까? 호메로스의 시에서 덕이란 위험에서의 생존과 명예 획득을 가능하게 하는 특성이나 기술이었다. 그러면 5세기 비극 작품의 덕은 운명의 힘 앞에 선 비극의 영웅을 어떻게 도울 수 있었을까? 특히, 영웅은 취할 만한 좋은 선택지가 없는 비극적인 갈등 상황에 처하곤 했는데, 이런 상황에서 지혜라는 덕은 어떤 의미가 있었을까? 이는 당대의 비극 작가들이 상당한 관심을 보인 문제이다. 이제 소포클레스의 위대한 비극 작품 중 두 편, 『안티고네』와 『오이디푸스 왕』을 살펴보면서 위 물음에 대한 답을 고찰해 보기로 하자.

아이스킬로스와 에우리피데스 역시 위 물음에 대해 많은 이야기를 했음에도 내가 굳이 소포클레스를 고른 이유가 있다. 첫째, 아리스토텔레스가 『시학』에서 인정했듯이(아리스토텔레스가 모델로 삼았던 작품이 『오이디푸스 왕』이다), 고전 비극을 가장 완전한 형태로 만든 자가 바로 소포클레스이기 때문이다. 둘째, 저 두 작품에 등장하는 영웅 개개인이 호메로스 시에 나오는 영웅들의 직접적 계승자이기 때문이다. 반면, 아이스킬로스의 희곡 특히, 『오레스테이아』는 개인으로서의 영웅이 아니라 가문 또는 나라의 운명에 초점을 맞추었고, 에우리피데스는 의도적으로 고전적 규범을 벗어난 영웅의 모습을 그렸다. 셋째, 인간 조건에 대한 "고전적인" 견해가 더 잘 드러나는 곳은, 아이스킬로스의 세계나 신들이 마음대로 또는 불합리하게 권위를 행사하는 에우리피데스의 세계보다, 신의 뜻이 하나 둘씩 밝혀지는 소포클레스의 세계이기 때문이다. 마지막으로 이 점이 제일 결정적인데, 지혜와 관련하여 가장 중요한 사항을 소포클레스가 말해 주었고, 이것이 특히 『안티고네』와 『오이디푸스 왕』에 잘 나타나 있기 때문이다.

소포클레스와 기원전 5세기의 아테네

소포클레스는 기원전 497/6년에 태어나서 406년에 죽었으니, 기원전 5세기를 거의 다 살았다. 이 시기는 그의 조국 아테네가 융성과 쇠퇴를 모두 겪은 기간이다. 세세한 사항까지 정확히 알 수는 없지만, 소포클레스가 공적인 일에 적극적이었던 만큼, 분명 그의 삶은 아테네의 역사적 사건들에 많은 영향을 받았을 것이다. 그러므로 당대 사회상과의 연관성 속에서 소포클레스의 삶과 작품을 검토해 볼 필요가 있다.

기원전 5세기에 들어와서 희랍 문명의 중심지가 아테네로 바뀌었지만, 그 이전 시기에 문화의 핵심 지역은 희랍 내륙이 아니라 소아시아(지금의 터키에 속하는 지역) 연안과 시칠리아 및 이탈리아에서 성장한 도시 국가들이었다. 그런데 5세기 초의 일련의 사건들이 아테네의 정치적 · 문화적 도약을 가능케 한 것이다. 당시 정치적 주도권은 페르시아 제국이 쥐고 있었고, 소아시아 연안의 도시 국가들은 페르시아의 지배를 받고 있었다. 그러다가 이 도시 국가들이 반란을 일으켰고 아테네인들이 이를 지원했다. 그러자 페르시아의 다리우스 왕이 반란을 제압했고, 주제넘게 도왔다 하여 아테네인들까지 공격하기로 결심한다.

다리우스 왕이 희랍을 치기 위해 대규모의 군대를 보냈다. 아테네인들은 수적으로 열세였지만 대적했고, 마지막에는 거의 아테네 단독으로 페르시아를 막아냈다. 그리고 전쟁사에 남을 기적이 일어났다. 기원전

490년, 마라톤 전투에서 아테네가 페르시아군을 대파한 것이다. 그런데 10년 뒤에 페르시아군이 희랍을 다시 점령하려 했고, 아테네는 스파르타와 연합하여 지상전과 해전에서 또 승리했다. 아테네에도 피해가 없지는 않았다. 페르시아군이 아테네인들을 포로로 잡아갔고 아크로폴리스(도시에서 가장 높은 지역으로, 도시의 중심지였다)를 파괴했다. 그런데 이것이 뜻밖의 좋은 결과로 이어졌다. 아테네인들이 아크로폴리스 복원 사업을 벌인 덕택에 웅장한 파르테논 신전과 여러 다른 신전들이 지금까지 남겨졌으니 말이다. 또 "역사의 아버지"라 불리는 헤로도토스가 민족 서사의 특징을 띤 『역사』를 써서 페르시아 전쟁 이야기를 길이 남겼다.

이제 아테네는 페르시아 전쟁에서 희랍을 구한 도시 국가로, 그리고 최고의 정치력과 군사력으로 부상하게 된다. 전쟁 기간 동안 아테네의 활약은 그 역사에서 가장 영광스러운 일이 되었고, 후대의 아테네인들은 이 사건을 회상하면서 경외감과 자긍심을 느꼈다. 그러나 아테네가 이후에 벌인 행동은 그다지 품위 있지 않았다. 많은 소규모 도시 국가들과 동맹을 맺고는 결국 이들에 군림했기 때문이다.

아테네가 희랍 패권을 놓고 팽팽하게 경쟁했던 유일한 도시 국가가 스파르타였다. 아테네가 해상 전투에 강한 만큼, 스파르타의 군사력도 뛰어났다. 그런데 스파르타 사람들은 동맹국을 거느린 아테네의 성장을 경계했고, 마침내 두 국가 간의 전쟁이 불가피하게 되었다. 이 전쟁은 스파르타가 위치해 있던 펠로폰네소스 반도의 이름을 따서 펠로폰네소스 전쟁이라고 불리는데, 기원전 431년에 시작되어 중간에 간간히 휴전하면서 404년까지 계속되었다. 전쟁의 결과는 아테네 군사력의 쇠퇴, 그리고 아테네의 패배였다. 페르시아 전쟁에 대한 헤로도토스의 이야기는 호메로스의 서사시를 닮았다고 할 수 있는데, 또 다른 위대한 역사가 투키디데스도 『펠로폰네소스 전쟁사』에서 그와 마찬가지 방식으로 나라의 비극을 묘사한다.

소포클레스는 아테네의 부흥기와 쇠퇴기를 모두 겪으며 한 세대를 살았다. 어렸을 때에는 살라미스 해전에서 페르시아와 싸워 승리한 것을 기념하는 축제의 코로스>5에서 선창자(先唱者)로 선발되었고, 성인이 되어서는 델로스 동맹의 재무관으로 임명되어 기원전 443부터 442년까지 일했다. 곧이어 동맹국 중에 사모스가 반란을 일으키자 아테네는 진압을 위해 사모스와 전쟁을 했고, 이에 소포클레스가 장군으로 선출되어 아테네의 정치 지도자 페리클레스와 함께 참전했다. 이때가 기원전 441년부터 440년이었다. 이후 기원전 420년, 아테네인들이 역병(펠로폰네소스 전쟁 초기에 아테네는 역병으로 무척 고생했다)에서 보호받기 위해 아스클레피오스를 맞이하는 의식을 행했는데, 이 당시 소포클레스가 신전이 완성될 때까지 뱀을 데리고 있는 아스클레피오스 신상>6을 자기 집에 모시고 제사를 드렸다고 한다. 이렇게 아스클레피오스에게 헌신하는 소포클레스의 모습을 보고, 아테네 사람들이 사후의 그를 영웅 덱시온("맞이하는 자")으로 받들었다고 전해진다. 413년 아테네가 시칠리아 원정에서 대패한 뒤, 소포클레스는 아테네의 프로불로스(*proboulos*), 즉 고문 위원으로 선출되었다. 그가 사망한 406년은 아테네가 펠로폰네소스 전쟁에서 패배하기 직전이었다. 이렇게 하여 소포클레스는 아테네가 최고의 영광을 누리던 시기를 직접 겪었고, 또 쇠퇴기에는 국정에 참여했다. 그러니 그는 시민의 삶이 가진 가능성과 위험을 모두 알게 되었을 것이다. 바로 이 두 측면이 소포클레스 비극의 주제가 된다.

>5 역자주: 무대에서 작품을 공연할 때 극의 배경 상황이나 등장인물들이 직접하지 못하는 다양한 이야기들을 노래로 전해 주고 분위기를 고조시키는 역할을 맡았던 합창단이다.

>6 역자주: 의신(醫神) 아스클레피오스는 뱀이 감긴 막대기를 들고 다녔다고 한다. 그래서 뱀이 감긴 막대기가 의술을 상징하기도 한다.

안티고네

소포클레스가 본격적으로 비극 작가로 활동하게 된 때가 기원전 468년이다. 이해에 그는 비극 경연 대회에 처음 참가하여 1등을 했다고 한다. 『안티고네』를 썼을 때 (기원전 443년 아니면 441년으로 추정) 그는 약 25년간의 경험을 쌓은 베테랑이자 거장이었다. 『안티고네』는 두 인물의 갈등, 오이디푸스의 딸 안티고네와 테바이의 통치자 크레온의 갈등을 이야기한다. 그런데 이는 생각의 차이에서 빚어진 갈등이기도 했다. 안티고네는 시신을 매장하는 일과 관련하여 가족의 규칙과 오랜 종교 전통을 따랐다. 반면, 크레온은 **폴리스**, 즉 도시 국가를 우선시했다. 『안티고네』만큼 철학적 관심을 불러일으키는 주제를 다룬 희곡은 흔치 않을 것이다.

『안티고네』는 이렇게 시작된다. 오이디푸스의 가족 중에 남아 있는 사람은 그의 두 딸, 안티고네와 이스메네가 전부였다. 오이디푸스와 그의 아내 이오카스테가 죽었을 뿐만 아니라, 두 아들인 에테오클레스와 폴리네이케스도 테바이의 왕위를 놓고 서로 싸우다가 모두 죽었다. 이 과정에서 폴리네이케스는 군대를 끌고 테바이를 공격했었다. 그러자 안티고네의 숙부이면서 에테오클레스의 뒤를 이은 테바이의 통치자 크레온이 이렇게 선언한다. 에테오클레스는 테바이를 위해 싸웠으니 이를 기리기 위해 매장하지만, 폴리네이케스는 군대를 끌고 와서 조국을 공격하였으니 이는 국가에 대한 반역이고 그래서 매장하지 말아야 한다고. 이 명령을 어기는 자는 돌에 맞아 죽을 것이라고.

비극의 영웅들이 그랬듯이, 안티고네도 갈등 상황에 처했다. 치욕을 겪은 자기 오빠를 묻어 주고 조국의 원성을, 특히 새로 왕위에 오른 크레온의 원망을 살 것인가? 아니면 크레온의 명령에 따르면서 사랑하는 가족을 저버릴 것인가? 안티고네의 선택은 분명했다. 그녀는 오빠를 묻어 주기로 결심한다. 크레온의 명령은 그녀에게 별 위력이 없었다. 안티고네가 말하기를, "내 가족에게서 나를 떨어뜨려 놓을 권리가 그분에게 없어"(『안티고네』, 48). 그런 다음 여동생 이스메네에게 도움을 청한다. 그러나 이스메네는 크레온의 명령을 따르라고 충고한다.

> 법을 어겨서 왕의 명령이나 권력을 넘어선다면
> 우리는 비참하게 죽게 될 거예요.
> 우리는 명심해야 해요. 우선 우리가 여자이고
> 남자들과 싸우지 않도록 태어났다는 것을.
> 다음으로 우리는 더 강한 자에게 지배받으니
> 그의 이번 명령에도 더 고통스러운 명령에도 복종해야 한다는 것을.
>
> 『안티고네』, 59~64

요즘의 독자들에게 이 충고는 비겁하고 지나치게 순종적이어 보이겠지만, 5세기 아테네 청중들에게는 틀림없이 지극히 현명하고 합당한 말로 들렸을 것이다. 그러나 안티고네는 여동생의 충고를 비겁하다고 생각하여 이를 무시한다. 그리고 혼자서 오빠를 묻어 주겠다고 다짐한다. 이스메네가 안티고네처럼 용감하지는 않았지만 저 충고는 사랑하는 언니를 걱정해서 한 말이니, 안티고네의 반응은 지나쳐 보인다. 그래서인지 소포클레스는 안티고네를 다소 매정한 말투로 표현한다. 여동생에 의하면, 안티고네는 마치 광적인 사람처럼 "무분별"하다(99).

반면, 처음에 크레온은 꽤 합리적인 자로 보인다. 그에 의하면, 누구도 조국보다 친구를 더 중요하게 여겨서는 안 된다(182~3). 따라서 폴리네이케스가 친척이기는 하지만, 나라의 적에게 주어지는 벌을 받아 마땅하다. 크레온은 코로스를 향해 이렇게 말한다.

또한 나는 조국의 적을 내 친구로
여기지 않을 것이오. 우리를 지켜 주는 것이 조국이고,
조국이 올바로 항해해야 우리가 친구를
사귈 수 있다는 걸 알기 때문이오.
나는 이러한 정책으로 이 나라를 키울 것이오.

『안티고네』, 187~91

모든 아테네인들이 이러한 정서를 공유했을 것이다. 두 차례에 걸친 페르시아의 침공에 맞서 싸우고 살아남으면서, 아테네인들은 개인의 미래가 조국의 운명에 달려 있음을 피부로 느꼈기 때문이다.

단, 그렇다고 폴리네이케스의 시신을 들판에 버리라는 크레온의 명령에 모든 아테네인이 찬성하지는 않았을 것이다. 아닌 게 아니라, 『안티고네』의 초반에 코로스는 이런 행동이 문제가 될 수 있다는 복선을 준다. 크레온이 자신의 계획을 선포했을 때 코로스가 말하기를,

메노이케우스의 아들 크레온님,
이 나라를 배반한 자와 이 나라를 사랑하는 자를
그렇게 다루시는 게 만족스러우시군요.
산 자들과 죽은 자들에 대해 당신이 원하는 대로
어떤 법이든 내리는 일이 당신의 권력 안에 있기는 합니다.

『안티고네』, 211~14

위 내용은 크레온에 대한 전폭적인 지지라고 보기 어렵다. 왜냐하면 곧이어 파수꾼이 등장하여 누군가 의식을 치르고 시신을 묻어 주었다는 소식을 전하자, 코로스가 "이번 일은 신이 하신 일이 아닐까"라는 생각이

든다고 말했기 때문이다(279). 이후, 코로스는 인간의 재능에 대해 노래하는데, 그 마지막 부분은 아래와 같다.

기대 이상으로
창의적인 기술을 가진 자는
때로는 나쁜 길로 가고
때로는 좋은 길로 간다네.
그가 나라의 법과 신들에게 맹세한 정의를 존중한다면
그의 나라가 융성할 것이나, 감히 못된 일과 함께하려 드는 자는
나라를 갖지 못하네. 그런 짓을 한 자는 내 난로 근처에 못 올 것이고
나와 생각을 같이하지도 못할 것이네.

『안티고네』, 365~72

위에서 코로스는 크레온의 정책으로 나라가 유지되고 있기는 하지만 이것이 지하 세계 신들의 올바른 말을 무시하고 내린 정책이라는 점을 걱정하고 있다. 명령을 어겼다 하여 안티고네를 잡아다가 크레온 앞에 앉히자, 안티고네는 신들에게 호소하면서 자신을 변호한다.

제게 그 명령을 내린 분은 제우스가 아니었어요.
또 지하의 신들과 함께 사는 정의의 여신도
사람들 사이에 그런 법을 정하지 않았지요.
또한 저는 죽기 마련인 당신의 명령이
신들의 변함없는 불문율을 넘어설 정도로
강력하다고 생각지 않았습니다.
그 불문율은 어제 오늘 생긴 것이 아니라 영원히 살고,

어디서 왔는지 아무도 모르기 때문이에요.

『안티고네』, 450~7

이제 크레온과 안티고네 사이에 불거진 갈등의 원인이 선명해졌다. 안티고네는 국가의 권위를 인정하지 않았고, 이 점에서 그녀는 잘못을 범했다. 그러나 크레온은 더 심각한 잘못을 저질렀다. 신들의 권위를 인정하지 않았기 때문이다. 그는 유한하고 한시적인 힘을 무제한적이고 절대적인 신들의 권위보다 더 우위에 놓은 것이다. 이제 안티고네의 말을 들은 사람들은 크레온이 틀렸다고 생각하기 시작했고, 안티고네에 대한 연민이 생겨나게 된다.

이렇게 대중의 마음이 안티고네 쪽으로 쏠리면서, 크레온은 현대적인 의미에서의 폭군에 점점 더 가까워진다. 사실 파수꾼을 만났을 때부터 이미 크레온은 자신이 현명하지 못한 통치자라는 것을 스스로 보였다. 왜냐하면 그는 시신을 묻은 자로 파수꾼을 지목했기 때문이다. 크레온이 파수꾼에게 돈을 벌려고 나라를 판 셈이라고 비난하자, 파수꾼이 이렇게 답한다. "잘못 판단한다는 것은 얼마나 무서운 일인가!"(323) 이후 크레온의 아들 하이몬이 등장해서 사람들이 다음과 같이 생각한다고 전한다.

이 도시가 그녀를 위해 울고 있다.
모든 여인들 중에 가장 무고한 그녀가
가장 영광스러운 일로 가장 비참하게 죽는다니 …
오히려 그녀는 황금의 명예를 받을 만하지 않은가?

『안티고네』, 693~5, 699

하이몬은 안티고네와 약혼한 상태였지만, 일단 아버지에 대한 충성심을 보였다. 이것이 고전기의 희랍에서 인정되던 부자 관계였으니, 아버지에 대한 하이몬의 충실한 태도는 받아들여질 만하다. 동시에 하이몬은 크레온에게 분노를 누그러뜨리라고 간청했고, 이것이 크레온 자신을 위한 일이라고 충고했다. 코로스도 하이몬의 조언에 찬성했다. 그러나 크레온은 고집을 꺾지 않았다. 그는 아들을 "계집의 노예"라고 부르면서(756) 아들이 보는 데서 안티고네를 죽이겠다고 협박한다(사실 처음부터 크레온은 여자가 자신의 권위에 도전했다는 데에 분개하고 있었다. 이에 대해서는 484~5 참고). 하이몬은 이런 말을 남기며 퇴장한다. "아버지, 당신의 두 눈으로 다시는 저를 못 보실 거예요"(761~2).

결국 크레온은 안티고네를 석굴에 가두라고 명령했고, 안티고네는 비통한 심정을 토로하며 끌려갔다. 이후 예언가 테이레시아스가 등장한다. 그는 제단 위에 제물을 올리고 불을 붙여 보았으나 불길이 오르지 않았다고 하면서, 이것이 크레온의 탓이라고 비난했다. 하이몬이 그랬듯, 테이레시아스도 크레온에게 마음을 바꾸라고 충고한다.

> 내 아들이여, 이걸 잘 생각해 보시오.
> 모든 사람이 실수는 다 하오.
> 그러나 실수를 저지른 후
> 실수를 바로잡고 고집을 버리는 자는
> 더 이상 어리석지도 불행하지도 않소.
> 가장 불길한 일을 초래하는 것은 고집이오.
> 죽은 자에게 양보하시오.
>
> 『안티고네』, 1023~9

이때까지도 크레온은 예언가의 말을 듣지 않았다. 그는 테이레시아스 역시 돈 때문에 나라를 배신하고 있다고 나무란다. 크레온이 수그러든 것은 테이레시아스가 하이몬의 죽음을 예언하고 나서이다.

크레온은 자신의 혈육이 죽는다는 예언을 듣고 충격을 받았고, 그제야 자신의 어리석음이 가슴에 와 닿았다. 그래서 코로스의 충고를 받아들여 안티고네를 풀어 주기로 결심한다.

> 나는 결심을 이렇게 바꾸었다.
> 내가 그녀를 묶었고, 내 손수 그녀를 풀어 주리라.
> 신들의 오랜 법을 죽을 때까지 지키는 것이
> 가장 좋지 않을까 하는 생각에 두려워졌기 때문이다.
>
> 『안티고네』, 1111~14

이렇게 마음을 고쳐먹었지만, 너무 늦었다. 안티고네가 석굴 안에서 목을 맨 것이다. 크레온의 아내와 아들도 자살했다. 한때 오만하던 통치가가 이런 충격적인 사건들을 겪고 결국 "산송장"으로 몰락하는데(1167), 이는 그가 양보하지 않고 고집스럽게 행동했기 때문이다. 이제 코로스의 합창으로 극이 끝난다.

> 행복에 제일가는 것이 지혜이네.
> 신들에 대한 경의를
> 모독해서는 안 된다네.
> 오만한 자들의 큰소리는
> 큰 타격으로 벌을 받음으로써
> 늘그막에야 지혜를 가르쳐 주네.
>
> 『안티고네』, 1348~53

코로스가 말하는 지혜는 신들에 대한 숭배와 같은 뜻이다. 안티고네는 이 지혜를 가졌고, 크레온은 그렇지 못했다. 그가 이런 지혜를 얻게 된 것은 극도로 고통스러운 일을 겪고 나서였다. 앞에서 우리는 아킬레우스와 오디세우스의 모습을 보면서 지혜의 두 측면 또는 두 종류를 구분할 수 있었다. 그것은 인간과 관련된 문제에서의 좋음과 나쁨에 대한 올바른 시각, 그리고 구체적인 상황에서 해야 할 올바른 행동을 식별하는 능력이다. 그런데 『안티고네』에는 이 두 측면이 섞여 있다. 안티고네는 오빠의 시신을 매장하는 것이 올바른 행동임을 알았는데, 이는 그녀가 좋음이 무엇인지에 대해 올바른 시각을 갖고 있었기 때문이다. 반면, 크레온이 그릇되게 행동한 것은 이를 결여했기 때문이다(그가 말하기를 "손대는 모든 일마다 빗나가는구나", 1342). 이렇듯 좋음과 나쁨에 대한 앎과 올바른 행동을 택하는 능력은 긴밀히 연결되어 있는데, 이는 이후 소크라테스 철학의 두드러진 특징으로 나타나기도 한다.

안티고네와 크레온의 비극적 대립, 그리고 신들의 요구와 국가의 요구 사이의 이 비극적 갈등은 불가피한 것일까? 코로스의 저 마지막 노래는 그렇지 않다고 말하고 있다. 그 대립과 갈등이 지혜를 통해 풀릴 수 있다는 것이다. 이 경우 지혜는 국가보다 신들에게 더 충성해야 하고 국가의 법을 제정할 때에도 신들의 명령을 염두에 두어야 함을 알려 준다. 지혜를 찬양하면서 코로스는 암묵적으로 지혜롭지 못한 크레온을 비난하고 있다. 작품의 후반부에 사자(使者)가 등장하여 하이몬과 안티고네의 죽음을 알리면서 이렇게 말한다. "그는 인간이 좋은 충고를 거절하는 어리석음 때문에 재앙에 휩싸이게 된다는 걸 사람들에게 보여 주었어요"(1242~3). 비극의 원인은 안티고네가 아니라 바로 크레온이었고, 비극적 상황이 펼쳐진 것은 크레온의 고집 때문이었다. 크레온이 조금 물러섰더라면 피할 수 있었을 비극이 그 자신으로 인해 불가피하게 된 것이다. 한편, 지혜로웠던 안티고네와 하이몬은 어떠했나? 크레온의 굽히지 않는 태도 앞에서 안티고네의 지혜와 하이몬의 좋은 충고는 소용이 없었다. 이들은 고결한 마음을 지녔지만, 지혜가 이들을 파멸에서 구해 주지는 못한 것이다. 예를 들어, 안티고네가 섬겼던 신들은 크레온을 몰락하게 만들었지만 그녀를 구해 주지는 않았다. 결국 지혜는 인간의 번영에 필요조건이기는 하지만 충분조건은 아닌 것으로 드러난다.

사실 오디세우스의 귀향을 성공으로 이끌어 준 재간이 안티고네에게는 없었다. 아마 오디세우스라면 크레온이 마음을 바꾸도록 설득할 수 있었을 것이다. 안티고네는 오디세우스보다 아킬레우스와 더 비슷하다. 예컨대 아킬레우스처럼 안티고네는 이렇다 할 좋은 결과가 예상되지 않는 갈등 상황에 직면했다. 또 안티고네도 자신의 죽음을 초래할 행동 방식을 아주 단호하게 선택하고 만다. 그래서 그녀가 무대에 등장할 때마다 코로스는 그녀의 행동이 과도하다고 지적했다. 코로스는 그녀에게 이렇게 말한다. "그대는 너무나 대담하게 멀리 나아가다가 정의의 여신의 드높은 제단으로 떨어진 것이오"(852~4). 안티고네의 용기는 이스메네의 신중함과 대조적이다. 아킬레우스가 그랬듯, 안티고네도 자신과 생각을 같이하지 않는 자를 경멸했다.

또 아킬레우스처럼 안티고네 역시 자신이 속한 사회에서 멀어졌다. 가족의 비극적인 운명으로 인해 그녀는 행복한 삶에 대한 모든 희망을 버렸다. 그래서 크레온에게 "명을 다하지 못하고 죽는다면 나는 그것을 이득으로 생각해요"(461~2)라고 고백하고, 이후 이스메네에게 "내 목숨은 오래 전에 죽었어. 그리고 나는 고인들을 섬기지"라고 말하기도 했다(559~60). 그녀는 심지어 죽은 자들까지 자신의 헌신을 반기지 않을까 걱정하기에 이른다. 안티고네는 마지막으로 이렇게 통탄한다.

돌무더기로 막은 감옥으로,
들어 보지도 못한 저 무덤으로, 내가 가는구나.
아 비참하여라, 나는 이승에서도 저승에서도
산 자와도 죽은 자와도
함께 살지 못하는구나.

『안티고네』, 848~52

그러나 안티고네는 중요한 세 가지 점에서 아킬레우스와 다르다. 첫째, 안티고네는 지나친 분노로 행동한 것이 아니라, 죽은 오빠에 대한 사랑으로 행동했다. 이는 크레온에게 "저는 서로 미워하기 위해서가 아니라 서로 사랑하려고 태어났어요"라고 한 말에서도 확인된다(523). 안티고네가 오빠 폴리네이케스에게 쏟은 마음에 비해서 여동생 이스메네에 대해 보인 사랑이 덜 했던 것은 사실이지만(안티고네는 살아 있는 자보다 죽은 자를 사랑하는 것이 더 쉽다고 생각한 것 같다), 안티고네가 오빠를 위해 했던 행동의 동기 자체는 고결하다. 둘째, 안티고네에게는 전사 아킬레우스의 체력과 기술이 없었다. 그러니 크레온에 맞서는 일이 무모하다는 이스메네의 평가는 정확했다. 안티고네의 대항은 처음부터 가망이 없었던 것이다. 그런데 바로 이 사실 때문에 그녀의 행동이 오히려 더 영웅적이다. 셋째, 아킬레우스는 과도한 분노로 그릇된 행동을 했지만, 소포클레스는 안티고네의 행동을 분명 올바른 것으로 묘사했다. 그러므로 안티고네가 비록 완전하지 못했어도 비극적인 최후를 맞을 이유는 없었다. 이런 사건들을 통해 소포클레스가 이야기하려는 세계의 특징은 무엇일까? 그것은 매우 유덕한 사람들도 평온하게 살 수 없고, 오히려 덕이 그들을 파멸로 이끌 수 있다는 점이다.

오이디푸스

『오이디푸스 왕』은 『안티고네』보다 나중에 쓰였고 펠로폰네소스 전쟁 초기의 작품으로 추정되지만, 그 줄거리는 이전 시기를 배경으로 한다. 이 작품은 적어도 아리스토텔레스의 시기 이래로 희랍 비극에서 가장 위대한 작품으로 널리 평가되었다. 그래서 소포클레스가 비극 경연 대회에서 이 작품으로 2등에 그친 것은 다소 놀랍다.

맨 처음 장면에 오이디푸스는 테바이의 왕으로 한참 명성을 날리고 있다. 그는 몇 년 전 이방인으로 테바이에 왔고, 나라를 두려움에 빠뜨린 괴물 스핑크스의 수수께끼를 풀었다. 이렇게 괴물의 분노에서 테바이를 구했으니, 테바이 사람들이 그에게 고마워했고 그의 재치 있는 기지를 높이 샀다. 그래서 오이디푸스는 왕위에 올랐고, 라이오스 왕(신탁을 들으러 가던 길에 살해당했다)의 전 부인 이오카스테와 결혼했다.

그러던 중 테바이가 역병에 시달렸고, 사람들은 오이디푸스에게 구원을 요청했다. 예전에 스핑크스를 물리쳐 주었듯이 이번에도 역병에서 구해 달라고 말이다. 사제가 테바이 사람들을 걱정하면서 오이디푸스에게 이렇게 말한다.

> 저와 이 아이들이 당신의 제단 곁에 앉은 것은
> 당신을 신과 같다고 여겨서가 아니라
> 인간들 중에 제일가는 분이라고 여겨서입니다.
> …
> (경험 많은 사람들에게서 저는 그들의 조언이야말로
> 좋은 일들을 가져온다는 걸 보아 왔기 때문입니다.)

『오이디푸스 왕』, 31~33, 44~5

사제가 이렇게 부탁했을 때 오이디푸스는 이미 조치를 취한 상태였다. 델포이 신전에서 아폴론에게 도움을 요청하여 신탁을 받아 오라고 자기 아내의 오빠 크레온(『안티고네』에서 새롭게 왕이 된 자와 동일 인물인데, 『오이디푸스 왕』에서는 상당히 다른 모습을 보인다)을 보내 놓았던 것이다. 곧이어 크레온이 돌아와, 아폴론 신이 테바이 사람들에게 라이오스 왕을 죽인 자를 추방하라고 했다는 신탁을 전한다. 그러나 이때까지만 해도 도둑떼의 짓이라는 말만 분분했을 뿐 살인자의 정체는 알려지지 않았다. 그러자 오이디푸스가 이 미스터리를 해결하기로 한다.

> 내가 다시 새롭게 진실을 밝혀내겠소. …
> 그대들이 보게 되겠지만, 나는 당연히
> 이 나라와 신을 위한 복수를 돕겠소.
> 먼 친척을 위해서가 아니라
> 나 자신을 위해 …
> 왕을 죽인 자가 누구이든, 그는 그 더러운 손으로
> 나를 죽이려할 것이기 때문이오.
> 그러니 죽은 왕을 돕는 게 나 자신을 돕는 일이오.
>
> 『오이디푸스 왕』, 132, 135~8, 139~41

오이디푸스는 살인자를 추방하라는 명령을 내리고, 예언가 테이레시아스를 불러 살인자가 누군지 밝히게 도와 달라고 요청한다. 처음에 테이레시아스는 말하기를 꺼려했으나, 오이디푸스가 테바이에 대한 그의 충성심을 의심하자 결국 화가 나서 답한다. 살인자는 오이디푸스 자신이고 추악한 범죄를 저지른 죄가 오이디푸스에게 있다는 것이다. 이에 격분한 오이디푸스는 테이레시아스가 크레온과 공모하여 왕위를 빼앗으려

한다고 비난했다. 이후 크레온은 자기 여동생이자 오이디푸스의 아내인 이오카스테 때문에 간신히 처형을 면한다. 이어서 이오카스테는 예언가의 말에 마음 쓰지 말라고 오이디푸스를 안심시키며 이렇게 말한다. 라이오스가 자기 아들에게 살해당할 것이라는 아폴론 사제의 예언이 있었다. 이후 아기가 태어나자 라이오스는 하인을 시켜 아기를 산에다 내다 버리게 했다. 그리고 라이오스는 도둑들에게 살해당했다. 이오카스테가 여기까지 말했을 때, 오이디푸스는 살해자의 모습을 물었다. 그녀가 상세히 설명해 주자, 오이디푸스는 살해자가 자기 자신이 아닌지 의심하기 시작했다. 생각해 보니, 그는 테바이로 오는 길에 사람 한 명을 죽였는데, 그자의 모습이 라이오스와 닮았고 장소도 라이오스가 죽었다는 교차로와 비슷했다. 그래서 그는 라이오스가 공격받던 장면을 직접 목격한 유일한 인물인 하인을 불러, 라이오스가 한 명이 아니라 여러 명의 도둑한테 죽었다는 소문이 맞는지 다시 확인하여 이르라고 했다.

오이디푸스는 라이오스의 살해자가 자신이 아닌지, 그래서 스스로에 대한 추방 명령을 내린 것이 아닌지 의문이 들었지만, 이때까지만 해도 자신이 라이오스의 아들이라는 생각은 못하고 있었다. 이는 "내 아버지는 코린토스의 왕 폴리보스였고, 내 어머니는 도리에이스족인 메로페였소"라는 말에 나타난다(774~5). 과거에 오이디푸스는 코린토스에서 어떤 술 취한 자를 만났는데 폴리보스가 친부가 아니라는 그의 말에 화가 난 적이 있었다. 그래서 그는 델포이 신전으로 가서 자신의 출생에 대해 물었다. 그러자 아폴론은 오이디푸스의 친부가 누구인지는 알려 주지 않은 채, 그가 자기 아버지를 죽이고 어머니와 결혼할 것이며 네 아이를 낳는데 이 아이들이 그의 형제자매일 것이라고만 했다. 그래서 오이디푸스는 코린토스로 돌아가지 않기로 결심한다. 그의 말에 따르면, "이 말을 듣고 나는 … 달아났다오"(794~6). 그러나 지금 오이디푸스는 자신이 테

바이로 오는 길에 마주친 자가 라이오스인지 아닌지를 걱정하고 있다.>7

그런데 곧이어 코린토스에서 사자(使者)가 와서, 폴리보스가 죽었다는 소식과 함께 코린토스 사람들이 오이디푸스를 왕으로 모시고 싶어 한다고 전했다. 이오카스테는 사자의 이 말을 '아폴론의 신탁은 믿을 만한 것이 못된다'는 더 분명한 증거로 간주했지만, 그래도 오이디푸스는 여전히 코린토스로 돌아가기가 두려웠다. 자기 어머니와 결혼할 것이라는 신탁 때문이었다. 그러자 사자가 오이디푸스에게 두려워할 이유가 없다고 말하면서, 폴리보스와 메로페는 그의 친부모가 아니라고 밝힌다. 사자가 어린 아기였던 오이디푸스를 라이오스의 하인이자 키타이론 산의 목자에게서 직접 건네받아 왕과 왕비에게 주었고, 왕과 왕비가 그를 자식처럼 키웠다는 것이다.

이제 비로소 이오카스테가 진실을 알게 되었다. 그리고 그녀는 오이디푸스에게 출생의 비밀을 더 이상 캐지 말라고 부탁했다. 이 말을 들은 오이디푸스는 이전에 테이레시아스와 크레온을 오해했던 것처럼 아내의 뜻을 오해했다. 자신이 비천한 노예의 아들이라고 밝혀질까 봐 아내가 걱정한다고 생각한 것이다. 그래서 그는 "내 혈통이 미천하다 해도 나는 내 혈통이 어떤지 알고 싶을 것이오"(1076~7)라고 선언한다. 이 시점에 라이오스가 맞아 죽는 장면을 목격한 하인이 도착했다. 그러자 사자가 그 하인을 지목하면서, 자신에게 아기를 건네준 목자가 바로 저 사람이라고 말한다. 상황이 이렇게 되자 목자는 그 아기가 라이오스 왕의 아들임을 폭로할 수밖에 없었다. 마침내 오이디푸스는 사실상 자신이 예언을 실현시켰음을 알게 된다. 자신이 라이오스의 살인자일 뿐 아니라, 라이

>7 역자주: 현재까지 오이디푸스는 라이오스가 자신의 아버지인가에 대해서는 의심하지 않고 있다.

오스가 자기 아버지이고 이오카스테가 어머니라니!

> 아아, 모든 것이 이루어졌고 분명해졌구나!
> 오오, 빛이여, 내가 너를 보는 것이 이게 마지막이기를!
> 나는 태어나서는 안 되는 사람에게서 태어나, 결혼해서는
> 안 되는 사람과 결혼하여, 죽여서는 안 되는 사람을 죽인 것이구나!
>
> 『오이디푸스 왕』, 1182~5

진실을 알고 나서 더 이상 살아갈 수 없던 이오카스테는 목을 매어 숨지고, 오이디푸스는 자신의 눈을 찌른다. 그는 새로 왕이 될 크레온에게 자신을 내쫓아 달라고 부탁하고, 수치스러운 마음과 함께 깊은 슬픔으로 안티고네와 이스메네를 껴안는다. 이렇게 해서 극이 끝난다.

작품 전체에 걸쳐 오이디푸스는 두 가지 중요한 특징을 보인다. 첫째, 그의 성마름이다. 그는 노여워하면서 테이레시아스와 크레온 등에게 퍼부어 댔다. 둘째, 현 논의에서 이 점이 더 중요한데, 냉철한 지성이다. 왕이라면 응당 그래야 하듯, 그는 냉철한 지성으로 백성들을 이롭게 했다. 이는 그가 지혜로움으로 명성을 드높이고 있던 처음 장면에도 나타난다. 지혜를 발휘하지 못할 때도 가끔 있었지만(예컨대 출생을 더 이상 캐지 말라고 이오카스테가 부탁한 진짜 이유를 그는 알아보지 못했다), 대체로 그는 지성적으로 행동했다. 또 라이오스의 살인자를 찾는 과정에서, 그리고 자기 자신을 의심하고 나서조차도, 그는 테바이의 안녕을 위해 헌신했다. 이와 더불어 그는 출생의 비밀을 추적해 가면서 자신의 행복을 비롯한 그 무엇보다도 진실에 대한 앎을 더 중요시했고, 알기를 원하는 모습을 보여 주었다. 그래서 목자가 자신이 끔찍한 이야기를 할 수밖에 없다고 말하자, 오이디푸스는 이렇게 답했다. “그럼 나는 끔찍한 이야

기를 들어야 하는구나. 그래도 들어야겠다"(1170).

일부 해석자에 따르면, 영웅의 비극적 운명은 영웅 자신에게 있는 어떤 "결함"의 탓이므로 이 결함을 찾아야 한다. 그리고 오이디푸스가 받은 벌의 근원으로 그들이 지적하는 것은 주로 분노와 자만심이다. 그러나 이는 타당해 보이지 않는데, 이유는 두 가지이다. 첫째, 오이디푸스가 테이레시아스와 크레온에 대해 분노한 것은 사실이지만, 이것이 나쁜 결과를 초래하지는 않았다. 즉, 이 일로 다친 사람이 없다. 그러므로 오이디푸스가 테이레시아스와 크레온에 대해 분노했다고 해서 그토록 극단적인 벌을 받을 이유는 없다. 둘째, 이 부분이 더 중요한데, 오이디푸스가 겪은 비극은 살면서 그가 직접 저지른 잘못의 대가가 아니다. 그는 저주받은 것이다. 그것도 태어나기 전에 말이다. 라이오스를 죽이고 어머니와 결혼한 일, 그리고 진실을 밝힌 일, 이 모든 것은 신의 처벌이 아니라 오이디푸스가 태어나기 전에 미리 정해져 있던 운명이 실현된 결과이다.

그러나 운명을 현실로 옮기는 데에는 신들뿐 아니라 오이디푸스의 역할도 있었다. 그는 코러스에게 눈먼 자신에 대해 이렇게 말한다.

> 아폴론이셨다. 친구들이여, 아폴론이셨어.
> 내가 그 쓰라리고 쓰라린 일들을 겪게 하신 분이.
> 그러나 내 눈을 찌른 것은 다름 아닌 내 손이네.
>
> 『오이디푸스 왕』, 1329~31

이 말은 오이디푸스가 한 모든 일에 확대 적용될 수 있다. 물론 아버지를 죽이고 어머니와 결혼하도록 신들이 정해 놓았다. 그러나 사실 이 작품의 아이러니는 오이디푸스가 들은 예언이 완전히 실현되도록 이끈 것은 오이디푸스 자신의 지성이라는 점에 있다. 왜냐하면 그는 자신의 출생을 파헤쳤고 아폴론의 예언을 듣자 스스로 코린토스를 떠났기 때문이다. 더욱이 라이오스의 살해자를 추적케 한 것, 또 그 종착지가 자신에게 돌아오는데도 흔적들을 계속 따라가게 한 것은 다름 아닌 그의 지성이었다.

바로 이 지성 때문에 그는 정해진 자신의 운명을 피하지 못한 것이다. 물론 여기에는 다른 인물들의 행동도 결부되어 있다. 그런데 놀랍게도 이 작품에는 사악하고 나쁜 의도에서 행동한 사람이 아무도 없다. 테이레시아스와 크레온에 대한 오이디푸스의 분노를 제외하면, 어느 누구도 나쁜 의도를 보이지 않았다. 오히려 지위의 고하에 관계없이 모든 등장인물이 오이디푸스를 연민하고 그의 행복을 걱정하며 행동했다. 이는 오이디푸스가 아기이던 자신을 사자에게 왜 건네주었는지 물었을 때 목동이 한 말에도 나타난다.

> 주인님, 그 아이가 가여워서 다른 나라로
> 보내려고 생각했기 때문입니다. 이 사자의 나라로요.
> 그런데 이자가 아이를 지켜 준 것이 극심한 재앙이 되었습니다.
> 이자가 말한 아이가 주인님이라면, 주인님은 정말 불행하게 태어나신 겁니다.
>
> 『오이디푸스 왕』, 1178~81

이렇게 인간적이고 좋은 의도가 오이디푸스를 불행으로 빠뜨렸다니, 너무나도 충격적이다.

혹자는 진정으로 현명한 자라면 신들보다 한 수 앞서려 하거나 신탁을 무시하지 않을 것이라는 이유로 오이디푸스의 지혜에 한계나 결함이 있다고 주장할 수 있겠다. 그러나 예언을 듣고 난 오이디푸스가 어떻게 달리 행동할 수 있었겠는가? 도대체 어느 누가 그러한 운명을 소극적으로 묵묵히 따르겠는가? 게다가 이오카스테는 신탁이 잘못되었다고 확신한 적이 있었지만, 오이디푸스는 단 한 번도 이렇게 생각하지 않았다. 분명 소포클레스는 오이디푸스를 지혜로운 자로, 그리고 지혜를 덕으로 간주했던 것 같다. 결국 오이디푸스는 스핑크스를 이김으로써 테바이를 구했다. 이오카스테는 뒤늦게 사건의 전말을 알게 되었지만 과거의 자기 행동을 완전히 숨겼고, 그 결과 오이디푸스는 진실을 끈질기게 추구하게 된다. 이 작품에서 "교훈"을 얻을 수 있다면(그리고 "교훈"이라는 표현이 적절하다면), 그것은 지혜가 (『안티고네』에서 빛을 발휘한 지혜까지도) 행복을 보장해 주지 못한다는 점이다. 가장 현명한 자도 가장 큰 슬픔을 겪을 수 있으니 말이다. 행복은 일시적이고, 사람의 운명은 새옹지마와 같다. 그래서 코로스는 오이디푸스와 이오카스테에게 이렇게 노래한다.

> 지난 오래 전의 행복이
> 진정한 행복이었네. 그러나 오늘 이분들은
> 비탄과 파멸, 죽음과 치욕,
> 일컬어지는 모든 재앙을 빠짐없이 다 겪으시네.
>
> 『오이디푸스 왕』, 1281~4

결 론

지금까지 우리는 고대 희랍 문학에 덕이 어떻게 묘사되었는지 살펴보았다. 호메로스의 작품을 시작으로 하여, 호메로스의 시대에 지혜가 여러 덕 중 하나로 인정되었으나 가장 중요한 덕은 아니었음을 확인했다. 『일리아스』에서 용기, 충성심, 강한 체력이라는 군인의 덕이 지혜보다 더 중요했다. 당시 영웅에게 삶의 목적은 명예였고, 명예를 얻을 수 있는 가장 중요한 통로가 바로 군인의 덕이었다. 단, 시대상은 논외로 하고 호메로스의 서사시 자체만 놓고 보면, 지혜가 상대적으로 좀 더 중요하다는 주장이 가능하다. 아킬레우스도 지혜의 한 형태를 가졌으나 (그는 당대 가치 체계의 한계를 꿰뚫어 보았다) 결국 비극적인 운명을 맞게 되는데, 이는 그가 다른 형태의 지혜를 결여했기 때문이다. 격정을 통제하거나 적절한 행동 방식을 결정하는 실천적 능력 말이다. 반면, 오디세우스는 두 번째 형태의 지혜를 가졌기 때문에, 바다에서 10년의 풍파를 겪고도 살아남아 무사 귀환했다. 오디세우스가 좋은 삶을 이해하는 방식은 전형적인 호메로스의 영웅의 이해 방식과 다소 달랐고 그에게는 가정을 지키는 것이 중요했는데, 그가 이 목적을 달성할 수 있었던 것도 바로 그의 지혜 때문이었다.

소포클레스의 비극에 오면, 지혜는 제일 중요한 덕으로 부각된다. 그러나 소포클레스의 세계는 호메로스의 세계보다 훨씬 불확실하다. 호메로스의 세계에서 덕을 가지면 (적어도 단기적으로는) 성공과 명예를 얻을 확률이 높았다. 반면, 소포클레스의 작품에서는 덕을 통해 고귀해질 수는 있어도 성공하지 못하는 경우가 잦았다. 예컨대 안티고네와 오이디푸스 모두 일종의 지혜를 가졌다. 오이디푸스라는 인물의 가장 큰 특징이 진실을 알고자 하는 욕구임은 물론이고, 안티고네도 오빠의 매장을 요구하는 신들의 뜻을 알고 있었다. 그러므로 안티고네가 비참하게 죽게 된 것은 그녀에게 지혜가 없어서가 아니었다. 그것은 그녀의 숙부이자 테바이의 통치자인 크레온이 지혜롭지 못했기 때문이었다. 오이디푸스가 고난을 겪게 된 것도 그가 지혜를 결여했기 때문이 아니라, 수그러들지 않는 그의 호기심 때문이었다.

위의 네 가지 특징을 일반화하여 결론을 내려도 좋다면 이렇게 정리할 수 있겠다. 여러 덕들이 있는데, 이 중에서 지혜가 가장 중요하다. 지혜가 없으면 재난에 빠질 수 있고, 지혜로우면 행복을 추구하는 데에 큰 도움이 된다. 그러나 지혜조차도 행복을 보장하지는 못한다. 가장 현명하고 가장 유덕한 영웅도 운명에 의해 불행한 삶으로 내몰려 파국을 맞을 수 있다.

이것이 덕과 지혜 및 좋은 삶의 관계를 바라보는 전통적 시각이었고, 호메로스와 소포클레스가 이 시각을 가장 빛나게 표현했다. 그런데 소크라테스를 시작으로 희랍의 철학자들은 이 전통적 관점을 거절했다. 물론 각 철학자마다 거절의 정도 차이는 있다. 그러나 대체로 이들은 덕과 성공이 그토록 밀접히 연관된다는 생각에 문제가 많다고 보고 이 생각을 받아들이지 않았다. 이제 그들은 덕과 좋은 삶을 더욱 긴밀하게 연결시키려고 한다. 그 구체적인 내용을 다음 장에서 살펴보자.

2
소피스트들과 소크라테스

앞 장에서 우리는 희랍 문학 작품에 덕과 앎이 어떻게 묘사되었는지 개괄해 보았다. 이제 철학에 대해 살펴볼 차례이다. 기원전 5세기, 고대 희랍은 윤리적 문제에 대해 철학적으로 논하기 시작한다. 이 논의가 활발하게 이루어지는 데에 가장 많이 공헌한 자는 소피스트라고 불리는 다양한 사상가들의 집단과 저 유명한 철학자 소크라테스이다. 소피스트와 소크라테스 이전 시기에 희랍 철학자들이 관심을 쏟았던 대상은 주로 우주와 실재의 본성이었다. 그런데 소크라테스와 소피스트들은 윤리학을 철학적 탐구의 중요한 영역 중 하나로 자리매김하게 만들었다. 윤리학의 이러한 학문적 지위는 지금까지 이어지고 있다.

위기에 처한 가치: 소피스트들

소피스트들의 움직임은 기원전 5세기 희랍에서 시작되었는데, 이 시기는 1장에서 논의된 희랍 문학의 "황금기"에 해당된다. 희랍 비극 작가들의 작품과 헤로도토스의 역사서 속에서 희랍의 전통 문화가 꽃 피우고 있을 무렵, 펠로폰네소스 전쟁이 일어나 그 문화에서 인정되던 가치에 대해 의구심을 일으켰고, 나아가 가치가 위기에 처하는 상황이 초래되었다. 또 이 전쟁은 아테네인들을 경직되게 만들었다. 이전에 그들은 자신들의 고귀한 이상주의에 자부심을 가지고 있었으나, 전쟁을 치르면서 냉소적으로 되었고 그들 사이에 비도덕적인 분위기가 형성된 것이다. 전쟁이 발발하던 시점과 비교했을 때 전쟁 이후에 그들의 태도가 어떻게 변했는지, 아테네의 정치가인 페리클레스의 장례 연설(투키디데스, 『펠로폰네소스 전쟁사』, 2권[>1] 참조)과 멜로스 회담(같은 책, 5권 참조)을 대조해 보면 쉽게 알 수 있다. (멜로스는 아테네인들이 포위하고 결국 파괴시킨 도시 국가이다. 투키디데스는 멜로스 회담에서 아테네 사절단과 멜로스의 정치 지도자 사이에 오갔던 토론을 묘사했다)[>2] 그런데 많은 아테네인들은 소피스트들이 이러한 도덕적 타락에 일조했다고 생각했다.

소피스트라고 하면 보통 우리는 자기 주장을 관철하기 위해 틀린 추론으로 궤변을 펴는 사람을 가리킨다. 이렇게 "소피스트"라는 명칭은 부정적인 의미로 쓰인다. 그러나 문자 그대로 풀이하면 이 말의 뜻은 "현인(賢人)"이다. 그래서 소피스트 중 가장 위대한 인물인 프로타고라스는 자신을 소피스트라고 부르는 것을 부끄러워하지 않았다. 또 소피스트들의 입장은 다양하다. 그래서 이들의 입장을 획일적으로 일반화하는 것은 위

>1 역자주: 원문에는 1권으로 되어 있지만, 실제로 2권에 내용을 담고 있어 옮긴이가 바로 잡는다.

>2 역자주: 장례 연설에서 페리클레스는 아테네의 민주정에 대한 상당한 자부심을 표했다. 페리클레스에 의하면, 아테네인들은 개인의 자유를 존중하면서, 동시에 나라의 중대한 문제와 관련해서는 서로 결속하고 적극적으로 참여하는 높은 시민 의식을 가진다. 반면, 멜로스 회담에서 아테네인들은 정의를 강자에 의한 약자의 지배로 묘사하는 등, 상당히 세속적인 정의관을 보인다.

험한 일이다. 이들은 희랍의 이 도시 저 도시로 옮겨 다니면서 수업료를 받고 사람들을 가르쳤다. 그들이 가르친 내용도 다양했다. 일부는 수학과 천문학을 강의했고, 일부는 말의 의미를 가르쳤다. 그러나 그들은 무엇보다도 수사술, 즉 공중에게 연설하는 기술을 가르친 것으로 유명하다. 수사술은 정치적 리더십과 관련해서 중요했다. 당시 거의 대부분의 희랍 도시 국가, 특히 아테네와 같은 민주정에서, 인간의 탁월함(덕)은 정치적 리더십과 밀접하게 연관되어 있었다. 정치 지도자가 되기 위해 무엇보다도 공중 연설을 능숙하게 해야 했다. 자신의 정치적 견해와 정책이 옳다는 것을 시민들에게 설득해야 했기 때문이다. 그러므로 많은 사람들이 소피스트에게 수업료를 내고 교육 받기를 바랐다.

소피스트는 여러 나라를 이동하면서 생계를 꾸려 나갔기 때문에, 예를 들면 아테네의 법과 코린토스의 법이 다르다는 사실을 알게 되었다. 그런데 아테네 시민 또는 코린토스 시민은 당연히 각자 자기 나라의 법이 정의의 표본이라고 여겼을 것이다. 그러니 소피스트는 예컨대 아테네에서 정의론을 펼칠 때 코린토스의 법이나 관습에 호소할 수 없었다. 따라서 소피스트들은 과연 정의가 전적으로 노모스(*nomos*), 관습 또는 지역적 풍습에만 기반하고 있는지, 아니면 자연(퓌시스, *physis*)에 토대를 두는 어떤 면이 정의에 있는지 묻게 되었다. 소피스트와 관련된 많은 이론들이 바로 이 문제를 해결하려는 시도에서 생겨났다.

저 문제에 대해 희랍인들이 갖고 있던 전통적인 답변은 정의란 신에 의한 상벌이라는 것이었다. 즉 신들이, 특히 제우스 신이 정의에 영예가 따르고 부정의는 처벌받는다는 것을 보장해 주었다. 이러한 생각의 흔적은 적어도 호메로스의 『오디세이아』에까지 거슬러 올라가 찾을 수 있다. 많은 희랍 도시 국가의 시민들이 그들의 특수한 법을 신적 정의의 실현으로 간주했고 신들이 그 법을 뒷받침해 준다고 믿었다. 예컨대 아이스킬로스는 『오레스테이아』 3부작의 마지막 작품인 「에우메니데스」에서, 아테네에 아레오파고스(*areopagus*), 즉 살인 재판을 위한 법정을 수립한 것을 아테네 여신이 한 일로 묘사했다.>3 이런 식으로 희랍 시민들은 보통 자기 나라의 법이 신적인 보편적 정의에 토대를 두고 있다고 여겼다.

그러나 소피스트는 이 전통적 정의관을 대부분 버렸다. 예컨대 프로타고라스는 신들의 존재에 대해 솔직하게 의문을 표한다.

> 신들과 관련해서, 나는 그들이 존재하는지 존재하지 않는지, 또는 그들이 어떤 모습인지 말할 수 없다. 왜냐하면 그 불분명함과 인생의 짧음 등 앎을 방해하는 많은 것들이 있기 때문이다(단편 4).

왜 프로타고라스는 위와 같은 불가지론(不可知論)을 주장했을까? 아마도 그가 희랍의 여러 도시 국가를 방문하던 중에, 신이 서로 다른 법들을, 심지어 모순되는 법들까지 정당화한다고 일컬어지는 상황을 접했기 때문일 것이다. 또는 소크라테스 이전 철학자들의 영향 때문일 수도 있다. 왜냐하면 이들은 자연에 관해 탐구하면서 호메로스의 신들을 대체할 여러 대안을 내놓았기 때문이다. 올림포스 신들에 대한 일반인의 믿음은 프로타고라스에게 소박하게 보였을 것이고, 그는 이 소박한 믿음이 좀 더 "현대적인" 시각으로 대체될 필요가 있다고 여겼을 것이다. 그가 신들의 존재에 대한 물음에 답하기를 거부한 것 자체가 분명 상당히 현대적이고 급진적인 변화이다. 왜냐하면 신들의 존재와 모습에 대해 모르겠다고 하면서 오이디푸스 왕의 공연을 뒤로 하고 떠나는 아테네인을 좀처럼 상상할 수 없기 때문이다.

>3 역자주: 「에우메니데스」, 680~710 참조.

이렇게 프로타고라스는 법의 영역에서 신이라는 버팀목을 배제했기 때문에, 그는 법적 제도를 지탱해 줄 다른 근거를 찾아야 했다. 당연히 학생들은 그에게 신의 의지가 아니라면 무엇이 정의의 토대인지 물었을 것이다. 프로타고라스는 이 물음에 답하기 위해 인간의 본성에 주목했다. 그가 말하기를, "인간은 만물의 척도로서, 그러한 것들에 대해서는 그러하다는 것의 척도이고, 그러하지 않은 것들에 대해서는 그러하지 않는다는 것의 척도이다"(단편 1).>4 소피스트의 견해 중에 가장 유명한 이 짧은 문장은 여러 가지 해석에 열려 있다. 아마 프로타고라스가 이 문장을 통해 말하고자 했던 전부는 '우리에게 무엇이 정의롭고 정의롭지 않은지 결정하는 것은 국가의 시민인 우리에게 달려 있다'는 점, 그리고 '우리의 결정이 옳음을 입증하기 위해 신과 같은 외부 기준에 기대어서는 안 된다'는 점이었을 것이다. 이 해석에 따르면, 정의가 무엇인지 결정하는 자는 집합적 의미에서의 사람들이다. 그리고 저 문장이 "만물"을 언급하고 있긴 하지만, 프로타고라스는 자신의 인간 척도설을 정치 영역 이외에까지 적용하는 것을 고려하지 않았을 수 있다(결국 그가 가르치겠다고 주장한 것은 정치적 탁월함이었다). 그러나 『테아이테토스』에서 플라톤이 제시한 해석에 따르면, 이 주장은 모든 진술의 진리치에 대한 궁극적 판단자가 개인이라는 점, 그래서 어떤 진술은 그 진술을 믿는 개인에게 참이라는 점을 의미한다. 달리 말해서, 플라톤에게 프로타고라스는

>4 역자주: '그러하다'로 번역한 희랍어는 "einai"이다. 이는 영어 "to be"에 해당된다. 보통 "to be"하면 우리는 대체로 존재를 떠올린다. 그런데 C. H. Kahn에 의하면, 희랍어 "einai"의 기본적인 의미는 '그러함(to be so, to be the case)' 또는 '참임(to be true)'이다. 물론 "einai"가 '존재함(to exist)'이라는 의미로 사용될 때도 있는데, Kahn에 따르면 이는 '그러함'의 특별한 경우이다("The Greek Verb 'to be' and the Concept of Being", *Foundation of Language*, vol. 2, 1966). Kahn은 이렇게 주장하면서 프로타고라스의 위 단편을 예로 들고 있다. 옮긴이는 Kahn의 견해를 수용하여, "einai"를 '그러함'으로 옮긴다.

어떤 진술의 진리치가 개인의 지각에 따라 상대적이라고 보는 주관적 상대주의자로 비춰졌다.

프로타고라스가 저 유명한 인간 척도설로 말하고자 했던 바가 무엇이든, 그가 일종의 상대주의자인 것만은 분명하다. 왜냐하면 그는 진리를 판정하는 데 있어서 사람들의 합의보다 더 상위의 기준을 찾을 수 없었기 때문이다. 만일 아테네인들과 코린토스인들의 법적 견해가 일치하지 않는다면, 아테네인들이 제정한 법은 그들에게 정의롭고, 코린토스인들이 제정한 법은 코린토스인들에게 정의롭다. 이런 견해를 갖고 있었기 때문에 프로타고라스는 각 지역 정부의 심기를 건드리지 않으면서 여러 나라에서 가르칠 수 있었다. 왜냐하면 그는 다양한 도시 국가 출신인 학생들에게 각자 모국의 법을 준수해야 한다고 진심으로 주장할 수 있었기 때문이다. 그의 생각을 간단히 정리하면 이렇다. 각 나라의 법은 퓌시스 또는 자연이 아니라 노모스 또는 관습에 기반을 두고 있다. 그렇지만 이 사실이 각국의 법이 갖는 권위를 약화시키지는 않는다.

이 주제와 관련하여 모든 소피스트들이 프로타고라스에게 동의한 것은 아니다. 즉, 모든 소피스트들이 프로타고라스와 같은 상대주의자인 것은 아니다. 예컨대 아테네 사람인 안티폰에 따르면, 관습의 산물인 나라의 법 말고, 그와 다른 자연의 법이 존재한다. 노모스에 기초한 나라의 법은 사람의 본성을 거스르는 많은 것들을 하라고 요구하는 반면, 자연의 법은 사람들에게 자신의 이익에 따라 행동하라고 명령한다. 예컨대 적에게 해를 입히는 것이 나 자신에게 이익이 될 수 있다. 그러나 나라의 법은 자기 방어가 아니라면 이를 금한다. 이렇게 노모스와 퓌시스가 충돌할 때 우리가 해야 할 현명한 행동은 공적으로 감시를 받을 때 국가의 관습을 지키되 적발되지 않을 것이라는 확신이 들 때에는 사적으로 본성에 따르는 것이다. 한편, 이런 식의 이론은 인간의 "진정한" 이익 또는 본성적인 이익이 무엇인가에 대한 설명을 제시해야 하는데, 소피스트들은 그렇게 하지 못했다. 안티폰은 사람들이 본성적으로 사리사욕을 채우는 쾌락을 좇는다고 가정한 것 같다. 플라톤의 『국가』에서 소피스트인 트라시마코스도 인간 본성을 이와 유사하게 그렸는데, 트라시마코스가 파악한 방식은 이보다 훨씬 더 극단적이다(3장 참조). 만일 이것이 진정한 인간 본성이라면, 분명 좋은 삶과 덕은 희랍인들이 전통적으로 믿어 왔던 것과 다를 것이다.

그런데 소피스트들은 인간 본성과 정의 및 덕과 법에 대한 전통적인 믿음을 그들 자신의 새로운 견해로 대체하는 데에 성공하지 못했다. 이 실패의 원인을 진단해 보면 다음과 같이 간추릴 수 있겠다. 첫째, 그들 내부의 불일치 때문이다. 조금 전에 살펴본 프로타고라스와 안티폰의 의견 차이가 그 예이다. 프로타고라스가 법이 신적인 토대를 갖는다는 믿음을 비판했을 때 대부분의 소피스트들이 그에게 동의했을 수 있지만, 무엇이 이 토대를 대신할 것인가의 문제에서 그들은 의견의 일치를 보지 못했다. 둘째, 그들 제안의 급진적 성격 탓이다. 그들의 주장은 희랍 시민들을 길러온 전통과 너무나 크게 어긋나서 일반 대중의 공감을 이끌어 내기가 힘들었다. 셋째, 소피스트의 실질적인 역할은 훌륭한 정치적 지도자를 배출하는 것이었는데, 그들이 개진한 새로운 이론이 이 일에 기여한 바가 별로 없었기 때문이다. 한 국가 내에서 대립하는 당의 지도자들 사이에 의견 충돌이 발생할 수 있는데, 프로타고라스의 상대주의는 이 문제를 해결할 방법을 전혀 제공하지 못했다. 국가가 따라야 할 행동 방침을 정하는 논쟁 상황에서, 자연히 시민들은 어떤 행동이 진정 더 나은지 결정하기 위해 정의나 이익의 객관적 기준을 찾으려 했을 것이다. 그러나 프로타고라스의 입장에 따르면, 위 상황에서 그러한 객관적 기준을 찾을 수 없다. 왜냐하면 어떤 행동이 옳은지는 그 행동에 관한 법이 제정된 이후에만 결정될 수 있기 때문이다!

비록 소피스트들이 기존의 전통을 그들 자신의 견해로 대체하는 데에 성공하지 못했지만, 전통에 대한 대중의 확신을 흔들어 놓은 것은 사실이다. 예컨대 그들이 학생들에게 각국의 법은 신이 아니라 관습에 기반을 두고 있다고 가르치자, 법에 대한 학생들의 신뢰가 약해질 수밖에 없었다. 왜냐하면 앞 세대 사람들이 내린 결정을 왜 신성한 것으로 간주해야 하는지 그 이유가 모호해지기 때문이다. 5세기에 얼마나 많은 희랍인이 전통적인 도덕 관념을 버리고 소피스트의 관점을 수용했는지는 분명하지 않다. 아마 소수에 불과했을 것이다. 그러나 여기에 젊은 세대의 아주 총명한 자들이 포함되었고, 바로 이들이 소피스트의 주된 제자였다. 그리고 소피스트가 옛것을 자신의 이론으로 전환하는 데에 성공했는가와 상관없이, 그들의 활동은 중요한 문화적 현상으로 여겨졌다. 이는 뛰어난 희극 작가인 아리스토파네스의 『구름』(이 작품에 대해서는 아래에서 좀 더 살펴볼 것이다)에서 확인할 수 있는 사실이다. 여기서 아리스토파네스는 소크라테스 이전 철학자의 견해와 더불어 소피스트들의 입장도 재치 있게 풍자했는데, 만일 소피스트들의 활동이 하찮은 사건이었다면 아리스토파네스의 주목을 받지 못했을 것이다.

그렇다면 소피스트들이 당대 사회에 미친 실질적인 영향은 전통적인 도덕관에 대한 대중의 신념을 깨뜨렸다는 점이었을 것이다. 그러나 그 전통을 새로운 설명으로 만족스럽게 대체하지는 못했다. 한편, 혹자는 전통을 대체할 대안이 제시되지 못했다는 점에 주목하여, 도덕과 비도덕을 구분하는 것이 아무 근거도 없는 일이라고 주장할 수 있겠다. 달리 말해서, 도덕적 회의주의자의 길을 택할 수 있겠다. 물론 도덕적 회의주의자의 눈으로 보면, 모든 도덕적 판단에 논쟁과 의심의 여지가 있을 뿐 아니라, 올바른 행동의 기준을 정하려는 기획 자체가 가망이 없게 된다. 그런데 소피스트들 자신은 회의주의자가 아니었다. 왜냐하면 소피스트들은 도덕적 판단의 토대에 대한 자신의 설명이 전통적인 도덕관보다 더 우월하다고 확신했기 때문이다. 그런데 그들은 자신의 견해로 전통을 대체하는 데에 실패했고, 도덕적 회의주의는 바로 이러한 실패의 유산이었다.

전통을 따르던 많은 희랍인들이 소피스트의 활동이 초래할 회의주의적 결과를 알고 있었고, 그래서 그들은 대체로 소피스트에 대해 언짢게 반응했다. 소피스트들은 특히 보수 성향을 가진 사람들의 반발을 일으켰다. 나아가 소피스트의 교육이 아테네에서 불량한 정치 지도자를 키웠다는 믿음, 그리고 이러한 지도자 때문에 아테네가 펠로폰네소스 전쟁에서 지게 되었다는 믿음이 확산되자, 그들에 대한 반발이 더욱 증폭된다. 그런데 소피스트에 반대하던 많은 사람들 역시 곤란하게 되었다. 그들은 소피스트의 입장을 거부했지만, 철학자가 아닌 그들로서는 소피스트의 논변이 어디에서 잘못되었는지 따져 보일 수 없었기 때문이다. 이러한 상황에 처하게 되는 것은 무척 불만스러운 일이었고, 이는 소피스트를 적대시하는 자들의 분노로 이어졌다. 한편, 소크라테스도 소피스트의 주장을 거부했다. 사실 그는 소피스트의 주된 적, 그 중에도 뛰어난 적이었다. 그런데 이런 소크라테스가 소피스트들에 대한 희랍인들의 반발로 희생된 대표적 인물이니, 그의 죽음은 철학사의 아이러니 중 하나라고 하겠다.

소크라테스의 생애

소피스트들이 미친 영향이 부정적이지만은 않았다. 그들은 윤리에 관한 많은 핵심적인 물음을 명시적으로 제기하는 일을 최초로 했고, 또 생각해 볼 만한 여러 가지 문제들을 그들의 행동을 통해 간접적으로 보여 주었다. 비록 그들이 내놓은 답이 만족스럽지 못하지만, 이 물음을 제기했다는 사실만으로도 그들의 공로는 인정되어야 한다. 정의의 토대에 대한 그들의 관심은 자연히 사회에서 통용되던 모든 덕목에 대한 물음으로 이어졌다. 저 덕목들은 각각 무엇인가? 덕을 근거 지우는 것은 무엇인가? 또 프로타고라스를 비롯한 소피스트는 수업료를 받으며 자신들이 덕을 가르칠 수 있다고 주장했는데, 이는 '과연 덕이 가르쳐질 수 있는가', '만일 가르쳐질 수 없다면 어떻게 덕을 획득할 것인가' 라는 화제를 낳았다. 이와 더불어 그들은 자연적 정의와 그에 따른 삶을 비판적으로 묘사하면서, 좋은 삶의 본질을 재고해 보도록 만들었다. 좋은 삶은 쾌락적인 삶을 말하는가? 정치적으로 성공한 삶인가? 아니라면 무엇인가? 소크라테스와 그를 계승한 철학자들도 바로 이러한 질문들에 주목했다.

소크라테스는 기원전 469년에 태어났다. 소포클레스가 태어나고 27년이 지나서이다. 또 이 시기는 페르시아 전쟁에서 아테네가 활약하던 시기(1장 참조)이자, 펠로폰네소스 전쟁이 발발하기 40년쯤 전이기도 하다. 그러므로 소크라테스의 생애에서 절반은 아테네가 정치적 · 문화적으로 번성하던 시기에 해당되고, 죽기 전의 30년 정도는 아테네가 스파르타와 싸우다가 결국 스파르타에 패배하던 시기에 걸쳐 있다. 기원전 404년의 패배 이후로, 아테네는 정치적인 시련을 겪었고 전쟁 패배의 책임을 묻는 비방이 난무했다. 소크라테스가 잡혀 들어간 것도 바로 이 시기였다. 그가 태어났을 때 아테네 문학의 "황금기"가 막 시작되었고, 그가 죽은 기원전 399년에 그 황금기는 사실상 끝난다.

이렇게 하여 소크라테스는 아테네 문명의 절정뿐 아니라 쇠퇴와 몰락까지 지켜보게 된다. 그러나 그는 단지 구경꾼이 아니었다. 그는 5세기 아테네의 지성적 풍토를 이끈 주도적인 인물이다. 대중 사이에 그의 명성이 하도 자자해서, 아리스토파네스는 『구름』의 주역을 맡은 인물에게 소크라테스라는 이름을 붙였고, 또 소피스트와 소크라테스 이전 철학자들을 풍자할 때 그들의 이론을 소크라테스라는 인물의 입을 빌어 소개할 정도였다.

외적인 조건이나 환경만 보면 소크라테스의 높은 명성이 잘 이해되지 않을 것이다. 그는 아테네 시민이었고, 소프로니스코스라는 그다지 알려지지 않은 석공의 아들이다. 소크라테스가 이렇다 할 직업을 가졌었다는 증거는 없지만, 그 자신이 석공 일을 했을 수 있다. 그리고 플라톤의 『테아이테토스』에 따르면, 소크라테스는 자신의 어머니 파이나레테를 산파로 묘사하면서 지적인 탐구에서 그녀와 같은 산파술을 행하겠다고 주장했다. 이것이 그를 그토록 유명하게 만든 철학적 탐구 방식이다. 그러나 『변론』에서 그는 자신이 돈 때문에 산파술을 사용하는 것이 아니라고 분명히 밝혔다.

전쟁에 참여하느라 떠나 있던 시간을 제외하고 그는 전 생애를 아테네에서 살았다. 몇몇 대화편(특히 『향연』)에서 플라톤은 소크라테스가 전투에서 보인 용기를 언급했는데, 그렇다고 소크라테스가 군 지휘관의 위치까지 올라간 적은 없었던 것 같다. 소포클레스와 달리, 그는 국가의 관직을 받은 적도 없다. 그는 『변론』에서 아테네 정치가들과의 충돌을 소개하는데, 일반적인 기준에서 보아도 그들은 반가운 대상이 아니었다. 또 그는 크산티페라는 여인과 결혼하여 세 아들을 두었다. 그런데 결혼생활이 매우 행복했던 것 같지는 않다. 크산티페가 악처로 알려져 있기 때문이다. 그러나 이것은 지나치게 소크라테스 편을 든 이야기일 수 있다. 왜냐하면 다른 것에는 전혀 신경 쓰지 않고 철학에만 몰두하는 사람과 함께 사는 것은 누구에게든 쉽게 견딜만한 일이 아닐 것이기 때문이다.

소크라테스는 외모가 별로였고 들창코에 눈이 툭 튀어나와서 우스꽝스러워 보일 정도였다. 또 말하는 방식에서도 그는 우아함과 거리가 멀었다. 대화 상대자 중 한 명은 소크라테스가 쉴 새 없이 말을 하고 "제화공 이야기를 하다가 가죽 무두질공의 이야기를 하더니 요리사 이야기를 하고 또 의사 이야기를 한다"(『고르기아스』, 491a, 쪽수 표기는 Stephanus 판본을 따름)고 불평할 정도였다. 쉽게 말해서, 그는 희랍인들이 고귀하다고 여길 만한 특징을 전혀 갖추지 못했다. 그의 조상 중에 유명 인사가 있었던 것도 아니고, 대단히 부유하지도 않았으며, 정치 관직이나 군 지휘관을 맡은 것도 아니었다. 외모가 준수하지도, 수사적인 말솜씨가 뛰어나지도 않았다. 술을 잘 마셔서 절대로 취하지 않았다는 전설적인 일화가 있는데, 이것도 특이한 괴짜의 모습 중 하나일 뿐, 지금까지 계속되는 그의 명성에 걸맞은 특징은 아니다.

그럼에도 불구하고 소크라테스는 아테네의 위대한 정치가들과 대화할 수 있었다. 왜냐하면 그는 아테네 사회의 상류층의 사람들과 쉽게 접촉할 수 있었기 때문이다. 또 프로타고라스나 철학자 파르메니데스와 같은 유명한 지성인들이 아테네에 찾아왔을 때, 사람들은 머잖아 그들이 소크라테스와 대화할 것이라고 기대했다. 소크라테스의 친구와 동료들은 그를 역사가 기릴 몇 안 되는 사람 중 한 명이라고 평가했고, 소크라테스의 죽음을 묘사한 『파이돈』의 끝 부분에서 플라톤은 그가 당대의 인물 중 "가장 현명하며 가장 올바른 사람"이라고 말했다. 소피스트였던 프로타고라스는 자기보다 젊은 소크라테스와의 대화에서 진 후, 그에게 이렇게 말했다. "내가 만나 본 사람들 중에, 그리고 자네와 같은 연배 사람들 중에, 자네에게 가장 감탄했다고 … 그리고 나는 자네가 지혜로 명망이 높은 사람에 속하게 된다면 놀라지 않을 거라고 말하겠네"(『프로타고라스』, 361e).

아테네의 총명한 청년이자 소크라테스의 연인이었던 알키비아데스는 소크라테스에게 받은 충격을 다음과 같이 표현한다.

> 어떤 다른 이가 다른 주제들에 대해 논하는 것을 우리가 들을 때, 설령 그가 아주 훌륭한 연설가라고 하더라도, 말하자면 아무도 전혀 신경쓰지 않습니다. 그러나 누군가 선생님의 이야기를 듣거나 다른 사람이 전하는 선생님의 말을 듣노라면, 전달자가 형편없다고 해도, 듣는 이가 여자든 남자든 젊은이든, 우리는 몹시 놀라고 사로잡히게 됩니다. … 소크라테스 선생님의 말을 들을 때면 … 제 심장이 뛰고 눈물이 쏟아져 나옵니다. 저는 엄청나게 많은 사람들이 이와 똑같은 상태로 되는 것을 보았습니다. 페리클레스와 그 밖의 뛰어난 웅변가의 말을 들을 때 저는 그들의 연설이 유창하다고 생각했지만, 이런 것을 겪어 보지는 못했습니다. 저의 영혼은 이렇게 혼란에 빠지지도 않았고, 노예 상태가 된 듯 부아가 나지도 않았던 것입니다. 그러나 저는 이 마르시아스[전설적인 피리 연주가로, 마치 하멜른의 피리 부는 사나이처럼 혼을 빼놓는 능력이 있다]로 인해[>5] 여러 차례 이러한 상태를 겪게 되어, 이 상태로는 저의 삶이 살 가치가 없다는 생각이 듭니다(『향연』, 215d~216a).

모든 사람이 소크라테스를 칭찬한 것은 아니었다. 예컨대 소피스트였던 트라시마코스는 『국가』 1권에서 소크라테스가 말도 안 되는 소리를 한다고 비판하고, 보모가 소크라테스의 코를 닦아 주어야겠다고 비꼬기도 했다(336b~d, 343a). 『고르기아스』에서 칼리클레스는 소크라테스를 민중 선동가에 비유하고 그가 논변을 불공평하게 이끌어 간다고 비판하며, 또 철학적 지혜에 대한 소크라테스의 추구는 성인에게 적합하지 않

>5 역자주: 지금 알키비아데스는 소크라테스를 마르시아스에 비유하고 있다. 소크라테스의 논변이 청중을 압도할 정도로 뛰어나다는 의미이다.

다고 지적했다(482c~486d). 플라톤의 대화편 전체에서 볼 때, 보통 소크라테스의 끈질긴 질문으로 당혹스런 상황에 처하게 된 사람들이 그에게 불만을 표시하고 있다.

소크라테스의 친구들이 보인 헌신과 철학의 분야에서 활동하던 동시대인들이 그에 대해 가졌던 존경심, 그리고 그의 논적들이 표출한 적대감, 소크라테스에 대한 이 두 가지 반응은 사실 동일한 것으로 설명된다. 그것은 위에서 언급한 외적인 요인들이 아니라, 철학을 추구하는 소크라테스의 집념과 누구에게도 뒤지지 않는 그의 철학적 재능이다. 소크라테스에게 삶의 의미는 지혜를 구하는 데에서 찾아졌다. 철학이 곧 그의 삶이었다고 해도 과언이 아닐 것이다. 역사상 이 정도로 철학에 애정을 가진 철학자가 있을까 싶다. 그는 평범하게 태어났고 특별히 부유하지도 않았다. 귀족적인 품위도 갖추지 못했다. 그러나 그는 이러한 한계를 딛고 일어나 5세기 아테네의 지성적 문화에서 중심적인 위치를 차지하게 되었는데, 이는 철학적 탐구에 대한 보기 드문 전념과 뛰어난 기량 때문이다. 오늘날의 우리가 소크라테스의 철학을 공부하는 것도 바로 이러한 이유에서이다.

소크라테스는 윤리학을 철학적 주제로 만든 대표적인 인물이다. 이 점에서는 소피스트보다 소크라테스를 더 강조해도 좋다. 왜냐하면 이후의 철학자들이 해결하려고 시도했던 도덕적 물음들을 정식화한 자가 소크라테스이기 때문이다. 그 물음에 대해 소크라테스 자신이 제시한 답은 현재의 시각에서 보아도 매우 흥미롭다. 그는 윤리학사에서 가장 중요하게 다루어져야 할 인물, 최초의 위대한 도덕 철학자임에 틀림없다.

소크라테스와 플라톤

소크라테스의 오랜 명성과 관련해서 가장 놀라운 점은 스스로 쓴 글이 전혀 없다는 사실이다. 과거의 다른 철학자들은 직접 쓴 작품으로 우리와 만나고 있는 반면, 우리가 소크라테스를 접하는 것은 그의 제자 플라톤의 글을 통해서이다. 소크라테스의 몇몇 동료들도 그의 모습을 묘사하여 글로 남겨 주었지만, 아무래도 플라톤의 대화편이 훨씬 더 생생하고 철학적으로도 가장 예리하다. 소크라테스가 위대한 철학자들의 명예의 전당에 들어설 수 있었던 것은 무엇보다도 플라톤이 남긴 저서들 덕택이다.

플라톤은 기원전 427년에 태어났다. 이때 소크라테스는 42세였다. 플라톤은 귀족 가문 출신이어서, 소크라테스에게는 너무나 부족했던 측면, 사회적으로 인정받을 외형적 요인을 갖추고 있었다. 전해지는 이야기에 따르면, 소크라테스를 만날 무렵의 플라톤은 원래 비극 작가가 되려고 생각하던 중이었는데 소크라테스의 영향으로 계획을 바꾸어 철학에 몰두하게 되었다고 한다. 이것이 정확한 정보이든 아니든, 이 이야기는 플라톤에 관한 세 가지 중요한 사실을 반영한다. 첫째, 그는 대단한 작가였다. 아마 그는 희랍의 산문 분야에서 가장 위대한 작가일 것이고, 서양 지성사를 빛낸 철학자 중에서도 가장 섬세한 문체를 자랑할 것이다. 둘째, 그는 스승의 영향에 부분적으로 힘입어 결국 진정한 철학자가 되었다. 실제로 소크라테스와 함께 플라톤은 생존했던 철학자 중 위대한 인물로 꼽힌다. 셋째, 그는 소크라테스의 충실한 제자로서 자신의 철학적 경력을 쌓기 시작했다.

분명 소크라테스에게는 상당한 행운이었다. 철학적 능력과 문학적 능력을 제대로 겸비한 학생이 제자가 되겠다고 찾아왔고, 그래서 철학사에 자신의 이름을 남길 수 있었으니 말이다. 이렇게 재능 있는 제자를 매혹시킨 것은 물론 소크라테스 자신의 천재성이었다. 플라톤은 소크라테스 생애의 말년이 되어서야 그와 교류하기 시작했다. 흥미롭게도 대화편을 쓸 때 플라톤은 자신을 소크라테스의 가장 가까운 제자로 그리지 않았다. 사실 그가 자신을 드러낸 대화편은 『변론』과 『파이돈』뿐이다. 게다가 『파이돈』에서는 소크라테스가 독배를 든 날 자신이 그 자리에 없었다고 말한다.[>6] 그럼에도 불구하고 소크라테스가 플라톤에게 강렬한 인상을 심어 주었음에 틀림없다. 플라톤이 나이를 먹어 가면서 그리고 스승이 제기했던 물음에 대한 자기 나름의 답변을 발전시켜 가면서도, 스승에게서 받은 인상은 결코 그의 마음을 떠나지 않았을 것이다.

플라톤이 직접 썼는지 논란의 여지가 있는 일부 편지들을 제외하면, 그의 글은 거의 대화체이다. 즉, 둘 이상의 사람들이 나눈 철학적 대화이다. 대체로 학자들은 문체와 내용의 유사성과 차이를 기준으로 초기, 중기, 후기 대화편으로 분류한다. 초기 대화편에서는 언제나 소크라테스가 중심적인 인물로 등장한다. 초기 대화편에서 플라톤이 소크라테스를 상당히 섬세하고 생생하게 묘사하기 때문에, 이것이 역사적 소크라테스에 대한 충실한 기록임을 의심하는 사람은 별로 없다. 중기 대화편에서도 소크라테스가 주인공으로 등장하는데, 여기서 그는 초기 작품에 나타나지 않는 생각을 개진하기 시작한다. 거의 대부분의 학자들이 이 시기에 플라톤이 자신의 철학적 견해를 소크라테스의 입을 빌어 말하기 시작했다고 믿고 있다. 후기 대화편의 경우, 논의 주제가 소크라테스의 관심사에서 훨씬 더 멀어짐에 따라 소크라테스는 무대 뒤로 물러나게 되고, 플라톤의 마지막 저서인 『법률』에 이르면 소크라테스는 완전히 사라진다.

그러므로 역사적 인물로서의 소크라테스의 견해를 확인하려면 플라

>6 역자주: 파이돈은 플라톤이 아팠다고 전한다(『파이돈』, 59b).

톤의 초기 저서를 읽는 것이 합당해 보인다. 내가 이 장에서 다루려고 하는 것이 이 내용이다. 단, 주의해야 할 사항이 하나 있다. 나는 위에서 플라톤이 소크라테스의 제자 신분으로 철학에 입문했고 플라톤의 초기 대화편이 소크라테스와 그의 철학에 대한 가장 올바른 이해를 제공한다고 말했다. 그러나 초기 대화편들조차도 실제 대화를 가감 없이 기록한 것이 아니라는 점을 강조해야 하겠다. 예컨대 어떤 대화편은 (그 대화가 실제로 있었다면) 플라톤이 태어나기 전에 오갔을 대화를 다시 보여 주고 있다. 또 초기 대화편 중에 플라톤이 대화 자리를 함께 했다고 전하는 것은 오직 『변론』뿐이다. 그러므로 초기 저작들이 사실 그대로를 기록했다고 생각해서는 안 된다. 이들은 역사서가 아니라, 철학적이면서 동시에 문학적인 작품이기 때문이다. 플라톤의 문학적 목적은 소크라테스의 정신과 재치 있는 대화 방식을 포착하여 보여 주는 것이다. 그리고 철학적 목적 중 하나는 물론 스승의 철학을 독자에게 알리는 것이고, 다른 하나는 소크라테스가 제시한 주제를 심도 있게 파헤쳐 보는 것이었다. 그러므로 초기 대화편을 읽을 때, 플라톤이 기록하는 자가 아니라 문학적인 예술가이면서 동시에 철학자라는 점을 잊지 말도록 하자.

초기 대화편에서 우리는 다양한 상황에 놓인 소크라테스를 만나게 된다. 예컨대 『변론』에서 소크라테스는 재판장에 나와 있다. 엄격히 말하면, 『변론』은 대화가 아니라 소크라테스의 자기변호이다. 그래서 대화의 분량이 아주 적다. 또 다른 초기 대화편들은 소크라테스가 일반적인 아테네 시민이나 소피스트 또는 소피스트의 제자들과 나누는 대화를 그린다. 그런데 누구와 대화를 하든, 소크라테스는 윤리적인 문제에 관심을 보이며 이렇게 묻는다. "용기란 무엇인가?", "정의(正義)란 무엇인가?" 『메논』에서처럼, 때때로 그의 관심사는 어떤 특정한 덕이 아니라 덕 자체였고, 덕이 가르쳐질 수 있는가도 문제였다. 이것이 바로 소크라테스의 철학적 삶을 지배했던 물음들이다. 소크라테스의 삶과 철학적 관심을 이해하기 위해 대화편을 직접 검토해 보아야 할 텐데, 우선 소크라테스의 재판과 그 여파를 묘사한 대화편부터 살펴보기로 하자.

법정에 선 소크라테스

기원전 404년, 스파르타가 아테네에 승리하여 펠로폰네소스 전쟁에 종지부를 찍었고, 그러면서 아테네에 꼭두각시 정권을 만들었다. 이 정권은 스파르타에 협조적이던 아테네인들로 구성되었는데, 이를 일컬어 "30인의 과두" 또는 간단히 "30인"이라고도 한다. 아주 억압적인 과두정이었다. 그래서 민주정에 우호적이지 않던 플라톤마저 "얼마 안 가서 이자들은 이전의 민주정이 황금으로 보이게 만들었다"(『일곱 번째 편지』, 324d)고 말할 정도였다. 기원전 403년, 30인의 과두정이 전복되고 민주정이 다시 들어섰다. 그러나 4년 뒤인 399년, 소크라테스가 법정에 불려간다. 멜레토스, 아니토스 그리고 리콘이 그를 고소한 것이다. 『변론』에 의하면, 다음과 같은 죄목이다. "소크라테스는 젊은이들을 타락하게 했고, 나라가 믿는 신들은 믿지 않고 새로운 영적인 존재들을 믿는 잘못을 범하고 있다"(『변론』, 24b).

이들은 왜 소크라테스를 고소했을까? 여러 가지 이유가 있는데, 이것들 모두 저 공식적인 죄목과는 큰 연관이 없다. 첫째, 소크라테스는 아테네에서 가장 잘 알려진 지성인이었다. 앞에서 보았듯, 많은 아테네인들이 자국의 문화를 쇠퇴시키고 펠로폰네소스 전쟁을 패배로 이끌었다는 이유로 5세기의 지성인들을 비난했다. 사람들이 소크라테스의 생각을 충분히 알지 못해서 그의 생각을 소피스트나 소크라테스 이전 철학자들의 견해와 구분하지 못했던 것 같다. 아마 대부분의 사람들이 그를 "나쁜 사람들 중 하나"로 보았을 것이다.

소크라테스를 개인적으로 만나보지 않은 사람이라면(직접 만나보는 것이 그리 어렵지 않았을 것이다. 왜냐하면 그는 철학적인 대화를 꼭 사람들이 많은 장소에서 했기 때문이다), 일반적으로 들리는 평판을 가지고 그를 판단했을 것이다. 그런데 이 평판은 부분적으로 아리스토파네스가 『구름』에서 "소크라테스"라는 이름으로 등장시킨 인물의 모습에 기반하고 있음에 틀림없다. 『구름』이라는 희곡은 기원전 423년에 처음 공연되었고, 나중에 개정을 거쳤다. 우리가 현재 가지고 있는 것이 개정판이다. 내용을 간단히 살펴보자. 아들 페이디피데스가 말 경주에 빠져 있던 탓에 아버지 스트레프시아데스의 돈이 많이 들어갔고, 빚까지 지게 되었다. 스트레프시아데스는 빚을 갚지 않을 방법을 배우기 위해, 소크라테스가 운영하는 프론티스테리온(*phrontistērion*, 사색 장소)에 학생이 되겠다고 찾아간다. 그러자 소크라테스는 그에게 자연 철학의 비밀을 가르치겠다고 말하고는, 제우스의 존재를 부정하면서 "소용돌이"(소크라테스 이전 시기에 몇몇 철학자들이 우주 형성을 설명하려고 사용했던 개념이다)가 우주를 지배한다고 알려 주었다.

이후 스트레프시아데스가 학생으로 부적격 판정을 받자, 그는 자기 아들 페이디피데스에게 대신 공부하라고 설득한다. 극이 최고조에 이를 무렵, 소크라테스는 논변을 의인화한 두 인물, "올바른" 논변과 "올바르지 않은" 논변을 페이디피데스에게 소개한다. 사실 저 두 인물은 아테네의 두 세대가 가졌던 태도를 반영한다. 하나는 마라톤 전쟁을 영웅적으로 치른 기성세대이고, 다른 하나는 펠로폰네소스 전쟁을 겪은 신세대이다. 이들끼리 논쟁이 붙었다. 여기서 올바른 논변은 전통, 진리, 정의, 규율, 예절과 의무를 옹호하고, 올바르지 않은 논변은 진리와 정의의 존재를 부인하면서 방탕하고 수치스러움을 모르는 삶과 사적인 이익을 지지한다. 결국 올바른 논변이 진다. 이런 식으로 페이디피데스는 "더 못한 논리"를 사용해서 "더 나은" 논리를 물리치는 방법을 배운 것이다. 그런데 그는 아버지를 곤경에서 벗어나게 해 주기 위해 이 기술을 사용하는 것이 아니라, 아버지를 때려 놓고 이를 정당화하기 위해 사용한다. 그러자 스트레프시아데스는 빚을 갚지 않으려고 궤변을 배우러 온 것이 잘못이었다고 하면서 프론티스테리온을 불태워 버리는데, 이때 그가 마지막으로 한 말이 소크라테스와 그의 제자가 "신들을 모독한다"였다.

『구름』이 처음 공연되었을 때 큰 호응을 얻지 못했는지, 경연 대회에서 3등에 그쳤다. 그렇지만 틀림없이 사람들은 이 작품을 통해 소크라테스에 대한 편견을 갖게 되었을 것이다. 소크라테스 이전 철학자들과 소피스트들의 견해를 소크라테스 자신의 생각인 양 말하게 한 것이 아리스토파네스 자신의 아이디어인지, 아니면 대중들 사이에 이미 퍼져 있던 소문에 그가 단지 살을 붙인 것인지는 알 수 없다. 그러나 어떤 경우에든, 플라톤이 『변론』에서 밝힌 것처럼, 아리스토파네스가 소크라테스에 대한 나쁜 평판에 부분적으로 책임이 있다는 점은 확실하다. 과연 아리스토파네스의 묘사는 진실할까? 소크라테스에 대한 플라톤의 설명과 대조해 보기 전까지는 이 물음에 올바로 답할 수 없다. 지금으로서 분명한 것은, 아리스토파네스가 소크라테스를 개인적으로 알고 있었다는 점이다. 왜냐하면 이 두 사람이 『향연』에 같이 나오기 때문이다. 또 묘사의 정확성에서 보자면, 플라톤에 비해 아리스토파네스가 훨씬 떨어진다는 점도 부정할 수 없다. 왜냐하면 희극 작가는 사실을 진지하게 서술하기보다 과장하면서 재미있게 표현해야 하기 때문이다.

지금까지 우리는 왜 대중들이 소크라테스에게 적대감을 가졌는지, 그 이유를 『구름』에 나타난 지성인들에 대한 일반적 불신과 부정적으로 그려진 소크라테스의 모습에서 확인해 보았다. 이와 더불어 다음의 두 가지 사항을 추가할 수 있겠다. 첫째, 소크라테스 자신의 주장이다. 『변론』에서 그는 아테네에 자기보다 더 현명한 사람이 있는지 찾아보겠다고 하면서, 높이 평가되는 여러 인물을 시험한다. 여기에 작가와 장인뿐 아니라 정치 지도자도 포함되었다. 그런데 이렇게 영향력 있는 사람들을 살피고 난 뒤에 소크라테스가 내린 결론은 항상 똑같았다. 그들이 자처하는 바와 다르게, 어느 누구도 훌륭하고 중요한 것들을 알지 못한다는 것이다. 명망 있는 인물들이 소크라테스의 비판을 공개적으로 받고 멸시와 조롱의 대상이 되었으니, 거론된 자들의 심기가 불편했을 것이고, 특히 정치가들이 소크라테스에게 분노했을 것이다.

두 번째 사항도 아테네의 정치적 지도자와 관련된다. 그러나 아까와 달리, 이에 대한 언급은 『변론』에 나오지 않는데, 이것이 소크라테스에게 가장 불리한 내용이었기 때문인 것 같다. 당대에 모든 정치가들이 소크라테스에게 등을 돌린 것은 아니었다. 특히 세 사람이 그와 가깝게 지냈는데, 둘은 카르미데스와 크리티아스이고 세 번째가 알키비아데스이다. 앞의 두 명은 플라톤의 친척이자 위에서 말한 30인 과두에 속한다. 플라톤의 『카르미데스』에 따르면 소크라테스는 민주정의 정치인뿐 아니라 과두까지 가차 없이 시험 대상으로 삼았다고 하는데, 그럼에도 불구하고 원망을 사던 과두정의 두 멤버와 친분이 있다는 사실만으로 대중들은 소크라테스에게 의혹의 눈초리를 던졌을 것이다. 게다가 소크라테스는 민주정을 비판하는 자로 알려져 있었기 때문에, 이 의혹이 더 증폭되었을 것이다. 왜냐하면 카르미데스와 크리티아스가 소크라테스의 반민주적인 이념을 자기들 정책의 지적 토대로 교묘히 활용했을 수 있기 때문이다.

소크라테스는 카르미데스와 크리티아스보다 알키비아데스와 더 친했다. 그는 알키비아데스가 자신의 연인이라고 밝혔고, 플라톤이 『향연』에서 이들의 관계가 육체적인 것은 아니라고 했지만 연륜 있는 남성과 미소년간의 동성애는 고대 아테네에서 매우 흔한 일이었다. 그런데 알키비아데스는 펠로폰네소스 전쟁에서 아테네 패배의 직접적인 책임이 있다고 할 정도로 정치 지도자 중에 가장 악명 높은 자이다. 총명하긴 했지만 제멋대로였던 알키비아데스는 말 경주(『구름』에서 페이디피데스 역은 알키비아데스를 본뜬 것 같다)나 성적 관계 및 정치 권력에 크게 집착했던 자로 알려져 있다. 그는 아테네인들을 설득하여 기원전 415년 시칠리아로 대규모 원정을 떠난다. 그는 여기에 출전했던 세 명의 장군 중 하나였는데, 출발하고 얼마 지나지 않아 신상을 훼손했다는 혐의로 다시 아테네로 소환된다. 그러자 그는 처벌을 피해 도망갔고, 결국 스파르타 편으로 건너간다. 그리고는 스파르타에 아테네의 정보를 제공했고, 그 결과 시칠리아 원정에서 패배했다. 마침내 이 패배는 아테네 측의 전술에 심각한 차질을 일으켰다. 이후 그가 스파르타를 배신하고 아테네로 돌아왔지만, 이렇게 원칙도 없는 기회주의자의 스승으로 남는 것을 소크라테스가 좋아했을 리 없다.

『변론』은 소크라테스의 재판을 상세히 묘사하면서 소크라테스가 자신을 변호하는 모습을 보여 준다. 물론 이 대화편이 소크라테스의 실제 변론에 얼마나 근접한지 확실하게 말할 수 없다. 한편으로 소크라테스 재판은 대중적인 사건이었다. 플라톤도 그 자리에 참석해 있었으니(『변론』, 33d~34a), 많은 아테네 시민들처럼 그 역시 소크라테스의 변론 내용을 잘 알고 있었을 것이다. 그러나 다른 한편, 위에서 지적했듯이 플라톤의 대화편에서 정확한 역사적 사실을 기대할 수는 없다. 플라톤은 역사적이라기보다 철학적이고 문학적인 목적으로 글을 썼기 때문이다. 플라톤처럼 소크라테스를 따르던 크세노폰도 소크라테스의 변론에 대한 글을 남겼는데, 이는 플라톤의 것과 상당히 다르다. 물론 플라톤이 『변론』을 쓰면서 소크라테스가 재판장에서 실제로 했던 말에 어느 정도 기초했겠지만, 그는 아무래도 소크라테스의 편에 서서, 기소당한 죄목이 왜 부당한지 해명하고 사람들이 죽음으로 내몬 자가 어떤 사람인지 보여 주려 했을 것이다.

고소인들에 대한 소크라테스의 응답

『변론』의 첫 부분에서 소크라테스는 자신이 저질렀다고 하는 잘못에 대해 응답한다. 위에 언급한 편견 중 몇 가지를 그는 분명 알고 있었다. 왜냐하면 소크라테스는 불특정 다수의 사람들이 자신을 그렇게 헐뜯고 다닌다고 말하면서, 이들을 "최초의 고발자들"[>7]이라고 표현했기 때문이다. 그가 생각하기에, 최초의 고발자들이 일으킨 소문이 아니토스나 멜레토스, 리콘이 내세운 공식적 죄목보다 더 위험했다. 그는 소위 "최초의 고발자"가 다음과 같은 비방을 하고 다닌다고 말한다.

> 소크라테스라고 하는, 현자이고, 천체를 탐구하고 땅 밑의 모든 것을 조사하는 자, 더 약한 논변을 더 강한 논변으로 만드는 자가 있다(『변론』, 18b).

소크라테스는 이 허구적인 비방을 소개한 뒤 잠시 후에(19b~c) '소크라테스가 이런 것을 남들에게 가르치고 다닌다'라는 또 다른 비방을 추가하여 알려 준다.

위 풍문들은 소크라테스 철학의 특성이나 내용을 전혀 언급하지 않은

>7 역자주: 실제로 법정에 기소한 자가 아니라, 예전부터 좋지 않은 소문을 퍼뜨리고 소크라테스를 헐뜯던 자들을 일컫는다. 지금 소크라테스는 이들을 "최초의 고발자"라고 표현하면서 정식 고소인(멜레토스, 아니토스, 리콘)에 비유하고 있다(『변론』, 19b 참조).

채, 철학자 일반에 대한 상투적인 비난을 막연히 소크라테스에게 연결시키고 있다(26d). 우선 소크라테스가 천체와 지하에 있는 것들을 탐구한다고 말하면서, 소크라테스를 우주의 본성에 대한 이론을 제시했던 선대 철학자들과 연결시켰다. 또 소크라테스가 더 약한 논변을 더 강하게 보이도록 만든다고 하면서, 소크라테스를 소피스트에 포함시켰다. 왜냐하면 몇몇 소피스트들이 수사학을 가르쳐서 이렇게 되도록 만들어 주겠다고 약속하곤 했기 때문이다.

그런데 이러한 비방은 공식적인 고소와 연관되어 있다. 자연에 대한 탐구자라는 비판은 소크라테스가 신들에 대해 경건한 믿음을 갖지 않는다는 죄목으로 이어진다. 왜냐하면 소크라테스가 말했듯, "이런 소문을 들은 사람들은 자연을 탐구하는 자들이 신들을 믿지 않는다고 생각하기 때문"(18c)이다. 또 소크라테스가 더 약한 논변을 더 강한 것처럼 보이게 만든다는 비판은 그가 젊은이들을 타락하게 했다는 죄목과 결부된다. 왜냐하면 이 비판은 소크라테스가 소피스트들처럼 아테네 전통 사회에 대한 젊은이들의 존경심을 약화시키고, 수사적인 속임수를 이용해서 실제로 그 지경으로 만들었다는 인상을 주기 때문이다.

소크라테스는 이 소문이 부분적으로 아리스토파네스 탓이라고 말한다.

> 여러분은 이러한 것들을 아리스토파네스의 희극에서 보셨을 것입니다. "소크라테스"라고 하는 사람이 거기서 왔다 갔다 하면서, 자기가 공기 위를 걷고 있다고 하지 않나 다른 터무니없는 말도 많이 하고 다닌다고 말입니다. 그러나 이것들은, 큰 것이든 작은 것이든, 제가 전혀 모르는 일입니다(19c).

앞에서 살펴보았듯, 자연에 대해 탐구하고 궤변을 가르쳤다는 "비공식적"인 죄목과 신들에 대한 경건한 믿음이 없고 청소년을 타락시켰다는 공식적 죄목, 이 두 죄목 모두 이미 『구름』에 예고되어 있었다.

자연 철학자라는 비방에 대해 소크라테스는 상당히 직선적이고 사실적으로 대응하면서, 자신에 대한 아리스토파네스의 묘사가 완전히 틀렸다고 주장한다.

> 누군가 이 문제들과 관련하여 지혜롭다면, 제가 그런 앎을 무시해서 하는 말이 아닙니다. 제가 바로 **저런 죄목으로** 멜레토스에 맞서 저를 변호하지 않았으면 하는 것입니다! 아테네인 여러분, 저는 이 문제들에 전혀 관여하지 않았습니다. 저는 여러분 중 많은 분들이 증인이 되어 주십사하고, 여러분 중에 제가 대화하는 것을 들어 본 적이 있는 분들이 서로에게 알려 주시길 요구합니다. 사실 여러분 중 많은 분들이 들어 보셨습니다. 그러니까 제가 큰 문제든 작은 문제든 아무튼 이런 문제들에 관해 말하는 것을 들으신 적이 있다면, 서로에게 말해 주세요. 그러면 이렇게 하여 여러분은 많은 사람들이 저에 대해 말하는 다른 것들도 마찬가지로 거짓임을 아시게 될 겁니다(19c~d, 고딕체는 나의 강조).

최초 고발자들의 비방 중 자연 철학자라는 항목에 대한 소크라테스의 응답은 꽤 설득력이 있다. 특히, 배심원단[8]에게 증인이 되어 달라고 했기 때문이다. 그러나 궤변을 가르쳤다는 점에 대해서는 썩 성공적으로 방어한 것 같지 않다. 소크라테스는 자신이 남들을 가르치고 다닌다는 소문이 자신을 소피스트와 엮으려는 시도라고 해석하고서, "여러분이 제가 사람들을 가르치려 들고 그 대가로 돈을 요구한다는 말을 누구에게서

>8 역자주: 당시의 재판에는 판사가 따로 없고 배심원들이 투표를 통해 판결을 내렸다고 한다. 배심원들이 곧 판사였던 것이다.

든 들으셨다면, 그 말 또한 진실이 아닙니다"(19d~e)라고 답한다. 이후 그는 다음과 같이 덧붙인다.

> 여기 저를 고소한 자들이 다른 모든 죄목으로 그렇게 뻔뻔하게 저를 고소했지만, 제가 누군가에게 돈을 받거나 요구한 적이 있다는 증인을 댈 정도로 뻔뻔할 수는 없었습니다. 제가 생각하기에, 저는 제가 진실을 말하고 있다는 충분한 증인을 댈 수 있습니다. 그것은 저의 가난입니다(31b~c).

위에서 소크라테스는 소피스트들처럼 대가를 받고 가르쳤다는 잘못이 자신에게 적용되지 않는다고 말하고 있다. 그러나 위 인용문에서 소크라테스 자신이 인정했듯, 공식적인 고소인들이 보수를 받았다는 바로 이 죄목으로 그를 고소한 것은 아니다. 그들은 가르치고 보수를 받았는가가 아니라, 소크라테스가 남들을 가르쳤다는 사실만 문제 삼았을 뿐이다. 이에 소크라테스가 주장하기를,

> 저는 어느 누구의 스승이었던 적도 없습니다. 그러나 누군가가 제가 말하는 것과 제 일을 하는 것을 듣고 싶어 한다면, 그가 젊든 나이가 많든, 저는 그런 이를 거절한 적이 없습니다. 또 저는 돈을 받으면 대화하고 못 받으면 안하는 짓을 하지 않습니다. 저는 부자든 가난한 자든 똑같이 그들의 질문에 응합니다. 물론 제가 대답하면서 말하는 것들을 누군가 듣길 바란다고 하면요(33a~b).

소크라테스는 이렇게 질문에 응하며 말하는 것을 가르침이라고 보지 않았다. 만일 스승이 제자에게 이론을 전수하는 것만 가르침이라고 한다면, 그가 취한 방식은 가르침이 아닐 것이다. 그러나 소크라테스의 대화가 사례를 통해 상대방을 가르치는 방식으로 보이는 것이 사실이다. 고소인들

이 그랬듯, 만일 누군가가 소크라테스가 든 사례를 부정적으로 평가했다면, 이는 젊은이들을 타락하게 만든다는 죄로 쉽게 이어질 수 있다.

더 약한 논변을 더 강한 논변으로 보이게 만든다는 비방은 어떠한가? 분명 이것은 『구름』에 나온 올바른 논변과 올바르지 않은 논변 사이의 논쟁에서 비롯되었을 텐데, 소크라테스는 여기에서까지 아리스토파네스를 언급하지는 않았다. 대신 그는 아테네 시민 가운데 중요한 인물들과 대화하던 도중에 이런 소문이 나게 되었다고 설명한다. 앞에서 언급했듯이, 소크라테스는 정치인과 작가 그리고 장인의 능력을 시험했다. 그의 목적은 자신보다 더 지혜로운 자를 찾는 일이었고, 그런 자를 찾을 수 없을 경우 지혜롭다고 자부하는 자들이 실상 그렇지 못하다는 것을 밝히는 일이었다. 그런데 소크라테스에 따르면, 대화 상대자들과 이들 편에 있던 사람들이 자기가 무지하다는 것을 인정하지 않고 오히려 소크라테스의 말 속임수에 당했다고 판단했다. 즉, 그들은 자신들이 안다고 생각하는 바를 진정으로 아는데도 소크라테스가 간교한 술책을 써서 자기들을 못나 보이게 만들었다는 것이다. 그래서 그들은 소크라테스가 "더 약한 논변을 더 강하게 만든다"고 생각하게 되었다. 지금까지 소크라테스는 어떤 연유로 위 비방을 받게 되었는지 보여 주었다. 그런데 이상의 설명은 궤변술을 가르쳤다는 편견이 부당함에 대한 적극적인 입증은 아니다. 물론 플라톤과 소크라테스는 궤변술을 가르쳤다는 말이 허위라고 확신했겠지만, 『변론』을 통해 이 비방을 철저하게 논박하지는 못했다.

궤변의 문제를 미결로 남겨 놓고, 이제 소크라테스는 최초 고발자들이 아닌 정식 고소인들에 대한 논의로 넘어간다. 그가 받은 혐의는 두 가지이다. 신들에 대한 경건한 믿음이 없다는 것과 젊은이들을 타락하게 만든다는 것. 여기서 소크라테스는 그의 전형적인 검토 방식을 사용한다. 이것이 자신을 법정에 서게 만든 결정적인 원인이었는데도 말이다.

그는 고소인 중 한 명인 멜레토스에게 반대 심문을 하면서 이 죄목에 대해 응답한다.

가장 먼저 젊은이들을 타락시켰다는 죄목이 다루어진다. 소크라테스와 대화하면서 멜레토스는 '소크라테스를 제외한 모든 아테네인들이 젊은이들을 더 훌륭하게 만드는데 오직 소크라테스만 그들을 더 못한 상태로 만든다'고 답한다. 그러자 소크라테스는 거의 모든 사람들이 젊은이를 향상시킨다는 것이 말(馬)과 같은 다른 동물에도 적용되는지 묻는다. 그리고는 다음과 같이 주장한다. 오직 조련사(전문 지식을 가진 소수의 사람들)만 동물을 더 훌륭하게 만들고, 대부분의 사람들은 오히려 이들에게 해를 입히지 않는가?

이는 소크라테스가 즐겨 사용하는 논의 방식으로, 한쪽의 경우를 다른 경우에 유비시켜 추론하는 방식이다. 위에서 소크라테스가 하려던 추론은 '말에 대한 지식을 가진 소수 사람만 말들을 유익하게 하듯이, 인간 본성에 대한 지식을 가진 소수의 사람만 젊은이들을 더 낫게 만든다'는 것이다. 『변론』에서 소크라테스는 자기에게 이런 지식이 없다고 말하기는 했지만, 플라톤이 소크라테스를 바로 저 소수의 사람으로 여기지 않았나 하는 느낌을 지우기 어렵다. 단, 이 논변에는 약점이 하나 있다. 소크라테스가 든 유비가 성립하지 않는다는 점만 보이면, 그가 내린 결론을 간단히 피할 수 있기 때문이다. 만일 멜레토스가 영리했다면(영리하지 않았던 게 분명하다), 그는 사람에 대한 교육과 말에 대한 교육은 엄연히 다르다고 지적했을 것이다. 마치 『프로타고라스』에서 프로타고라스가 소크라테스에게 대응했던 것처럼 말이다. 프로타고라스에 따르면, 덕 교육은 장인이 전문 기술을 전수하는 것이 아니라 모국어를 가르치는 것과 같아서 모든 사람이 다 하는 일이다(『프로타고라스』, 327e~328a).

이어서 소크라테스는 누구도 고의로 악행을 하지 않는다는 자신의 대표적인 주장을 이용한다. 그의 논변을 간단히 소개하자면 이렇다. 못된 사람들과 사는 것보다 선한 사람들과 사는 것이 더 낫다. 못된 이웃들은 서로에게 해를 입히는데, 이롭게 되는 것보다 해를 입는 것을 좋아하는 사람은 아무도 없다. 그렇다면 어느 누구도 기꺼이 자기 이웃을 못된 사람으로 만들려 하지 않을 것이다. 그러므로 소크라테스가 젊은이들을 타락하게 만들지 않았든가, 만일 타락하게 만들었다면 그것이 고의로 한 일이 아니든가, 둘 중 하나이다. 만약 소크라테스가 젊은이들을 타락시킨 것이 고의가 아니라고 멜레토스가 생각했다면, 그는 소크라테스를 조용히 불러서 개인적으로 잘못을 일러 주었어야지, 법정으로 끌고 올 일이 아니라는 것이다.

소크라테스는 어느 누구도 고의로 잘못을 범하지 않는다고 전제했다. 모든 잘못은 무지의 소산이오, 유덕한 행동은 지식의 소산이다. 이 주장(이는 "소크라테스의 역설"로 알려져 있다)에 대한 자세한 검토는 뒤로 미루기로 하고, 지금은 이 주장이 왜 역설인지, 어째서 상식에 어긋나는지만 검토해 보자. 만일 누구도 고의로 잘못을 저지르지 않는다면, 그리고 법정은 오직 고의적 악행만 처벌한다면, 법정이 범죄자를 처벌할 정당한 이유가 사라지게 된다. 멜레토스에 대한 소크라테스의 위 응답은 이래서 설득력이 없다. 그는 어느 아테네 배심원도 받아들이지 않을 전제를 믿고 있었던 것이다. 분명 소크라테스가 아테네에서 받았던 나쁜 평판에 이러한 이유도 부분적으로 포함되었을 것이다.

그러나 소크라테스는 젊은이들을 타락하게 만들었다는 죄목에 대한 또 다른 방어 논변을 갖고 있었고, 한참 뒤에 이 논변으로 자신을 변호한다.

> 만일 제가 젊은이들 중 일부를 타락시키고 있고 일부는 이미 타락시켰다면, 반드시 다음과 같아야 합니다. 즉, 그들 중에 나이가 든 어떤 이들이, 제가 한때

> 그들에게 나쁜 조언을 했음을 깨닫고는, 지금 앞으로 나와서 저를 고소하고 보복하려 할 것입니다. 만일 그들 자신이 하는 것이 내키지 않는다면, 그들 가족 중 누군가가, 아버지든 형제든 그 밖의 친척이든, 자기 가족이 저로 인해 어떤 나쁜 일을 겪었다면, 지금 그것을 상기하고 보복하려 할 것입니다(33c~d).

그런 다음 소크라테스는 자리에 참석해 있던 동료와 친척 중 몇 명의 이름을 대면서, 멜레토스에게 그들을 증인으로 부르라고 요구한다. 호명된 모든 사람들이 자기를 변호해 줄 충분한 준비가 되어 있다는 것이다. 계속해서 그가 말하기를, "타락하지 않으시고 연륜도 있으신 이분들이 그들의 친척인데, 이분들이 저를 돕는 데에 참되고 올바른 이유 말고 다른 이유가 있겠습니까? 멜레토스가 거짓말을 하고 있고 제가 진실을 말하고 있다는 것을 이분들이 알고 있기 때문이 아니겠습니까?" (34b)

다음으로 소크라테스는 불경건이라는 혐의를 살핀다. 그는 이 문제를 '젊은이들을 타락하게 만든다' 는 혐의와 연결시킨다.

> 우리에게 말해 주시오. 멜레토스, 내가 젊은이들을 어떻게 타락시킨다는 것이오? 당신이 쓴 기소장에 따르면, 내가 그들에게 나라가 믿는 신들은 믿지 말고 다른 새로운 영적인 것들을 믿으라고 가르쳤다는데, 이게 분명하오?(26b)

멜레토스는 그렇다고 하면서 소크라테스가 완전히 무신론자라고 주장한다. 멜레토스가 말하기를, 소크라테스는 해와 달을 신이라고 믿지 않고 "해가 돌이라고 하고 달이 흙이라고 말합니다" (26d). 이에 소크라테스가 곧바로 대답한다.

> 멜레토스여, 그대는 자신이 아낙사고라스를 고소한 것으로 생각하는 거요?

> 그리고 그대는 이분들을 그렇게 무시하고 이분들이 글에 문외한이라고 생각하는 거요? 그래서 이분들이 아낙사고라스가 쓴 책에 그런 내용이 가득하다는 것을 알지 못할 것 같소? 그리고 젊은이들이 이런 내용을 내게서 배우겠소? 그들은 때때로 장터에서 그 책을 비싸 봐야 1 드라크마에 살 수 있을 테고, 만약 소크라테스가 그것이 자기 책인 양 행세한다면, 특히 책 내용이 이상한 경우, 그들은 소크라테스를 비웃을 텐데 말이오(26d~e).

이렇게 소크라테스는 멜레토스의 주장을 즉각 부인하면서, 결코 한 적이 없는 일로 자신을 비난한다고 주장한다.

그런데 이 과정에서 소크라테스는 심각한 실수를 저질렀다. 너무 영리하게 비춰지게 된 것이다. 무신론자라는 혐의에 대해 그냥 아니라고 부정하는 것이 가장 효과적이었을 것이다. 그는 나라의 신들을 진정으로 믿는다고 말할 수 있었고, 신들을 기리는 축제를 보러 간 이야기를 하면서 동료들한테 증언을 부탁할 수도 있었다. 그러나 소크라테스는 이렇게 하지 않고, 멜레토스의 말이 일관적이지 않다는 것을 다음과 같은 방식으로 보이면서 그를 궁지로 몰았다. 멜레토스는 소크라테스가 새로운 신들을 끌어들였다고 고소했고, 그런 다음 그를 무신론자라고 했다. 그러나 동일한 사람이 새로운 신들을 믿으면서 동시에 무신론자일 수는 없다. 만일 소크라테스가 나라의 신들이 아닌 다른 신들을 믿는다면, 그는 무신론자가 아니다. 또 그가 무신론자라면, 그는 새로운 신들을 끌어들였다는 죄가 없게 된다. 그런데 이러한 논변은 멜레토스를 어리석어 보이게 만들지만, 기소된 죄목과 관련하여 소크라테스가 무죄임을 적극으로 밝히지는 못한다. 소크라테스의 말을 들은 배심원들은 그가 무신론자인지 아니면 일종의 종교 개혁가인지 어리둥절했겠지만, 어떤 경우에든 소크라테스는 나라의 신들을 믿지 않는다는 이유로 (즉, 불경건죄로) 유죄 판결을 받게 되어 있었다.

이렇게 안타까운 상황을 초래하면서, 소크라테스는 최초 고발자들과 정식 고소인들이 내세운 죄목에 대한 응답을 마쳤다. 그런데 이는 얼마나 잘된 변론일까? 우선, 그는 선대 철학자들처럼 자연을 탐구한다는 항목과 관련하여 자신이 이런 탐구에 관심이 없다는 것을 서로에게 알려달라고 배심원에게 호소했는데, 이는 분명 효과적인 대응이었다. 마찬가지로, 자신이 타락시켰다고 하는 사람들이나 친척들을 증인으로 불러 보라고 멜레토스에게 도전적으로 요구한 것도 젊은이들을 타락시켰다는 죄목에 대한 강력한 반박이었다. 나아가 소크라테스는 자신에 대한 고소인들의 진술이 부정확하다는 것, 그리고 그들이 소크라테스 자신의 견해를 근거로 삼지 않고 철학자 일반에 대한 고정관념에 치우쳐서 고소했다는 것을 보였다.

반면, 더 약한 논변이 더 강하게 보이도록 만든다는 비방과 남들을 가르친다는 비방이 부당하다는 입증은 하지 못했다(소피스트들처럼 보수를 받아 이득을 챙기지 않았다는 점만 밝혀졌다). 특히, 소크라테스는 불경건 죄목이 자신에게 적용되지 않는다는 가장 중요한 증명을 하지 못했다. 그러니 정당한 판결을 내리려 하는 아테네 배심원들이 소크라테스가 신들에 대해 도대체 어떤 생각을 갖고 있는지 의아했을 것이다. 또 『변론』은 소크라테스의 변호가 대부분이기 때문에, 고소인들이 불경건 죄목에 대해 설득력 있게 진술했는지 확인할 길이 없다(소크라테스의 물음에 서투르게 답하는 멜레토스의 모습으로 보아, 그랬을 것 같지 않지만). 적어도 분명한 점은 소크라테스의 변론이 불완전하다는 사실이다.

그러나 『변론』은 고소인들에 대한 소크라테스의 답변 이상의 것을 담고 있다. 즉, 이 대화편은 단순히 법률과 관련된 기록이 아니다. 이 저서는 그 상당 부분을 소크라테스의 삶에 대한 묘사를 제공하는 데에 할애하고 있다. 만일 이 대화편이 그의 실제 변론을 법적인 문제로 정확하게 재서술하고 있다면, 이 묘사는 일종의 자화상일 것이다. 물론 제자가 대신 쓴 자화상이겠다. 혹자는 소크라테스가 재판을 받게 된 것이 그가 한 특정 행동 때문이 아니라 그의 됨됨이 때문이 아닐까라는 의문을 품을 수 있겠다. 그런 만큼, 이 재판과 관련하여 소크라테스의 삶에 대한 묘사를 눈여겨보아야 한다. 어쨌든, 한 사람으로서의 소크라테스를 철학자로서의 소크라테스와 떼어 놓을 수 없다. 그래서 그의 철학을 이해하려면 그의 삶을 알아야 한다. 그의 삶에 대한 정보를 다른 어떤 대화편보다도 풍부하게 제공하는 것이 바로 『변론』이다. 이제 본격적으로 그의 삶에 대해 살펴보자.

자신의 삶에 대한 소크라테스의 변론

소크라테스의 첫 발언에서부터 그에 대한 많은 정보가 나타난다. 우선 소크라테스는 고소인들과 달리 자신만큼은 진실을 말하겠다고 주장했다. 계속해서 그가 말하기를, 고소인들이 배심원단에게 자신을 일컬어 "말재주꾼"이라고 했지만 자신에게 유일한 재주가 있다면 그것은 진실하다는 점이다. 그는 자신이 법정에 처음 서기 때문에 법정에서 쓰는 말에 익숙하지 않고, 그래서 아고라[>9]에서 말하던 것과 똑같은 방식으로 자신을 변호하겠다고 밝힌다.

소크라테스의 많은 주장이 그렇듯, 위에서도 반어적인 어투가 엿보인다. 물론 그가 법정에 처음 선다는 것을 의심할 이유도 없고, 진실을 말하겠다는 그의 약속을 믿지 않을 이유도 없다. 그러나 사람들이 소크라

>9 역자주: 사람들이 많이 모여 물건을 사고 팔거나 공적인 업무를 보던 곳이다. 이곳에서 집회와 재판도 열렸다.

테스를 저렇게 평가한 이유는 그의 진실성 때문이 아니었고, 분명 소크라테스도 이를 잘 알고 있었다. 그가 지독한 논객으로 악명 높았던 이유는 멜레토스와의 대화에도 나타나듯 대화 상대자를 곤경에 처하게 만들었기 때문이다. 더욱이 그는 대화할 때 자기 생각을 솔직하게 내보이지 않는다는 의심을 널리 받아 왔다. 그가 상대를 논박하면서도 자기 생각을 절대로 말하지 않는다는 것은 여러 사람들이 공유하는 불만이었던 것이다. 그리고 소크라테스가 "그때마다 참석해 있던 자들은 제가 다른 이를 논박한 그 문제들에서 저 자신이 지혜로울 거라고 생각합니다"(『변론』, 23a)라고 말한 것을 보면, 사람들의 의혹에 찬 시선을 소크라테스 자신도 의식하고 있었음에 틀림없다. 게다가 법정의 일을 잘 모른다는 그의 고백은 솔직하지 못하다. 왜냐하면 그가 아테네 법정에서의 공공연한 일들에 대해 꽤 많이 알고 있다는 것이 나중에 드러나기 때문이다(예컨대 34b 이하 참조).

소크라테스는 자신에 대해 진실을 말하겠다고 약속했는데, 그 진실이란 무엇일까? 그는 사람들이 자신에 대해 왜 적대감을 갖게 되었는지 설명하면서 철학에 대한 자신의 헌신을 보여 주는데, 이 과정에서 아주 놀라운 설명 방식을 택한다. 자기가 사람들을 찾아가 시험하곤 했던 일은 신탁을 따르고 신에게 복종하려는 취지에서 비롯된다는 것이다(22a, 23b와 30a도 참조). 소크라테스에 의하면, 그의 친구 카이레폰이 델포이에 가서 소크라테스보다 더 지혜로운 자가 있는지 물으면서 신탁을 달라고 요청한 적이 있었다. 그랬더니 여사제가 "아무도 없다"는 답을 주었다. 당시 델포이는 아마 희랍 전역에서 가장 신성한 장소였을 것이다. 희랍인들은 델포이에서 받는 신탁이 아폴론 신의 말이라고 믿고 이 계시를 가장 중요하게 여겼기 때문이다. 그러므로 소크라테스가 신탁을 근거로 삼아 자신의 철학적 활동을 변호한 것은 가장 높은 종교적 권위에 호소하는 일이었다.

소크라테스가 저 신탁을 전해 듣고 반응한 방식은 정말 소크라테스다웠다. 소피스트를 포함하여 대부분의 희랍 철학자들은 스스로를 홍보할 때 단순히 '신이 보증해 준다'는 말을 덧붙이는 데에 그쳤을 것이다. 예컨대 더 많은 학생들이 찾아오게 만들기 위해 "아폴론께서 전하시기를, 희랍에서 가장 지혜로운 자가 되려면 내게 배워라"라는 식으로 신탁을 사용했을 것이다. 반면, 소크라테스는 델포이의 저 신탁이 매우 난해하다고 생각했다. 한편, 그는 자신이 지혜롭지 않다는 점을 안다. 그런데 다른 한편, 신은 거짓말을 하지 않을 것이다. 왜냐하면 거짓말은 "신에게 가당치 않기 때문"이다(21b). 그래서 소크라테스는 신탁의 진정한 의미를 확인해 보기로 결심한다.

> 저는 지혜롭다는 평판을 얻고 있는 자들 중 한 명을 찾아갔습니다. 어디에서든 그 신탁이 틀렸음을 보이고, 신탁에게 "여기 이 사람이 저보다 더 지혜로운데, 당신께서는 제가 가장 지혜롭다고 하셨습니다"라고 보이기 위해서였지요(21b~c).

현인이라고 알려진 저 사람[>10]과 대화를 나눈 결과는 아래와 같다. 이는 『변론』에서 가장 잘 알려진 구절 중 하나이다.

> 떠나면서 저는 혼자 이런 결론을 내렸습니다. '내가 이 사람보다 더 지혜롭구나. 왜냐하면 우리들 중 누구도 아름답고 좋은 것을 알지 못하는데, 이 사람은 자신이 안다고 생각하니까. 사실 그렇지 않은데 말이야. 허나 나는 실제로 알

>10 역자주: 고소인 중 한 명인 아니토스를 가리킨다.

지 못하듯, 안다고 생각하지 않고. 그렇다면 이 사람보다 내가 더 지혜로운 것 같군. 내가 알지 못하는 것을 안다고 생각하지 않는다는 이 작은 차이로 인해서 말이지' (21d).

앞에서 말했듯이, 소크라테스는 정치가들, 시인들 그리고 장인들과 대화하면서 위와 같은 시험 과정을 여러 차례 반복했다. 그러나 결과는 항상 똑같았다. 이제 소크라테스는 자신이 이런 식으로 사람들을 시험에 들게 했기 때문에 그들이 자신에게 반감을 갖게 되었다고 상당히 설득력 있게 주장한다.

그런데 사람들의 적대적 태도에도 불구하고 소크라테스는 다른 이들을 시험하는 일을 멈추지 않았다. 위에서도 살펴보았지만, 그는 이러한 시도가 신에 대한 복종이라고 믿었다. "저의 여정은, 마치 어떤 고난을 치르듯이, 신탁이 논박될 수 없음을 저 자신에게 보이기 위한 일이라고 여러분께 밝혀 드려야 하겠습니다" (22a). 그에 따르면, 신탁의 진정한 의미는 이렇다. "사실은 신이 지혜롭고, 저 신탁에서 신은 인간의 지혜가 별로 가치 있는 게 아니거나 아무런 가치도 없다고, 정말 이걸 말하는 것 같습니다" (23a). 지혜로운 척하는 자들의 본래 모습을 확인할 때마다 신탁의 의미에 대한 소크라테스의 판단은 더욱 확실해져 갔다.

한편, 자신의 삶을 정당화하기 위해 신탁에 호소했던 소크라테스의 방식을 어떻게 평가해야 할까? 우선 이는 불경건 죄목에 대한 반박으로 상당히 효과적인 것 같다. 신에 대해 경건한 믿음을 갖는다는 점을 증명하기 위해, 신에게 봉사하는 일에 일생을 바쳤다는 것 말고 더 좋은 증거가 있을까? 현대의 독자들은 소크라테스의 신탁 이야기를 믿지 않으려 할지도 모르겠다. 예컨대 소크라테스가 신탁을 거론하여 자신의 지혜를 대중이 인정하게 유도한 후, 철학을 계속 하기 위한 변명으로 이것을 사용했다고 생각할 수 있겠다. 그리고 그가 철학을 하는 진짜 이유는 다른 것이지 않을까라는 의문을 품을 수 있겠다.

그러나 소크라테스의 주장을 이렇게 쉽게 일축할 수는 없다. 『변론』의 나머지 부분에서 그는 더할 나위 없이 솔직하다. 솔직한 발언이 재판을 망칠 수 있음에도 불구하고 그는 배심원단에게 자신의 생각을 있는 그대로 말하지 않았는가? 마찬가지로 신에 대한 호소를 거짓이라고 보기 어렵다. 이후, 소크라테스는 많은 배심원들이 자신의 진실성을 믿지 않을 것이라고 인정했다(37e). 다시 말해서, 그는 자신이 신에게 복종하고 있다고 말해 봤자 사람들을 설득하지 못할 것임을 알고 있는데도 이 이야기를 꺼낸 것이다. 그의 신앙심이 거짓이었다면, 무엇하러 그가 이 위험을 감수했겠는가? 또 소크라테스가 신화의 모든 내용을 인정한 것은 아니지만(『에우티프론』, 6a~c 참조), 여러 대화편에서 플라톤이 묘사한 소크라테스는 분명 희랍의 신들을 믿는 경건한 자였다.

우리는 신들에 대한 소크라테스의 경건한 태도가 독특하게도 철학적이었음을 인정해야 한다. 소크라테스보다 더 지혜로운 자가 없다는 신탁에 대해, 그는 신이 틀렸음을 보이는 방식으로 신에게 "봉사"하기로 결심했기 때문이다. 나중에 현명한 척하는 자들을 시험한 후에야, 그는 신의 말이 옳다는 결론에 이르게 되었다. 그리고는 또 다른 사람들을 논박하면서 신탁을 옹호하는 일을 계속했다. 더욱이 여사제가 전한 짧은 말을 듣고 철학하라는 명령으로 풀이할 수 있는 자는 오직 철학자뿐이었다.

자신의 철학적 활동을 정당화하기 위해 그가 제시한 논변은 아폴론의 신탁 말고도 또 있다. 그가 말하기를, 철학적 검토는 "인간에게 가장 좋은 것이고 … 검토되지 않은 삶은 인간에게 살 가치가 없습니다"(38a). 철학적 검토가 중요하다는 이 말을 그는 진심으로 한 것 같다. 변론을 하는 도중, 그는 저 신탁을 철학하라는 명령으로, 나아가 일종의 임무로까지 간주했다. 그리고 신이 자신을 아테네에 선물로 주었다고 선언한다.

> 저는 누군가가 생각할 것처럼 저를 위해 변호하는 것이 아니라, 여러분을 위해 변호하고 있습니다. 여러분이 저에게 유죄 판결을 내림으로써 여러분을 위해 신이 준 선물과 관련하여 어떤 잘못을 범하지 않도록 말입니다. 왜냐하면 저에게 사형을 내리신다면, 여러분은 저와 같은 다른 이를 쉽게 찾지 못할 것이기 때문입니다. 우습기까지 한 표현으로 말하자면, 마치 크고 혈통이 좋지만 너무 큰 탓에 느릿느릿하여 어떤 등에로써 일깨워질 필요가 있는 말과 같은 이 나라에 붙어 있게 된 사람을 말입니다. 신은 바로 이러한 사람으로서 저를 이 나라에 붙어 있게 한 것 같습니다. 온종일 어디에서나 여러분 각각에게 달라붙어서 여러분을 일깨우고 설득하며 꾸짖는 일을 그만두지 않는 사람으로서요(30d~31a).

소크라테스는 자신의 임무 수행이 아테네인에게 큰 도움을 준다고 생각했다. 그래서 그는 사형 말고 다른 형벌을 받아야 한다면, 마치 올림픽 경기에서 우승한 자처럼 공적인 보상을 받겠다고 말할 정도였다. 벌이 아니라, 오히려 나랏돈으로 식사 대접을 받아야 할 상황이라는 것이다. 배심원단이 철학 활동과 남들을 검토하는 일을 그만두는 조건으로 무죄 처리해 주겠다고 제안하자, 맡은 임무에 헌신적이었던 그는 이를 거절했다.

> 여러분이 이런 조건으로 저를 내보내시겠다면, 저는 여러분께 이렇게 말하겠습니다. "아테네인 여러분, 저는 여러분을 다정하게 맞으며 사랑합니다. 그러나 저는 여러분보다 신에게 복종할 것입니다. 그리고 제 숨이 붙어 있고 할 수 있는 한, 저는 철학하는 일과 여러분께 충고하는 일, 그리고 어느 때고 여러분 중 누군가를 만나게 되면 그분께 이 점을 지적하는 일을 그만두지 않을 것입

니다"(29d).

소크라테스는 이런 식의 주장으로 배심원단의 질투와 분노를 사서 유죄 판결을 받고 처형될 확률이 높아질 것임을 잘 알고 있었다. 그러나 그는 유죄 판결을 피하여 목숨을 건지는 일을 경멸했다. 이 태도는 『변론』 전체에 나타나는데, 특히 아래의 인용문이 그렇다.

> 그러나 아마 누군가는 이렇게 말할 것입니다. "소크라테스여, 당신은 그런 일을 추구하다가 지금 그것으로 당신이 죽음의 위험에 처하게 된 것이 부끄럽지 않소?" 그럼 저는 그에게 올바른 답을 할 것입니다. "보십시오. '조금이라도 쓸모 있는 사람은 사느냐 죽느냐라는 문제를 반드시 참작해야 하고, 행동할 때 자신이 올바르게 행동하는지 아닌지 그리고 자신이 선한 자의 행동을 하는지 사악한 자의 행동을 하는지만 고려해서는 안 된다' 고 당신이 생각한다면, 당신은 잘못 말하고 있는 거요"(28b).

소크라테스는 죽음이 나쁜지 알지 못하기 때문에 죽음을 두려워하지 않는다고 주장한다.

> 여러분, 죽음을 두려워한다는 것은, 사실 현명하지 않은데 자신이 현명하다고 여기는 것에 다름 아닙니다. 이는 자신이 알지 못하는 대상에 대해 안다고 여기는 것이기 때문이지요. 아무도 죽음을 알지 못하고, 죽음이 인간에게 좋은 것들 중 최고인지도 알지 못하는데, 사람들은 죽음이 나쁜 것들 중에 최고임을 잘 아는 양 죽음을 두려워하니까요(29a).

이는 소크라테스의 주지주의(이에 대해서는 아래에서 구체적으로 다룰 예정이다)를 보여 주는 전형적인 예이다. 여기서 그는 두려움이라는 감정을 지식이나 무지와 같은 어떤 인식적 상태로 간주하고 있다. 실제로 사람들이 죽음에 대해 두려워하는 바는 죽음이 무엇인지 알려진 바가 없다는 사실인데, 소크라테스는 이 점을 고려하지 않았다. 이후, 그는 위 주장에 또 다른 논의를 추가한다.

> 죽는다는 것은 둘 중 하나입니다. 하나는 이를테면 아무것도 아닌 것으로, 죽은 자는 어떤 것에 대한 어떠한 감각도 갖지 않습니다. 다른 하나는 사람들의 말대로, 어떤 변화이고, 영혼이 이곳에서 저 다른 곳으로 옮겨가 사는 것입니다. 아무 감각도 없는 상태이지만, 잠자는 사람이 아무 꿈도 꾸지 않고 자는 상태와 같다면, 죽음은 놀라운 이득일 것입니다(40c~d).

계속해서 그는 하데스에서도 삶이 계속된다면 그곳에서 지금의 배심원 말고 "진정한 배심원"한테 재판 받기를 바라고 또 과거의 영웅들과 대화하면서 그들을 시험해 보고 싶다고 말한다. 그리고 적어도 하데스에서는 철학한다는 이유로 죽임을 당하지 않을 것이라는 유감의 말을 남긴다(41c).

소크라테스가 죽음을 두려워하지 않았던 이유로 다음의 두 사항을 덧붙일 수 있다. 첫째, 다이몬(*daimōn*, 靈)의 침묵 때문이다. 다이몬은 소크라테스에게 특정 행동을 하지 말라고 종종 경고해 주던 목소리이다(31d, 40a~b).[>11] 우리 식으로 하면 양심의 소리 정도가 될 텐데, 소크라테스는 이를 신의 계시로 간주했다. 그런데 이 목소리가 그의 현재 변론

>11 역자주: 정확히 말하면, 이 목소리는 영(daimōn)이 아니라 영적인 것(daimonion)이다(소크라테스가 영과 영적인 것을 일단 구분한 뒤, 둘의 연계를 지적함으로써 멜레토스를 논박하는 내용으로 『변론』, 27b~27e 참조).

에 반대하지 않고 있다는 것이다. 그에 의하면, 이는 죽음(그는 결과적으로 죽게 될 것임을 분명 알고 있었다)이 악이 아니라 오히려 축복임을 보여 준다.

둘째, 더 나은 사람(이 경우, 자기 자신)이 더 못한 사람(이 경우, 고소인들)한테서 해를 입는 일은 있을 수 없다고 소크라테스가 확신했기 때문이다. 이 역설적인 생각을 그는 다음과 같이 설명한다. 누군가에게 사형을 내리거나 그를 추방한다고 해서 반드시 그에게 해를 입히는 것은 아니다. 진정으로 해를 입히는 것은 무고한 자를 죽게 만드는 그릇된 행동이다(30d). 확실히 소크라테스가 말하는 "해"는 독특한 의미를 지닌다. 그의 관점에서, 우리 자신이나 타인을 이롭게 하는 유일한 일은 그 영혼의 도덕성을 향상시키는 것이고, 진정으로 해를 입히는 일은 영혼을 더 못한 상태로 만드는 것이다. 이와 같은 엄격한 의미에서만 보자면, 무고한 자를 죽이는 일은 사형을 당한 자가 아니라 오히려 사형을 내리는 자에게 해가 된다.

재판 과정 내내, 소크라테스는 철학함이 자신에게 주어진 신성한 의무라고, 그리고 두려워 할 대상은 죽음이 아니라 부도덕한 행동이라고 굳게 믿고 있다. 그는 군대에 있을 때에도 이렇게 행동했다고 한다(28d~29a). 이렇듯 죽음에 무관심했으니, 소크라테스는 상당히 용감한 사람이었다. 물론 그는 자신이 정치적인 일에 연루되지 않으려 했던 이유가 민주정에서 민의에 반대하는 자는 누구든 살아남기 힘들기 때문이라고 고백했다(31e~32a). 그렇지만 그의 관심사는 생명을 연장하는 것이 아니라 자신의 임무를 수행하는 것이었다. 그가 말하기를, "만일 제가 정치를 하려 들었다면, 저는 오래 전에 죽었을 것이고, 여러분도 저 자신도 전혀 이롭게 하지 못했을 것입니다"(31d~e).

실제로 소크라테스는 유쾌하지 않은 정치적 사건을 두 차례 겪었다고 하는데, 여기에서도 용감하게 위험을 감수하는 모습이 나타난다. 그가 아테네 행정 부서 중 의회에서 업무를 관장하며 일할 때, 아테네인들이 열 명의 장군에 대한 집단 재판을 요구했다. 이 장군들은 아르기누사이 해전을 승리로 이끌었지만 거기서 많은 선원을 잃었다고 한다. 그런데 집단 재판은 엄연히 불법이었다. 그래서 소크라테스 혼자 사람들의 기소에 반대했다. 찬성하지 않으면 저 열 명과 함께 법정에 세우겠다는 협박에도 불구하고 말이다. 이와 마찬가지로, 30인의 과두가 소크라테스를 포함한 몇 명의 아테네인들에게 살라미스 사람인 레온을 처형할 테니 잡아 오라고 시켰을 때, 소크라테스만 협조하기를 거부했다. 그는 이 일을 회상하면서, 얼마 뒤에 30인 과두 정권이 무너지지 않았더라면 자신이 이미 처형되었을 것이라고 말한다(32b~d).

요컨대, 『변론』에 등장하는 소크라테스는 더할 나위 없이 진실하고 용감하다. 자신의 무지를 고백할 때는 겸허한 모습을, 그러나 자신을 신들이 나라에 준 선물로 표현할 때는 상당한 자부심을 보였다. 분명 많은 배심원들이 그의 자부심을 못마땅하게 여겼을 것이다. 신의 임무를 맡았다는 주장을 매우 오만불손하게 보았을 것이고, 선처를 바라지 않는 태도에 노여워했을 것이다(34b~35d). 이제 독자들은 어떻게 소크라테스라는 동일 인물이 많은 아테네인들과 절친한 사제 관계를 맺으면서 또 다른 이들에게는 미움을 샀는지 쉽게 이해할 수 있을 것이다. 또 소크라테스에 대한 플라톤의 묘사와 아리스토파네스의 묘사를 왜 견주어 볼 필요가 있는지도 알게 되었을 것이다. 두 사람 모두 소크라테스가 아테네에서 왜 그렇게 쉽게 처형되었는지 설명해 주었지만, 스스로 진지한 태도를 가졌고 다른 이들에게도 이를 촉구했던 소크라테스를 보여 주는 쪽은 플라톤이다.

판결

『변론』에 묘사된 것처럼, 소크라테스는 결국 고소당한 죄목으로 유죄 판결을 받는다. 그가 사형 대신 나랏돈으로 식사 대접을 받겠다고 했을 때(나중에 소크라테스는 작은 벌금형으로 해 달라고 말을 바꾸는데, 그 이유는 단지 그의 동료들이 간청했기 때문이었다), 그의 모습을 오만하게 보아 화가 난 배심원들이 그에게 사형 선고를 내렸다. 배심원단이 왜 이런 판결에 도달하게 되었는지는 쉽게 이해할 수 있다. 앞에서 살펴보았듯이, 소크라테스가 아테네인들이 혐오하던 정치인들과 알고 지냈고 유명한 정치인들을 추궁하여 시험했으며 지성인으로서의 평판이 자자했기 때문에, 그에 대한 적대심이 상당했다. 또 재판 당일에 소크라테스가 보인 언행으로 배심원들의 적대감까지 생겨나게 되었다.

그러나 사형 선고를 받게 된 연유를 이렇게 설명하는 것은 쉬워도 사형 판결을 정당화하는 것은 쉽지 않은 일이다. 현대 민주주의 사회에서와 달리 아테네에서는 사형 판정이 어떻게 이토록 간단하게 내려질 수 있었을까? 그 이유는 아테네 법의 몇몇 특징에서 찾아진다. 우선, 당시 아테네 법에서 불경건은 개인적인 양심의 문제가 아니라 국가에 대한 반역죄로 간주되었다. 시민들은 반드시 나라가 믿는 신들을 믿어야 했던 것이다. 둘째, 모든 아테네 시민이 어떠한 상대에 대해서든 고소할 수 있었다. 즉, 전문가로서 법을 해석하고 어떤 사건이 재판받을 일인지 아닌지를 결정하는 검사가 따로 있지 않았다. 셋째, 배심원들의 만장일치는 유죄 판결에 필수적이지 않았다. 아테네 배심원단의 규모가 너무 컸기 때문이다. 무려 500명에서 501명에 달했다. 물론 이는 불공평한 판정과 배심원이 매수되는 일을 막기 위한 선의의 방책이었는데, 이로 인해 만장일치 제도가 현실적으로 불가능해진 것이다. 대신 다수결의 원칙을 적용했다. 다수결의 원칙에 따라 소크라테스는 근소한 차이로 유죄 선고를 받았다. 이는 "만일 서른 표만 바뀌었다면, 저는 무죄로 풀려났을 것입니다"(『변론』, 36a)라는 언급에서 확인된다.

재판은 하루 만에 종결되어야 했다. 『변론』이 시작될 때, 고소인들은 이미 진술을 끝낸 상태였다. 그다음이 소크라테스의 차례였는데, 그는 자신이 무고하다는 것을 아주 짧은 시간 내에 보여야 했다. 그래서 그는 자신에 대한 모든 편견을 이렇게 짧은 시간 동안 제거할 수 있다면 놀라운 일일 것이라고 말한다(24a, 37a~b도 참조). 우리가 보기에도 한 사람의 생사가 걸린 심각한 문제를 신중히 다루기에 하루라는 시간은 너무 짧다. 특히 이 재판에 나타난 아테네 정책을 우리의 정교한 법적 보호 장치와 대조해 보면 더더욱 그렇다.

이러한 법적 절차 하에서 이루어졌던 소크라테스에 대한 심판은 과연 정당할까? 현대 민주주의 사회에서 특이한 생각을 표현했다는 이유로 사형을 받는다는 것은 말이 안 된다. 또 아테네에는 우리 식의 투옥 시스템이 없었기 때문에, 투옥보다는 추방이나 벌금형 또는 범죄자의 재산 몰수가 훨씬 더 일반적인 처벌 형태였다. 아마 소크라테스를 고소한 자들조차 사형까지 바라지 않고, 그를 겁주어서 조용히 지내도록 만드는 정도만 원했을지 모른다. 그러나 소크라테스가 위협에 굴복하지 않으리라는 것이 확실해졌을 때, 아테네의 법은 그가 처형되도록 내버려 두었다. 이러한 법이 과연 올바른지, 다시 한 번 의심이 든다.

재판 절차와 법의 타당성에 대한 논의는 이 정도로 하고, 소크라테스가 진짜 유죄인가라는 핵심적인 문제를 살펴보자. 이 유죄 판결은 그가 알고 지내던 정치인들 때문일 수도 있고 아테네인들이 그의 태도를 좋아하지 않았기 때문일 수도 있다. 그러나 불편부당한 배심원이었다면 소크라테스가 정말 나라의 신을 믿지 않고 젊은이를 타락시킨 잘못을 범했다고 판단했을까? 소크라테스의 질문에 멜레토스가 영 엉망으로 대답한 것을 보면, 고소인들이 소송의 타당성을 제대로 입증했을 것 같지 않다. 그들이 소크라테스에 맞서서 입증해 보인 타당한 주장이 있기나 한가?

소크라테스가 무신론자는 아니었지만, 확실히 그는 신들을 묘사한 전통 설화에 의구심을 품었다. 더욱이 그는 이러한 설화들의 내용이 합리적인지 따지기를 주저하지 않았고, 이 과정에서 설화는 많은 비판을 받았다. 그 결과, 소크라테스의 추종자들 사이에 전통에 대한 믿음이 약해졌을 것이다. 이런 면에서 소크라테스는 소피스트와 비슷한 영향을 미쳤을 것이다. 우리가 소피스트의 경우를 살펴볼 때 확인했듯이, 신들에 대한 전통적인 믿음의 약화는 수립된 정부에 대한 신뢰의 감소와 연결되었다. 게다가 소크라테스는 전통적인 신관뿐 아니라 아테네 민주정의 원칙까지, 나아가 인간 삶의 모든 국면까지 비판적 검토 대상으로 삼았다.

『국가』에서 플라톤은 오래 전부터 계속되어 온 "철학과 시 사이의 불화"에 대해 언급했다(10권, 607b). 그런데 이와 유사한 불화가 철학자와 전통적 신관 및 현실의 정치가 사이에도 있다. 철학은 모든 전제들이 이성적 비판의 대상이 될 것을 요구한다. 반면, 종교는 몇몇의 특수한 명제가 믿음의 대상으로 받아들여져야 한다고 주장한다. 또 현실의 정치가는 정부가 제 역할을 하기 위한 기반으로 특정 원칙들을 수용하라고 요구한다. 청소년을 타락시켰다는 표현이 일상적으로 어떤 의미로 쓰이든 간에 이를 소크라테스의 죄목으로 보기는 힘들지만, 그가 일부의 젊은이들을 전통적 신관과 정치에 대해 비판적이 되도록 이끈 것은 사실이다. 바로 이러한 점에서 그는 아테네에 진정한 위협이었다.

그렇다면 아테네인들이 그를 처형한 것은 정당한가? 분명 그렇지 않다. 우선 철학으로 인해 생각의 변화를 심각할 정도로 겪는 사람은 별로 없기 때문에, 철학자가 국가에 일으키는 위협은 치명적이지 않다. 둘째, (이 점이 더 중요한데) 정부가 국가의 안전을 위해 필요한 일을 했다고 해서 그 모든 일이 정당화되는 것은 아니다. 때때로 철학자는 정치인이 귀담아 들을 필요가 있는 말을 한다. 소크라테스가 상황에 알맞지 않게 행동하기는 했지만, 자신이 "신들이 아테네에 준 선물"이라는 그의 말은 틀리지 않다. 철학자의 주장이 위협적이라도 국가에 이익이 될 수 있는데, 국가가 철학자의 입을 막는다면 국가는 위협적인 요소뿐 아니라 자신의 이익까지 버리는 셈이다. 마지막으로 소크라테스에게 유죄 판결을 내림으로써 아테네인들은 스스로 자부하던 고귀한 전통에 어긋나는 행동을 하게 되었다. 우리가 아테네를 기억하는 이유는, 그곳의 정체가 항상 화목하고 효율적이어서가 아니라(실제로 이렇지 않았다), 거기서 소포클레스와 페리클레스 및 소크라테스와 같은 인물이 활발히 활동할 수 있었기 때문이다. 따라서 이 판결은 올바르지 못할 뿐 아니라, 옹졸하고 속 좁은 결정이라고 하겠다.

소크라테스의 도덕 철학: 『크리톤』

『변론』에서 소크라테스는 자신을 트로이아 전쟁의 영웅에, 특히 불명예보다 죽음을 택했던 아킬레우스에 비유하고(『변론』, 28b~d) 자신처럼 불공평한 재판으로 죽게 된 팔라메데스와 아이아스를 언급했는데(41a~b), 여기에 나타난 플라톤의 묘사 방식이 우리의 눈길을 끈다. 플라톤은 소크라테스를 1장에서 살펴본 문학 작품의 영웅과 많은 점에서 유사하게 그린 것이다. 그러나 소크라테스와 가장 유사한 인물이 그의 언급에 빠져 있다. 그것은 소포클레스 작품의 안티고네이다. 안티고네도 소크라테스처럼 신들을 섬기다가 부당한 죽음을 당했다. 그러니 안티고네와 소크라테스 모두, 고결한 원칙을 지키고 의무를 다한 것 때문에 죽음에 이르게 되었다고 할 수 있다. 또 『크리톤』과 『파이돈』은 소크라테스의 친구들이 그의 죽음에 큰 상실감을 느꼈다고 말한다. 이렇듯 두 대화편 모두 비극 작품의 소재가 될 만한 내용을 상당히 많이 담고 있다.

안티고네와 소크라테스의 죽음에 상당히 유사한 면이 있고 안티고네의 경우처럼 소크라테스의 죽음도 분명 비극적인데, 왜 플라톤은 소크라테스에 대한 재판과 그의 죽음으로 비극시를 쓰지 않았을까? 비극은 옛날 일을 다루지만 이 사건은 동시대의 일이어서일까? 그렇지 않다. 예컨대 아이스킬로스는 『페르시아인』에서 페르시아 전쟁에 관해 썼고, 다른 시인들도 동시대의 일을 그렸다. 진짜 이유는 소크라테스 스스로 죽음을 비극으로 생각하지 않았기 때문이다. 그는 비극적인 영웅의 역할을 거부한 것이다. 위에서 살펴보았듯이, 그는 죽음이 나쁜지 알지 못하므로 죽음을 두려워하지 않는다고 말했다(29a). 그는 죽음이 아니라 올바르지 못한 행동을 두려워했고(28b), 죽음을 꿈꾸지 않는 수면 상태 또는 하데스에서 계속되는 삶으로 간주했다(40c~d). 그릇된 행동을 하고 있다는 다이몬의 경고도 없었다(40a~b). 그리고 그는 더 나은 사람이 더 못한 사람한테서 해를 입을 수 없다고 생각했다(30c~d; 41d 참조). 요컨대, 소크라테스는 안티고네처럼 애통해 하지 않으면서 죽음을 맞이할 수 있었다. 왜냐하면 안티고네는 죽음이 나쁜 것이라 확신했으나, 소크라테스는 그렇지 않았기 때문이다.

소크라테스가 법정에서 보인 언행은 그가 가진 믿음 때문에 가능했다. 이 점에서 보면 소크라테스는 특이하지 않다. 왜냐하면 아킬레우스와 안티고네뿐 아니라 희랍 문학 작품에 등장하는 모든 위대한 영웅들이 나름의 확신을 가지고 진실하게 행동했기 때문이다. 이들과 소크라테스에 차이가 있다면, 그것은 믿음의 내용이다. 나는 앞에서 한 사람으로서의 소크라테스와 철학자 소크라테스를 분리할 수 없는 만큼 이 사람을 이해하기 위해 그의 도덕 철학을 살펴보아야 한다고 말했었다. 도덕 철학의 일부가 『변론』에, 그리고 좀 더 많은 내용이 『크리톤』에 담겨 있다. 『변론』에 따르면, 인간의 일 중 가장 훌륭한 것은 자신의 영혼을 돌보는 일이다. 바로 이 주장과 '두려움의 대상은 죽음이 아니라 그릇된 행동' 이라는 주장, 그리고 '못된 사람은 선한 사람에게 해를 입힐 수 없다' 는 주장, 이 셋의 연관성이 『크리톤』에 나타난다. 이 과정에서 좋은 삶에 대한 설명이 제시되는데, 이는 1장에서 살펴본 전통적 견해와 대조적이다.

『크리톤』의 배경은 소크라테스의 처형 당일, 감옥 안이다. 아테네에서 보통 재판이 끝나면 곧장 죄인을 처형하는데, 소크라테스의 경우는 평소와 다른 상황이었기 때문에 (이는 『파이돈』의 앞부분에 소개되어 있다) 이렇게 하지 않았다. 아테네는 테세우스가 미노타우로스를 물리친 일을 기념하기 위해 사절단을 실은 배를 매년 델로스로 보냈다. 그런데 소크라테스의 재판 전날이 바로 이 배가 떠난 날이었다. 그리고 나라의 법에 따라, 그 배가 돌아오기 전까지 처형을 시행할 수 없었다. 사절단이 파견된 기간 동안 나라가 요란하지 않도록 하기 위해서였다. 그래서 소크라테스는 배가 돌아올 때까지 감옥에 갇혀 있었다.

그 덕에 소크라테스는 동료들과 계속 대화할 수 있었고, 동료들은 탈옥을 계획할 시간을 벌었다. 소크라테스의 오랜 친구 크리톤이 찾아와서 탈옥 계획을 알려 주고, 그가 왜 탈출해야 하는지 말해 준다. 그 이유는 이렇다. 소크라테스가 탈출하지 않는다면 그 누구도 대신할 수 없는 동료를 크리톤이 잃을 것이다. 그리고 소크라테스를 모르는 사람들이 처형 소식을 들으면 '관리에게 뇌물을 쥐어 주고 소크라테스를 탈출시키지 않았으니, 그의 동료들이 되게 좀스럽다' 고 생각할 것이다(이런 식으로 탈출하는 것은 드문 일이 아니었다). 또 소크라테스는 자식들에 대한 아버지의 책임을 포기하게 될 것인데, 이는 부도덕한 일이다.

소크라테스는 크리톤의 위 걱정에 대해 짧게만 답변했고, 이후 『크리톤』의 끝부분에서 아테네의 법이 자신에게 해 준 말을 소개한다. 의인화된 아테네 법의 말에 의하면, 소크라테스의 친구들이 자식을 대신 돌보아 줄 것이고, 만일 그와 함께 친구들도 추방된다면 친구들까지 아테네 시민이 누리는 좋은 것들을 잃게 될 것이다. 계속해서 아테네의 법이 충고하기를, "네 자식, 너의 삶, 그 밖의 어떤 다른 것도 정의로운 것보다 더 소중히 여기지 말라"(54b). 크리톤이 "사람들의 생각"을 걱정했을 때 소크라테스가 답한 내용도 이와 비슷했다. 그에 의하면, 우리는 대중의 생각에 신경 쓰지 말아야 하고, 합리적인 사람들의 생각에만 유념해야 한다. 정의와 부정의에 대한 전문적인 지식을 가진 현자들의 생각 말이다.

> 친구여, 많은 사람이 우리에게 뭐라고 말하는지 전혀 신경 쓰지 말고, 정의로운 것과 부정의한 것에 관해 전문적인 지식을 가진 자, 그 한 사람과 진리 자체가 말하는 바에 유념해야 하네(48a).

소크라테스에 의하면, 사실 따져 보아야 하는 유일한 문제는 탈출이 정의로운가 아닌가이다.

> 논의가 이렇게 증명하고 있으니, 우리는 방금 말한 것, 즉 나를 여기서 내보낼 사람들에게 돈을 주고 호의를 보이는 것, 그리고 우리 스스로 탈출하거나 탈출하게 이끌어지는 것이 정의로운 행동을 하는 것인지, 아니면 이 모든 일을 함으로써 사실 그릇된 행동을 하는 것이 아닌지, 이 문제 말고 다른 것은 고려하지 말아야 하네(48c~d).

앞에 어떠한 논의가 있었기에 오직 옳고 그름만 고려해야 한다는 것일까? 44d에서 소크라테스는 '일반인에게는 누군가를 해롭게 하거나 이롭게 할 능력이 없다' 고 주장했다. 왜냐하면 "그들은 누군가를 지혜롭게 만들지도 어리석게 만들지도 못하기" 때문이다. 한편, 옳고 그름에 대한 전문적인 지식, 즉 실천지(프로네시스, *phronēsis*)는 왜 좋음과 같고 나쁨에 반대될까? 소크라테스는 몸의 단련과의 유비를 통해 이 물음에 답한다.

> 만일 우리가 전문적인 지식을 갖지 않는 자들의 의견을 따르면서, '건강에 좋은 것에 의해서는 더 나아지지만 질병을 일으키는 것에 의해서는 해를 입는 부분' [몸]을 망가뜨린다면, 이 부분이 망가졌는데 과연 살 가치가 있겠나? (47d~e)

몸이 망가지면 살 가치가 없듯이, "부정의한 것에 의해 해를 입고 정의로운 것에 의해 이롭게 되는 부분"(영혼을 말한다. 47e)이 망가져도 살 가치가 없을 것이다. 게다가 영혼이 몸보다 소중하기 때문에, 영혼의 건강이 몸의 건강보다 훨씬 더 중요하다. 그런데 어떤 행동이 영혼을 이롭게 할지 또는 어떤 행동이 영혼을 망가뜨릴지 아는 자는 현인뿐이다. 그러므로 사람에게 무엇이 좋은지는 오직 현인만이 말할 수 있다.

소크라테스에 의하면, "우리가 가장 중요하게 여겨야 할 것은 단지 사는 것이 아니라 잘 사는 것이다"(48b). 여기서 '잘 삶' 은 훌륭하게(*kalōs*, 아름다움과 우아함 및 고결함을 함의하는 단어) 그리고 정의롭게(*dikaiōs*, 48b8) 사는 삶을 의미한다. 그러므로 잘 삶 또는 좋은 삶은 곧 유덕한 삶이다. 여기서는 여러 덕 중에 정의만 언급되었는데, "정의"에 해당되는 희랍어 디카이오쉬네(*dikaiosynē*)는 자주 "올바름"과 동의어로 사용된다. 나중에 살펴보겠지만, 소크라테스는 여러 덕 중 하나의 덕을 가진 사람이면 모든 덕을 다 가진다고 생각했다. 그러므로 그가 말한 좋은 삶에

“절제 있게, 용감하게, 경건하게” 사는 것을 추가한다고 해서 그가 반대할 이유는 전혀 없다.

소크라테스의 도덕 철학에 대한 이해와 관련하여 위 논의는 매우 중요하다. 왜냐하면 지금 문제가 되는 핵심 개념이 덕과 지식 또는 지혜, 그리고 행복 또는 좋은 삶인데, 이 개념들이 얼마나 밀접하게 연관되어 있는지를 위 논의가 보여 주기 때문이다. 소크라테스에 따르면, 좋은 삶은 유덕한 삶 또는 정의로운 삶과 같다. 행복과 덕이 똑같다는 것이다. 게다가 삶을 가치 있게 해 주는 것은 오직 지혜뿐이다. 그러므로 지혜는 행복에 필수적이다. 여기서 명시적으로 말하지 않았지만(다른 곳에서는 직접 밝힌다), 소크라테스는 지혜가 좋은 삶에 필요충분조건임을 암묵적으로 보여 주고 있다. 왜냐하면 잘 삶을 좌우하는 유일한 요인이 올바른 행동이고, 어떤 행동이 옳은지를 지혜가 알려 준다면, 잘 삶을 결정하는 유일한 요인은 바로 지혜일 것이기 때문이다. 이렇게 좋은 삶과 유덕한 삶이 같고 지혜가 좋은 삶에 필요충분조건이라면, 지혜와 덕, 그리고 행복도 불가분한 관계에 있게 될 것이다.

그런데 지혜와 덕, 그리고 행복이라는 세 개념이 통합되는 곳이 바로 영혼이다. 『변론』에 따르면, 인간에게 가장 훌륭한 일은 자신의 영혼을 돌보는 것이다. 소크라테스가 왜 이런 주장을 했는지, 앞 단락의 논의에 비추어 보면 그 이유를 이해할 수 있다. 자기 영혼을 돌보는 것은 영혼의 건강을 지키는 일이다. 그런데 올바른 행동은 영혼을 이롭게 하여 영혼을 건강하게 한다. 반면, 그릇된 행동은 영혼에 해를 입히거나 불구로까지 만들어서 영혼의 건강을 망친다. 그러므로 어떤 행동을 할까 말까 결정할 때, 반드시 “이 행동이 내 영혼을 이롭게 할까 아니면 내 영혼에 해를 입힐까?”를 고려해야 한다. 그런데 올바르게 행동해야 하는 이유를 밝히는 과정에서 소크라테스가 제시한 위 논변은 이기적인 특징을 띤다.

즉, 어떤 행동이 그 행동을 한 당사자를 이롭게 한다면, 그리고 바로 이런 경우에만, 그 행동은 올바르다. 일반적으로 우리는 '이기적' 이라는 말을 제멋대로인 성향과 연관시키는데, 소크라테스 윤리학에 나타나는 이기적 특징은 분명 이런 종류의 것이 아니다. 이 점을 확인하기 위해, 소크라테스가 자신이 받게 될 유죄 판결에 대해 어떻게 생각했는지 살펴보자(『변론』, 30c~d). 그는 법정에서 고소인과 배심원에게 이렇게 말한다. 그들이 소크라테스에게 유죄 판결을 내린다면, 그들이 해를 입히는 자는 소크라테스가 아니라 그들 자신이다. 왜냐하면 소크라테스가 인정한 유일한 해악은 영혼이 입는 해인데, 그릇된 행동 또는 부도덕한 행동을 할 때에만 영혼이 해를 입기 때문이다. 그러므로 재판에서 해를 입는 자는 유죄 판결을 받은 소크라테스가 아니라, 부당한 유죄 판결을 내린 당사자이다. 우리는 타인과의 관계에서 올바르게 행동해야 하는데, 이는 타인이 아니라 자신을 위해서이다!

이렇게 소크라테스는 각자 자신의 영혼을 돌보는 일을 윤리학의 기초로 삼았고, 이로써 도덕적으로 행동할 강력한 동기를 제시했다. 이제 올바른 행동이 개인에게 가장 중요한 문제로 부각된 것이다. 이는 소피스트들의 생각과 대조적이다. 그들은 올바른 행동을 사회적 관습에 부합하는 행동 또는 타인의 이익을 위한 행동으로 간주했기 때문이다. 소크라테스가 죽음에 태연했던 것, 그리고 두려움의 대상은 죽음이 아니라 나쁜 행동이라고 확신했던 것도, 그가 '해' 라는 개념을 각자 자신의 영혼이 입는 해로 한정했기 때문이다(『변론』, 28b~29b). 『크리톤』에서 탈출에 대해 논의할 때, 그는 탈출이 과연 옳은가라는 문제로 주제를 좁혀야 한다고 지적하는데, 이 주장도 각자의 영혼에 해를 입히는 것은 오직 그릇된 행동뿐이라는 확신에서 비롯된다. 그는 좋은 삶을 건강한 영혼으로 사는 삶으로 보았고, 또 이를 도덕에 관한 지식 내지는 덕을 갖춘 삶과 동일시했는데, 바로 여기에서 그 유명한 “소크라테스의 역설”(이는 『메논』을 살펴보면서 더 자세히 다룰 예정이다)이 나왔다. 역설의 내용은 다음과 같다. 덕은 곧 지식이고, 악행은 무지에 기인한다. 그리고 어느 누구도 고의로 악행을 하지 않는다. 그 이유는 이렇다. 만일 지혜 또는 도덕에 관한 지식이 덕의 유일한 원천이라면, 지혜는 사실상 덕과 똑같다. 그리고 악행이 각자의 가장 중요한 부분을 손상시킨다면, 어느 누구도 고의로 악행을 하지 않을 것이다. 겉으로는 의도적으로 저지른 악행처럼 보여도, 사실 이는 도덕에 관련된 사항을 몰라서 한 행동이다.

물론 덕과 지혜 및 좋은 삶의 관계에 대한 이 주장은 그 자체로 역설적이다. 소크라테스의 도덕 철학에 나오는 모든 역설이 서로 연결되어 있음을 증명한다고 해서 역설이 해소되는 것은 아니다. 『고르기아스』에서 소크라테스가 위와 비슷한 주장을 하자, 대화 상대자 중 한 명인 칼리클레스가 이렇게 말했다. “만일 선생님께서 진지하게 말씀하시고 있고 그 말이 사실이라면, 그럼 이것이 우리 인간의 삶을 거꾸로 뒤집지 않습니까?”(481b~c) 그러나 칼리클레스의 말처럼 소크라테스의 주장이 역설적이어 보인다고 해서, 『고르기아스』에서 칼리클레스가 발전시키고 있는 입장을 택할 필요는 없다. 물론 덕과 행복의 관계에 대한 소크라테스의 주장은 1장에서 살펴본 희랍 문학 작품에 반영된 생각과 확실히 다르다. 문학 작품에도 덕행을 함으로써 행복을 얻을 것이라는 기대가 나타나기는 하지만, 그래도 행복은 덕과 구분되는 목적이었다. 반면, 소크라테스는 덕과 행복을 간단히 동일시했던 것이다. 또 지혜는 많은 덕들 중 하나라는 것이 일반적인 생각인데, 소크라테스는 지혜를 모든 덕과 행복의 유일한 원천으로 간주했다.

이에 독자들은 몇 가지 문제를 지적하면서 이의를 제기할 수 있겠다. 건강한 영혼이 진정 최고의 좋음인가? 악행이 영혼을 해롭게 하는가? 영혼을 해롭게 만드는 것이 오직 악행뿐인가? 영혼이 망가지면 살 가치가 없는가? 지혜가 올바른 행동에 필요충분조건이라는 말이 옳은가? 도덕에 대한 전문적인 지식을 가진 사람만 지혜로운가? 행동할 때 고려해야 할 점이 그 행동이 당사자의 영혼에 미치는 영향뿐인가? 사실 이 문제들은 논쟁의 여지가 있고, 소크라테스 이후의 희랍 철학과 훨씬 후대의 도덕 철학도 이 주제를 집중적으로 다루었다. 『프로타고라스』와 『고르기아스』를 비롯한 초기 대화편을 살펴보면, 소피스트와 일반적인 아테네인들 모두 소크라테스에 반대하고, 이에 대항해서 소크라테스가 스스로를 변호하고 있다. 이후, 『국가』 편에서 플라톤은 스승의 위 주장 중에 일부는 수용하고 일부는 버린다. 아리스토텔레스와 스토아학파 그리고 에피쿠로스학파도 이 주제들에 대해 논의하는데, 특히 스토아학파가 소크라테스와 상당히 비슷한 입장을 보인다. 이렇게 후대 철학자들이 더 풍부한 또는 새로운 이론을 제시할 수 있었던 것은 소크라테스의 독특한 생각이 발판이 되어 주었기 때문이다.

다시 『크리톤』으로 돌아가자. 결국 크리톤은 좋은 삶과 유덕한 삶, 그리고 실천적 지혜의 삶이 같다는 소크라테스의 말에 동의하게 된다. 동의를 받아 내었으니, 이제 소크라테스는 탈출이 나쁜 행동임을 보일 수 있게 되었다. 소크라테스가 주장하기를, 올바르지 못한 짓을 결코 해서는 안 된다. 자신이 올바르지 못한 일을 당했고 이에 대한 보복이라고 해도, 올바르지 못한 짓을 스스로 해서는 안 된다(49b~c). 다른 이에게 부정의한 행동을 하는 것은 자기 자신을 해롭게 하는 일이다. 그러므로 내가 먼저 당한 그릇된 행동에 복수하는 차원이라고 해도 타인에게 해를 입혀서는 안 된다. 나아가 서로 합의했고 그 합의가 올바르다면, 합의한 것을 반드시 지켜야 한다(49e). 다음으로 자신의 탈출은 이 모든 원칙에 위배된다. 탈출은 올바르지 못한 짓이고, 올바른 합의를 어기게 될 뿐 아니라, 나라에도 해를 입힐 것이다.

크리톤에게 이를 납득시키기 위해, 소크라테스는 "아테네의 법과 시민 공동체가 우리에게 다가와서 묻는다"(50a)는 기발한 서술 방식을 택한다. 의인화된 법과 공동체가 말하기를, 소크라테스처럼 법을 지키지 않으면 나라가 파괴될 위험에 처하게 된다. 나라가 법적으로 내린 판결을 따르지 않으면 나라가 유지되지 못할 것이기 때문이다. 그의 아버지가 어머니와 결혼할 수 있었던 것도, 그가 양육과 교육을 받은 것도, 법이 있어서 가능했다. 그러므로 법은 부모보다 훨씬 더 존경받아야 하고, 소크라테스는 마땅히 법을 지켜야 한다(50d~51c). 게다가 소크라테스는 나라가 내린 판결을 따르기로 합의한 바 있다. 그는 이미 아테네의 법과 사회적인 계약을 맺은 상태인 것이다. 아테네 법은 이 법에 만족 못하는 자라면 누구든 성인이 되었을 때 전 재산을 갖고 이민 갈 수 있도록 해 주었다.

> 그러나 당신들 중에 누구든 우리가 어떻게 재판을 하고 다른 문제에서 어떻게 나라를 운영하는지 보고서도 머무르는 자, 이런 자는 우리가 명령하는 것이면 무엇이든 하겠다고 이미 합의한 것으로 우리는 말하네(51e).

소크라테스는 이 합의를 대부분의 아테네인보다 더 진지하게 받아들였다. 그는 군대에 있을 때를 제외하고는 아테네를 떠난 적이 없다. 또 아테네인에게는 특정한 법이 잘못되었으니 바꾸어야 한다고 동료 시민들을 설득할 기회가 주어졌는데, 소크라테스는 그렇게 하지 않았다. 또 재판에서 추방의 제안을 받아들임으로써 법을 어기지 않고도 살아남을 수 있었지만, 이를 거절했다. 그런데 이제 와서 탈출하여 망명을 간다면, 이는 법을 공격하는 부정의한 일일 것이다.

그래서 소크라테스는 법을 지키기 위해 탈출하기보다 처형을 기다려야 한다고 결론 내린다. 소크라테스의 설명을 논박하지 못한 크리톤은 이 결론에 동의할 수밖에 없었다. 소크라테스의 논변은 강력하다. 그런데 독자들은 혼란스러울 것이다. 적어도 겉으로 보기에 그의 주장은 옳지 못한 법에 복종하지 않을 수 있는 가능성까지 제거하는 것 같기 때문이다. 또 개인보다 국가가 우선이라는 주장은 현대의 민주주의적인 사고방식에 어긋나기 때문이다. 그러나 그의 논변에서 눈에 띄는 결점을 찾기는 쉽지 않다. 단, 소크라테스의 위 주장에는 『변론』에서 배심원단에게 말한 내용과 명백히 모순되어 보이는 부분이 있다. 우선, 『크리톤』에서 의인화된 법률의 말에 따르면, 소크라테스는 아테네에 머물러 왔으니 "우리가 명령하는 것이라면 무엇이든" 하기로 합의한 것이다. 그런데 『변론』에서 소크라테스는 배심원단이 그에게 철학적 활동(즉, 남들을 시험하는 일)을 그만두는 것을 조건으로 무죄 판결을 내리겠다고 제안해도 이를 거절하겠다고 말했다(『변론』 29d, 이 책 112쪽의 인용문 참조).

여기서 소크라테스의 말이 일관되지 않다고 할지라도, 충분히 쉽게 일관적인 입장으로 바꿀 수 있다. 신의 법이라는 "더 상위의 법"까지 거론되어야 하는 심각한 경우, 오직 이런 경우에만 배심원단 결정에의 불복종을 허용하기로 한다면 그에게 일관성을 찾을 수 있다. 어쨌든 이 문제만 제외하면, 『변론』과 『크리톤』에 그려진 소크라테스는 그 말과 행동에서 한결같다. 유덕한 삶과 좋은 삶의 동일시, 도덕에 대한 전문적인 지식을 가진 자의 견해는 수용하지만 다중의 견해는 거절한다는 말, 그리고 두려움의 대상은 죽음이 아니라 오직 올바르지 못한 행동이라는 주장, 이러한 철학적 입장은 탈출을 거부한 일을 포함하여 재판장에서 소크라테스가 했던 언행과 일치한다. 뿐만 아니라, 그 언행의 합리적 토대를 보여 주기도 한다. 『변론』과 『크리톤』 모두에서 소크라테스는 굳은 신념하에 용감하게 행동했다. 다만, 그의 확신과 그 합리적 근거를 더 많이 들려주는 대화편은 『크리톤』이다. 플라톤을 비롯한 철학자들이 소크라테스에게 존경심을 갖는 큰 이유는 그가 위와 같이 고결한 생각을 보여 주었을 뿐 아니라 흔쾌히 그렇게 살려고 했다는 점 때문이다.

소크라테스의 탐구: 방법과 역설

소크라테스의 도덕 철학은 주로 『크리톤』에 잘 나타나 있지만, 이 대화편이 모든 내용을 상세하게 설명해 주는 것은 아니다. 특히, 『크리톤』은 소크라테스가 왜 다른 사람들을 철학적으로 시험했는지 그 이유를 명시적으로 밝히지 않았다. 이에 대한 뚜렷한 언급은 『변론』에 나오는데, 그것은 신의 명령에 따르기 위해서이다. 신탁을 이용한 이 정당화가 단번에 기각될 수 없음을 우리는 앞에서 확인했다. 한편, 소크라테스가 다른 사람들을 철학적으로 시험한 이유를 『크리톤』에서도 이끌어 낼 수 있다. 그리고 사실 『크리톤』에서 찾을 수 있는 답이 소크라테스의 철학적 원칙과 좀 더 밀접히 연결되어 있다. 그렇다고 『변론』에서의 설명 대신 『크리톤』에서의 설명을 택할 필요는 없다. 소크라테스가 두 가지 모두를 믿었을 것이기 때문이다.

『크리톤』에 따르면, 우리는 도덕 전문가의 말을 들어야 한다. 그런데 도덕 전문가가 누구인지에 대한 언급은 없다. 독자들은 당연히 소크라테스 자신일 것이라고 짐작하겠지만, 사실 그는 자신에게 이런 전문적인 지식이 없다고 여러 번 말했었다. 도덕 전문가는 어떤 행동이 영혼을 이롭게 하고 어떤 행동이 해롭게 하는지, 그리고 어떤 행동이 삶을 가치 있게 만드는지에 대한 지식을 가질 것이다. 좋은 삶은 곧 유덕한 삶이고 나쁜 삶은 악덕한 삶이기 때문에, 이 전문가는 어떤 행동이 덕행이고 어떤 행동이 악행인지도 알 것이다. 그런데 소크라테스는 이러한 지식을 가지려면 덕과 악 자체의 본질을 알아야 한다고 주장한다. 그래서 그는 좋은 삶을 사는 데에 필수적인 지식을 가진 자를 찾기 위해, 덕 자체가 무엇인지 아는 자를 찾으러 다녀야 했다.

사실, 대부분의 초기 대화편이 바로 이런 종류의 도덕 전문가를 찾고 있다. 동시에 이 대화편들은 여러 덕들의 본질을 규정하려고 시도한다. 예컨대 『라케스』는 용기를, 『카르미데스』는 절제를, 『에우티프론』은 경건을, 그리고 『국가』 1권(1권은 나머지 권들과 따로 쓰인 초기 대화편일 것이다)은 정의를 규정하려 했다. 도덕 전문가는 덕이 무엇인지 아는 자이기 때문에, 도덕 전문가를 찾는 것과 덕의 본질을 확인하려는 것은 사실 동일한 일이다. 이는 『라케스』에 등장하는 장군 니키아스가 리시마코스에게 한 말에서 잘 나타난다.

> 소크라테스와 아주 가까이에서 대화하기 위해 다가간 사람이라면 누구든, 처음에 다른 주제로 대화를 시작했다고 해도, 자기 자신에 대한 이야기를 내놓을 때까지 그한테 말로 이끌려 가지 않을 수 없습니다. 그러니까 자신이 지금 어떤 방식으로 사는지, 이전에는 어떻게 살았는지에 대한 이야기 말입니다. 이렇게 하고 나면, 소크라테스는 이 모든 내용을 제대로 잘 검토해 보기 전까지는 그를 보내지 않을 것입니다(187e~188a).

사람들이 경건이 무엇인지, 정의, 절제, 용기가 무엇인지, 일반적으로 덕이 무엇인지 말하려 할 때, 소크라테스는 누구의 말이든 귀담아 들었다. 여기에는 젊은 카르미데스와 같은 일반인, 그리고 장군 라케스와 같은 소위 전문가도 있었다. 또 예언자로 알려진 에우티프론과 소피스트인 프로타고라스도 포함되었다. 소크라테스의 관심사는 이들 중에 자기가 말하는 바를 진짜 아는 자가 있는지, 있다면 누구인지 확인하는 것이었다. 이 과정에서 그가 사용한 방법을 엘렝코스(elenchus)[>12]라고 한다.

엘렝코스의 방법

엘렝코스는 "검토" 또는 "시험"을 의미한다. 그런데 초기 대화편에서 소크라테스의 시험 결과가 항상 부정적이었기 때문에, 이 단어는 "논박"이라는 뜻도 갖게 되었다. 간단히 말하면, 소크라테스의 엘렝코스는 대화 상대의 주장을 논박할 목적으로 그 주장을 검토 · 시험하는 방식이다. 비록 엘렝코스의 일차적인 목적은 부정적이지만, 그 궁극적인 목적은 긍정적이라고 할 수 있다. 만일 어떤 이가 제시한 정의(定義)가 소크라테스의 빈틈없는 반박에서 살아남는다면, 그 정의를 올바른 것으로, 또 그것을 제시한 자를 도덕 전문가라고 볼 근거가 생기기 때문이다. 그러나 초기 대화편들에 나타나듯이, 소크라테스의 엘렝코스를 이겨내는 일은 쉽지 않았다.

그런데 소크라테스 자신은 정의(定義)를 제시한 적이 없다. 자신이 도덕 전문가가 아니라고 고백했으니, 크게 문제될 일은 아니었다. 그러나 소크라테스의 논적은 그가 진짜 알지 못하는지 의심했고, 그래서 대화 방식에 이의를 제기하는 일이 잦았다. 그러나 소크라테스는 항상 상대방이 결국 정의를 제시하도록 유도했다. 일단 상대가 그렇게 하면, 이제 소크라테스는 여러 가지 이야기를 꺼내면서 상대방의 생각을 묻는다. 그가 묻는 것들은 거의 상식적인 내용이고, 그래서 상대는 대체로 수긍한다. 그러면 소크라테스는 상대가 지금 수긍한 내용이 처음에 상대 자신이 제

>12 역자주: 희랍어로 엘렝코스(elenchos), 라틴어로 엘렌쿠스(elenchus)이다.

시한 정의와 모순됨을 보인다. 대화 상대자가 모순을 피하려면, 처음의 정의를 버리든지 방금 수긍한 바를 번복하든지, 둘 중 하나를 반드시 포기해야 한다. 그런데 상대방이 수긍한 것은 지극히 옳은 내용이어서, 버려지는 쪽은 항상 처음의 규정이다. 이 시점에서 소크라테스는 상대에게 다른 정의를 제시하라고 요구하고, 상대방이 길을 잃을 때까지 대화는 같은 방식으로 계속된다. 그리고 대화에 참여한 사람들이 당황해하면서 대화편이 끝나 버린다. 대부분의 초기 대화편이 이런 식이다.

『에우티프론』은 **엘렝코스**가 실제로 어떻게 사용되는지 보여 주는 교과서적인 대화편이다. 장소는 바실레우스 아르콘 법정, 소크라테스는 멜레토스를 비롯한 고소인들의 기소에 맞서서 진술하려고 기다리고 있었다. 그러던 중 종교적 예언자로 알려진 에우티프론을 만난다. 그때 에우티프론은 자기 아버지를 살인죄로 고소한 상태였고, 소크라테스는 이 사실을 알고 깜짝 놀란다. 그러자 에우티프론은 자기 행동이 경건하고 신성하다고, 자신이 이 분야에 전문가라서 잘 안다고 주장한다(4e~5a). 이에 소크라테스는 '에우티프론의 제자가 되어 배우면 멜레토스의 공격에서 벗어날 수 있겠다'고 말하면서, 에우티프론에게 경건함이 무엇인지 알려 달라고 청한다. "자네는 살인이나 그 밖의 경우들과 관련하여 경건함과 불경건함이 어떤 것이라고 주장하는가?"(5c~d)

초기 대화편에서 많은 대화자가 그랬듯이, 에우티프론도 사례를 들면서 경건을 정의(定義)한다. 그가 말하기를,

> 경건함은 제가 지금 하고 있는 것, 그러니까 살인을 저질렀든 신전을 털었든 이런 종류의 잘못을 저지른 자를, 그 사람이 아버지든 어머니든 그 밖에 누구이든, 그를 고소하는 것입니다(5d~e).

이 이야기를 듣자마자 소크라테스는 자신이 바라던 답은 이것이 아니라고 지적한다.

> 이걸 기억하게. 내가 자네에게 해 달라는 것은 여러 경건한 것들 중에 한두 가지를 가르쳐 달라는 것이 아니라, 형상(eidos)[>13] 자체, 즉 그것에 의해 모든 경건한 것들이 경건하게 되는 바로 그 형상을 알려 달라는 거였네. … 그럼 이 형상(idea)이 도대체 무엇인지 내게 가르쳐 주게. 그것을 바라보고 본으로 삼아서, 자네나 다른 누군가가 한 일이 그 형상과 일치하면 경건하다고 말하고 일치하지 않으면 경건하지 않다고 내가 말할 수 있도록 말일세(6d~e).

이에 에우티프론은 경건함이란 신들을 기쁘게 하는 것이라고 답한다(6e~7a). 그러자 소크라테스가 (소크라테스의 생각이 아니라면, 적어도 에우티프론의 입장에 따를 때) 무엇이 기쁜지 신들 간에 의견이 일치하지 않을 수 있음을 지적한다. 에우티프론은 수긍했고, 이제 소크라테스의 제안에 따라 최초의 정의를 수정한다. 그래서 그는 '모든' 신들에게 사랑받는 것이 경건하고 '모든' 신들에게 미움받는 것이 불경건하다고 말한다(9d). 그러나 이것도 처음의 정의보다 나을 것이 없었다. 왜냐하면 소크라테스의 복잡한 논리를 따라가다 보니, "모든 신들에게 사랑받음"은 기껏해야 경건함의 한 속성에 불과할 뿐, 경건함의 본질이 아니라는 점이 입증되었기 때문이다(10e~11b).

이 시점에서 에우티프론이 당황해한다.

> 소크라테스님, 제가 생각하는 것을 선생님께 어떻게 말해야 할지 모르겠습니

>13 역자주: 경건의 본질적 특성을 의미한다.

다. 우리가 무엇을 내세우든, 그것은 어떤 식으로 항상 우리 주위에서 빙빙 맴돌고, 우리가 놓은 곳에 머무르려 하지 않습니다(11b).

소크라테스는 대화를 여기서 끝내지 않고, 자신을 전설적인 조각가에 비유하면서 말을 이어 간다. 그 작품이 너무도 실물 같아서 달아나 버렸다고 하는 다이달로스 말이다. 그런 다음, 에우티프론을 제대로 도우면서 대화를 더 진전시킨다. 소크라테스가 제안하기를, 경건함은 정의(正義)의 일부분이다(12d). 그러자 에우티프론은 이것이 신들을 섬기는 것과 연관되는 부분이라고 말한다(12e). 소크라테스는 이 주장을 우선 받아들이고, 그럼 "섬김"이 무엇인지 설명해 달라고 한다. 에우티프론은 섬김을 정의하기 위해 몇 차례의 시도를 했으나 모두 실패했다. 각고 끝에 그는 '모든 신들을 기쁘게 하는 것'이라는 앞선 정의, 이미 거절된 정의로 돌아간다. 소크라테스가 또 한 번 빙 돌아가게 되었다고 지적하자, 에우티프론은 "그렇다면 다른 기회에요, 소크라테스 선생님. 제가 어딜 좀 바쁘게 가던 중이거든요. 이제 떠날 시간이네요"라고 말하면서 도망치듯 가버린다(15e). 다른 초기 대화편처럼 『에우티프론』도 이렇게 실패로 끝난다.

대화가 실패로 끝난 이유는 소크라테스가 찾던 정의(定義)를 에우티프론이 제시하지 못했기 때문이다. 그렇다면 소크라테스가 찾던 정의는 어떤 것일까? 이를 확인하는 데 『메논』의 한 구절이 도움이 될 수 있겠다. 에우티프론이 경건함을 정의하지 못한 것처럼 메논도 덕을 정의하지 못했는데, 이에 소크라테스가 다음과 같이 말한다.

만일 내가 자네에게 벌의 본질이 무엇이냐고 물어서 자네가 벌들은 많고 다양하다고 답한다면, 그럼 내가 "벌들이 벌들임의 측면에서 많고 다양하며 서로 다르다고 자네가 말하는 건가? 아니면 벌들임의 측면에서는 다르지 않고, 아름다움이나 크기 또는 이런 다른 측면에서 다르다고 하는 건가?"라고 물으면 자네는 뭐라고 답하겠는가? … 그럼 덕과 관련해서도 이렇다네. 덕이 많고 다양하다고 해도, 모든 덕들이 어떤 하나의 똑같은 형상(eidos)을 가지고, 바로 이 형상으로 말미암아 모든 덕들이 덕이네(72b~c).

지금 소크라테스는 덕의 본질적인 특성, 즉 모든 덕행들이 공통으로 갖는 특징을 찾고 있다. 메논이 소크라테스의 요구를 잘 이해하지 못하자, 소크라테스는 계속해서 건강, 크기, 힘과 같은 예를 더 들어 준다. 어린 아이가 아무리 힘이 세다고 해도 힘센 어른이 하듯 행동하지는 못하겠지만, 힘의 두 사례 모두에 공통되는 정의가 있다. 다시 말해서, 힘의 본질은 양쪽 모두에 똑같다.

아리스토텔레스에 따르면(『형이상학』, 1권 6장, 987b1~4), 소크라테스는 이런 종류의 정의(定義)를 찾으려 했던 최초의 인물이다. 소크라테스의 탐구 방식을 보면 왜 자신이 무지하다고 고백했는지 이해가 된다. 소크라테스가 '자신은 덕이 무엇인지 또는 경건과 정의(正義)와 같은 개별적인 덕이 무엇인지 알지 못한다'고 말하자, 대화 상대자들은 종종 놀라거나 믿지 못했다. 그들은 소크라테스가 궁금해 하는 것이 일련의 사례들이라고 생각했기 때문이다. 즉, 여러 덕행과 그 특징을 나열하면 되는 줄 알았기 때문이다. 그러나 사람들이 통상 드는 덕의 사례는 소크라테스도 익히 들어 알고 있었다. 그가 진짜 알고 싶었던 것은 개별적 덕의 정의 또는 덕 자체의 정의였다. 이 정의는 모든 사례에 일치할 뿐 아니라 덕의 본질적 특성도 보여 주어야 한다.

왜 소크라테스는 정의(定義)를 찾으려 했을까? 왜 그는 사례들로 만족하지 못했을까? 한 가지 이유는 이러한 예들이 희랍인의 통속적인 생각에서 나온 것이어서, 진정으로 덕행이 아닌 행동도 여기에 포함될 수 있기 때문이다. 예컨대 『국가』에서 폴레마르코스는 친구를 이롭게 하고 적에게 해를 입히는 것이 정의(正義)라고 주장했다. 이는 당시 희랍인들 사이에서 널리 퍼져 있던 생각이 분명한데, 소크라테스가 보기에 상대가 누구이든 해를 입히는 것은 덕을 갖춘 사람이 할 행동이 아니었다. 소크라테스는 폴레마르코스와의 대화를 통해 전통적인 생각의 결함을 보여 주었는데, 그는 여기서 더 나아가 덕의 본질에 대한 규정을 찾아야 했다. 그래야만 비로소 특정 행동이 덕행인지 아닌지 확실히 알 수 있기 때문이다.

『에우티프론』에서(6e) 소크라테스가 밝혔듯, 그는 본(本)을 찾고 있었다. 논의 중인 개념의 사례로 제시된 것이 제대로 된 사례인지 비추어 볼 기준 말이다. 그는 이 기준을 에이도스(*eidos*, 『에우티프론』 6d, 『메논』 72c) 또는 이데아(*idea*, 『에우티프론』 6e), 즉 "형상"이라고 불렀다. 한편, 이 용어들이 초기 대화편에 나온다는 점을 근거로 들면서 '플라톤이 중기 대화편에서 발전시킨 그 유명한 "형상 이론"(이 책의 3장 참조)은 원래 소크라테스가 정초한 것이다'라고 주장할 수 있을까? 이 문제는 논란의 여지가 있고, 학자들이 그간 논쟁해 왔다. 그러나 『에우티프론』에서 소크라테스가 경건의 본질을 찾고 있다는 사실만큼은 확실하다. 단, 그가 알고 싶어 했던 것은 이 용어의 일반적 의미나 희랍에서의 통상적 용법을 보여 주는 사전적 정의만이 아니었다. 오히려 그가 찾던 것은 물을 H_2O라는 화학식으로 표현하는 것에 비유할 수 있다. 화학자가 물 분자는 수소 원자 둘과 산소 하나로 이루어져 있음을 발견했을 때, 그는 "물"이라는 말의 의미가 아니라 물의 본질적 특성을 발견한 것이다. 소크라테스가 경건을 비롯한 덕에서 찾으려 했던 것도 이와 유사하다.

소크라테스가 덕의 본질을 발견하려 했던 이유는 덕의 사례라고 일컬어지는 것들이 정말 그러한지 그리고 덕행이나 덕인이 갖추어야 하는 조건으로 무엇이 추가되어야 하는지 확인하기 위해서였다. 그는 덕에 대한 학문적 지식, 즉 에피스테메(epistēmē)를 제공해 줄 정의(定義)를 원했다.

그런데 플라톤은 소크라테스가 추구했던 지식의 특징과 그가 사용하던 엘렝코스에서 수학과의 유사성을 보았고, 이 유사성을 『메논』을 비롯한 중 · 후기 대화편에서 발전시킨다. 『국가』도 이들 중 하나이다. 그런데 수학, 특히 기하학은 고대 희랍인에게 학문의 표준으로 인정되었다. 기하학은 참이라고 간주되는 특정 명제들, 즉 정의(定義)와 공리, 그리고 공준(公準)에서 시작한다. 그리고 이들로부터 정리(定理)를 이끌어 낸다. 플라톤이 생각하기에, 소크라테스가 윤리적 개념의 정의를 찾길 바라던 이유는 일단 정의가 확보되면 기하학에서처럼 도덕 철학에서도 정의로부터 정리를 도출할 수 있기 때문이었다. 이것이 바로 소크라테스가 우선 정의를 제시한 뒤 대화를 풀어 나가자고 고집했던 이유이다. 엘렝코스를 통해서 상대로부터 받아낸 수긍이나 주장은 기하학에서 공리나 공준에 해당되는 역할을 했다. 그런데 불행하게도 이 공리는 처음에 제시된 정의와 결합하여 정리를 산출하지 못했고, 오히려 모순을 낳았다. 그런데 이러한 상황을 접하면서도 여전히 소크라테스는 올바른 정의를 찾는다면 정리를 도출할 수 있을 것이라는 기대를 버리지 않았다.

엘렝코스와 기하학 및 수학의 방법에 유사성이 있음에도 불구하고 엘렝코스를 사용한 탐구가 저 학문들에 비견될 만한 성과를 산출하지 못했으니, 틀림없이 플라톤은 이 점 때문에 불편했을 것이다. 그래서인지 플라톤은 『국가』 2권부터 엘렝코스를 거의 사용하지 않는다(다음 장 참조). 단, 『메논』에는 수학적 탐구 방식과 유사한 방법에 부분적으로 기초하여 답을 구하려는 시도가 나타난다. 그런데 『메논』은 초기 대화편의 내용을 넘어서는 여러 이론들(예컨대, 상기론)을 담고 있다. 대부분의 학자들은

『메논』에서 이 이론들을 제시하고 엘렝코스의 긍정적 측면을 살린 자를 역사적 인물 소크라테스가 아닌 플라톤으로 본다. 물론 어디까지가 소크라테스의 생각이고 어디서부터 플라톤의 본격적인 작업이 시작되는지 확정할 길은 없지만, 학자들이 동의하는 저 주장은 옳아 보인다. 왜냐하면 『변론』에서 소크라테스는 자신의 임무가 모든 이들의 무지를 드러내는 것이라고 했고 이 목적을 달성하기 위해 엘렝코스를 채택했는데, 이 경우 엘렝코스를 사용하는 목적은 소극적이기 때문이다. 그러므로 엘렝코스를 소극적인 목적으로 사용한 자는 역사적 인물 소크라테스고, 『메논』에서 좀 더 적극적인 목적으로 사용한 자는 플라톤이라고 하는 것이 옳겠다.

엘렝코스의 새로운 측면은 메논이 당혹스러운 상황에 처하게 된 시점부터 나타난다. 우선 메논은 소크라테스가 마치 전기가오리처럼 자신을 마비시켰다고 하소연했다. 마치 에우티프론이 소크라테스와 대화하다 보니까 자기 생각이 주위에서 빙빙 맴돈다고 했던 것처럼 말이다. 또 메논은 소크라테스를 주술사에 비유하면서 여러 나라를 여행하며 돌아다니지 말라고 충고하기도 했다(79e~80b). 이에 대해 소크라테스는 자신의 마비된 상태[>14]를 통해 다른 이들까지 그렇게 만드는 것 같다고 대답한다. 그래도 탐구를 계속하자고 메논에게 제안하자, 메논이 이렇게 묻는다.

> 소크라테스님, 무엇인지 도대체 전혀 알지 못하는 것을 어떤 방식으로 탐구하시겠습니까? 알지 못하는 것들 중에 어떤 것을 내세우고서 탐구하시겠다는 거지요? 또 당신께서 그것과 제대로 마주치게 된다 하더라도, 이것이 당신께

>14 역자주: 소크라테스 자신도 덕이 무엇인지 알지 못한다는 의미이다.

서 알지 못했던 것인지 어떻게 알아보시겠습니까? (80d)

엘렝코스는 주어진 정의가 옳음을 증명하는 것이 아니라 틀렸음을 보이는 방법이다. 이러한 탐구 방식에 대해 메논이 제기한 위 물음은 적절해 보인다. 그러나 소크라테스는 메논이 위와 같이 물으면서 "논쟁적인 논변"을 끌어들이고 있다고 답한다. 논쟁적인 논변이란 지식을 찾아가는 데에는 무관심하고 논쟁에서의 승리에만 혈안이 된 자가 사용하는 논변을 뜻한다.

그런 다음 소크라테스는 메논의 도전에 상기설로 응대한다. 그는 이 상기설을 "신적인 일들을 잘 아는 남녀 사제들, … 자기들이 담당하는 일에 대해 설명하는 것에 관심을 갖던 남녀 사제들"(81a~b)한테 들었다고 주장한다. 이는 소위 "피타고라스 교단"의 구성원들, 즉 피타고라스를 철학적 스승이자 정신적 지도자로 모시는 제자들을 넌지시 가리키는 표현이 아닌가 싶다. 왜냐하면 상기론에 피타고라스의 가르침이 일부 포함되어 있고, 또 플라톤은 『메논』을 쓰기 바로 전, 기원전 388년에 시칠리아를 여행하면서 이 종교 단체의 몇몇 일원들과 만났다고 하기 때문이다.

플라톤이 들었다고 하는 남녀 사제들의 말에 따르면,

> 영혼은 불멸하고 여러 차례 태어났으며 이 세계에 있는 것과 하데스에 있는 것을 모두 다 보았기 때문에, 영혼이 배우지 않은 것이 없네. 그러므로 덕의 경우든 다른 문제에 대해서든 영혼이 이전에 알았던 것을 상기할 수 있다는 것은 놀랄 일이 아니라네. 자연 전체가 동류(同類)이고 영혼이 모든 것을 배웠기 때문에, 단 하나를 상기한 자가 — 이는 사람들이 배움이라고 부르는 것인데 — 용감하고 탐구에 지치지 않는다면, 다른 모든 것을 스스로 발견하지 못할 이유가 전혀 없네. 왜냐하면 탐구와 배움 모두 상기이기 때문이네(81c~d).

상기론을 실제 상황을 통해서 보여 주기 위해, 소크라테스는 메논의 어린 노예에게 기하학 문제를 내서 시험한다. 특정 크기를 갖는 정사각형이 있는데, 그 크기의 두 배가 되는 정사각형을 그리려면 한 변을 얼마로 두어야 하는가? 처음에 어린 노예는 자신에 차 있었으나, 두 번 실패한 후 메논처럼 당혹해 하는 상태가 된다. 이에 소크라테스는 메논이 겪었던 당혹감도 해로운 것이 아니라고 하면서, 메논에게 이 노예의 모습을 보라고 한다.

소크라테스: 그렇다면 메논, 자네는 이 아이가 상기의 과정에서 이제 어디에 와 있는지 알겠지? 처음에 그는 크기가 8제곱피트인 사각형의 한 변이 얼마인지 알지 못했네. 지금도 알지 못하듯이 말이네. 그러나 그때는 안다고 생각했고, 아는 것처럼 자신 있게 답했으며, 자신이 당혹스런 상태가 되었다는 걸 믿지 않았네. 그러나 지금 이 아이는 자신이 당혹스런 상태가 되었다는 걸 믿고, 사실이 그렇듯, 자신이 안다고 생각하지 않네.

메논: 옳은 말씀입니다.

소크라테스: 그렇다면 그가 알지 못하는 문제와 관련하여 그는 지금 더 나은 상태에 있지 않을까?

메논: 그런 것 같습니다.

소크라테스: 그렇다면 그를 당혹스럽게 하고 마치 전기가오리에 쏘이듯 마비되게 해서, 우리가 그에게 무슨 해를 입힌 건가?

메논: 그렇지 않아 보입니다.

소크라테스: 사실 우리는 이 아이가 자신이 어떤 상태에 있는지 발견하는 데 도움이 되는 일을 한 것이네. 왜냐하면 답을 알지 못하므로 이제 그는 즐거이 탐구할 것이기 때문이네(84a~b).

『변론』에서 소크라테스는 엘렝코스가 사람들에게 미치는 부정적인 효과를 의식하고 있었고, 이를 사람들의 무지를 일깨워 줄 때 나타나게 마련인 부작용으로 받아들였다. 그러나 플라톤은 여기에 만족하지 않았다. 그는 지식에 다가가려면 반드시 엘렝코스의 단계를 거쳐야 한다는 점, 그래서 엘렝코스로 대화를 이끌어 간 소크라테스에 대해 사람들이 갖는 분노가 잘못되었다는 점을 보이고자 했다.

결국 어린 노예가 당혹스러워하자, 소크라테스는 일련의 질문을 던지면서 아이가 문제를 올바르게 해결하도록 안내했다. 그리고 아이에 대한 시험이 끝나자, 메논에게 이렇게 말한다.

> 이 믿음들이 저 아이에게서 마치 꿈에서처럼 지금 막 일깨워졌네. 그런데 누군가 그에게 같은 물음을 여러 차례 그리고 여러 방식으로 묻는다면, 그가 마침내 이것들에 대해 누구 못지않게 정확히 인식할 것임을 자네는 아네(85c~d).

상기설은 우리가 대상을 어떻게 알게 되는지 설명하는 이론이다. 상기설에 따르면, 알게 된다는 것은 영혼에 이미 잠재되어 있는 지식을 의식으로 끌어올림이다. 그런데 이에 대해 많은 문제가 제기될 수 있다. 소크라테스의 질문이 너무 주도적이어서 사실상 그 질문들이 어린 노예에게 답을 준 것은 아닐까? 또 아이가 오답을 내렸을 때와 정답에 도달했을 때, 이 두 경험에서 아이의 영혼에는 어떤 다른 일이 일어난 것일까? 상기함으로써 정답을 알게 되었다면, 오답을 내린 것도 상기를 통해서인가? 게다가 상기설은 다소 과장된 이론이 아닐까? 결국 상기설은 우리가 어떻게 지식을 획득할 수 있는가라는 물음에 답하기 위해, 우리가 태어난 후에 가질 수 있는 모든 지식을 태어나기 이전의 영혼 안에 들여 놓았다. 상기설은 새로운 지식의 획득이 사실상 불가능하다고 전제하는 것 같다. 아니 새로운 지식의 획득이 아예 불필요하다.

이상의 난점들을 여기서 다룰 수는 없다. 다만, 상기설을 통해서 소크라테스의 엘렝코스가 소극적 역할뿐 아니라 적극적인 역할까지 갖게 된다는 점을 짚고 넘어가려 한다. 우리와 마찬가지로 어린 노예의 마음에는 참인 믿음도 있고 거짓인 믿음도 있다. 그런데 상기설만으로는 이 둘이 구분되지 않는다. 바로 여기에서 엘렝코스의 진가가 나타난다. 왜냐하면 엘렝코스는 거짓인 믿음을 식별하게 해 주기 때문이다. 소크라테스에 따르면, 엘렝코스는 참인 믿음을 지식으로 전환해 줄 수 있다. 이후 메논에게 말하기를, 영혼 안에 존재하는 "참인 믿음"은 "물음에 의해 일깨워졌을 때 지식이 되네"(86a).

상기설은 수학의 방법처럼 엘렝코스라는 방법도 학문적 지식을 산출할 수 있음을 보여 준다. 『메논』에서 플라톤은 수학적 추론의 명쾌한 도구를 추가로 사용하기 시작하는데, 이는 가설을 도입하는 방법이다. 메논이 덕이 무엇인지를 묻지 않고 덕이 가르쳐질 수 있는가를 물으면서 답을 듣고 싶다고 했을 때, 소크라테스는 가설을 사용하는 것이 허용된다면 답할 수 있다고 말한다. 소크라테스에 의하면, 기하학자는 아직 답을 모르는 질문을 받았을 때, 그 문제를 풀 수 있게 해 줄 가설을 도입한다. 즉, 더 상위의 어떤 명제를 참이라고 전제한다. 그리고는 이 가설이 옳다면 어떤 답이 내려질지 보여 준다.

소크라테스가 메논에게 제시한 가설은 덕이 곧 지식이라는 것이었다. 그가 상당히 엄격하게 사용했던 '가르침' 개념에 따르면, 지식을 제외한 어떠한 것도 가르쳐질 수 없다. 그러므로 덕이 지식인 경우에만 가르쳐질 수 있을 것이다. 메논이 이에 수긍하자, 소크라테스는 "자, 이제 다음으로 덕이 지식인지, 지식이 아닌 다른 종류의 것인지 탐구해 보아야 하네"라고 답한다(87c). 우리는 여기서 소크라테스가 가설이라는 장치를 어떻게 이해하는지 엿볼 수 있다. 가설로부터 도출된 결론이 옳다고 인정되기 전에, 우선 가설 자체가 참인지부터 입증되어야 한다는 것이다. 즉, '가설'이라는 특성 자체가 "제거되어야" 한다. 한편, 대화가 이렇듯 자연스럽게 흘러가는 가운데 화제가 재빠르게 바뀌었다. 가설이 참인지 확인해야 하니, 메논은 소크라테스가 제일 중요시하던 "덕이란 무엇인가?"라는 질문으로 돌아갔고, 결국 소크라테스가 원하던 답변을 찾는 일로 슬며시 빠져 들어갔기 때문이다. 이렇게 소크라테스는 덕이 가르쳐질 수 있는가라는 물음에 답하려면 우선 덕이 무엇인가에 관한 가설이 반드시 제시되어야 한다고 주장함으로써, 어떤 대상의 부차적 속성을 논하기 전에 그 본질적 특성부터 규정해야 한다는 점을 강조하고 있다.

그러나 소크라테스가 가설을 사용한 것이 교묘한 대화 기술에 불과하다고 평가할 수는 없다. 대화의 흐름이 보여 주듯이 가설의 도입은 방법적 도구로서 의미가 있는데, 그 이유는 이렇다. 앞에서 살펴본 것처럼, 엘렝코스가 이루어지려면 소크라테스의 대화 상대자가 정의(定義)를 제시할 수 있어야 한다. 그런데 이 대화편에서처럼 상대가 정의를 더 이상 제시하지 못하면 어떻게 될까? 전형적인 초기 대화편들이 그렇듯, 대화가 끝나 버린다. 그러나 가설을 도입하면 대화가 계속될 수 있다. 소크라테스와 상대방 모두 정확한 정의를 알지 못한다고 하더라도 말이다. 왜냐하면 논의를 좀 더 상위의 수준으로 끌어올림으로써 타당한 정의를 발견할 수 있기 때문이다. 또는 확신은 못하지만 개연성 있는 정의를 가설로 사용할 수 있고, 그 가설을 받아들이면 어떤 결과들이 나오는지 조사해 볼 수 있기 때문이다. 이제 가설은 엘렝코스의 부속물이기를 서서히 멈추고, 『국가』를 포함한 중기 대화편에서 그 자체의 중요한 방법으로 사용된다.

요컨대, "소크라테스의 방법"은 초기 대화편들을 거치면서 점차 변한다. 정의를 찾으려는 시도는 계속 되지만, 파괴적인 도구이기만 했던 엘렝코스가 상기론과 결부되고 가설을 사용하는 방법으로 보완됨으로써, 엘렝코스는 생산적인 탐구를 위한 도구가 된다. 그러다가 중기 대화편으로 가면 엘렝코스는 빛을 잃는데, 가설을 도입하는 방법과 상기설만큼은 플라톤 철학에서도 중요한 부분으로 남는다.

소크라테스의 역설

덕이 곧 지식이라는 주장은 그 유명한 "소크라테스의 역설" 중 하나이다. 나머지 역설들은 다음과 같다. 첫째, 모든 덕들이 하나이다(그래서 누군가 하나의 덕을 가졌다면 그는 모든 덕을 다 가진 자이다). 둘째, 악행은 무지(의 결과)이다. 셋째, 어느 누구도 고의로 악행을 하지 않는다. 그런데 초기 대화편의 소크라테스는 덕에 관해 물음을 제기하면서도 자신의 해결책을 결코 내놓지 않고, 다른 사람들을 시험하는 과정에서 역설적인 화제를 꺼내는 데에 그친다. 이는 『메논』에서도 마찬가지였다. 단, 『메논』은 역설적인 화제를 다른 작품들에 비해 훨씬 상세히 논의한다. 아마 이는 『메논』이 초기에서 중기로 넘어가는 작품, 즉 소크라테스 입장과 플라톤 입장의 중간쯤에 놓이기 때문일 것이다. 그렇다고 해도 이 저서에 나오는 역설이 소크라테스의 것이라는 점에 거의 대부분의 학자들이 동의할 것이다.

"역설(paradox)"은 문자 그대로, 일반적으로 받아들여진 의견(doxa)에 반하는(para) 진술이다. 그리고 방금 소개한 소크라테스의 주장들 모두 바로 이런 의미에서 역설이다. 또 우리의 예상대로 위 역설들은 서로 밀접히 연관되어 있고, 지금까지 살펴본 소크라테스의 다른 견해들과도 결부되어 있다. 예컨대 '모든 덕들은 하나이다. 누군가가 하나의 덕을 가진다면, 그는 틀림없이 모든 덕들을 다 가진 자이다' 라는 주장을 보자.

이는 『프로타고라스』의 핵심적인 주제인데, 이 대화편에서 프로타고라스는 '우리가 한 가지 측면에서 유덕할 수 있지만 다른 측면에서는 그렇지 못할 수 있다'는 상식적인 믿음을 옹호한다. 예컨대 용감하기는 한데 정의롭지 못할 수 있다. 또는 용감하기는 해도 절제 있는 사람이 아닐 수 있다. 이에 반해, 소크라테스는 덕의 단일성을 주장한다. 소크라테스가 덕이 곧 지식이라고 믿고 있었다면, 이 주장은 놀라운 것이 아니다. 왜냐하면 그가 『라케스』에서 주장했듯이(198b 이하), 덕을 갖기 위해 요구되는 지식은 좋음과 나쁨에 대한 지식이기 때문이다. 그래서 어떤 사람이 용기가 요구되는 상황에서의 좋음과 나쁨이 무엇인지 안다면, 그가 이 지식을 전환하여 정의나 경건이 요구되는 상황에까지 적용할 수 있으리라 생각하는 것은 자연스럽다.

덕의 단일성 테제가 덕이 곧 지식이라는 정의(定義)와 연결되어 있다면, 악행이 무지의 소산이라는 테제는 누구도 고의로 악행을 하지 않는다는 주장과 연결되어 있다. 두 주장 모두 역설적이다. 왜냐하면 '많은 사람들이 무엇이 옳은지 알면서도 나쁜 행동을 한다'는 것이 상식적인 생각이기 때문이다. 그러나 소크라테스는 이러한 생각을 비판할 것이다. 그리고 다음과 같이 말할 것이다. 만일 누군가가 단순히 '어떤 행동(예컨대, 도둑질)은 관습적인 의미에서 나쁘다'는 것을 알고 있는데 자신에게 이익이 될 수 있다는 이유에서 그 행동을 하고 싶어졌다면, 이 사람은 그 행동이 나쁘다는 것을 진정으로 알지 못하는 자이다. 앞에서 우리는 소크라테스의 윤리학이 이기적 특징을 가진다고 했다. 그에 의하면, 악행은 그 행동을 한 당사자의 영혼을 해롭게 하기 때문이다. 그러므로 소크라테스가 규정한 의미에서 '어떤 행동이 나쁘다는 것을 안다'는 말은 '그 행동이 자신의 영혼을 망가뜨릴 것임을 안다'는 뜻이다. 그런데 어느 누구도 자기 영혼에 해를 입히기를 원하지 않는다. 그래서 소크라테스는 이러한 결과를 초래할 일을 어느 누구도 고의로 하지 않을 것이라 생각했다. 결국, 어느 누구도 고의로 나쁜 행동을 하지 않을 것이라는 결론이 도출된다. 그러므로 악행을 하는 사람은 그 행동이 자신에게 미칠 해로운 영향을 모르는 자, 즉 무지한 자이어야 한다. 그러니 소크라테스의 관점에서 극도로 악랄한 범죄자까지도 교육의 대상이고, 당연히 처벌의 목적은 나쁜 행동을 한 자들을 교정하거나 개선하는 일이다.

소크라테스는 『메논』의 앞부분에서(77b~78b) 어느 누구도 나쁜 것을 욕구하지 않는다는 논변을 제시하는데, 이는 방금 언급한 내용과 상당히 유사하다. 즉, 나쁜 것을 욕구한다는 말은 그것이 자신을 비참하고 불행하게 만들 것임을 잘 알면서도 자신을 위해 그 나쁜 것을 소유하길 원한다는 의미이다. 그런데 불행하고 싶은 사람은 없다. 따라서 나쁜 것을 욕구하는 사람은 없다. 한편, 『프로타고라스』에서 소크라테스는 '하려는 행동이 나쁘다는 것을 알지만 그래도 비이성적인 욕구로 인해 그 행동을 하게 될 수 있다'는 반론을 검토한다. 친숙한 예를 들면, 많은 사람들이 흡연이 건강에 나쁘다는 것을 알면서도 계속 흡연하지 않는가? 그런데 소크라테스는 저 반론을 무지의 또 다른 사례로 간주한다. 소크라테스에 따르면, 쾌락에 이끌렸다고 하는 그 사람은 사실 그릇된 행동에 포함된 쾌락과 고통을 잘못 측정한 자이다. 만일 제대로 측정했다면, 그는 올바른 행동을 택했을 것이다(정확한 측정에 따르면 올바른 행동이 가장 쾌락적이다). 그러므로 더 나은 행동이 무엇인지 제대로 알면서 나쁜 행동을 택하는 일, 즉 자제하지 못하는 일은 불가능하다.

앞에서 언급했듯이, 악행을 무지의 산물로 간주하고 자제하지 못하는 일을 불가능하다고 보며 덕과 지식을 동일시한 것은 소크라테스의 주지주의적 도덕 철학에서 핵심이 되는 부분이다. 그리고 그의 역설들 중에 가장 중요한 것은 덕이 곧 지식이라는 명제이다. 나머지 역설들도 바로 이 명제에서 따라 나온다. 그런데 흥미롭게도 소크라테스는 좀처럼 이 명제에 관해 상세히 논의하지 않았다. 그가 자기 자신의 생각을 내놓는 것이 아니라 다른 이들의 생각을 비판하는 방법을 택했다는 점이 그 부분적인 이유는 될 것이다. 우리는 위에서 소크라테스가 덕이 곧 지식이라는 주장을 가설로서 제시하는 모습을 확인했다(『메논』, 87c 이하). 이후, 소크라테스는 이 가설을 수립하기 위해 다음과 같은 논변을 펼친다. 덕은 좋은 것이다. 만일 지식 말고도 좋은 것이 또 있다면, 덕은 지식이 아닐 수도 있다. 그러나 만일 지식이 모든 좋은 것들을 전부 "포함한다"면, 덕은 지식이어야 한다(87d). 덕을 포함한 모든 좋은 것들은 유익하다. 유익한 것 가운데, 건강이나 체력 및 아름다운 외모나 부처럼 몸에 좋은 것이 있고, "절제, 정의, 용기, 잘 배우는 능력, 기억력, 대범함, 그리고 이러한 모든 것들"과 같이 영혼에 좋은 것도 있다(88a). 그러나 좋은 것들의 두 부류 모두 해가 될 때가 종종 있다. 이 좋은 것들이 유익하려면 올바르게 사용되어야 하고, 그러려면 지혜의 안내를 받아야 한다. 지혜의 인도 하에 좋은 것들을 올바르게 사용할 수 있고, 그 결과 행복에 이를 수 있다는 것이다. 이제 소크라테스는 다음과 같이 결론 내린다.

> 덕이 영혼 안에 있는 것들 중 하나이고 반드시 유익하다면, 덕은 지혜이어야 하네. 왜냐하면 영혼과 관련된 모든 것이 그 자체로는 유익하지도 해롭지도 않으나, 지혜나 어리석음이 더해짐으로써 유익하게 되거나 해롭게 되기 때문이네. 이 논의에 의해, 덕이 유익하므로 그것은 지혜의 일종이어야 하네(88c~d).

위 논변은 인간의 속성 중에서 항상 유익한 것이 오직 지식뿐이고 그래서 지식이 덕의 필요조건임을 보여 준다. 그러나 위 논변은 덕을 소유하는 데에 지식으로 충분함을 입증하지는 못한다. 사실, 이 논변 자체가 말하는 내용은 지식 혹은 지혜가 절제나 정의 및 용기와 같은 다른 속성들의 올바른 사용이라는 점이다. 다른 속성들은 지식 또는 지혜와 "함께 있음으로써" 진정한 덕이 된다. 그러므로 이 논변은 덕과 지식이 같다는 주장에 요구되는 증명의 일부분일 뿐이다. 그러나 소크라테스는 이러한 결함을 간과했고, 『에우티데모스』에서 매우 유사한 용어들로 이 논변을 다시 제시한다(278e~282a). 또 그는 『프로타고라스』에서 다른 덕들이 지식에 의해 좋게 될 뿐 아니라 사실상 지식과 똑같다는 점을 입증하려 시도한다. 그러나 결국 이 논증이 성공적이지 못하다고 밝혀지면서 대화편이 끝난다.

왜 소크라테스는 덕이 곧 지식이라고 주장했을까? 그 이유 중 적어도 일부는, 그가 영혼에 대해 아주 독특한 그림을 갖고 있었기 때문이다. 내가 여기서 "그림"이라는 표현을 쓴 것은 소크라테스에게 영혼의 본성에 관한 명확한 "이론"이 있다고 주장하고 싶지 않아서이다. 그가 영혼을 어떻게 이해했는지는 그의 여러 주장 속에 암묵적으로 함축되어 있고, 그런 만큼 소크라테스가 영혼론을 의식하지 않았을 수도 있다. 그러나 실제로 소크라테스는 영혼을 이성과 같은 것처럼 취급했다. 다시 말해서, 그는 자신이 논의한 영혼의 모든 특성을 인식적 상태로 간주했다. 예컨대, 『변론』에서 소크라테스는 죽음에 대한 두려움을 분석하여 이 두려움을 죽음은 나쁜 것이라는 믿음으로 설명했다. 『라케스』에서도 마찬가지이다. 198b 이하에서, 그는 두려움 일반을 앞으로 닥칠 나쁜 일에 대한 예측으로 간주하고, 또 용기는 진정으로 두려운 것이 무엇인가에 대한 지식과 동일시했다. 또 앞에서 살펴보았듯, 『프로타고라스』에서는 자제하지 못함이라는 현상을 쾌락과 고통을 잘못 측정한 사례로 풀이했다. 소크라테스는 이성과 욕구의 갈등(플라톤의 『국가』에 이르면, 이는 영혼의 이성적 부분과 비이성적 부분 사이의 분쟁으로 설명된다)을 이성 자체의 내부적 갈등으로, 즉 지식과 믿음과 같은 여러 다른 인식적 상태들의 갈등으로 본 것이다. 만일 영혼이 지식이나 믿음과 같은 인식적 상태들만 담고 있다면, '영혼의 가장 뛰어난 도덕적 상태인 덕'과 '영혼의 가장 뛰어난 인식적 상태인 지식'은 당연히 같을 것이다(『국가』에서 영혼 삼분설을 전개하기 이전에, 『파이돈』 64c 이하에서 플라톤은 이성과 욕구의 갈등을 영혼과 몸의 갈등으로 묘사했다. 내가 생각하기에, 이 묘사는 욕구와 감정 모두 인식적 상태라는 소크라테스의 생각과 『국가』에 나타난 플라톤의 생각 사이에 놓인 중간적 입장을 나타낸다. 그러나 어쨌든 『파이돈』의 저 묘사에서 영혼과 이성이 동일시되고 있는 것은 사실이다).

소크라테스가 어떤 추론 또는 어떤 직관을 통해 덕을 지식과 동일시했든, 분명 플라톤은 덕과 지식이 같다는 주장에 의문을 품게 되었을 것이다. 『메논』의 마지막에, 즉 덕이 곧 지식이라는 주장을 지지하는 논변을 제시하고 난 직후에, 이 의문이 모습을 드러낸다. 소크라테스는 덕이 지식이라면 덕을 가르치는 교사가 있어야 한다고 말한다(89d). 그런 다음 덕을 가르칠 수 있다고 자처하는 사람들의 주장을 검토하기로 한다. 그는 메논의 친구이자 소크라테스를 고소한 자들 중 한 명이기도 한 아니토스와 함께, 덕을 가르칠 수 있다고 하는 소피스트들의 주장을 논하기 시작했다. 그런데 아니토스가 두려워하면서 소피스트들에 대해 언급하지 않으려 했고, 대신 (『변론』에서 멜레토스가 그랬듯이) 아테네의 훌륭한 시민들이 덕을 가르칠 수 있다고 주장한다(92e). 이에 소크라테스는 테미스토클레스, 아리스티데스, 페리클레스, 투키디데스(역사가 말고 정치가)와 같은 영향력 있는 아테네 정치가들이 자신의 덕을 자식들에게 가르쳐 전하는 데에 실패하지 않았냐고 지적했다. 그러자 아니토스는 소크라테스의 말을 저 정치가들에 대한 비판으로 오해했고, 소크라테스에게 말조심하는 것이 좋을 거라고 경고하면서 떠난다(94e).

그러나 소크라테스가 말하고자 했던 핵심은 아테네 지도자들이 나쁜 인간이라는 것이 아니라 다른 사람을 유덕하게 만들지 못하는 것 같다는 점이었다. 이후, 메논은 덕의 교사가 없다는 소크라테스의 주장에 동의하게 된다. 그리고 메논이 고백하기를, "소크라테스님, 저는 정말 의아합니다. 선한 사람이 도대체 존재하지 않는지, 또는 선한 사람이 생긴다면 어떤 방식으로 생기는지 말입니다"(96d). 이는 과소평가되기 쉬운데, 사실 진지하게 생각해 볼 문제이다. 오늘날의 우리는 미적분학이나 핵물리학과 같은 여러 분야의 지식을 갖고 있고 각 분야에 교사가 있지만, 소크라테스의 시대에는 그렇지 않았다. 이 경우, 교사가 없다는 것은 무엇을 의미하는가? 사실 미적분학이나 핵물리학이 문제되는 상황과 덕이 문제되는 상황은 같지 않다. 고대 아테네에는 미적분학의 전문가도 없었고 이 주제에 밝은 사람도 없었지만, 유덕하다고 널리 인정되는 사람들은 있었다. 덕이 지식이라면 이 상황을 어떻게 설명할 것인가?

'덕의 교사들이 없기 때문에 덕은 지식일 수 없다'는 논변으로 인해, 덕이 곧 지식이라는 소크라테스의 주장이 심각한 비판을 받게 되었다. 더욱이 『메논』에서 소크라테스가 자신의 생각을 반영하여 제기했던 물음들이 플라톤에게는 분명 너무나 큰 어려움으로 다가왔을 것이다. 플라톤은 여러 대화편들 곳곳에서 소크라테스를 덕인의 전형으로 묘사했는데, 정작 소크라테스 자신은 덕의 문제들에 대해 알지 못한다고 말했다. 덕이 지식이라면, 그리고 소크라테스가 알지 못한다면, 소크라테스가 어떻게 덕인일 수 있을까?

내가 보기에 『메논』 끝부분에 나오는 해결책은 덕이 지식이라는 소크라테스의 역설에 대해 플라톤이 내놓은 대안인 것 같다. 상기설에서도 그랬듯이, 여기서 플라톤은 소크라테스 입장의 한계를 뛰어넘으려고 시도한다. 그리고 사실 두 이론은 연관되어 있다. 그는 소크라테스의 입을 빌어 지(知)과 무지의 중간 상태, 즉 믿음(doxa)을 도입한다. 어떤 믿음이 참이라면, 그것은 행동의 올바름과 관련하여 지식만큼이나 좋은 안내자이다(97b~c). 그런데 참인 믿음이 갖는 유일한 문제는, "원인을 추론"함으로써 그것을 "묶어 놓지" 않는다면 또는 지식으로 전환하지 않는다면 그것이 개인에게 머물러 있지 않을 것이라는 점이다(98a). 그리고 이 전환은 바로 상기에 의해 달성된다. 테미스토클레스와 페리클레스도, 그리고 아마 소크라테스 자신도, 지식을 소유하지는 못한다. 그러나 이렇게 유덕한 사람들은 일종의 신적인 영감으로 인해 참인 믿음을 갖고 있다.

> 우리가 이 모든 논의에서 올바르게 탐구하고 또 올바르게 말했다면, 덕은 본성적으로 있는 것도 아니고 가르쳐질 수 있는 것도 아닐 것이네. 덕은 신적인 섭리에 의해 생기되, 그것이 생긴 사람 누구에게든 지성 없이 생길 것이네. 정치가들 중에 다른 사람까지 정치가로 만들 수 있는 자가 아니라면 말이네. 혹여 이런 사람이 있다면 그런 사람은, 호메로스가 테이레시아스를 일컬어 "저승의 죽은 자들 중 오직 그만이 현명하고, 나머지는 그림자로 떠다닌다"고 하면서 테이레시아스가 죽은 자들 사이에 있다고 말한 것과 같은 의미로, 사는 자들에 속한다는 말을 들을 만하네. 마찬가지로 이승에서도 바로 이런 자가 덕과 관련하여 그림자들 사이의 실물일 걸세(99e~100a).

다른 사람을 자신처럼 만들 수 있는 정치가는 물론 『국가』에서 논의되는 철학자 왕이다. 『국가』에 대해서는 다음 장에서 살펴볼 텐데, 『메논』의 마지막 부분이 이 대화편을 예고하고 있다. 『메논』의 표면적인 결론이기는 하지만 내가 어린 노예 이야기를 통해 넌지시 비쳤던 엘렝코스의 적극적인 결과는 '덕은 곧 참인 믿음'이라는 점이다. 그러나 위 인용문에 지식을 가진 정치가를 가리키는 언급이 나오는 만큼, 덕이 곧 지식이라는 소크라테스의 주장을 플라톤이 부분적으로 지지했다고 볼 가능성도 열려 있다. 이어서 『국가』는 믿음과 지식, 그리고 위 인용문에 간략히 소개된 일반적인 덕과 철학적인 덕을 본격적으로 구분하고 탐구한다.

이 장에서 우리는 플라톤의 초기 대화편을 기초로 소크라테스의 생애와 철학적 견해를 살펴보았다. 『변론』에서는 더할 나위 없이 진실하고 용감하며 철학적 소명을 포기하지 않으면서 죽음에 기꺼이 직면하는 소크라테스를 보았다. 그리고 『크리톤』을 통해 좋은 삶은 곧 유덕한 삶이라는 주장을 비롯한 그의 견해가 어떤 철학적 원칙에 근거하고 있는지 확인했다. 또 『에우티프론』과 『메논』 및 다른 대화편에서는 덕의 본성에 대한 물음에 엘렝코스의 방법을 적용하고, 이 엘렝코스가 상기설에 의해 강화되는 모습을 보았다. 나아가 "덕이란 무엇인가?"라는 물음에 소크라테스 자신의 대답을 암시하는 몇몇 언급들을 확인했다. 마지막으로 덕이 곧 지식이라는 소크라테스의 역설을 플라톤이 어떻게 수정했는지 살펴보았다. 소크라테스는 1장에서 논의된 덕과 좋은 삶에 대한 전통적 견해가 과연 타당한지, 엄격하게 따져 물으며 도전한 자이다. 이 정신은 그의 철학적 원칙뿐 아니라 개인적인 행동에도 스며들어 있다. 이제 『국가』에서 플라톤은 스승의 도전을 보완하고, 전통에 대한 자신의 입장을 정식으로 표명한다.

3
플라톤의 도덕 철학: 『국가』

플라톤의 도덕 철학은 소크라테스 철학에서 발전되어 나왔고, 또 소크라테스 철학에 대한 응답이기도 하다. 소크라테스는 덕 개념에 대해 연구하면서 희랍 윤리학에서 핵심이 되는 문제들을 제기했고, 이 과정에서 엘렝코스(elenchus)라는 탐구 방법을 택하여 발전시켰다. 그리고 자신이 제기한 문제에 대해 스스로의 생각을 정립했는데, 이를 간단히 정리해 보자. 소크라테스에 의하면, 좋은 삶은 곧 유덕한 삶이다. 그리고 덕은 행동하는 당사자에게 무엇이 좋은가에 대한 앎이다. 누군가 잘못을 범했다면, 이 잘못은 그가 자신에게 무엇이 좋은지 무지하여 일어난 일이다. 무엇이 좋은지 아는 자는 틀림없이 그 좋은 행동을 할 것이고, 그래서 자제하지 못하는 일은 일어날 수 없다. 소크라테스의 이 주장들은 역설적이지만, 플라톤에게 큰 영향을 미쳤다. 플라톤은 소크라테스의 도덕 철학이 소크라테스의 성품을 반영한다고 보았고, 스승의 성품을 존경한 만큼 스승의 도덕 철학에 이끌렸던 것이다.

그러나 플라톤은 소크라테스가 다루었던 주제들에 대해 자신만의 입장을 구축하기 시작한다. 앞 장에서 우리는 '상기론'과 '완전한 지식뿐 아니라 올바른 의견도 덕일 수 있다'는 플라톤의 견해를 살펴보았고, 나는 이것이 소크라테스 철학의 난점에 대한 플라톤의 대안이라고 주장했다. 물론 대화편의 정확히 어떤 지점에서 소크라테스가 물러나고 플라톤이 자기 이야기를 시작하는지 확정할 수 없지만, 『국가』에 등장하는 소크라테스가 소크라테스 자신이라기보다 플라톤의 대변인이라는 점에 대부분의 학자들이 동의할 것이다. 플라톤은 자신이 철학적으로 스승에게 크게 빚졌으니 자기의 견해를 소크라테스의 입을 통해 제시해야 마땅하다고 생각했던 것 같다. 그럼에도 확실히 『국가』의 소크라테스는 초기 대화편에 등장하는 소크라테스의 것과 같은 입장을 표명하지 않는다.

『국가』는 철학사적으로 위대한 작품 중 하나로 꼽힌다. 비록 여러 주제에 대한 플라톤의 최종적인 견해는 나타나지 않지만 윤리학, 정치학, 형이상학, 인식론, 영혼론, 미학에 대한 그의 생각을 종합적으로 보여 주는 대화편이 바로 『국가』이다. 다양한 분야에 대한 자신의 입장을 통합하는 업적을 이룬 철학자는 아주 소수인데, 플라톤이 이들 중 한 명이다. 뿐만 아니라 각 분야에 대한 그의 관점이 상당히 흥미롭다. 더욱이 『국가』의 곳곳에서 플라톤의 철학적 능력뿐 아니라 문학적인 재능도 드러나기 때문에, 이 대화편은 예술적인 우수성도 갖추었다고 할 수 있다. 사실 플라톤의 철학에는 소크라테스 철학만큼 극단적인 면이 있다. 또 반감을 살 만한 주장도 포함되어 있다. 우생학적 관점이나 검열 제도의 옹호, 그리고 이상 국가의 통치 계급에게 일반적인 가족 제도와 사적 소유를 철폐해야 한다는 제안이 그 예이다. 그럼에도 불구하고 이 작품이 생생하고 때로는 압도적인 인상을 줄 만큼 문학적이라는 점은 분명하다.

플라톤의 저서 중에서 마지막 대화편인 『법률』이 가장 길고, 그다음이 『국가』이다. 『국가』는 총 열 권으로 이루어져 있다. 보통 권이 구분되었다고 해서 철학적 형식이나 내용이 반드시 바뀌는 것은 아닌데, 많은 학자들이 1권만큼은 원래 별도로 쓰인 초기 대화편으로 이후 나머지 아홉 권에 덧붙여졌다고 믿고 있다. 확실히 1권은 초기 대화편에 나타난 소크라테스의 모습을 보여 준다. 왜냐하면 비판적인 태도와 따져 묻기를 좋아하는 성향이 나타나기 때문이다. 또 소크라테스가 자신의 이론을 제시하기보다, 정의라는 덕이 무엇인지 찾아가는 데에 흥미를 보이기 때문이다. 『국가』라는 작품 속에서 1권은 (소크라테스가 357a에서 표현했듯) 나머지 아홉 권의 본격적인 논의를 이끌어 주는 서곡의 역할을 하고 있다.

1권: 정의(正義)란 무엇인가?

『국가』의 배경 지역은 아테네의 항구 도시인 피레우스이다. 소크라테스가 축제를 구경하러 피레우스로 갔다가 폴레마르코스를 만난다. 소크라테스는 폴레마르코스의 강력한 제안으로 인해 그의 부친 케팔로스의 집으로 가게 되고, 그곳에서 축제의 모임을 철학적 토론의 장으로 만든다. 우선 소크라테스는 케팔로스에게 늙는다는 것이 어떠한지, 그리고 부(富)의 최고 가치가 무엇인지 묻는다(사실 소크라테스가 케팔로스에게 많이 배울 것이라 기대할 수 있었던 유일한 문제가 이것이다). 이에 케팔로스가 부의 가치는 내가 제물을 제대로 바쳤는지, 또는 본의 아니게 남한테 사기를 치지 않았는지에 대한 걱정을 덜어 준다는 데에 있다고 답한다. 그러자 소크라테스는 이 대답을 정의(正義)에 대한 본질 규정으로 변형하여, '정의는 진실을 말하는 것과 빚을 갚는 것' 이라고 정리해 준다. 그런 다음, 소크라테스는 이 본질 규정이 모든 경우에 다 적용되지 않는다고 반박한다. 예컨대, 어느 날 한 친구가 미친 듯 흥분하여 찾아와서 예전에 빌려 갔던 무기를 돌려 달라고 요구한다면, 이 경우 무기를 돌려주는 것은 옳지 않기 때문에 케팔로스의 규정이 적용될 수 없다는 것이다.

그런데 소크라테스의 위 비판은 다음의 두 측면에서 부당하다. 첫째, 케팔로스의 대답은 정의의 본질에 대한 규정이 아니었고, 소크라테스가 애초에 이것을 물어본 것도 아니었다. 부의 가치에 대한 일반적인 이야기를 갑자기 정의의 본질에 대한 논의로 바꾼 사람은 다름 아닌 소크라테스이다. 둘째, 정의의 본질에 대한 규정이 소크라테스가 요구한 대로 반드시 예외 없는 절대적 규칙이어야 하는지 분명하지 않다. 케팔로스의 주장은 정의로운 행동에 대한 경험에서 우러나온 유용한 조언일 수 있다. 또 소크라테스의 반례를 해결할 수 있을 뿐 아니라 케팔로스의 주장도 포섭할 수 있는 좀 더 일반화된 이론이 있을 수 있다. 정의의 여러 원칙들에 어떤 위계가 있다면, 케팔로스가 그 원칙들 중 하나를 제대로 지적한 것일 수 있다. 그러나 어쨌든 정의로운 행동들을 단순 열거하면서 정의를 규정하려는 시도가 심각한 난관에 봉착하게 되는 것은 사실이다. 단순한 열거 목록은 정의로운 모든 행동이 공통으로 갖는 특징을 설명하지 못할 것이고, 그래서 이런 식의 답변으로는 소크라테스가 듣고자 했던 정의의 본성 또는 본질(2장 참조)을 알려 줄 수 없을 것이라는 난관 말이다.

이 시점에 케팔로스가 제물을 살피러 떠나면서 토론자 역할을 자신의 아들이자 "상속자"인 폴레마르코스에게 넘겨준다. 폴레마르코스는 시인 시모니데스[>1]를 인용하는데, 시모니데스에 따르면 정의는 "각자가 받아야 하는 것을 각자에게 주는 것"이다(331e). 그리고 폴레마르코스는 이 말을 '친구에게 도움을 주고 적에게 피해를 주는 것'이라고 해석했다. 그

>1 역자주: 케오스 섬 출신의 서정 시인이다.

러자 소크라테스는 일련의 논변을 펼치면서 이 주장을 공격한다. 첫째, 소크라테스는 정의가 어떤 종류의 기술(테크네, *technē*)인지, 그리고 어느 때 유용한 지 묻는다. 소크라테스가 계속해서 말하기를, 질병과 관련하여 친구를 돕고 적에게 해를 입히는 일을 가장 잘할 수 있는 사람은 의사이고, 항해라면 선원이다. 일반적으로 말해서, 어떤 분야에서 친구를 돕고 적에게 해를 입히는 일을 가장 잘할 수 있는 사람은 그 분야에 전문 지식을 가진 전문가이다. 그럼 정의로운 사람은 어떠한가? 이에 폴레마르코스는 정의로운 사람이란 돈을 쓸 필요가 없을 때 돈을 안전하게 맡아 관리하는 데에 전문인 사람이라고 답한다. 그러자 소크라테스는 어떤 일을 가장 잘할 수 있는 사람이라면 그 반대도 가장 잘할 수 있다고 응대했고, 마침내 정의로운 사람이 일종의 도둑이라는 결론이 나오게 된다(334a~b). 둘째, 소크라테스는 누가 나의 친구인지 잘못 판단할 수 있다고 지적한다. 셋째, 폴레마르코스가 정의란 친구를 돕고 적에게 해를 입히는 것인데 여기서 친구는 실제로 좋은 사람들이고 적은 실제로 나쁜 사람들을 가리킨다고 답변을 수정하자, 소크라테스는 좋은 사람에게든 나쁜 사람에게든 누군가에게 해를 입히는 것 자체가 이미 정의에서 벗어나 있다고 주장한다. 정의는 사람을 더 낫게 만들고, 불의(不義)는 사람을 나쁘게 만든다(335).

소크라테스의 위 세 논변은 질적으로 다르다. 첫 번째 논변은 정의가 의술 및 항해술과 동등하지 않기 때문에 정의를 테크네로 간주하는 것 자체가 잘못임을 보이는 (소크라테스 자신이 명시적으로 이런 결론을 내리지는 않았지만) 정도로 그치는 것 같다. 두 번째 논변이 폴레마르코스에 대한 좋은 반박이기는 한데, 이것도 정의에 대한 새로운 정보를 주지 못하기는 마찬가지이다. 반면, 세 번째 논변은 정의에 대한 소크라테스의 생각이 희랍인들의 상식과 얼마나 다른지 확실히 보여 준다(이는 희랍인들의 상식과 유사하게 덕을 규정하던 메논의 모습[>2]과 대조적이다). 그렇다고 소크라테스의 주장이 '타인을 처벌하거나 사형에 처해서는 결코 안 된다' 는 점을 함의하지는 않는다. 왜냐하면 그는 『변론』에서 '처형되는 것' 과 '해를 입는 것' 을 구분했기 때문이다. 그러나 '정의로운 사람은 타인을 나쁘게 만들기 위해 행동하지 않는다' 는 점만큼은 분명한 사실이다. 이러한 주장을 펴면서 소크라테스는 정의라는 개념을 희랍인들에게 익숙한 당파 정치 혹은 "우리"와 "그들"로 편을 가르는 지엽적인 영역에서 더 보편적인 영역으로 옮겨 놓고 있다.

소크라테스는 시모니데스를 반박하는 어조로 말했지만(335e), 흥미롭게도 위의 세 논변은 시모니데스가 아니라 시모니데스에 대한 폴레마르코스의 해석을 겨냥한 것이다. 이후 4권에 이르면, '정의란 각자에게 그들의 몫을 주는 것' 이라는 폴레마르코스의 주장에 대항하여 플라톤이 자신의 규정을 내놓는다. 플라톤에 의하면, '정의는 각자가 자신의 고유한 일을 하는 것' 이다. 이 두 주장에는 정의의 중요한 특징이 압축적으로 나타나 있다. 플라톤은 해야 하는 일을 구분할 때의 형평성을 강조했고, 폴레마르코스는 받아야 하는 재화를 분배할 때의 형평성을 강조했다.

폴레마르코스가 논쟁에서 실패하자, 트라시마코스가 대화에 불쑥 참여한다. 이 역사적인 인물 트라시마코스는 소피스트이다. 그런데 플라톤의 묘사에 따르면, 트라시마코스는 세련되지도 않고 프로타고라스나 고르기아스처럼 소피스트 운동에서 주축이 될 그릇은 아니었던 것 같다. 무엇보다도 정의를 대하는 그의 태도가 냉소적이고 이기적이다. 우선 그는 소크라테스가 자신의 대답을 내놓지 못하고 있다고 비판한다. 그는

>2 역자주: 덕이 무엇이냐는 소크라테스의 물음에 메논이 가장 처음으로 내놓은 답변은 '남자의 덕은 나랏일을 잘하는 것이고 여자의 덕은 가정을 잘 돌보는 것' 이었다(『메논』, 71e).

소크라테스가 1권 내내 어떤 논의 방식을 취할지 잘 알고 있었고 이를 경멸했던 것이다. 그러자 소크라테스는 자신이 이렇다 할 정의론을 갖고 있지 못하다고 고백하면서, 이는 특히 정의를 "마땅히 해야 하는 것 또는 유익한 것, 이득이 되는 것, 이로운 것, 이익"이라고 말하지 못하게 트라시마코스가 막았기 때문이라고 주장한다(336c~d). 트라시마코스는 이것도 대화의 속임수라고 생각했지만, 결국 소크라테스의 부추김에 넘어가서, 정의에 대한 트라시마코스 자신의 생각을 말하게 된다. 그에 의하면, 정의는 "더 강한 자의 이익"이다(338c). 계속해서 트라시마코스는 다음과 같이 설명한다.

> "각각의 정체(政體)는 자기의 이익을 위해 법을 제정합니다. 민주정은 민주정의 법을, 참주정은 참주정의 법을 제정하고, 다른 정체들도 이와 마찬가지이지요. 그런데 법을 제정하고 나면, 그들은 자기들에게 이익 되는 것이 피치자에게 '정의롭다'고 선언하고, 법을 어긴 자를 범법자나 부정의한 짓을 한 자로 간주하고 처벌합니다. 그러니 선생님, 바로 이것이 제가 말하는 것입니다. 제가 모든 폴리스에서 똑같다고 말하는 것, 즉 수립된 정체의 이익이 곧 정의입니다. 그런데 확실히 정체는 통치 권력을 행사하므로, 올바르게 추론하는 자라면 '정의는 모든 곳에서 똑같고 그것은 더 강한 자의 이익'이라는 결론을 얻게 됩니다"(338e~339a).

트라시마코스는 정의를 현실에서의 입법과 동일시하면서 희랍 문명의 도덕적 전통과 상당히 거리가 먼 정의 개념을 제시했고, 폴리스의 정체에 따라 정의를 상대화했다(이는 소피스트가 나쁜 평판을 받는 이유 중 하나이다). 이에 통치자가 실수를 해서 자신의 이익에 맞지 않는 법을 제정할 수 있지 않겠냐고 소크라테스가 반박하자, 트라시마코스는 가장 엄격한 의미의 통치자는 틀릴 수 없다고 응대한다. 그러자 소크라테스는 다른 기술들은 그 기술의 혜택을 받는 자들의 이익을 추구하지, 기술자 자신의 이익을 추구하지 않는다고 주장한다. 예를 들어, 의사는 환자를 위해 치료하고, 말을 다루는 조련사는 말을 위해 일한다. 그러니 통치술도 통치자의 행복이 아니라 피치자들의 이익을 추구한다는 것이다.

이 시점에서(343a) 트라시마코스는 새로운 노선을 취한다. 그는 목동이 양을 돌보는 것은 양을 도살하여 이익을 얻기 위해서임을 소크라테스가 깨닫지 못했다고 지적한다. 이후, 그는 '정의는 타인의 이익이고, 불의는 자신의 이익'이라고 다시 규정한다. 트라시마코스의 계속되는 주장에 의하면, 부정의가 정의보다 항상 더 이익이 된다. 그리고 부정의한 사람이 정의로운 사람을 항상 능가한다. 이는 특히 참주의 경우에 명백하다. 참주는 악행을 하고도 처벌 받지 않을 수 있기 때문이다. 한편, 트라시마코스의 말을 문자 그대로 이해하면, 이 새로운 설명은 그의 초반 입장과 일관되지 않는다. 지금 그는 부정의가 정의보다 더 낫다고 하면서, 부정의를 자신의 이익에 부합하는 행동으로 간주하고 있다. 그러나 처음에 그는 정의를 통치자의 이익으로 규정했었다. 그래서 처음의 규정에 따르면, 통치자가 자신의 이익을 위해 하는 행동은 정의로운 행동이다. 즉, 트라시마코스의 초기 입장에 따르는 한, 참주의 사악한 짓도 정의로운 행동이라고 말해야 한다. 왜 이런 혼란이 일어나게 되었을까? 트라시마코스가 자신의 생각을 충분히 명확하게 전달하지 못했기 때문이다. '정의는 통치자의 자기 이익이고, 불의는 피치자의 자기 이익이다'라고 표현하면, 트라시마코스의 두 설명이 조화될 수 있다.

트라시마코스의 첫 번째 규정뿐 아니라 두 번째 규정도 전통을 따르던 청중을 매우 심난하게 만들었을 것이다. 왜냐하면 세속의 이익을 노골적으로 옹호하면서, 통용되어 온 도덕 규범을 대대적으로 부정하기 때문이다. 더욱이 목동과 양의 비유는 호메로스의 시기 이래로 왕과 백성의 관계를 묘사할 때 사용되어 왔는데, 트라시마코스는 이 비유를 통해 모든 정체가 부도덕하다고 넌지시 알리고 있다. 물론 이는 소크라테스의 마음에도 들지 않았다. 소크라테스는 덕과 진정한 자기 이익이 일치한다고 굳게 믿고 있었기 때문이다. 그래서 그는 트라시마코스에 반대하는 몇 가지 논변을 또 다시 제시한다. 첫째, 의사의 기술이나 선장의 기술처럼, 목동의 기술도 돈벌이 기술과 구분되어야 한다. 물론 누군가 돈을 벌기 위해 양을 칠 수 있다. 그러나 이 말은 그를 목동이 아니라 장사하는 사람으로 보았을 때만 옳다. 국가의 정체도 마찬가지이다. 이는 훌륭한 사람들이 통치하기를 원하지 않는다는 점에서 확인된다. 왜냐하면 그들은 자신의 이익이 아니라 타인들의 이익을 위해 통치해야 하기 때문이다. 그들이 보수를 요구하는 이유가 바로 여기에 있다.

둘째, 정의로운 사람은 지혜롭고 부정의한 사람은 무지하다. 어떤 기술의 영역에서든 지혜로운 전문가는 무지한 자를 능가하려고 하지만 자신과 같은 전문가를 능가하려고 경쟁하지는 않는다. 마찬가지로 정의로운 사람은 부정의한 사람을 능가하려고 하지만 자신과 같은 정의로운 자를 능가하려고 시도하지는 않는다. 반면, 기술이 없는 자와 마찬가지로 부정의한 자는 모든 사람들을 뛰어넘으려 한다. 셋째, 부정의하지 않음과 정의가 힘의 원천이다. 반면, 부정의는 사람들 간에 증오와 분열을 낳아 서로 교류하지 못하게 만든다. 도둑이라고 해도 그들끼리 계획한 일에 성공하려면 공유하는 기준이 있어야 한다.

마지막으로 말(馬)이나 눈(目), 그리고 나뭇가지를 치는 칼에 기능 · 역할이 있듯, 인간의 영혼도 역할을 갖는다. 그리고 모든 역할에는 그에 상응하는 탁월함 또는 덕이 있다. 이들은 그 탁월함으로 인해 자신의 역할을 잘 수행하는 것이다. 여기서 영혼의 역할은 살게 하는 것이고 영혼의 덕은 잘 살게 하는 것인데, 이 영혼의 덕이 바로 정의이다. 그러므로 영혼이 정의로운 자는 잘 산다. 즉, 복되고 행복하게 산다. 반면, 영혼이 부정의한 자는 불행하고 비참하게 산다. 그래서 소크라테스는 '부정의는 정의보다 이득이 되지 않는다' 고 결론 내린다(354a).

이상의 논변에 대해 많은 논쟁이 있어 왔다. 단정하기는 어렵지만, 특히 마지막 논변은 다음 장에서 살펴볼 아리스토텔레스의 『니코마코스 윤리학』 1권 7장에 나오는 중요한 논증의 예고편인 것 같다. 어쨌든 대화 참여자들 중 어떤 이도 소크라테스가 제시한 논변들에 만족하지 못했다. 예컨대, 트라시마코스는 납득 못하겠다고 말한 뒤(350d~e), 이후 대화에 열의를 잃고 형식적으로만 참여한다. 2권의 초반에서(357a~b) 글라우콘도 소크라테스가 청중들을 설득한 것처럼 보일 뿐 진정으로 설득하지 못했다고 지적한다. 심지어 소크라테스 자신도 불만족스러워 했다. 그가 1권의 끝 부분에서 말하기를,

> "우리가 처음에 검토하던 것, 즉 정의가 도대체 무엇인지를 알아내기 전에, 이 질문은 남겨 두고, 정의가 악과 무지인지 아니면 지혜와 덕인지 검토하는 일로 달려들었소. 그리고 나중에 정의보다 부정의가 더 이득이라는 주장에 부딪치자, 나는 저 질문에서 이 질문으로 넘어오지 않게 막지 못했소. 그래서 내게는 이 토론에서 알게 된 것이 아무것도 없게 되었소. 나는 정의가 무엇인지 알지 못하니, 정의가 일종의 덕인지 아닌지, 그리고 그것을 지닌 자가 불행한지 행복한지를 알 리 없기 때문이오"(354b).

분명 이야기를 새롭게 시작할 필요가 있었다. 그래서 또 다른 대화 참여자로 두 인물이 등장하는데, 이들은 지금까지 거의 아무 말도 않던 글라우콘과 아데이만토스이다.

글라우콘과 아데이만토스의 도전

플라톤도 소크라테스만큼이나 국가 1권의 결말에 실망했던 것 같다. 그래서인지 2권부터 대화 형식이 눈에 띄게 바뀌고, 소크라테스가 대화에 참여하는 방식도 달라진다. 1권이 반박 위주로 전개되었다면, 그래서 (트라시마코스가 337a에서 예측했듯) 소크라테스가 상대방의 의견을 공격하기만 하고 자기의 입장은 말하지 않았다면, 2권~10권의 대화는 논박적이라기보다 건설적이다. 예컨대, 2권부터는 좀 더 정교한 정의론이 명료하게 제시되고, 국가와 개인의 관점에서 정의와 관련된 덕목들이 꼼꼼히 검토된다. 더욱이 플라톤은 소크라테스를 해설자로 채택하여 자신의 정의론을 소크라테스의 입을 빌어 들려준다. 국가 2권~10권에 나오는 정의론이 플라톤 자신의 것이 아니라고 생각하는 사람은 거의 없을 것이다. 왜냐하면 여기에 등장하는 소크라테스가 1권의 소크라테스와 상당히 다르기 때문이다. 소크라테스의 역할이 바뀐 만큼, 논변의 형태도 달라진다. 엘렝코스의 특징인 묻고 답하기 형식이 유지되기는 하지만, 이제 대화 상대자들이 소크라테스에게 질문하기 시작한다. 또 이 토론이 소크라테스 입장에 대한 반박으로 끝나지 않고, 소크라테스가 자신의 생각을 더 자세히 그리고 명료하게 설명하도록 만든다. 플라톤이 이러한 변화를 시도한 이유는 건설적인 이론을 제시할 방법으로 취하기에 엘렝코스는 한계가 있다고 판단했기 때문이 아닌가 싶다. 또 이는 플라톤이 그간 자신의 정의론을 발전시켜 왔다는 사실을 반영하기도 한다.

플라톤의 형제인 글라우콘과 아데이만토스가 트라시마코스의 입장을 재구성하면서 대화를 다시 연다. 우선 글라우콘이 도전을 시작한다. 그는 소크라테스에게 청중이 그의 논변에 진짜 설득되기를 원하는지 아니면 설득된 척하기를 원하는지 묻는다. 물론 소크라테스는 청중을 진정으로 설득하고 싶었다. 다만, 자주 지적되듯이 그가 택한 엘렝코스라는 방법 자체가 이 목적에 적절치 않았던 것이다. 이어서 글라우콘은 "좋은 것"을 세 유형으로 구분한다. 우리가 그 자체 때문에 욕구하는 것(재미있는 소설을 읽는 것처럼, 해롭지 않은 쾌락적 대상), 그 결과 때문에 욕구하는 것(치과에 가는 것), 그리고 자체 때문에 욕구할 뿐만 아니라 결과 때문에도 욕구하는 것(글라우콘은 지혜와 시각 및 건강을 예로 든다)의 구분이다. 그렇다면 정의는 어떤 유형에 속할까? 이에 소크라테스는 가장 좋은 유형에, 즉 그 자체 때문에 욕구할 뿐 아니라 그 결과 때문에도 욕구하는 것에 속한다고 답한다. 소크라테스에 따르면, 정의는 건강과 같다(이 비유는 4권에 더 자주 나온다). 이에 글라우콘이 답하기를, 일반 사람들의 생각에 따르면 정의는 "고된 것의 유형에, 즉 보수를 위해 그리고 평판으로 인한 명성을 위해 실천해야 하지만 그것 자체는 까다로운 것으로서 피해야 하는 것들에 속한다"(358a).

글라우콘에 따르면, 일반적으로 사람들은 '본래 가장 좋은 것'과 '본래 가장 나쁜 것' 사이의 타협이 정의의 기원이라고 말한다. 본래 가장 좋은 것은 타인에게 불의를 가하는 것이고, 본래 가장 나쁜 것은 자신이 불의를 당하는 것이다. 그런데 타인에게 불의를 가했을 때의 이익보다 타인에게 불의를 당했을 때의 손해가 더 크기 때문에, 사람들은 "불의를 가하지도 말고 당하지도 말자고 서로 약속한다. 바로 이런 이유로 사람들이 그들의 법을 제정하고 약정을 맺기 시작했으며, 법의 명령을 합법적이고 정의롭다고 표현한다"(359a). 그러나 이렇게 약속했지만 불의를 저지르고도 처벌되지 않을 수 있다면, 누구든 불의를 저지르려고 할 것이다. 글라우콘은 이를 기게스의 반지 이야기로 설명한다(359d~360b). 자신을 보이지 않게 하는 반지를 손에 넣은 뒤, 기게스는 왕비를 유혹하고 왕을 살해하기 위해, 그리고 왕위를 빼앗기 위해 그 반지를 사용했다.

글라우콘은 누구든 다 이러할 것이라고 강력히 주장한다.

이제 글라우콘은 자신의 정의론을 마무리하면서 두 사람을 가정하여 비교한다. 한 사람은 실제로 정의로운데 불의롭다는 평판을 받는 자이고, 다른 한 사람은 실제로 불의로운데 정의롭다는 평판을 받는 자이다. 이들 중 불의로운 자는 정의롭다는 평판을 쌓게 해 주는 부와 권력, 높은 지위 등의 모든 사회적 수단을 획득한다. 반면, 실제로 정의로운 자는 불의롭다는 평판을 받고, 그래서 그는

> "채찍으로 맞고 사지를 비틀리는 고문을 당하며 결박될 것입니다. 눈 지짐을 당할 것이고, 마침내 모든 나쁜 일을 겪고 나면, 그는 기둥에 묶여 창에 찔릴 것이고, 실제로 정의로우려고 할 것이 아니라 정의롭게 보이기를 바라야 한다는 걸 깨닫게 될 것입니다"(361e~362a).

이제 글라우콘은 저런 사람이 불의로운 사람보다 더 행복하다는 것을 증명해 보이라고 소크라테스에 도전한다.

이 도전은 철학적이다. 왜냐하면 정의의 본질을 규정하여 제안했고, 구체적 사례와 추상적 유형을 모두 사용하면서 정의와 부정의에 대한 일반화를 시도했기 때문이다. 사실 글라우콘이 제시한 정의론의 시초는 2장에서 살펴본 소피스트들의 입장에서 찾을 수 있다. 정의로운 자와 부정의한 자 중 누가 더 행복한가라는 문제도 마찬가지이다. 곧이어 아데이만토스가 희랍 문학 작품에 대한 언급을 보태어 글라우콘의 도전에 힘을 실어 준다. 그는 호메로스와 헤시오도스를 비롯한 희랍 시인들을 인용하면서, 정의는 항상 그 결과 때문에 칭찬받지 그 자체 때문에 칭찬받는 것이 아니라고 주장한다. 덕은 얻기 어렵지만 악은 쉽다. 또 신들이 뇌물을 받고 과거의 잘못을 눈감아 줄 수도 있다. 그러므로 우리는 은밀

히 부정의하게 행동하면서 정의로운 평판을 얻으려고 해야 한다. 또 처벌을 피하기 위해 신들에게 제물을 바치며 비위를 맞춰야 한다. 지금까지의 논의를 큰 틀에서 정리하면 이렇다. 정의의 본질과 가치에 대해, 전통 문학과 당시 유행하던 철학적 입장이 의견을 같이한다. 반면, 플라톤의 소크라테스는 양쪽 모두에 반대하고 있다.

이제 플라톤은 소크라테스의 입을 빌어 위 도전에 두 가지 방식으로 대응한다. 첫째, 글라우콘의 공격에 대한 방어로서 대안이 될 수 있는 정의론을 제시한다. 이 설명이 2권에서 9권까지 계속된다. 그리고 국가와 개인에게 정의가 무엇이고 부정의가 무엇인지 자신의 생각을 밝힌다. 둘째, 그는 희랍의 전통적 교육과 이 교육에 큰 책임이 있는 시인을 비판하고 이를 대체할 만한 더 나은 교육 시스템을 제안한다. 이것이 2권~3권의 내용이다. 단, 시는 10권에서 다시 검토될 것이다. 시와 전통 교육에 대한 플라톤의 비판이 그가 자신의 정의론을 적극적으로 펼치는 도중에 나오기는 하지만, 나는 시와 전통 교육에 대한 논의를 별도로 다루려고 한다. 우선 플라톤의 정의론부터 살펴보자.

정의로운 국가

글라우콘과 아데이만토스 모두 소크라테스에 도전했지만, 사실 자신들이 내세운 정의론을 진심으로 믿지는 않았다. 예를 들어, 367a~b에서 아데이만토스는 자기들이 정의론을 소개한 것은 소크라테스가 반박해 주길 원하기 때문이라고 말한다. 그러니 왜 두 사람 모두 자신의 견해를 끝까지 방어하려 하지 않았는지 이해가 될 것이다. 결국 두 사람은 주인공 역할을 짧게 끝내고 무대 뒤편으로 물러나 소크라테스가 자신의 입장을

(사실은 플라톤의 입장을) 보여 주는 도중에 가끔씩 질문만 한다. 이후에도 대화하는 형식이 유지되기는 하지만, 『국가』의 나머지 분량은 밀고 당기는 논쟁적 형태라기보다 플라톤의 철학을 체계적으로 보여 주는 형태에 더 가깝다.

소크라테스는 정의의 본질을 밝히기 위해 **폴리스**, 즉 도시 국가의 기원을 살펴보자고 제안한다. 그에 의하면, 한 인간에서보다 도시 국가처럼 더 큰 대상에서 정의를 찾는 게 더 쉬울 것이다(368e~369a). 그러나 이 주장은 소크라테스가 개인의 정의와 국가의 정의 모두를 논의하기 위한 구실에 불과한 것 같다. 덕을 완전히 설명하기 위해 어차피 개인의 정의뿐 아니라 국가의 정의도 다루어야 했으니 말이다. 이후 소크라테스가 정의는 사회적이라기보다 개인에게 내재적인 것이라고 인정하긴 했지만(4권, 443c~d), 일반 사람들도 그렇고 글라우콘과 아데이만토스도 정의가 우선 국가와 관련된다고 전제한 만큼, 소크라테스에게도 **폴리스**부터 시작해서 이야기를 풀어가는 것이 더 적절했던 것이다.

그래서 소크라테스는 우선 **폴리스**의 기원을 설명한다.

> "내가 생각하기에 국가가 생기는 것은 우리 각자가 자족적이지 못하고 많은 것을 필요로 하기 때문인 것 같네. 아니면 자네는 어떤 다른 기원이 폴리스를 세웠다고 생각하는가?" (369b)

그러자 아데이만토스는 아니라고 대답한다. 보아하니 아데이만토스는 정의의 기원에 대한 글라우콘의 주장을 잊은 것 같다. 글라우콘에 따르면, 정의는 사람들이 해를 입지 않기 위해 만든 관습이다. 그래서 분명 아데이만토스는 사회도 마찬가지의 기원을 가진다고 주장할 수 있었다(실제로 후대의 사회 철학자들이 "사회 계약"으로부터 정의를 이끌어 냈다). "사회 계약"을 주장하는 입장과 소크라테스의 입장은 상당히 다르다. 소크라테스의 입장에서 보면, 폴리스라는 사회는 인간 본성에 기초한다. 왜냐하면 우리가 기본적인 필요를 가진다는 점이나 우리가 자족적이지 못하다는 점은 인간의 본성적 조건이기 때문이다. 그리고 곧 살펴보겠지만, 이로부터 따라 나오는 정의 개념도 똑같은 방식으로 본성과 연결되어 있다. 반면, "사회 계약"을 주장하는 입장에 따르면, 사회와 정의는 인위적이고 관습적인 것이다. 지금 소크라테스는 글라우콘의 관습주의적 이론에서 인간 본성에 입각한 자신의 이론으로 슬며시 이동하고 있는데, 다음에 나올 내용과 관련하여 이 부분이 무척 중요하다. 왜냐하면 이렇게 이동함으로써 소크라테스가 글라우콘의 도전에 훨씬 쉽게 대응할 수 있게 되었기 때문이다.

소크라테스에 따르면, 인간은 기본적으로 먹을거리, 옷, 거처가 필요하다. 이 필요를 충족하기 위해 사람들은 각자 따로 살지 않고 모여서 공동체를 형성한다. 그래서 초기 단계의 폴리스에는 농부와 집 짓는 사람, 직물 짜는 사람, 제화공, 이 밖에 한 둘의 장인이 더 필요하다(369d). 그런데 각자의 본성적 소질이 다르기 때문에, 사람들은 각기 다른 일에 적합하다. 그리고 이 일 저 일로 옮겨 다니기보다, 자신에게 가장 잘 맞는 일을 할 때 능률이 오른다(이렇게 각자의 일을 구분하는 원칙이 처음 도입되는데(370c), 현재로서는 이 원칙이 무난해 보인다. 그러나 잠시 후 이것이 폴리스의 구조 전반에 널리 미치는 영향을 확인하게 될 것이다). 이어서 플라톤의 소크라테스는 목수와 장인, 그리고 수공업자와 같은 몇 가지 다른 직업을 추가한다. 이 시점에서 소크라테스는 이제 국가가 완전해졌다고 말한다(371e). 그리고 아데이만토스에게 이러한 국가의 어디에서 정의와 부정의가 생겨나겠냐고 묻자, 그는 시민들이 서로를 필요로 하는 상호 의존성에서 생기는 것 같다고 답한다(372a). 아데이만토스는 나름대로 재빠른 상황 판단 하에 답한 것 같다. 왜냐하면 나중에 소크라테스가 '정의란 각자가 자신의 일을 하는 것'이라고 결론 내릴 것이기 때문이다.

소크라테스가 이러한 초기 국가 사람들의 삶을 목가적으로 소박하게 묘사하자(372a~c), 글라우콘이 그들의 단출한 음식은 "돼지들의 나라"에나 적합하다고 반박하고(372d) 요즘의 이야기를 하자고 요구한다. 이에 소크라테스는 사치스러운 국가를 검토함으로써 정의와 부정의의 기원에 대한 실마리를 찾을 수도 있겠다고 인정하면서, 다음과 같이 말한다.

> 내가 말했네. "좋으이, 알겠네. 국가가 어떻게 생겨나는지 뿐만 아니라 사치스러운 국가가 어떻게 생겨나는지도 검토하자는 이야기인 것 같군. 나쁜 제안은 아닌 듯싶네. 왜냐하면 사치스러운 국가도 살펴봄으로써 정의와 부정의가 국가에서 어떻게 자라나는지 어쩌면 알아낼 수 있을 테니까. 나는 참된 국가가 우리가 조금 전에 말했던 그런 나라라고 생각하네. 어떤 건강한 사람처럼 말일세. 그러나 자네가 원한다면, 염증으로 곪은 나라도 검토하도록 하지. 못할 것 없네. 어떤 이들에게는 앞서 말한 정도로 마련된 것과 그런 생활 방식이 만족스럽지 못할 테니까. 침상과 식탁, 그리고 다른 가구들도 추가되어야겠지. 값진 음식과 향유와 향료 그리고 창녀와 과자도 있어야겠고, 그것도 아주 다양하게 있어야겠지. 그리고 우리가 처음에 말했던 집과 외투, 신발 같은 것만 필수품이라 할 것이 아니라 그림이나 자수도 동원되어야겠고, 금과 상아, 그리고 이런 모든 종류의 것들을 갖추어야 하네"(372e~373a).

소크라테스는 필수적인 재화와 필수적이지 않은 재화라는 기준으로 첫 번째 국가와 사치스러운 국가를 구분했다. 그리고 첫 번째 국가를 "건강한 사람과 같은 … 참된 국가"라고 표현했다. 왜냐하면 이 나라의 시민은 필수품을 공평하게 교환하는 것에 만족하기 때문이다. 그런데 아테네의 부유한 집안에서 자란 글라우콘과 같은 젊은이에게 이 정도의 생활 수준은 실망스러울 게 뻔하다. 소크라테스가 건강하다고 생각한 것이 글라우콘에게는 인간 이하의 것이고 돼지에게나 어울리는 삶이었다. 이러한 입장 차이는 글라우콘이 요구한 사치스러운 것들에 대해 플라톤이 어떤 태도를 갖고 있는지 말해 준다. 호화품을 인정하지 않는 플라톤은 금욕적인 자이다. 이 금욕적 성향은 『국가』의 후반부에도 나오니까 뒤에서 다시 살펴보기로 하자. 그런데 플라톤은 시간이 지나면서 사람들 사이에서 사치에 대한 갈망이 불가피하게 생기게 될 것이고 그가 묘사한 초기의 국가는 이 갈망을 충족시켜 줄 자원을 갖추지 못한다는 점을 알고 있었다. 곧 보게 되겠지만, 플라톤은 이러한 사치품을 국가에 끌어들인 뒤 이에 대한 시민들의 욕구를 낮추기 위해 통치 계층을 만들어 내는 전략을 사용한다. 때때로 그는 통치 계층을 "의사"라고 부른다. 왜냐하면 사치품에 대한 사랑으로 병든 영혼을 치료하기 때문이다.

곧이어 소크라테스는 사치에 대한 애착이 일으킬 부작용을 열거한다. 새로운 일거리가 생길 것이다. 예컨대, 고기를 먹어야 하니 가축을 돌볼 사람이 필요하다(373c). 또 목축과 경작을 위해 더 넓은 땅에 대한 욕구가 생길 것이고, 그 결과 전쟁이 일어날 것이다(373e). 그런데 앞에서 언급되었듯, 각자의 일을 구분하는 원칙에 따라 한 사람이 하나의 직업에만 종사해야 한다. 그리고 군인도 직업이다. 그래서 전쟁의 필요성 때문에 직업 군인 계층이 따로 생기게 될 것이다. 군인은 특정 성향을 기준으로 선발될 것이다. 몸이 재빠르고 강해야 하고, 큰 기개와 용기를 갖춰야 하며, 동료 시민에게는 다정하지만 국가의 적에게는 거칠어야 한다. 그런데 소크라테스는 이들을 개에 비유하면서 다소 냉소적으로 표현하고는 "수호자"라는 명칭을 붙인다(375). 이 시점에서 수호자들에 대한 초기 교육이 논의되고(376c~412a, 아래에서 살펴볼 것임), 논의가 끝날 무렵 소크라테스는 수호자 계층을 둘로 나눈다. 하나는 연륜이 높고 가장 훌륭한 부류로서, 최선을 다해 국가를 돌보고 자신의 이익과 국가의 이익을 동일시하는 자들의 부류이다. 이들이 바로 통치자이다(412c~e). 다른 한 부류는 "보조자"이다.

수호자를 이렇게 둘로 구분한 후, 이제 플라톤은 세 계층으로 이루어진 최종적 국가 형태를 제시한다.

1. 통치 계층 "수호자".
2. 군인 계층 "보조자".
3. 생산자 계층(국가의 초기 단계를 구성했던 농부와 장인).

플라톤의 소크라테스는 세 계층의 관계를 그 유명한 "신화"로 표현하면서 공동체 구성원들에게 이 신화를 가르쳐야 한다고 주장한다. 그에 의하면, 우리가 자신의 양육 과정에 대해 갖는 기억은 꿈일 뿐이고, 실제로 우리는 깊숙한 땅 속에서 만들어져 양육되었다. 그러므로 우리가 살고 있는 땅을 어머니로 여겨야 한다. 계속해서 그는 국가의 시민에게 아래의 신화를 들려주자고 제안한다.

> 우리는 신화를 들려주면서 사람들에게 이렇게 말할 것이네. "이 나라에 사는 여러분 모두가 형제입니다. 그런데 신이 여러분을 만들면서, 능히 통치할 수 있는 자들에게는 그 탄생 시 금을 섞었고, 이들이 가장 존경받는 이유가 바로 여기에 있지요. 그런데 보조자들에게 은을 섞었습니다. 농부와 다른 장인들에게는 쇠와 동을 섞었고요"(415a).

국가에서 가장 위험한 일은 이 "성분들"이 뒤섞이는 것이고, 특히 본성적으로 보조자나 생산자 계층에 적합한 사람이 통치자 계층으로 올라가는 것이다. 바로 이러한 상승을 막는 일이 수호자들의 가장 우선적인 임무이다.

물론 이 신화의 내용이 사실일 리 없지만, 그것은 플라톤이 제안한 이상 국가의 기본적 특징을 상징적으로 보여 주고 있다. 예컨대, 타고난 능력의 차이가 계층의 차이를 결정한다. 그런데 계층 구분에도 불구하고 사람들이 함께 갖는 동료애가 모든 계층을 하나로 묶어 준다. 그리고 통치자는 계층 구분을 유지시켜야 할 뿐 아니라, 그 기저에 놓인 통합성도 지켜 내야 한다. 이런 식의 계층 구조가 민주정에 반한다는 것은 명백한 사실이고, 그래서 잦은 비판을 받아 왔다. 그런데 플라톤이 계층의 차별성만 주장한 것이 아니라 각 계층이 단일한 국가로 통합되어야 한다는 점도 주장했음에 유념해야 한다. 따라서 1권에서 트라시마코스가 강력히 주장했던 하위 계층에 대한 통치자의 착취는 통합성이라는 플라톤의 조건에 맞지 않는다. 그러므로 하위 계층에 대한 상위 계층의 착취를 근거로 플라톤의 이상 국가를 비판할 수 없다. 이러한 착취 구도는 아마 플라톤도 비판할 것이다.

플라톤에 따르면, 수호자의 역할은 시민들이 서로 동료 의식을 갖게 하고 국가에 해를 입힐 생각을 하지 않게 하며, 외부 적들도 이런 일을 하지 못하게 만드는 것이다(414b). 이를 위해, 그들은 자손의 성분을 살피고 교육을 규제함으로써 계층 구조를 보존해야 하고, 이와 동시에 국가의 통합성도 지켜야 한다. 플라톤이 보기에 국가의 통합성에 가장 큰 위협이 되는 것은 보조자 계층이 생산자에 적대적으로 돌아서서 "개가 아니라 이리처럼" 되는 것이다(416a). 그는 보조자 계층이 받는 교육이 이러한 불상사를 막아 줄 제일 좋은 방책이라고 생각했다. 이와 더불어 수호자가 사적 재산을 소유하지 못하게 함으로써 그들이 생산자 계층을 착취하지 못하도록 했다.

> "첫째, 꼭 필요한 것이 아니라면, 어느 누구도 어떠한 사적 재산도 소유해서는 안 되네. 둘째, 출입을 원하는 누구에게나 개방되지 않는 집이나 창고라면, 이런 집이나 창고를 그들이 가져서는 안 되네. … 그들은 식사를 함께 하면서, 야영하는 군인들처럼, 공동으로 살아야 하네. 그리고 우리는 그들에게 이렇게 말해 주어야 하겠네. 그들은 신들이 준 신성한 금과 은을 그 영혼에 항상 가지고 있고, 그래서 인간의 금과 은을 추가로 가질 필요가 없다고 말이네" (416d~e).

이런 조건이라면 수호자들이 행복해 하지 않을 것이라고 아데이만토스가 반대하자, 소크라테스는 그들이 진정 행복하다고 해서 놀랄 것도 없고, 우리의 목적은 국가 전체를 행복하게 하는 것이지 그 안에서 한 계층만 행복하게 만드는 것이 아니라고 답한다. 국가 전체의 행복을 위해 이러한 조치가 필히 요구된다는 것이다(420b~421c).

국가의 통합성을 확보하기 위한 몇몇의 조항을 최종적으로 달고 난 후, 소크라테스는 이런 국가의 어디에서 정의(正義)를 찾을 수 있겠냐고 묻는다. 국가는 정의에 더하여 지혜와 용기, 그리고 절제의 덕도 가져야 한다. 이 국가가 지혜로운 것은 소수 수호자들의 지혜로 인해서이다(428c~429a). 그리고 이 국가가 용감한 것은 보조자들이 무엇이 위험한가에 대한 올바른 믿음을 두려움과 욕구에 직면해서도 끝까지 지켜 내도록 훈련받았기 때문이다(429b~430b). 또 이 국가가 절제 있는 이유는 "다수 열등한 자들의 욕구가 소수 월등한 자들의 욕구와 지혜에 의해 지배되기" 때문이고(431c~d), 또 어떤 계층이 통치해야 하는가에 대해 세

계층 모두가 의견을 같이하기 때문이다(431e~432a). 그런데 지혜와 용기와 다르게, 절제는 하나의 계층이 아니라 국가 전체에 요구되는 덕목이다. 정의도 마찬가지이다. 소크라테스에 의하면, 정의가 무엇인지 알아내려고 찾기 힘든 사냥감을 쫓듯이 열심히 찾아다녔는데 결국 정의가 우리의 발 앞에 항상 있었다는 것을 알게 된다(432d). 그것도 모르고 열심히 찾아다녔으니 우스운 짓을 한 셈이다. 소크라테스는 이렇게 찾아낸 정의가 "자신의 일을 하고 남들의 일에 참견하지 않는 것"에 다름 아니라고 말한다(433a). 앞에서 플라톤은 각자 할 일을 구분하는 원칙, 즉 각자가 자신에게 가장 적합한 하나의 일을 해야 한다는 원칙을 도입했었는데, 이제 여기에서 정의를 도출한 것이다. 그리고 국가에 닥칠 수 있는 가장 나쁜 일은 하위 계층 사람들이 통치권을 쥐는 사태이다. 이상의 이유로 소크라테스와 대화 참여자들은 다른 이의 일에 간섭하는 것이 부정의라는 데에 동의한다(434a~c).

소크라테스는 이렇게 '국가'의 정의를 보여 줌으로써 글라우콘에 대한 답변의 첫 단계를 마쳤다. 그런데 글라우콘에 대한 답변이 완전해지려면, '개인'의 정의와 부정의에 대해서도 유사한 설명을 제시해야 한다. 이를 검토해 보는 것이 우리가 다음에 할 일이다. 그런데 각자의 일을 구분하는 원칙에서 정의의 본질을 발견했다는 플라톤의 주장은 과연 옳은가? 이에 대한 비판적 검토는 나중으로 미루기로 하고, 지금은 정의로운 국가의 건설에 대한 한 가지 문제만 짚고 넘어가자. 플라톤은 글라우콘의 관습주의적 정의론을 대체하기 위해 정의의 본성적 토대를 찾으려고 해 왔다. 이 작업을 하는 도중에 그는 사치에 대한 애착을 끌어들였고, 그 애착의 요구를 충족시키기 위해 영토를 확장하거나 적어도 보존해야 하므로 전사 계층이 생겨났다고 주장했다. 전사 계층을 끌어들인 뒤, 곧이어 플라톤은 국내 질서를 보호하는 자들의 계층으로 넘어갔다. 그리고 이 수호 계층이 자신의 일을 제대로 하려면, 끝없는 물질적 욕구를 가능한 한 제거해야 한다. 그런데 사실 수호 계층의 등장은 끝없는 물질적 욕구가 초래하는 많은 일들 중 하나이다. 이렇게 생겨난 수호 계층이 물질적 욕구를 충족시키는 것이 아니라 제거 또는 제한하는 역할을 맡는다니! 플라톤이 교묘하게도 논의를 너무나 자연스럽게 이어가서 알아채기 힘들지만, 이 점도 분명 아이러니이다.

개인의 정의

이제 소크라테스는 국가에 대한 논의에서 한 사람에 대한 논의로 넘어간다. 국가와 개인에 유비가 성립한다면, 국가가 정의로운 방식과 개인이 정의로운 방식이 같을 것이다. 그래서 국가에서 구분된 세 계층에 상응하는 세 가지 요소가 한 사람의 영혼 안에 있어야 한다(435b~c). 그런데 정말 그러한가? 이에 소크라테스가 다음과 같이 묻는다.

> "우리 안에 있는 부분들 중 하나로는 배우고 다른 하나로는 분노하며 세 번째 부분으로는 음식 섭취와 생식 및 이런 종류와 관련된 쾌락을 욕구하는지, 아니면 이런 각각의 행동을 우리가 일단 하기 시작하면 영혼 전체로 하는지 …" (436a~b)

물론 영혼에 세 부분이 있다는 것이 플라톤의 답이다. 이 답을 이끌어내기 위해, 그는 영혼이 겪는 갈등을 보여 준다. 우선 소크라테스에 의하면, "동일한 것이 동일한 관점에서 동일한 것에 대해 반대되는 것들을 동시에 하거나 겪을 수는 없다"(436b). 이는 모순율이라는 논리 법칙의 최초 형태로서, 어떤 명제 p와 그것의 모순인 not-p가 동시에 참일 수 없음을 의미한다. 물론 플라톤은 명제가 아니라 사물을 사용하여 표현했지만 실질적인 내용은 같다. 그래서 누군가가 '나는 건강하기도 하고 건강하지 않기도 하다'고 주장한다면, 이는 '나는 건강할 때도 있고 건강하지 않을 때도 있다'는 것을 의미하거나 또는 '나의 일부는 건강한데 다른 부분은 건강하지 않다'거나 아니면 '나는 어떤 (멀쩡한) 사람에 대해서는 건강하지 않지만 다른 (불치병에 걸린) 사람에 대해서는 건강하다'는 것을 의미한다. 이러한 조건이 없다면, 그의 주장은 자기 모순적일 것이다.

이렇게 모순율을 정립한 후, 플라톤은 사람의 영혼이 반대되는 두 방식으로 영향 받는다고 말하게 되는 경우들이 있다고 인정하면서 어떤 경우인지 보여 준다. 예컨대, 어떤 사람이 갈증이 나서 음료를 마시고 싶은 욕구를 가지면서 동시에 그 욕구에 저항할 수 있다. 마실 수 있는 유일한 그 음료에 독이 들어 있다는 사실을 그가 알고 있기 때문이다. 그래서 이 동일한 사람이 그 음료에 대해 욕구와 혐오를 동시에 가진다고 표현하는 데에는 아무 문제가 없다. 그런데 이 표현이 모순율에 부합하려면, 욕구와 혐오는 영혼의 각기 다른 부분에 귀속되어야 한다. 소크라테스는 이를 각각 욕구적 부분과 이성적 부분이라고 칭한다(439d). 또 어떤 이가 욕구를 느끼면서 동시에 그 욕구를 수치스럽게 생각할 수 있다. 플라톤은 레온티오스의 예를 드는데, 레온티오스는 시체를 보고 싶어 하면서, 동시에 보고 싶어 하고 있는 자신에 대해 분개했다. 이 논의를 통해 영혼에서 욕구적 부분과 플라톤이 **튀모스**(thymos)라고 칭한 기개의 부분이 구분된다. 후자는 분개나 자긍심과 같은 고귀한 감정의 자리이다. 마지막으로 그는 **튀모스**와 이성을 구분한다. 기개는 사람이 태어날 때부터 갖지만, 이성적 능력은 성숙해지면서 계발된다. 플라톤이 호메로스에 동의하는 곳은 몇 안 되는데, 그 중 한 곳이 "오디세우스가 자기 가슴을 치면서 이런 말로 자기 심장을 꾸짖었다"(441b; 『오디세이아』 20, 17 참조)는 구절이다. 오디세우스는 분을 가라앉히기 위해 이성을 사용한 것이다.

영혼을 세 부분으로 구분한 뒤, 플라톤은 앞에서 서술했던 '국가의 덕'과의 유비를 통해 '개인의 덕'을 설명한다. 개인의 이성은 폴리스의 수호자 계층에 대응된다. 그래서 이성이 지혜의 자리이다(441c). 또 개인의 영혼에서 기개의 부분은 폴리스에서 보조자 계층에 상응하니, 기개의 부분이 용기의 자리이다(441d). 개인의 절제도 국가의 절제와 유사하다.

> "어떤 이가 절제한다고 불리는 것은 영혼의 이 같은 세 부분에 우정과 화합이 있어서가 아니겠는가? 다스리는 부분과 다스림을 받는 두 부분이 '이성이 다스려야 한다'는 점에 서로 동의하고, 다스림을 받는 두 부분이 다스리는 부분에 대해 반란을 일으키지 않을 때 말이네"(442c~d).

정의는 절제하는 사람이 갖는 영혼의 세 부분들이 화합하며 동의하는 질서, 영혼 안의 질서이다. 소크라테스가 말하기를, "지혜롭고 영혼 전체를 위한 선견(先見)을 가진 이성의 부분에는 다스리는 일이 적합하네. 그리고 기개의 부분은 이성에 복종하고 협력하는 것이 적합하네"(441e). 그리고

> "이 두 부분이 양육되어 자기들이 해야 할 일을 참되게 배우고 교육받았다면, 이들은 욕구의 부분에 앞장서야 하네. 욕구의 부분은 우리 각자에서 영혼의 가장 큰 부분이고, 본성상 재물에 대해 만족할 줄을 모르는 부분이네. 이 부분이 소위 육체적 쾌락들로 가득 참으로써 커지고 강해져서 자신의 일을 하지 않고, 오히려 제 본성에 맞지 않게 다른 두 부분을 노예로 만들어 다스리려 들면서 이 모두의 삶 전체를 뒤엎지 않도록, 저 두 부분이 감시해야 하네"(442a~b).

플라톤이 말하는 정의로운 사람은 우리가 일반적으로 부정의하다고 여기는 일, 즉 횡령이나 절도, 반역, 약속 위반, 강간과 같은 일을 저지르지 않을 것이다(442e~443a). 왜냐하면 이 행동들은 올바른 질서를 갖춘 영혼이 아니라 무질서한 영혼의 산물이기 때문이다. 그래서 소크라테스는 다음과 같이 결론 내린다.

> "정의란 참으로 그런 어떤 것인 듯하네. 그러나 정의는 자기 바깥의 일을 하는 것이 아니라 내적인 일을 하는 것과 관련되네. 내적인 일이란 자신과 진정으로 관련된 일, 자기 자신의 일을 뜻하네. 정의로운 사람은 자기 안에 있는 각각의 것이 다른 부분의 일을 하지 않게 하고, 영혼의 부분들이 서로에 관해 참견하지 않도록 하며, 진정으로 자기에게 고유한 일들을 잘 정하고, 자신을 스스로 다스리고 질서 지우며 자신과 친구가 되고, 또 영혼의 세 부분을 저음과 중간음 그리고 고음과 같이 화음을 이루는 절대적인 세 음정처럼 조화시키고, 혹여 이들 사이에서 어떤 다른 것이 생겨나게 되면 그 모든 것을 함께 연결시켜서 이 모든 것들이 여럿에서 하나가 되도록 그리고 절제 있고 조화된 상태로 만드네. 그가 재물의 획득이나 몸을 돌보는 일이나 정치 및 개인적인 계약과 관련된 어떤 것을 행한다면, 저런 상태로 만들고 나서야 그는 행동하네. 그리고 그는 이러한 상태를 보존시키고 실현되도록 도와주는 모든 것들을 정의롭고 훌륭한 행동이라고, 또 이러한 행동을 관할하는 지식을 지혜라고 생각하고 또 그렇게 부르네. 반면, 이 상태를 무너뜨리는 것을 부정의한 행동이라고, 또 이런 행동을 관할하는 의견을 무지라고 생각하고 또 그렇게 부르네" (443d~444a).

플라톤은 이렇게 내적인 질서를 갖춘 상태를 건강에 비유하고 부정의를 질병에 비유한다. 부정의는 영혼에서 벌어지는 내전이라고도 할 수 있다(444b). 이 시점에서 글라우콘은 토론의 초반에 제기되었던 물음, 즉 정의로운 삶이 부정의한 삶보다 더 나은가라는 물음에 대한 답변이 마련되었다고 인정한다. 그가 물음이 우스울 정도로 아주 간명하다고 한 답은 이렇다. 우리가 몸에 건강이 없는 삶을 살 만하지 않다고 여기듯이, 영혼에 질서가 없는 삶을 살 만하다고 생각할 수는 없는 일이다(445a~b).

그렇다면 이제 글라우콘의 도전이 완전히 해결된 것일까? 플라톤은 정의와 다른 덕들에 대해 만족스러운 설명을 제시했는가? 그리고 정의가 부정의보다 더 나음을 제대로 입증했는가? 소크라테스가 글라우콘에게 말했듯이, 부정의한 사회의 다양한 형태와 불의로운 여러 개인들에 대해 조사해 보기 전까지는 (이 일은 8권과 9권에 가서야 완수된다) 최종적인 답이 주어졌다고 할 수 없다. 그러나 여기서 잠시 멈추고, 여태까지 제시된 이론을 검토해 보도록 하자. 덕에 대한 플라톤의 설명은 2장에서 살펴본 "소크라테스의 역설"과 여러 면에서 다른데, 내가 보기에 이는 플라톤이 소크라테스의 입장을 넘어서면서 거둔 큰 성과이다. 플라톤 주장의 핵심은 무엇보다도 영혼 삼분설(三分說)이다. 앞서 소크라테스는 영혼에 대해 명확히 설명한 적이 없었고, 굳이 찾자면 영혼을 지적인 상태로 간주하면서 여기에 두려움과 같은 감정까지 다 포함시켰다. 그러므로 소크라테스는 영혼을 오직 이성으로만 보았다고 할 수 있다. 반면, 플라톤은 『파이돈』에서 새로운 영혼론을 발전시켰고, 마침내 영혼이 욕구나 감정 등의 비이성적인 상태도 갖는다고 정식으로 인정했다. 여러 덕들이 분명 이러한 비이성적 상태를 포함하기 때문에(절제는 욕구와, 용기는 두려움의 감정과 연관되어 있다), 플라톤은 이를 자신의 영혼론에 도입함으로써 소크라테스의 덕론보다 좀 더 적절한 이론을 마련할 수 있었다.

영혼 삼분설의 또 다른 장점이 있다. 플라톤은 영혼을 세 부분으로 나

눔으로써 영혼이 갈등을 겪을 수 있다는 가능성을 인정했고, 그래서 '자제하지 못함'을 설명할 수 있게 되었다. '자제하지 못함'이 불가능하다는 것은 소크라테스의 역설 중 하나였다. 소크라테스는 기본적으로 모든 갈등이 이성적 부분 내에서 일어나고 또 이성으로 해결될 수 있다고 보았다. 그래서 이로부터 '자제하지 못하는 일은 없다'는 결론, 그다지 타당해 보이지 않는 (왜냐하면 우리가 자제에 실패하는 것은 실제로 자주 일어나는 일이기 때문이다) 결론이 자연스럽게 따라 나오게 된 것이다. 소크라테스의 입장에서 볼 때, 일단 이성이 명령하면 모든 문제가 해결된다. 그러나 플라톤의 입장에 따르면, 영혼 안에는 이성의 말을 듣지 않을 수 있으므로 화합해야만 하는 다른 두 부분도 있다. 만일 이 두 부분이 적절하게 훈련되지 않는다면, 이성과의 충돌에서 이 두 부분이 승리할 것이다. 이렇게 되면 우리는 가장 좋다고 스스로 알고 있는 것에 반하는 방식으로 행동할 것이다. 우리는 레온티오스의 이야기를 통해 어떻게 천박한 욕구가 고귀한 감정과의 대결에서 승리할 수 있는지 살펴보았는데, 여기에 비추어 보면 아마 플라톤은 저급한 두 부분이 이성을 이길 수 있다고도 생각했을 것이다.

소크라테스 윤리학에서 핵심이 되는 전제는 '덕은 곧 지식 또는 지혜이다'라는 것과 '모든 덕이 하나여서 하나의 덕을 가진다는 말은 모든 덕을 다 가진다는 말과 똑같다'는 점이었다. 그런데 플라톤의 덕론을 분석해 보면 그가 이러한 전제들을 포기했음을 알 수 있다. 물론 통치하는 수호자는 모든 덕을 다 가진다. 그러나 보조자가 용감하다고 불리는 것은 보조자 자신의 지혜 때문이 아니다. 이는 그들이 진정 두려운 것이 무엇인가에 대한 의견을 자신의 영혼 안에 보존할 수 있기 때문인데, 이 의견은 통치자들이 그들에게 심어 준 것이다(429c~d). 그러므로 보조자가 갖는 용기의 출처는 일종의 올바른 의견이지, 지식 또는 지혜가 아니다. 또 그들의 용기는 합리적 토론의 산물이 아니라, "적성과 양육"에 의해 (430a), 선천적인 높은 기개에 의해, 그리고 어렸을 때부터 받은 도덕적 훈련에 의해 주어지는 것이다 (『메논』의 끝부분에서 소크라테스는 덕을 올바른 의견으로 간주했는데, 플라톤이 기개 부분의 용기를 하나의 덕으로 인정하는 데에 이것이 일조했을 수 있다). 플라톤이 430c에서 "시민적 용기"라고 부른 보조자의 용기가 (플라톤은 '보조자의 시민적 용기'와 '통치하는 수호자의 철학적 용기'를 구분하려 하지 않았나 싶다) '지식'이 아니라 '의견'으로 규정되었을 뿐만 아니라, 본성상 수호자의 지혜를 갖지 못하는 계층에까지 할당되었다. 이상의 내용에 비추어 보건데, 플라톤은 덕이 지식이고 모든 덕들이 하나라는 소크라테스의 전제를 포기했다고 할 수 있다.

이러한 변화는 시민의 절제와 정의에 대한 논의에도 나타난다. 국가가 절제와 정의라는 덕을 갖추려면, 세 계층이 모두 결합해야 한다. 생산자 계층은 자신에게 고유한 일을 해야 하고, 국가가 정의롭고 절제 있게 되기 위해 수호자가 통치해야 한다는 점에 동의해야 한다. 그런데 플라톤은 435e에서 "국가 안에 있는 것과 똑같은 종류와 성격이 우리 각자에게 있어야 한다"고 주장했고, 그렇다면 생산자 계층에 속한 사람들도 절제 있고 정의롭다고 보아야 할 것 같다. 왜냐하면 그들도 국가의 덕을 산출하는 데에 필수적인 역할을 하기 때문이다. 이것이 옳다면, 국가의 모든 사람이 절제 있고 정의로울 것이고, 그러나 용감한 자는 수호자와 보조자뿐이며, 지혜로운 자는 수호자에만 한정될 것이다. 그러므로 한 개인이 반드시 모든 덕을 다 갖는 것은 아니라는 점 또한 명백하다.

폴리스의 덕에 대한 플라톤의 생각이 소크라테스의 것과 차이가 있듯이, 개인의 덕에 대한 이들의 입장도 다르다. 플라톤의 관점에서 보면, 모든 덕을 다 갖춘 수호자라고 해도 그 덕들은 똑같지 않다. 그리고 모든 덕이 이성적 상태인 것도 아니다. 물론 지혜는 영혼의 지적인 부분, 즉 이성의 덕이다. 그러나 용기는 이성과 기개(튀모스, thymos)의 상호 작용을 필요로 한다. 그리고 절제와 정의의 덕에는 육체적 욕구까지 연관되어 있다. 그러므로 개인의 덕은 영혼의 이성적 부분에서의 지혜를 항상 포함하지만, 그렇다고 개인의 덕과 지혜가 완전히 똑같다고 볼 수는 없다. 이런 측면에서, 플라톤의 덕론은 소크라테스보다 아리스토텔레스의 덕론을 닮았다(『니코마코스 윤리학』, 6권 13장, 1144b17~25 참조). 덕이 곧 지식이라는 생각과 덕의 단일성 테제를 버림으로써 플라톤은 소크라테스의 덕론보다 더 설득력 있는 이론을 구성할 수 있게 되었다.

그렇다면 플라톤은 덕의 본질을 발견했는가? 그의 덕론이 스승의 것보다 진전된 것은 사실이지만, 그의 덕론은 덕이 무엇인지 설명하기에 적절한가? 플라톤의 문제점 중 하나는 그의 설명의 일반성에 있다. 그는 지혜가 영혼의 이성적 부분의 덕이라고 주장했지만, 지혜의 내용이 구체적으로 무엇인지 알려 주지 않았다(곧 살펴보겠지만, 이는 형상에 대한 철학자의 지식을 다루면서 플라톤 스스로 제기한 문제이기도 하다). 다른 덕의 경우에도 마찬가지이다. 플라톤은 용감한 자나 절제하는 자가 구체적인 상황에서 어떻게 행동하는지 설명하지 않았다. 반면, 아리스토텔레스의 덕론은 플라톤의 덕론보다 훨씬 더 상세하고, 구체적인 행동 상황 또는 맥락을 더 잘 반영한다(4장 참조). 그러나 플라톤의 이론이 없었다면, 아리스토텔레스가 이러한 성과를 거둘 수 없었을 것이다.

단, 플라톤이 구체적인 행동과 연결시키려 했던 한 가지 덕이 있는데, 그것이 정의이다. 위에서 언급했듯, 플라톤의 소크라테스는 442e~443a에서 정의로운 자는 약속 위반, 간통, 횡령 및 이와 유사한 일을 하지 않는다고 말했다. 왜 하지 않는지 그 이유는 제시되지 않았지만, 플라톤은 분명 육체적 욕구를 통제하지 못하는 것을 부정의한 행동을 하게 되는 이유로 간주했을 것이다. 규정상, 정의로운 사람이라면 자신의 육욕을 통제할 것이고, 그래서 정의로운 자는 위에 열거한 행동을 하지 않을 뿐 아니라 하기를 원하지도 않을 것이다. 한편, 혹자는 정의로운 자로 하여금 정의롭게 행동하게 하는 영혼의 내적 질서를 '정의의 덕 자체' 라고 표현하기보다 '정의로운 행동의 원인' 이라고 표현하는 것이 더 적절하다고 생각할 수 있겠다. 그런데 사실 둘은 같은 의미이다. 플라톤은 1권부터 계속 정의로운 행동의 기저에 놓인 원인을 찾아오지 않았던가? 플라톤이 4권에서 정의는 내면의 상태이지 외적인 행동의 문제가 아니라고 주장했을 때(443c~d), 그는 1권의 케팔로스와의 대화에서 했던 말을 상기시키고 있다. 정의는 그 본질에서 규정되어야지, 외적인 행동들의 열거 목록으로 규정되어서는 안 된다는 점 말이다.

그러므로 플라톤은 자신이 처음에 했던 요구에 부합하는 덕론을 제시했다고 할 수 있다. 여러 덕행을 단순 열거하지 않고, 덕의 핵심적 속성을 보여 주었기 때문이다. 그는 덕을 건강한 영혼의 본성적 상태로 서술했고, 비본성적이고 건강하지 못한 상태가 아니라 왜 덕이라는 본성적 상태가 선호할 만한지 설명했다. 그리고 왜 덕이 결과 때문이 아니라 그 자체로 가치 있는지 밝혔다. 마침내 정의를 개인의 내면적 상태로 규정함으로써, 플라톤은 정의에 대한 고전적인 문제들 중 '왜 우리는 정의로워야 하는가?' 라는 물음에 답한 것이다. 일반인들이 생각하기에, 정의는 자신이 아니라 타인을 이롭게 하는 덕이다. 그래서 자연히 정의로운 행동을 왜 해야 하는지 묻게 된다. 이에 플라톤은 정의를 영혼의 내적 질서로 규정하면서, 정의가 개인에게 이롭다는 점을 알리고 정의를 추구해야 할 이유를 마련했다.

따라서 플라톤의 윤리학은 상당히 성공적이다. 그런데 정치적 이론까지 성공했다고 보기는 어렵다. 아마 최상 국가에 대한 플라톤의 묘사를 읽어 본 사람은 누구나 못마땅해 할 것이다. 플라톤에 따르면, 수호자는 국가의 행복을 위해 모든 사적 욕구를 희생해야 한다. 그들은 성관계를 맺어야 하지만 결혼은 못하고, 자신과 같은 계층에서 태어난 아이들 중 어떤 아이가 자기 자식인지 알아서도 안 된다. 사실 수호자의 출생은 마치 우수한 소의 출생처럼 우생학적인 고려 속에서 관리되어야 한다. 그리고 혼인할 남녀는 통치자의 정교한 추첨에 의해 결정된다(457c~461e). 물론 생산자 계층까지 가족생활이나 사적 재산의 소유가 금지되지는 않았지만(생산자 계층이 이러한 금지에 결코 동의하지 않을 것임을 플라톤도 잘 알고 있었다), 그들의 모든 경제 활동과 개인적인 행동을 수호자가 면밀히 규제하여 그들이 지나치게 부유해지거나 지나치게 가난해지지 않도록 해야 한다. 이 상태로는 생산자들이 자신의 일을 제대로 수행하지 못할 것이기 때문이다(421d~422a).

왜 플라톤은 이렇게 받아들이기 힘든 제안을 했을까? 많은 사람들이 오해하기 쉬운데, 이는 그가 "전체주의자"나 "파시스트"여서 절대 권력 자체를 추구했기 때문이 아니다. 위에서 지적했듯, 플라톤의 이상 국가(마르크스주의자가 추구하는 독재 국가와는 일면 유사하지만)를 독일 나치즘과 같은 현대의 독재 체제에 비유하면서 비판할 수 없다. 부정의한 국가와 부정의한 사람에 대한 플라톤의 설명을 읽어 본 독자라면, 플라톤이 나치즘에 경악하고 히틀러와 스탈린을 가장 악한 폭군으로 간주했으리라는 점을 쉽게 알 수 있을 것이다. 플라톤이 한쪽을 희생시키고 다른 한쪽을 부각시켰다는 말은 옳다. 그는 개인의 자유를 희생시키고 질서를 갖춘 좋은 폴리스의 통합성을 강조했다. 사실 플라톤이 제시한 정의의 원칙은 개인보다 국가의 질서 원칙으로서 더 잘 이해되고, 확실히 국가의 질서가 제대로 잡힐 때 국가의 통합성이 가장 높다. 자유 민주주의 국가에서 살고 있는 현대인들은 플라톤이 강조한 국가의 질서를 과소평가할 지도 모르겠다. 아마 이 질서가 주변에 이미 어느 정도 정착되어 있어서 당연하게 느껴지기 때문일 것이다. 그러나 플라톤은 아테네의 당파 정치를 경험했고 펠로폰네소스 전쟁 동안 희랍 전역의 정치적 분쟁을 보았다. 이에 따른 국가의 무질서와 시민들의 불화를 몸소 겪었으니, 그에게는 국가의 단합과 질서가 가장 중요했을 것이다.

플라톤이 높이 평가하지 않았고 심지어 인정하지도 않았던 것이 바로 개인의 자유이다. 이는 아마도 그가 아테네에서 개인의 자유가 남용되는 행태를 보아 왔기 때문일 것이다(이후에 살펴볼 8권에서 그는 민주정의 "결함"을 지적하면서 민주정에서의 삶을 충격적일 정도로 생생하게 묘사하는데, 이는 아테네 사회에 대한 플라톤 자신의 부정적 평가에서 나온 것이 틀림없다). 또 자유란 침해될 수 없는 개인의 "권리"라는 생각이 현대인에게 자연스럽지만, 플라톤을 비롯한 희랍의 정치 철학자들에게는 당연하지 않았기 때문일 수도 있다. 개인의 권리는 후대에 생긴 말이다. 예컨대 장례식 연설(투키디데스, 『펠로폰네소스 전쟁사』, II권 37)에서 아테네 민주정의 자유를 높이 샀던 페리클레스조차도 자유를 국가에 대한 개인의 절대적 요구라고 여기지 않았다. 오히려 그는 국가의 간섭에 대항하는 개인의 절대적 권리를 전혀 인정하지 않은 것 같고,[>3] 이 점에만 국한해서 말하자면 아테네 민주정을 가장 강력히 옹호했던 페리클레스도 민주정의 반대편에 섰던 소크라테스(특히, 『크리톤』 참조)나 플라톤과 크게 다르지 않다.

그렇다면 왜 플라톤은 개인의 자유를 페리클레스가 수긍했던 정도조차로도 인정하지 않았던 것일까? 개인의 권리까지는 아니더라도 명백한

>3 역자주: 장례식 연설에서 페리클레스는 아테네 시민들의 사적인 자유로움을 긍정적으로 평가했지만, 이와 동시에 공적인 일에서의 엄격한 준법 정신 또한 강조했다(『펠로폰네소스 전쟁사』, II권 37).

공동선으로서 개인의 자유를 수용할 수 있지 않았을까? 추측컨대, 플라톤이 개인과 국가의 유비를 고수하려다 보니 불가피하게 개인의 자유를 배제하게 되었을 수 있고, 아니면 반대로 그가 애초에 개인의 자유를 배제하려 했기 때문에 이 유비를 든 것일 수도 있다(내가 보기에 후자가 유력하다). 많은 학자들이 지적했듯, 국가의 세 부분과 영혼의 세 부분은 정확히 대응되지 않는다. 우선 이성은 자신의 권위를 행사하여 감정과 육체적 욕구를 통제한다. 예컨대, 특정한 감정과 육욕이 부적절하다고 판단하면 이들을 억압하고, 별 문제가 없다고 판단하면 이들의 표출을 허용한다. 이 경우, 개인 영혼의 세 부분간의 "의사소통"(이런 표현이 가능하다면)은 즉각적이고 직접적이다. 결국 이 모두는 한 인간의 의식을 이루는 세 부분이다.

그러나 위 구도는 국가의 세 부분과 각 계층에 속하는 개인에게 적용될 수 없다. 수호자에게 제화공은 수호자 자신과 마찬가지의 사람이다. (물론 수호자의 것에 비해, 제화공의 욕구 부분은 더 많이 발달되어 있겠고 이성적 부분과 기개 부분은 덜 발달되어 있겠지만) 제화공도 수호자처럼 세 부분으로 된 영혼을 가진 사람인 것이다. 그러므로 이성이 욕구를 억압하는 방식 그대로 수호자가 제화공을 억압하는 것은 적절치 않다. 오히려 수호자는 자신의 정책 결정이 옳다는 것을 제화공이 납득하도록 설득해야 한다. 사실 플라톤 자신도 이를 인정했다. 예컨대 금, 은, 동이라는 성분의 신화에서 국가의 모든 시민들을 "형제"라고 했고, 국가의 절제를 모든 계층 간의 "동의"라고 표현했기 때문이다. 이 밖의 다른 곳에서도 그는 수호자가 동료 시민들을 올바르게 행동하도록 이끌되, 강제하기보다 설득해야 한다고 말했다. 그럼에도 불구하고 그는 국가와 개인을 유비적으로 봄으로써, 영혼의 욕구적 부분과 달리 한 인간으로서의 제화공은 엄연히 존엄성과 내적 가치를 가진 존재이고 그의 자유도 쉽게 침해되어서는 안 된다는 점을 놓치고 말았다.

국가와 개인의 유비가 플라톤의 엄격한 정치적 태도에서 나왔는지, 아니면 후자 때문에 저 유비가 나왔는지에 대한 판단은 차치하자. 분명한 것은 개인과 국가에 차이가 있는 만큼, 플라톤의 윤리학과 정치학이 따로 평가될 수 있다는 점이다. 우선 그의 정치적 입장은 만족스럽지 못하다. 왜냐하면 개인의 자유와 같은 진정으로 좋은 대상을 탐구할 충분한 기회를 제공하지 못하기 때문이다. 그는 정의와 관련하여 의무를 어떻게 분배하고 또 의무 수행에서 나온 이득을 어떻게 분배할 것인가라는 일부 문제만을 다루었을 뿐, 권리의 분배를 비롯한 다른 문제들을 다루지 못했다. 플라톤의 정치적 견해보다 윤리적 견해가 더 수긍할 만하다. 분명 개인 영혼의 부분들의 관계는 국가에서 통치자와 피치자의 관계와 같지 않다. 제화공을 비롯한 모든 시민에게 마땅히 주어져야 할 자유를 육체적 욕구에 인정해 줄 수도 없는 일이다.

철학자 왕

위에서 언급했듯, 지금까지의 플라톤의 덕론은 지나치게 일반적이고, 특히 무엇이 수호자를 지혜롭게 만드는지에 대한 정확한 설명이 없다. 보다 자세한 설명은 『국가』 5권~7권에서 찾아볼 수 있는데, 여기에서 플라톤은 통치하는 수호자들의 모습을 개괄하는 것으로 그치지 않고 상당히 구체적으로 묘사한다. 플라톤 자신은 이 부분을 부차적인 논의로 취급했지만, 사실은 그렇지 않다. 『국가』에 나타난 그의 정치적 계획에 대해 제기되는 기본적 질문 중 하나는 '수호자의 정치적 권력이 정당화되려면 그들이 어떤 종류의 지혜를 가져야 하는가?' 이다. 만일 수호자와 보조자 및 장인에게 어떤 정도 차이만 있다면, 수호자에게 국가를 통제할 절대 권력을 부여하는 것이 정당화되기 어렵다. 그래서 이들의 절대 권력이 정당하려면, 수호자가 가진 지식은 일반 사람의 것과 다른 종류의 지식이어야 한다. 그런 지식이 가능할까? 가능하다면, 수호자는 그 지식을 어떻게 얻게 되는 것일까?

이 물음에 대한 답변이 5~7권에 나온다. 대화자들이 처음부터 소크라테스에게 이 질문을 한 것은 아니고, 수호자와 보조자 계층의 생활 방식, 특히 처자 공유 문제에 대해(449c~d) 말해 달라고 요구했다. 이에 답하던 도중, 소크라테스는 여성의 평등한 기회에 대해 논의하고(이는 고대 희랍에서 급진적인 생각이었다), 여성이 수호자 계층에서 동등한 역할을 수행하려면 결혼 제도와 아이 양육 정책이 어떠해야 하는지 설명하기에 이른다. 현대의 페미니즘을 예고하는 파격적인 발언을 한 뒤, 그는 이런 국가가 실제로 존재할 수 있을지 묻는다. 그러나 소크라테스가 말하기를, 이 국가의 존재까지 입증해야 할 필요는 없다. 왜냐하면 "정의 자체가 무엇인지 우리가 탐구해 온 것은 이상적인 본(本)을 위해서이기 때문이다"(472c). 마치 아름다운 인간을 그린 화가가 실존 인물을 모델로 삼지 않았다고 해서 비난받지 않는 것처럼, 저 이상 국가를 현실에서 수립하는 것이 불가능하더라고 소크라테스는 비난받을 이유가 없다. 진리에 더 가까운 것은 항상 실천보다 이론이다(473a, 현대의 경험주의자에게 충격적으로 들릴 만한 주장이다. 구체적인 것보다 추상적인 것을 선호하는 플라톤의 모습이 드러난다).

그럼에도 불구하고 실천을 통해 이상에 근접해 갈 수 있다. 단, 이는 철학자가 왕이 되어야만 가능한 일이다.

내가 말했네. "만일 철학자가 국가의 왕이 되지 않는다면, 또는 지금 왕이나

> 권력자라고 불리는 자들이 진실로 그리고 충분히 철학하지 않는다면, 그래서 이것 즉 정치 권력과 철학이 서로 한데 합쳐지지 않는다면, … 글라우콘이여, 내가 보기에, 국가에도 인류에게도 나쁜 일들의 종식은 없다네. … 어떠한 다른 방책도 사적인 삶에서든 공적인 삶에서든 우리를 행복하게 하지 못하네" (473d~e).

이 충격적인 주장에 글라우콘이 아래와 같이 답한다. 시대상에 비추어 볼 때, 뜬금없는 답변은 아니다.

> 그가 말했네. "소크라테스 선생님, 당신이 그런 말을, 그런 주장을 내던지셨으니, 그렇게 말한 이상 각오하셔야 합니다. 엄청나게 많은 사람들이 그리고 만만하게 볼 수 없는 자들이, 말하자면 웃통을 벗어 던진 채 맨몸으로, 제 주위에 있는 무기를 집어 들고서, 끔찍한 일을 저지를 작정으로 당신께 달려들 것이라는 걸 말입니다"(473e~74a).

『국가』에 언급된 철학자 왕의 통치는 워낙 잘 알려져 있기 때문에 아마 독자들은 글라우콘만큼 놀라지 않았겠지만, 철학자가 왕이 되어야 한다는 주장을 처음 접한다면 우리도 글라우콘과 똑같이 반응했을 것이다. 철학자의 통치는 글라우콘의 시대뿐 아니라 우리의 시대에도 받아들이기 어렵다.

소크라테스는 글라우콘의 격한 반응을 진정시키려고 철학자의 본성에 대해 설명하기 시작했고, 그러던 중 플라톤의 형이상학과 인식론에서 핵심적인 내용이 다루어진다. 2장에서 상기론을 살펴볼 때 그랬듯이, 이 내용도 플라톤의 윤리학을 파악하기에 충분한 만큼만 소개하려고 한다. 이 문제를 자세히 논의하려면 이 책으로 충분치 않기 때문이다. 우선 플라톤에 의하면, 어떤 이들은 "구경과 듣기를 좋아한다." 반면, 철학자는 "진리를 사랑한다." 철학자는 미(美)와 추, 정의와 부정의, 좋음과 나쁨 등을 식별한다. 이것들 각각은 그 자체로 하나이지만 여럿으로 나타난다. 왜냐하면 이것들 각각이 여러 행동과 물체 안에서 나타나고, 다른 것들과의 다양한 결합을 통해 나타나기 때문이다(476a). 구경과 듣기를 좋아하는 자들은 전문 기술 애호가로서 "아름다운 소리와 색과 모양과 이런 것들로 된 모든 것을 즐기지만, 그들의 사고는 아름다움 자체의 본성을 보고 즐기지 못한다"(476b). 구경과 듣기를 좋아하는 자들은 아름다움의 사례들을 보면서 자신이 아름다움 자체를 보고 있다고 착각한다. 그들은 모상(模像)을 실재라고 알고 있고, 그래서 꿈꾸는 것과 같은 상태에 있다. 반면, 철학자는 모상과 실재를 구분할 줄 알고, 깨어 있다(476c~d).

또 이어지는 구분에 따르면, 철학자는 지식(에피스테메, *epistēmē*)을 갖지만, 구경과 듣기를 좋아하는 자는 단지 의견(독사, *doxa*)을 가질 뿐이다. '지식'과 '의견' 모두 영혼의 능력이지만, 양자는 구분된다. 전자는 -인 것, 또는 존재[>4]에 대한 파악으로서 오류 불가능하다. 반면, 후자는 -이기도 하고 아니기도 한 것, 또는 존재와 비존재 사이의 것에 대한 이해로서 오류 가능하다. 다른 한편, 비존재와 관련된 몰이해는 무지이다. 이 능력들 중에 지식이 가장 밝다면, 무지가 가장 어둡고, 의견은 중간이다.

이 모든 말들이 수수께끼 같다. 구경과 듣기를 좋아하는 자들이 깨닫

>4 역자주: 앞에서 프로타고라스의 인간 척도설에 나오는 표현 "einai"에 대한 C. H. Kahn의 견해를 소개했는데, 플라톤의 철학에서도 "einai"의 의미에 대한 여러 논의가 있어 왔다. 일례로 Gregory Vlastos의 "Degrees of Reality in Plato"(*Plato: Critical Assessments*, vol.2, ed. by Nicholas D. Smith, Routledge, 1998, pp.219~234) 참조.

지 못하는 그 하나의 아름다움이란 도대체 무엇인가? 어떻게 -이기도 하고 아니기도 할 수 있다는 말인가? 또 어떻게 하나의 능력이 다른 능력보다 더 밝을 수 있다는 말인가? 왜 플라톤은 자기 철학에서 핵심이 될 중요한 내용을 저렇게 모호하고 은유적인 방식으로 설명했을까? 이 물음에 대한 플라톤의 대답이 무엇인지, 학자들의 의견이 크게 갈린다. 플라톤의 생각을 투명하게 전달할 길은 없겠지만, 적어도 오해 가능성을 가장 줄일 방도는 있는 것 같다. '아름다움 자체와 아름다운 것들'에 대한 플라톤의 구분을 '개념과 대상'의 구분으로 보자. 여러 아름다운 것들 각각은 개별적 대상이다. 그런데 이들을 동일한 술어로 묶을 때, 사실 우리는 이들 각각에 공통의 개념(이 경우, 아름다움이라는 개념)을 적용하고 있다. 보통 우리는 개념을 심적인 실체로 간주하고, 우리 마음의 작용이 개념의 존재를 낳는다고 생각한다. 그러나 플라톤은 이 심적 실체들이 우리의 마음과 독립적으로 존재한다고 생각했다. 우리의 마음은 대상에 대한 지각을 통해 개념을 인식하는데, 플라톤의 관점에 따르면 아름다운 것들을 지각할 마음이 존재하지 않는다고 해도 아름다움 자체는 존재할 것이다. 그는 이 실체를 "이데아", "형상"이라고 불렀다. 철학자들은 이를 "보편"이라고 부른다. 아름다운 것들이라는 개별적인 것들과 달리, 보편은 하나의 대상에 한정되지 않고 다수의 것들에 예화될 수 있다. 그래서 아름다운 것이나 추한 것, 정의로운 것 또는 부정의한 것이 하나가 아니라 여럿일 수 있다.

보편적 개념이 인간의 마음과 독립적으로 존재한다고 주장하는 입장을 일컬어 "실재론"이라고 한다. 그런데 플라톤은 보편이 그 사례들과도 독립되어 있다고 보았는데, 이러한 입장은 "극단적 실재론" 아니면 아예 그의 이름을 따서 "플라톤주의"라고 불린다. 이는 다소 과장된 견해인 것처럼 보이지만, 상당히 강력한 이론이라는 것이 철학사를 통해 입증되었다. 뿐만 아니라 오늘날의 많은 수학자들도 수학적 대상과 관련하여 자신을 플라톤주의자라고 칭한다. 이들은 예컨대 수(數)가 "저 바깥에" 실재하고 수들의 관계도 "저 바깥에" 실재한다고 믿고, 그래서 수나 수들의 관계는 발명되는 것이 아니라 발견된다고 생각한다. 생물학자도 생물학적인 종들이 이런 방식으로 "실재"한다고 본다. 다른 과학자들도 마찬가지이다. 어쨌든 '철학자'와 '듣고 보는 것을 좋아하는 자'에 대한 플라톤의 구분은 '이데아, 보편 또는 개념을 생각하는 자'와 '개별적인 것들을 생각하는 자'의 구분이다. 보고 듣는 것을 좋아하는 자는 이런 저러한 재미있는 연극이나 합창 가무 공연에 대해 이야기하는 것을 즐기지만, 철학자는 다음과 같은 고민을 한다. 아름다운 것들은 무엇으로 인해 아름다운가? 아름다움 자체란 무엇인가?

만일 셰익스피어의 희곡이나 베토벤 교향곡의 공연을 감상하고 싶다면, 우리는 눈과 귀를 사용하면서 그 공연을 경험해야 한다. 이것이 듣고 보기를 좋아하는 자들이 이 축제 저 축제를 구경하러 돌아다니면서 하는 일이다(475d). 그러나 철학자는 이와 다른 탐구 방식을 취한다. 아름다운 것들이 아니라 아름다움 자체를 알고 싶다면, (아름다운 것들도 알고 있어야 하지만) 이성적으로 사고해야 한다. 철학자와 듣고 보기를 좋아하는 자가 추구하는 것이 이렇게 다르고, 이 둘은 각각 에피스테메와 독사라는 두 능력에 대응한다. 전자는 "지식"으로 후자는 "의견"으로 번역되는데, 이 번역어가 가장 표준적이기는 하지만 약간의 오해 여지가 있다. 플라톤에 따르면, 에피스테메는 이성적으로 사고하는 능력(뒤나미스, *dynamis*, 477b) 또는 그 능력을 실현시킨 활동의 산물을 의미한다. 그리고 독사는 관찰을 바탕으로 판단하는 능력 또는 이 능력을 실현시킨 활동의 산물이다. 일반적으로 우리는 관찰을 통해 많은 것들을 (저 하늘이 파랗다거나 이 바위가 딱딱하다는 점 등을) 안다고 말한다. 그러나 플라톤은 우리가 이러한 대상들을 에피스테메를 통해 이해하거나 파악한다고 말하지 않을 것이다. 그에 의하면, 듣고 보는 것을 좋아하는 자들은 관찰을 하고 의견을 갖지만, 철학자는 이성적 사고를 하고 지식을 갖게 된다. 에피스테메를 통해 이성적으로 파악하는 대상을 달리 표현하면, 우리가 아프리오리(a priori)하게, 즉 경험 독립적으로 안다고 말하는 대상이 되겠다. 플라톤에게 에피스테메의 대상은 형상이고, 독사의 대상은 개별적인 것들이다.

그런데 에피스테메가 오류 불가능하다는 말은 사람들이 추상적으로 사고할 때 잘못을 전혀 범하지 않는다는 뜻이 아니다. 만일 누군가 사고를 잘못했다면, 플라톤은 그가 아직 지식을 갖지 못한 상태라고 말할 것이다. 바로 이러한 점에서 "지식"이라는 번역어가 에피스테메에 가깝다. 만일 어떤 이가 지식을 가진다면, 그는 참인 바를 사고하고 있는 것이다. 거짓인 의견과 부정확한 관찰은 매우 많지만, 거짓인 지식은 없다. 에피스테메가 독사보다 "더 밝은" 것도 에피스테메의 대상이 항상 참이기 때문이다. 더욱이 우리가 추상적인 개념이나 2×3 = 6과 같은 명제의 본질적 특성을 알고 있다면, 이 지식에서 잠정적인 것은 아무것도 없다. 대부분의 관찰 결과는 조사를 더 해 보면 틀린 것으로 판명날 수 있는데, 추상적인 개념이나 저런 명제의 본질적 특성에 대한 지식은 그렇지 않다. 물론 아주 단순한 셈 등에서 실수할 수 있지만, 이런 식의 실수는 관찰을 바탕으로 판단할 때 범하는 잘못과 성격이 다르다.

에피스테메의 대상이 "–인 것"이라는 플라톤의 주장은 '우리가 참인 바(진리)에 대해 이성적인 지식을 가진다'는 의미를 포함한다. 반면, 개별적인 것들에 대한 의견은 참일 수도 있고 거짓일 수도 있다. 그런데 이는 플라톤이 말하고자 했던 내용의 일부에 불과하다. 그는 에피스테메의 대상인 형상이 갖는 존재론적 지위가 독사의 대상이 갖는 지위와 다르다고 믿었다. 그리고 개별적인 것들은 단지 한시적으로 존재하지만 형상은 영원하다. 더욱이 개별적인 것들은 변한다. 예컨대 시간이 흐르면서 아름다운 그림이 손상될 수 있고, 그래서 더 이상 아름답지 않게 될 수 있다. 그러나 형상은 결코 변하지 않는다. 마지막으로 개별적인 것들에 붙는 술어는 다른 것과의 관계에 따라 상대적이다. 즉, 개별적인 것들은 비교 대상에 따라 다르게 서술될 수 있다. 예컨대 피그미족과 비교했을 때 "키가 큰" 사람이라고 해도, 평균 키의 사람과 비교하면 크지 않을 수 있다. 그러므로 이들은 "-이기도 하고 아니기도" 하다. 플라톤이 생각하기에, 형상은 상대적으로 -이지 않고 절대적으로 -이다. 즉, 형상은 오로지 "-이다"(이 표현의 정확한 의미에 대해 논란이 있기는 하다). 그리고 형상은 개별적인 것들보다 더 안정적이다. 개별적인 것들에 대한 의견보다 형상에 대한 이해가 "더 밝은" 이유가 여기에서도 찾아진다.

플라톤의 주장을 정리해 보면, '철학자'와 '듣고 보기를 좋아하는 자(사실 철학자를 제외한 모든 사람들)'가 구분되는 이유는 다음이다. 전자는 영원히 존재하는 개념들에 대한 아프리오리한 지식을 갖지만, 후자는 기껏해야 변화 가능한 개별적인 것들을 관찰함으로써 경험적인 판단 · 의견만 갖는다. 정의가 무엇인지 아는 자는 오직 철학자이므로, 철학자에게만 통치할 자격이 있다. 플라톤은 이상의 내용을 다소 모호하게 설명했는데, 그 설명이 모호한 이유는 '개념 또는 형상'과 '개별적 대상들'의 구분, '이성적인 지식'과 '관찰 의존적인 판단 · 의견'의 구분을 플라톤이 사실상 최초로 행했기 때문이다. 그는 설명 없이는 독자들이 이 구분을 이해하지 못할 것이라 생각했는데, 정작 설명을 통해 이 구분을 명료하게 전달할 전문 용어가 정착되어 있지 않았다. 만일 플라톤 이전에 이 구분이 알려져 있었다면, 적어도 이 구분을 철학의 토대로 삼은 최초의 인물이 플라톤임은 분명하다.

이제 플라톤의 위 구분이 옳은지 확인해 보는 일이 남았다. 우선 철학자와 듣고 보기를 좋아하는 자라는 구분은 순전히 유형적 구분이어야 한다. 왜냐하면 현실에서 볼 때 모든 사람이 개념적인 지식과 경험적인 의견을 모두 갖기 때문이다. 그런데 개념적인 지식이 경험적인 의견보다 우월한가? 실제로 철학자 왕이 있다면, 그의 에피스테메가 그의 통치권을 정당화시켜 주는가? 플라톤이 말한 형상이라는 것이 존재하는가? 이 개념은 개별적 대상에서 독립적인가? 이 문제들에 대한 논쟁이 지금까지 계속되고 있는데, 철학자는 주로 개념적인 문제들에 대해 추상적으로 사고한다는 측면에서 다른 사람들과 차이가 있다는 플라톤의 주장만큼은 부당하지 않다. 에피스테메만으로는 좋은 통치자가 되기에 충분치 않지만, 올바른 독사를 갖춘 통치자가 에피스테메를 겸비할 때 더 나은 통치자가 되는 것은 당연한 일이다. 통치자가 무엇이 정의인지 모른다면, 정의에 부합하는 결정을 어떻게 할 수 있겠는가?

좋음에 대한 플라톤의 그 유명한 설명이 6권과 7권에 나오고, 여기에서 또 다시 형이상학적이고 인식론적인 논의가 이어진다. 그에 의하면, 좋음이 가장 중요한 배움의 대상이고 모든 가치의 근원이다(504d~505b). 잘 통치하려면 철학자는 반드시 이 배움에 정통해야 한다. 그런데 좋음이란 도대체 무엇일까? 안타깝게도 아는 자가 아무도 없다. 많은 사람들이 좋음을 쾌락이라고 여기고, 현명한 자들은 지식이 곧 좋음이라고 생각한다. 그러나 양쪽의 답변 모두 제대로 된 답이 못된다. 왜냐하면 전자의 경우, 나쁜 쾌락도 있다는 반론에 부딪치기 때문이다. 또 후자는 좋음을 지식이라고 해 놓고, 그것이 무슨 지식이냐고 물으면 좋음에 대한 지식이라고 밖에 말하지 못하기 때문이다(505b~c). 소크라테스는 좋음에 대한 설명을 바로 내놓기를 거부했고(506c), 그래서 상황이 무척 암담해 보였다. 그러나 소크라테스는 이제 비유를 들면서 논의를 풀어

나가기로 한다. 그는 좋음이 무엇인가에 대한 설명을 빚진 대가로서의 "이자"라고 표현하면서, 태양과 선분 그리고 동굴의 비유를 든다. 이 세 비유는 아마 플라톤 철학에서 가장 잘 알려져 있는 내용일 것이다. 이 비유들을 살펴보기 전에, 한 가지 짚고 넘어갈 점이 있다. 플라톤은 흔히 우월한 유전적 본성을 타고나서 고급 훈련을 받은 엘리트 계층에게 절대 권력을 부여한 철학자, 권위주의를 표방한 철학자로 알려져 왔다. 만일 이것이 사실이라면, 절대 권력은 좋음이 무엇인지 아는 집단에만 주어질 것이다. 그런데 소크라테스조차도 좋음이 무엇인지 알지 못한다고 말할 정도이니, 적격인 엘리트는 아마 극소수에 불과할 것이다. 즉, 플라톤이 그 권위를 인정한 자는 좋음에 대한 지식을 가진 극소수의 사람일 것이다. 다시 말하면, 플라톤은 이 완전한 지식을 갖지 않는 자들에게 절대 권력을 부여하는 것을 결코 인정하지 않을 것이다.

이제 소크라테스의 첫 번째 비유인 태양의 비유부터 살펴보자. 먼저 그는 위에 언급된 형이상학적인 그리고 인식론적인 자신의 입장을 다시 한 번 확인시킨다. 아름다운 것들은 여럿이지만, 아름다움의 형상은 오직 하나이다. 다른 부류의 것도 마찬가지이다. 우리는 다수의 개별적인 것들을 감각으로 보지만, 형상은 지성으로 파악한다(노에이스타이, *noeisthai*, 507b). 태양은 빛의 근원이어서, 우리가 이 세계의 개별적인 것들을 시각으로 볼 수 있게 하는 원인이다(508a). 또 태양은 개별적인 것들의 발생과 성장의 원인이기도 하다(509b). 가지적(可知的) 세계에서의 좋음은 감각적 · 가시적(可視的) 세계에서의 태양에 대응된다.

"그렇다면 알려지는 대상들에게 진리를 주고 아는 자에게 앎의 능력을 주는 것이 좋음의 이데아라고 자네는 말해야 하네. 그런데 좋음의 이데아는, 알려지는 대상으로서, 지식과 진리의 원인이네. 만일 자네가 지식과 진리 모두 훌륭하긴 하지만 좋음의 이데아는 이들과 다르고 이들보다 더 훌륭하다고 믿는다면, 자네는 올바르게 믿는 것일세"(508e).

좋음의 이데아가 지식과 진리의 근원이지만 이들을 초월해 있듯, 좋음의 이데아는 다른 형상들의 존재의 근원이지만 존재를 "초월해 있다"(509b). 이 아리송한 주장이 무슨 뜻인지 플라톤의 친절한 설명은 없지만, 그에게 좋음의 형상은 형상들 중 최고이고 어떤 의미에서 다른 모든 형상들의 원인임이 분명하다.

이 수수께끼 같은 태양의 비유를 보여 준 후, 플라톤은 선분의 비유를 통해 좀 더 분명한 어조로 말한다. 그는 우선 선분을 둘로 나누고, 한 부분을 가시적 세계에 다른 한 부분을 가지적 세계에 할당한다. 그런데 나뉜 두 부분의 길이가 다르다. 더 긴 쪽이 가지적 세계인데, 이는 가지적 세계가 더 명확하기 때문이다. 그리고 처음 나눌 때의 길이 비율과 똑같은 비율로 선분의 두 부분 각각을 다시 나눈다. 결국 하나의 선분이 총 네 구간으로 나뉘게 된다.

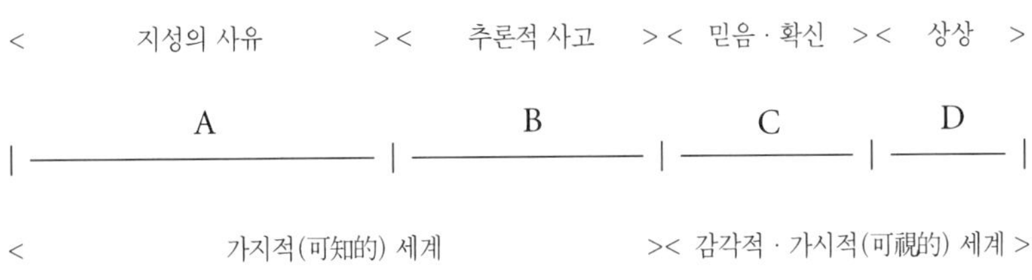

위 선분에서 가장 짧은 구간 (D)에 감각적 사물들의 모상이 속한다. 그림자나 수면에 반사된 상과 같은 것 말이다. 이 영역에 속하는 것을 파악하는 영혼의 능력이 "상상"(에이카시아, *eikasia*)이다(511e). 플라톤은 모상을 보고 있는 자가 상상에 속아서 모상을 실물로 잘못 생각한다고 여겨서 이런 명칭을 붙인 것 같다. 다음으로 구간 (C)에는 감각적 사물들이 속하는데, 이는 (D)에서의 모상이 닮은 대상, 즉 실물을 말한다. 실물은 "믿음 · 확신"(피스티스, *pistis*)이라는 능력으로 파악된다. 그리고 모상과 실물의 관계는 가시적 세계와 가지적 세계의 관계와 같다(510a). 그래서 구간 (C)에 있는 사물이 (D)에 있는 모상에 비해 상대적으로 더 가지적이듯, 구간 (A)와 (B)에 있는 것들(형상들)이 (C)와 (D)에 속하는 것들보다 더 가지적이다. 나아가 실물이 모상의 원본이듯, 형상도 감각적 대상과의 관계에서 원본이다. 이 구도로 보면, 감각적 대상은 형상의 모상이다. 플라톤에 따르면, 기하학자들은

> "눈에 보이는 도형을 사용하고 이런 도형에 대해 논의를 하네. 단, 이때 그들이 생각하고 있는 것은 눈에 보이는 도형이 아니라 이 도형이 닮아 있는 원본이네. 그들은 정사각형 자체나 대각선 자체에 대해 논의하고 있는 것이지, 그들이 그린 것에 대해 논의하는 게 아니네. 다른 경우에도 마찬가지여서, 그들이 만들고 그리는 것들을 — 이것들의 그림자나 물 속의 상도 있지만 — 다시금 상으로 사용하네. 추론적 사고로써가 아닌 다른 방식으로는 볼 수 없는 저것을 보기를 추구하면서 말이네"(510d~511a).

그런데 기하학을 비롯한 여타 학문의 방법론과 철학의 방법론이 다르고, 바로 이 차이로 인하여 선분의 가지적 부분이 다시금 두 구간으로 나뉜다.

> "이 선분의 한 부분(B)에서 영혼은 앞서 하위 부분(D)에서 모방되었던 것들을 모상으로 간주하면서, 전제로부터 추론해 내려와, 제1의 원리로 나아가지 않고 결론으로 나아갈 수밖에 없네. 반면, 다른 부분(A)에서 영혼은 전제로부

> 터 무전제의 제1의 원리로 나아가고, 다른 부분에서 사용하는 모상 없이 형상들 자체만을 사용해서 이 형상들을 통해 탐구를 해 나가네"(510b).

달리 말하면, 기하학은 특정 사항(예: 정의(定義), 공리, 공준(公準))을 자명한 것으로 간주하고, 이들로부터 결론(예: 정리)을 연역한다. 이 과정에서 기하학은 가시적인 대상들(예: 도표)을 사용한다.

반면, 철학은 이러한 전제들로부터 어떤 궁극적인 원리로 파고 들어간다. 그리고 가시적 대상의 도움을 받지 않는다. 이렇듯 철학은 전적으로 개념적이고 추상적인 활동인데, 이는 아마도 철학자가 다루는 개념(예: 좋음, 아름다움, 정의 등)에 상응하는 적절한 가시적 모상이 없기 때문이 아닐까 싶다. 철학자가 추구하는 제1의 원리는 물론 좋음이다. 플라톤은 철학이 취하는 방법을 변증술적이라고 표현한다(511b, 531d~534d 참조). 그리고 철학은 "지성의 사유"(노에시스, *noēsis*)가 하는 일인 반면, 기하학을 비롯한 다른 학문은 "추론적 사고"(디아노이아, *dianoia*)가 하는 일이다. 플라톤은 상상과 믿음, 추론적 사고와 지성의 사유라는 다소 전문적인 네 구분을 다른 곳에서는 하지 않았다. 다른 곳에서 그는 좀 더 일반적인 구분, 즉 위에 언급한 이해와 관찰이라는 구분을 따른다.

이제 플라톤은 선분의 비유를 골격으로 삼아 동굴의 비유를 제시한다. 동굴의 비유는 아마 그의 철학에서 가장 유명한 내용일 것이다. 동굴의 비유에서 철학자는 선분의 가장 낮은 구간에서 가장 높은 구간으로, 즉 상상에서 지성의 사유로 상승한다. 플라톤에 따르면,

> "이런 상황을 떠올려 보게. 사람들이 이를테면 동굴 모양을 한 지하 거처에서 … 그 안에서 어렸을 때부터 사지와 목을 결박당한 상태로 있고, 그래서 이곳에 머무르면서 오직 앞쪽만 봐야 하고, 그런데 포박 때문에 머리를 돌릴 수도

없네. 그들 멀리 뒤편의 위쪽에서 타오르는 불의 빛이 그들에게 비춰지고 있네"(514a~b).

저렇게 결박된 죄수들 뒤에 담장이 하나 있고, 어떤 사람들이 나무나 돌로 만든 사람 조각상이나 동물 조각상을 들고 그 담장을 따라 지나다닌다. 그리고 이 조각상이 불빛에 비추어져서 죄수들 앞쪽의 동굴 벽면에 그림자 상(像)이 생긴다. 그런데 죄수들은 뒤를 볼 수 없기 때문에 그들이 보고 있는 그림자를 다른 이들이 조종하고 있다는 사실을 알지 못한다. 그래서 죄수들은 그림자를 실물로 오해한다(515b). (영화 상영과 TV 방송의 유사점을 모르는 독자는 없을 것이다. 플라톤의 주장을 이런 현대 영상물에 적용시켜 확인해 보는 일도 의미 있겠다. 우리가 영화 스크린이나 TV에서 보는 이미지가 바로 동굴의 비유에서 죄수들이 보는 그림자에 해당된다. 이것은 상(像)이지 실재가 아니며, 보이지 않는 인물들, 일반적으로 알려지지 않은 인물들의 조작의 산물이다. 이러한 방식은 모든 형태의 방송 전파 영상이나 투사 영상에 다 적용되고, 특히 정치인의 TV 중계 연설에 적절히 사용된다).

죄수들은 이러한 동굴 안의 환경에 너무나도 "익숙해져" 있어서, 그들이 결박에서 풀려나 지하 동굴에서 높은 곳으로 끌려 나가게 되었을 때 이 과정을 고통스럽게 느끼고 이에 저항한다(515c~516a). 그런데 풀려난 죄수들이 높은 세상의 더 밝은 빛에 익숙해져서 동굴 안의 그림자가 닮아 있는 실물을 관찰할 수 있을 정도가 되면, 더 나아가 마침내 태양 자체를 볼 수 있을 정도가 되면, 그들은 아직 동굴 안에 있는 다른 죄수들을 불쌍히 여길 것이다. 또 동굴 안에서 특별히 노련하게 사는 사람들에게 주어지는 명예를 우습게 볼 것이다(516a~e). 풀려난 사람들이 다시 동굴의 어둠 속으로 억지로 끌려가게 되면, 처음에 그들은 동굴 벽의 그림자를 잘 분간해 볼 수 없을 것이다. 예전에 동굴에서 같이 지내던 사람들이 그들을 비웃을 것이며, 할 수 있다면 그들을 죽이려고까지 할 것이다(516e~517a, 이는 분명 소크라테스에 대한 재판과 처형을 암시한다). 그런데 플라톤에 따르면, 풀려나서 좋음에 대한 지식을 획득하게 된 수호자들은 이 모든 상황에도 불구하고 반드시 동굴로 돌아가서 통치해야 한다.

> "여러분들 한 명씩 번갈아 가면서 다른 이들과 함께 살러 내려가야 하고, 어두운 것들을 보는 것에 익숙해져야 하오. 여기에 익숙해지면, 여러분은 거기에 머문 자들보다 월등히 더 잘 볼 것이오. 그래서 상들 각각이 무엇인지, 그리고 그것이 무엇의 상인지 알아볼 것이오. 왜냐하면 여러분은 훌륭하고 정의로우며 좋은 것들과 관련된 진실을 이미 보았기 때문이오. 그래서 이 나라는 우리와 여러분에 의해 깨어 있는 상태에서 경영될 것이오. 꿈꾸는 상태에서가 아니라 말이오. 그림자를 가지고 서로 싸우고 통치가 대단히 좋은 것인 양 다투는 자들에 의해 경영되는 요즘의 많은 나라들이 이 모양이오. 진실은 이럴 것 같소. 앞으로 다스리게 될 사람들이 다스리기를 가장 덜 열망하는 나라, 이런 나라가 가장 잘 경영되고 제일 반목하는 일 없이 경영될 게 필연적이오. 반면, 이와 반대인 자들이 다스리는 나라는 틀림없이 그 반대로 다스려질 것이오" (520c~d).

플라톤은 철학자가 통치해야 하는 이유로 다음의 두 가지를 제시한다. 첫째, 철학자는 일반인이 갖지 못하는 지식, 즉 실재의 참된 본성에 대한 지식을 갖는다. 둘째, 철학자는 이 지식을 통해서 공적인 일의 가치를 올바르게 이해한다. 다른 사람들은 그렇지 못하다. 오직 철학자만이 권력보다 더 훌륭한 것을 탐구하려 한다. 따라서 권력에 매료되지 않는 유일한 자가 바로 철학자이다.

또한 플라톤은 동굴의 비유를 앞의 두 비유와 연결시킨다.

> "자네는 시각을 통해 드러나는 곳을 감옥의 거처에 적용시키고, 그 감옥 안의 불빛을 태양의 힘에 적용시켜야 하네. 자네가 위로 향하는 여정과 높은 곳에 있는 것들을 보는 것을 가지적인 세계를 향한 영혼의 등정이라고 한다면, 자네는 내 기대에서 벗어나지 않을 걸세. … 가지적인 영역에서 최후로 보이고, 그것도 어렵사리 보이는 것이 좋음의 이데아이네. 그런데 좋음의 이데아를 보고 나면, 이것이 모든 것에 있어서 올바르고 훌륭한 모든 것의 원인이고 … 앞으로 사적으로든 공적으로든 슬기롭게 행동하려는 자는 이 이데아를 보아야 한다는 결론이 내려질 걸세"(517b~c).

동굴의 비유와 나머지 두 비유가 어우러져서 철학적인 삶을 강렬하게 묘사하고 있다. 명백히 이 비유들은 플라톤이 젊은 시절에 품었던 정치적 야망(재능 있는 아테네인이라면 누구나 가졌을 야망이다)을 버리고 철학으로 돌아온 경험을 반영한다. 물론 위에 그려진 철학적인 삶은 오늘날의 제반 철학적 활동과 다를 뿐 아니라 플라톤 시대의 것과도 일치하지 않는다. 플라톤은 당대의 철학적 분위기를 그대로 반영하려 하지 않았다. 그리고 철학적 삶에 대한 그의 설명이 얼마나 설득력 있느냐는 그의 형이상학이 얼마나 진실에 가까운가에 달렸다. 만일 그의 형상 이론이 옳지 않다면, 철학적 삶에 대한 설명도 상당 부분 바뀌어야 하기 때문이다. 오직 소수의 사람만 동굴로부터 높은 세계로 올라갈 수 있다고 믿었다는 점에서, 철학자의 삶에 대한 플라톤의 설명은 "엘리트주의적"이다. 그러나 좋음을 아는 것이 얼마나 어려운지를 감안하면, 왜 엘리트주의적일 수밖에 없는지 어느 정도 이해가 된다. 또한 플라톤은 철학자왕이 될 재목을 선발하기 위해 과학과 수학 교육을 포함하는 10년간의 예비 교육과정을 제안했다. 이는 변증술 교육 이전에 시행된다. 그런데 이 과정에서 어느 누구도 배움을 강제 받지 않는다(536e~537a). 그러므로 자연히 지적으로 뛰어난 소수의 사람들만 철학의 길을 자발적으로 택하게 되지 않을까 싶다.

철학자 왕을 묘사하면서 플라톤은 어떤 기질과 지식을 갖춘 자가 통치자로서 적합한 인물인지 보여 주었다. 그런데 철학자 왕은 어디까지나 이상적인 인간 유형이고, 현실에 존재한다고 해도 극소수에 불과할 것이기 때문에, 그런 사람이 실제로 권력보다 지식을 욕구할지 그리고 지식을 가졌다는 이유로 정말 더 잘 통치할지를 경험적인 교육과정에 의거해서 결정할 수는 없다. 물론 권력보다 지식을 선호하는 사람들이 실제로 있는 것 같기는 하다(철학자뿐 아니라 과학자도 포함하여 모든 분야의 지식인이 그 예이다). 그러나 좋음에 대한 지식을 가져야 한다는 플라톤의 조건에 부합하는 사람은 찾기 어려워 보인다. 또 이 지식을 가진 사람이 특별히 잘 통치할 것이라 확신할 수도 없다. 더욱이 플라톤이 말하는 통치자는 지혜를 소유해야 하고 타락한 욕구가 없어야 할 뿐만 아니라, 통치에 필요한 일상 업무에도 관심을 가져야 하며, 상대적으로 덜 계몽된 동료 시민들을 대하기 위한 인내심도 있어야 한다. 보아하니 플라톤은 통치자들이 국가에 대한 의무감으로 이러한 자질을 갖출 것이라 믿고 있다. 그러나 플라톤이 말한 철학자가 정말 이러한 자질을 자연히 갖추게 될지, 분명하지 않다.

철학자 왕에 대한 위 논의로 인해 정의로운 개인에 대한 4권의 설명이 힘을 얻게 된다. 플라톤은 좋음에 대한 지식이 무엇인지 정확하게 말하지 않았지만, 정의로운 자의 지혜가 좋음에 대한 지식에서 나오고 이 지식은 실천적인 경험에서 비롯되는 게 아니라 형상, 즉 독립적으로 존재하는 보편 개념에 대한 인식임을 주장했다. 혹자는 이런 종류의 지식이 어떻게 절제와 용기 및 정의라는 다른 덕들로 이어지고 영혼의 조화로까지 이어지는지 의아해할 수 있겠다. 이에 대해 두 가지 답변이 가능하다. 첫째, 좋음은 모든 가치의 근원이고 좋음에 대해 알아야만 다른 것들의 가치를 알 수 있기 때문에, 철학자는 좋음에 대한 지식을 통해 여러 덕목들의 좋음을 이해할 것이고, 그래서 여러 덕행을 하기로 결정할 것이다. 둘째, 철학자에게 주된 욕구는 좋음을 알고 싶어 하는 욕구이기 때문에, 그는 비겁함이나 부절제 및 부정의로 이끄는 두려움이나 정념에 자극받지 않을 것이다. 아마 좋음을 추구하는 데에 전념하는 자는 이러한 것들에 허비할 시간조차 없을 것이다. 영혼의 부분들이 적절한 질서를 갖추려면, 영혼의 각 부분이 낳은 욕구들의 가치를 비교 평가하여 이해해야 한다. 플라톤은 좋음에 대한 지식이 바로 이러한 이해를 제공한다고 믿었다.

결함이 있는 국가와 결함이 있는 개인: 삶의 비교

플라톤은 철학자의 본성과 철학자가 받아야 하는 교육에 대해 위와 같이 묘사하면서 정의로운 삶에 대한 설명을 마무리 지었다. 이제 여러 다른 형태의 삶과 정의로운 삶을 비교하고, 여러 다른 형태의 정체와 정의로운 정체를 비교하는 일이 남았다. 이 작업이 8권과 9권에서 이루어진다. 특히, 각 정체의 특징과 각 유형의 사람 성격에 대한 플라톤의 분석이 상당히 뛰어나다. 이 분석을 살펴보면, 플라톤이 개인과 정체를 면밀히 관찰하여 이를 자신의 국가론에 반영했음을 알 수 있다. 이 분석을 통해서 그는 4권에서 밝힌 영혼의 질서와 좋은 정체의 원칙을 무시하면 어떤 결과가 초래되는지 보여 준다. 따라서 8~9권은 이 원칙을 현실에 적용해 보고 이 원칙이 타당함을 검증하는 과정이라고 하겠다. 플라톤이 각 유형의 사람을 그에 상응하는 정체와 연결시키려고 무리할 때가 가끔 있지만, 전반적으로 그의 분석은 통찰력 있고 옳아 보인다.

결함이 있는 정체 중 첫 번째 형태는 통치자가 지혜 대신 명예를 추구하는 정체이다. 플라톤은 명예를 뜻하는 희랍어 티메(*timē*)를 따서, 이를 "명예 지상 정체(timocracy)" 혹은 "명예 지배 정체(timarchy)"라고 불렀다(545b). (명예를 중시하는 이 정권은 최선의 국가가 쇠퇴하여 생기게 된다. 이렇게 플라톤은 어떤 정체가 쇠퇴하면 어떤 정체가 뒤따르게 되는지 보이는 설명 방식을 택했다. 이하에서 나는 이 방식에 대해 별도로 논의하지 않으려고 한다) 플라톤은 그의 이상 국가가 스파르타를 모델로 삼고 있다는 비판을 종종 받는다. 그러나 그는 544c에서 스파르타를 닮은 정체는 최선의 국가가 아니라 두 번째 순위인 명예 지상 국가라는 점을 분명히 밝혔다. 명예 지상 국가의 통치자는 이상 국가에서의 보조자를 닮았고, 그래서 이상 국가의 수호자처럼 통솔하지 못한다. 예컨대 그들은 명예와 군사의 덕목을 소중히 여기면서 지성과 교양 교육은 무시한다(547e~548c). 플라톤은 이러한 통치자가 사유 재산을 끌어들이고 생산자 계층을 마치 농노처럼 다룰 것이라 믿었다(547b~c). (사실 플라톤이 묘사한 명예 지배 정체는 그 사회 · 경제적 시스템에서 중세의 봉건제도를 닮았다.) 명예 지배 정치가 수호자가 아니라 보조자에 의해 다스려지는 만큼, 이에 대응하는 유형의 사람도 이성이 아니라 영혼의 기개 부분, 즉 튀모스에 좌우되는 자이다.

플라톤이 살던 시기, 거의 대부분의 희랍 도시 국가에 파벌이 형성되어 있었다. 예컨대 부자 일반은 소수의 부유한 시민들이 통치하는 과두정을 지지했고, 가난한 자 일반은 민주정을 지지했다. 플라톤은 과두정이 민주정보다 상위의 정체라고 주장했는데(544c), 이 서열은 아마도 그가 자주 참여하던 귀족들의 모임에서만 인정되었을 것이다. 그러나 그는 과두정이 "많은 나쁜 것들로 가득 차" 있다고 덧붙인다. 그리고 과두정을 "부자가 통치하고 빈자는 통치에 참여하지 못하는" 정체 형태로 규정한다(550c~d). 그에 의하면, 부는 누구에게 통치권을 줄 것인지를 정할 기준으로 적합하지 않다. 이는 마치 부를 기준으로 배의 조타수를 선발하는 것처럼 말이 안 되는 일이다(551c). 과두정은 시민을 부자와 빈자라는 계층으로 나눌 뿐 아니라, 사람들이 제대로 된 자기의 일을 하지 못하고 빈곤 속에서 살아가게 (플라톤은 이러한 사람들을 "수벌"이라고 부른다) 방치한다. 결국 빈자 계층에서 범죄가 발생한다.

명예 지배 정체가 봉건국가와 유사하다면, 과두정은 자본주의 국가를 닮았다. 그리고 명예 지배정의 통치자가 최선 국가에서의 보조자와 유사하다면, 과두정의 통치자는 생산자 계층에서 가장 근면하고 성공적인 자와 유사해 보인다. 과두정의 통치자를 요즘 말로 표현하면, 사업이나 산업에서의 지도자 정도가 될 것이다. 부를 성공의 전형적인 척도로 간주하는 현대 서구 사회는 이러한 사람을 상당히 칭찬하는 경향이 있다. 그래서 이들을 경시하는 플라톤의 모습은 독자들의 놀라움을 살 만하다. 플라톤에 따르면, 이들은 추잡한 성격에 탐욕적이고 교육 수준도 떨어진다. 잡힐까봐 두려워서 사회적으로 올바르게 행동하지만, 걸리지 않을 수만 있다면 고아한테까지 거리낌 없이 사기를 칠 사람이다(554a~d). 겉으로는 존경스러워 보일 수 있겠으나 그들의 내면은 갈등으로 가득 차 있다. 왜냐하면 그들에게는 진정한 지혜와 용기가 없기 때문이다.

플라톤이 보기에, 과두정과 그 집권층이 변변치 못하긴 하지만 그래도 민주정과 민주정의 사람들보다는 낫다. 그런데 과두정 집권층의 탐욕 때문에 빈자들 사이에 혁명이 일어나게 되었을 때, 민주정이 생긴다. 플라톤이 말하기를, "빈자가 이겨서 부유층의 일부를 죽이고 다른 일부는 추방시키고는, 나머지 사람들에게 시민권과 관직을 동등하게 할당해 주네. 이 정체에서 관직은 대체로 추첨에 의해 주어지네"(557a). 민주정의 가장 큰 특징은 자유이다. "이 나라는 자유와 언론의 자유로 가득 차고, 이 나라에는 자신이 원하는 것을 멋대로 할 수 있는 자유가 있지 않은가?"(557b) 그 결과, 다양한 삶의 방식이 무제한적으로 허용되고, 국가에 대한 복종이 의미를 잃게 된다.

> 내가 말했네. "이 나라에서는 자네가 충분히 통치할 수 있다고 해도 반드시 통치해야 한다는 강요가 전혀 없네. 또 자네가 원하지 않는다면, 통치 받아야 한다는 아무런 강요도 없네. 다른 사람들이 전쟁을 한다고 해서 자네가 꼭 전쟁을 해야 할 필요도 없고, 다른 사람들이 평화롭게 지낸다고 해도 자네가 원하지 않는다면 반드시 그렇게 해야 하는 것이 아니네"(557e).

심지어 이미 유죄 판결을 받은 범죄자가 법을 무시하고 무고한 사람들처럼 거리를 활보한다(558a). 또 민주정은 정치 지도자들에 대한 교육에도 소홀하다. 정치 지도자가 되려는 자들은 민심을 얻는 데 성공하기 위해 자신들이 "대중에게 호의를 갖고 있다"고 말하고 다닐 뿐이다. 플라톤은 민주정이 "쾌락적이고 무정부 상태이며 얼룩덜룩한" 정체로서, "동등한 자에게든 동등하지 않은 자에게든 일률적으로 어떤 평등을 배분하는" 정체라고 결론 내린다(558c).

다양성, 그리고 통치자를 배출하기 위한 교육을 시행하지 않는다는 점이 민주정의 특색인데, 이는 민주정의 특징을 보이는 사람 내지는 민주정을 닮은 사람에게도 해당된다. 이들은 과두정을 닮은 사람만큼이나 쾌락의 추구에 전념한다(플라톤의 이상 국가를 기준으로 보면, 양자 모두 생산자 계층에 속할 것이다). 그런데 과두정을 닮은 자는 부의 획득에서 오는 쾌락을 중요하게 여겨서 다른 쾌락들을 그 하위에 두는데, 민주정을 닮은 자는 이렇게도 못한다. 후자는 필수적인 쾌락과 필수적이지 않은 쾌락을 구분하지 못하고, 딱 민주정의 방식대로, 모든 쾌락이 다 똑같다고 선언한다(561b~c). 이들은 특별한 계획이나 목적도 없이, 이것을 해 보다가 저것을 하면서 떠돈다.

> "먼저는 술을 마시고 피리 연주를 듣다가, 다음에는 물만 마시며 살을 빼네. 또 한때는 운동하다가, 한때는 게으름을 피우고 만사에 무관심하며, 한때는 철학에 몰두하네. 자주 정치적인 일에 참여하고, 벌떡 일어나서는 생각나는 대로 말하고 행동하네. 어떤 군인이 부러우면 그쪽으로 이끌리고, 돈 버는 사람이 부러우면 또 이쪽으로 이끌리네. 그의 삶에는 질서도 없고 제약도 없네. 그러나 그는 이 삶이 쾌락적이고 자유롭고 복되다고 부르면서 끝까지 이 삶을 사네"(561c~d).

플라톤은 '민주 정체'와 '민주정을 닮은 사람'을 묘사하면서 아테네 시민과 그 정치적 생활의 부정적 측면을 고발하고 있다. 이는 페르시아가 침략할 무렵의 아테네 사회상이 분명 아니다. 또 펠로폰네소스 전쟁 초반만 해도 이렇지 않았다. 그러니 플라톤의 묘사가 정확하다면, 위 인용문은 5세기 말, 펠로폰네소스 전쟁에서 스파르타에게 패배한 직후의 아테네 실정을 반영한다고 볼 수 있겠다. 물론 민주정에 대한 플라톤의 설명은 공평하지도 객관적이지도 않다. 그는 민주정을 공평하고 객관적으로 서술하려고 의도하지 않았던 것 같다. 그러나 만일 국가의 모든 시민이 철학자 왕의 덕을 지녔다면, 플라톤은 모든 시민이 민주적인 정책 결정의 절차를 밟는 것에 반대하지 않았을 것이다. 그가 진정으로 경멸한 대상은 "민주정을 닮은 사람들"의 무분별한 쾌락주의였다.

다른 정체의 경우 그 정체를 닮은 사람이 통치자로 언급되었지만 "민주정을 닮은 사람"은 민주정의 통치자로 묘사되지 않았는데, 이는 놀라운 일이 아니다. 왜냐하면 플라톤이 보기에 민주정에서는 특정 유형의 사람이 통치하는 것이 아니라 각자 기회 되는 대로 "정치적인 일에 참여"할 수 있고 "생각나는 대로" 다 말할 수 있는 정체이기 때문이다(이것이 각 계층의 일을 구분하는 원칙에 위배된다는 점에 주목하자. 민주정의 사람들은 상황이 되는 대로 여러 가지 일들을 한다). 사실, 이는 페리클레스의 민주적 지도하에 있던 당시의 정체를 있는 그대로 묘사한 것이라 볼 수 없다. 예컨대 투키디데스의 말에 따르면(『펠로폰네소스 전쟁사』, 2권 65), 페리클레스의 체제는 민주정보다 "제1의 시민에 의한 정체"에 더 가깝다. 그러나 아테네의 민회가 모든 시민들에게 공공 정책에 대해 이야기할 권리를 허용한 것은 사실이다. 문제는 이 권리가 지나치게 인정되고 남용되어 무정부적인 상태가 초래되는 것인데, 플라톤이 보기에 민주정에는 이렇게 될 위험 요소가 꽤 많았다.

플라톤의 주장 중 얼마나 많은 부분이 현대의 민주주의 국가에 적용될 수 있을까? 이는 독자들이 결정할 문제이지만, 그가 지적한 민주정의 삶과 우리의 삶에 다소 불편한 유사성이 있는 것은 사실이다. 현대 민주주의 국가의 많은 시민들이 공공선에 무관심하고 최신 유행을 따라 쾌락을 좇는 데에 열심인 것 같기 때문이다. 또 그가 말한 "민주정을 닮은 사람"처럼, 많은 현대인들이 자기도취적인 쾌락주의가 원칙적으로 잘못되지 않았다고 생각하기 때문이다. 이렇게 플라톤이 제시한 민주정의 시민과 현대 민주주의 국가의 시민에 유사점이 있는 만큼, 민주정에 대한 그의 비판을 우리의 시대 상황과 무관한 것으로 취급하며 쉽게 무시해 버릴 수 없다.

플라톤은 민주정이 타락하면 참주정이 생겨난다고 생각했다. 그에 의하면, 뒤를 잇는 정체는 이전 정체의 것보다 더 나쁜 내부 요인에 의해 다스려진다. 그래서 참주정은 범죄자 집단에 속할 만한 가장 극악무도한 자가 다스리는 정체이다. 역설적이게도 플라톤은 민주정 옹호자들이 자유를 과도하게 좋아하기 때문에 "침을 가진 수벌들"[>5]에게 권력 획득의 기회가 주어지는 상황이 발생한다고 생각했다. 후자가 권력을 획득하여 참주가 되면, 이제 적을 죽이고 부자의 재산을 몰수하면서 공포 정치를 실시한다. 또 권력을 유지하기 위해, 모든 덕인을 사회에서 숙청한다. 덕인은 자신의 통치에 위협이 되기 때문이다. 플라톤에 따르면, 참주는 환자의 정화를 담당하는 좋은 의사에 반대된다. 왜냐하면 "의사는 가장 나쁜 요인은 제거하고 가장 좋은 요인을 남기는데 참주는 이와 반대되는 짓을 하기 때문"(567c)이다.

참주정을 시행하는 국가가 그렇듯, 참주정을 닮은 사람도 그의 영혼에서 가장 나쁜 부분의 지배를 받는다. 또 과두정을 닮은 사람과 민주정을 닮은 사람처럼, 참주정을 닮은 자 역시 쾌락에 몰두한다. 쾌락을 알맞은 정도로 추구할 줄을 모르고, 각 쾌락의 경중도 모른다. 더욱이 그는 필수적이지 않은 쾌락 중에서도 가장 무법적이고 극도로 격렬한 쾌락을 추구한다.

> 내가 말했네. "이는 잠 속에서 깨어나는 욕구들이네. 영혼의 다른 부분, 즉 이성적이고 온화하며 저쪽을 지배하는 부분이 잠들었을 때, 짐승 같고 난폭한 부분이 실컷 먹고 마신 채 발딱 일어나 잠을 몰아내며 나오려 하고 제 기질을 충족시키려 하지. 그것은 이 상황에서 모든 수치스러움과 분별에서 풀려나고 해방된 양 무슨 짓이든 하려고 덤빈다는 것을 자네는 알고 있네. 생각나는 대

>5 역자주: 민중 선동가를 가리킨다.

로 어머니와 또 사람, 신, 짐승, 이들 중 어떤 것과 함께든 동침하려 드는 것을 주저하지 않고, 누구든 살해하는 것도 주저하지도 않으며, 어떤 음식도 삼가지 않네. 한마디로, 그것은 어리석고 파렴치한 짓을 빼놓지 않고 죄다 하네" (571c~d).

영혼의 질서를 갖춘 훌륭한 사람은 다른 이들에 비해 이러한 꿈으로 문제를 덜 겪을 것이다. 그러나 플라톤이 말하기를, "무시무시하고 난폭하고 무법적인 욕구들이 우리 모두에게 있네. 가장 절도 있어 보이는 자들에게도 말일세. 이것은 자는 동안 꾸는 꿈에서 명백해 지네"(572b). 단, 철학자의 가장 나쁜 악몽이 참주에게는 깨어 있는 일상에 해당된다. 왜냐하면 참주는 현실에서까지 폭력적이고 무법적인 정념의 노예이고, 그래서 이 정념을 충족시키는 일이라면 무엇이든 실제로 할 것이기 때문이다.

달리 표현하면, 플라톤이 말한 참주는 일종의 중독자이다. 중독의 대상은 다양할 수 있겠지만 말이다. 이러한 사람에 대한 플라톤의 묘사는 충분히 현실성이 있고, 프로이트의 심리학을 일정 부분 예고했다고 해도 과언이 아니다. 사실 이런 유형의 사람이 국가의 지도자로 활동한다는 것은 떠올리기 힘든 일이다. 중독 때문에 정상적인 정치 활동을 할 수 없을 것이기 때문이다. 즉, 참주는 마음의 병 때문에 통치를 할 수 없을 것이다. 그런데 고대의 참주는 플라톤이 말한 폭력적이고 무법적인 행동을 일삼았다고 알려져 있다. 그리고 플라톤의 참주와 똑같지는 않겠지만, 현대의 폭군 중에 적어도 스탈린과 히틀러는 일종의 심리적 질환에 시달렸던 것 같다.

참주가 무법적인 쾌락의 추구에 중독되어 산다고 밝혀졌으니, 그 누구도 철학자의 삶보다 참주의 삶을 선호하지 않을 것이 분명하다. 처음에는 참주의 삶이 매혹적으로 보였을 수 있겠으나, 이제 그것은 겉으로 보이는 것만 중시하는 수치스러운 삶으로 간주될 것이다. 그런데 플라톤은 이상의 논의에 만족하지 않고, 철학자가 폭군보다 더 행복함을 보이는 몇 가지 논변을 추가한다. 첫 번째 논변은 국가와 개인의 유비에 기초하고 있다. 참주정을 시행하는 국가는 분명 최악의 국가이다. 그러므로 참주는 분명 여러 유형의 사람 중 가장 불행하다. 또 참주 정체하의 대중이 그 나라에서 가장 나쁜 요인의 지배를 받고 있듯이, 참주도 자신의 혼에서 가장 사악한 부분의 지배를 받는다. 참주의 나라가 그렇듯, 참주의 삶도 황폐하다. 마지막으로 참주정의 시민이 공포와 불안 속에서 살아가듯, 참주도 그렇게 살아감에 틀림없다. 전복의 두려움에 끊임없이 시달리며 살 수밖에 없기 때문이다(576c~580c).

두 번째 논변에서 플라톤은 영혼 삼분설을 사용한다. 영혼의 각 부분에 고유한 쾌락이 있어서, 육체적 욕구의 부분은 물질적인 이득을 좋아하고, 기개의 부분은 명예를, 그리고 이성의 부분은 지식과 지혜를 사랑한다. 또 각 욕구에 상응하는 삶의 유형이 있다. 물질적인 이득을 추구하는 삶, 명예를 추구하는 삶, 지식을 추구하는 (철학자의) 삶이 그것이다. 자연히 각 유형의 사람은 자신의 기질에 맞는 삶을 선호할 것이다. 여기서 누구의 선호가 옳을까? 플라톤에 따르면, 이를 공정하게 판단하기 위해 경험과 실천지, 그리고 이성적 추론이 필요하다(582a). 물론 철학자는 슬기와 이성적 추론을 발휘하는 데에 능숙하다. 뿐만 아니라 철학자는 물질적인 이득과 명예와 지식, 이 셋을 모두 경험한 자이기도 하다. 왜냐하면 물질적인 이득을 추구하는 자는 명예와 지혜에서 오는 쾌락을 전혀 알지 못하고, 명예를 추구하는 자는 지혜에서 오는 쾌락을 모르기 때문이다. 세 가지 쾌락 전부를 잘 알고 있는 자는 지성적 활동에서 오는 쾌락뿐 아니라 살면서 저급한 쾌락들까지 불가피하게 경험했을 철학자

뿐이다. 따라서 이 쾌락들의 가치를 비교하여 갖게 된 철학자의 판단이 유일하게 옳다.

세 번째 논변은 세 가지 쾌락의 참됨을 밝힌다. 플라톤에 따르면, 쾌락과 고통 말고 이 둘의 중간 상태도 있다. 우리가 고통에서 벗어나서 중간 상태가 되었을 때, 우리는 자주 이 중간 상태를 쾌락과 혼동한다. 마찬가지로 쾌락이 멈추어서 중간 상태에 도달했을 때에도 이를 고통으로 오해한다. 그러므로 이런 경우 우리가 겪었다고 하는 것은 쾌락이나 고통으로 보이는 것일 뿐 진짜가 아니다(우리는 '쾌락과 고통에 중간 상태를 추가하여 세 가지 상태를 제시하는 플라톤의 입장'을 '쾌락을 고통의 부재(不在)로 규정한 에피쿠로스의 입장'과 비교해 보아야 한다. 에피쿠로스의 입장에 대해서는 5장 참조). 우리가 육체적 쾌락이라고 부르는 것들은, 특히 매우 강렬한 육체적 쾌락들은 사실 고통에서 벗어남이다. 플라톤은 여기에 "채움"의 쾌락이라는 명칭을 붙였다(585b). 예컨대 배고플 때 먹거나 목이 마를 때 마셔서 도달한 중간 상태가 소위 "채움"의 쾌락이다. 반면, 가장 좋고 가장 순수한 쾌락은 고통을 수반하지 않는데, 배움에서 오는 쾌락이 여기에 속한다. 배움에서 오는 쾌락은 덜 기만적이어서 중간 상태와 혼동될 여지가 적을 뿐 아니라, 배움의 대상 (형상들) 자체가 몸으로 섭취하는 것들보다 더 참되다. 그러므로 배움의 쾌락이 먹고 마시는 쾌락보다 참됨의 정도에서 더 높다.

이 논의 도중에 7권의 형이상학적 내용이 명시적으로 언급되지는 않았지만, 몸의 쾌락이 동굴에서의 쾌락에 해당하고 지성의 활동에 따르는 쾌락이 결박에서 풀려나 높은 세계로 이끌어진 자의 쾌락에 해당한다는 점은 분명하다.

"그렇다면 실천적 지혜와 덕을 경험하지 못한 자들은, 만날 잔치와 그와 비슷

> 한 것들에나 다니면서, 아래로 이동해 갔다가 간신히 중간으로 돌아오고, 이런 식으로 일생에 걸쳐 방황하네. 그들은 결코 이 한계 너머로 나아가서 참된 위쪽을 응시하지도, 그리로 이동해 가보지도 못했네. 또 참되게 존재하는 것으로 채워지지도 못했고, 확실하고 순수한 쾌락을 맛보지도 못했지. 이들은 가축이 하듯이 항상 아래를 내려다보고, 땅과 식탁으로 수그리고는 풀을 뜯고 살을 찌우며, 성교를 하네. 그리고 이런 것들에 대한 탐욕 때문에 쇠로 된 뿔과 발굽으로 서로를 차고 들이 받으며, 그 채워질 수 없는 욕망 때문에 서로를 죽이네. 왜냐하면 이들은 존재가 아닌 것들을 가지고 자기들에서 존재도 아니고 채워지지도 않는 부분을 채우고 있기 때문이네"(586a~b).

이상의 세 논변은 (철학자가 참주보다 729배 더 행복하다는 점을 보이는 네 번째 논변은 생략한다) 1권에서 소크라테스가 트라시마코스를 반박하던 논변처럼 너무 간단해서 그 자체로 타당하다고 보기 어렵다. 세 논변이 타당하려면, 영혼 삼분설과 태양 · 선분 · 동굴의 비유를 대입해야 한다. 사실, 정의로운 삶이 부정의한 삶보다 더 낫고 철학자의 삶이 참주의 삶보다 더 나음을 보이는 논증은 『국가』 전체에 걸쳐 전개되는 큰 기획이고, 위의 세 논변은 이 논증을 구체화하고 논점을 다시 한번 짚어줄 뿐이다. 이러한 기획에 알맞게, 플라톤은 영혼 삼분설을 재미있는 비유로 표현하면서 자신의 논증을 마무리한다. 아래의 인용문에서 플라톤은 '머리 여럿 달린 짐승', '사자' 그리고 '내부의 인간'을 언급하는데, 첫째 것은 욕구의 부분을 지칭하고, '사자'는 기개를, '내부의 인간'은 이성을 나타낸다. 이 셋이 모여 전체로서의 단일한 인간을 이룬다.

> "그렇다면 이런 사람에게, 즉 그 사람에게는 불의를 범하는 것이 이득이 되고 정의로운 것을 행하는 일은 이득이 되지 않는다고 말하는 사람에게 이렇게 말

해 주도록 하세. 그가 말한 것은 사실, 온갖 종류의 짐승과 사자 및 사자와 관련된 것들을 잔뜩 먹여서 강하게 만들고 내부의 인간은 굶주리고 약하게 만들어서, 짐승이든 사자든 둘 중 하나가 끌고 가는 곳이라면 내부의 인간이 어디로든 끌려다니게 하는 것 … 이런 일을 말한 것에 다름 아니라고. … 반면, 정의로운 것이 이롭다고 말하는 자는 다음을 주장하지 않겠는가? 내부의 인간이 전체로서의 인간을 최대로 장악하게 하고, 머리 여럿 달린 짐승에서 마치 농부처럼 온화한 머리를 키우고 길들이되 난폭한 머리는 자라나지 못하게 막아 가면서 그 짐승을 돌보게 하며, 사자의 성향을 내부 인간의 협력자로 만들어서 내부 인간과 공동으로 모두를 보살피고, 그들이 서로 간에도 자신과도 화목하게 지내도록 하는 것들, 바로 이런 것들을 행하고 말해야 한다고 말이네"(588e~589b).

우리에게 가장 좋은 선택지가 무엇인지, 플라톤의 답은 명백하다.

문예와 교육에 대한 비판

9권의 마지막에 이르면, 정의가 부정의보다 우월하다는 판정이 완전하게 내려진다. 지금부터는 여태껏 내가 생략해 온 한 가지 내용을 살펴보려고 한다. 이는 희랍의 전통적 교육과 시(詩)에 대한 플라톤의 비판으로, 2권에서 플라톤이 아데이만토스의 도전에 응답하는 과정에서 언급한 내용이기도 하다. 독자들은 글라우콘과 아데이만토스의 논의를 기억할 것이다. 글라우콘은 소크라테스에게 철학적인 문제를 제기하면서 정의가 최고의 좋음이라는 것을 증명해 달라고 요구했고, 아데이만토스는 시인들을 증거로 들면서 글라우콘의 도전에 힘을 실어 주었다. 아데이만토스에 따르면, 시인들은 정의를 그 결과 때문에 칭찬할 뿐 본래적 가치 때문에 칭찬하지 않는다. 이에 플라톤은 정의로운 사람으로서의 철학자 왕에 대해 설명했는데, 이 설명은 글라우콘이 던진 문제를 해결하기 위한 시도였다. 또 아데이만토스에 응대하기 위해서는 시를 비판했다. 그런데 플라톤의 이 두 답변은 서로 연결되어 있다. 플라톤은 인간의 탁월성에 대한 자신의 견해가 옳고 시인들의 생각은 틀렸다고 믿었고, 자신의 인식론과 형이상학에 의거하여 시인들이 무지하다고 판단했다. 나아가 그는 시인들의 생각을 비판하면서 자신의 입장을 다져 나갔다. 이 과정에서 플라톤은 당연히 시인들과 자신의 입장이 어떻게 다른지 직접적으로 밝혀야 했다.

플라톤의 시 비판을 살펴보아야 하는 이유 중 하나는 1장에서 소개 된 좋은 삶에 대한 희랍인들의 전통적 견해와 자신의 생각을 적극 대립시키는 플라톤의 모습을 그곳에서 확인할 수 있기 때문이다. 우리가 2장에서 살펴본 바에 따르면, 소크라테스는 좋은 삶에 대한 자신의 생각을 직접 말하기도 했고, 사례를 통해 우회적으로 보여 주기도 했다. 그는 좋은 삶이란 곧 유덕한 삶이고, 행복한 자(에우다이몬, *eudaimōn*)가 되기 위해 덕을 소유하는 것으로 충분하다고 믿었다. 나아가 그는 모든 덕들이 결국 지식이고, 하나의 덕을 가진다는 말은 모든 덕을 다 가졌음을 함축한다고 주장했다. 반면, 시인들은 여러 덕들이 구분된다고 보았고, 지혜(또는 지식)를 여러 덕들 중 하나로 간주했으며, 덕의 소유는 행복을 보장하기에 불충분하다고 여겼다. 바로 이러한 점에서 소크라테스는 시인들과 생각을 달리 했다. 그러나 그는 자신과 시인들의 입장을 명시적으로 대조하지 않았다. 왜냐하면 길고 장황하게 말하지 않는 대화 방식을 약속한 터라, 이를 대조하는데 시간을 할애할 수 없었기 때문이다. 물론 그는 종종 시구를 언급하면서 시인들의 말에 동조했고, 『변론』에서는 희랍의 가장 위대한 영웅, 아킬레우스에 자신을 비유하기도 했다. 그러나 그는 『변론』을 비롯한 대화편에서 시인에게 지식이 없다고 주장했고, 『프로타고라스』에서는 진지하고 지적인 대화에 어울리지 않으니 시에 대해 논의하지 말자고 했다(347c~e). 단, 소크라테스는 이 정도에서 멈췄다. 좋은 삶에 대한 철학적 이해와 시인들의 견해를 노골적으로 대조한 일은 소크라테스가 아니라 플라톤이 한 작업이다.

나는 이 장 초반에서, 플라톤이 소크라테스에게 상당한 영향을 받았기는 했지만 『국가』에 나타난 플라톤의 생각은 스승의 견해와 많이 다르다고 말했었다. 소크라테스의 주지주의적 입장과 비교했을 때 가장 눈에 띄는 플라톤의 진전은 좋은 삶을 영혼의 이성적 부분과 비이성적 부분들의 조화로운 통일로 간주했다는 점이다. 그렇지만 행복을 위해 덕으로 충분하고 시인들은 무지하다는 주장을 기준으로 보면, 그는 스승과 같은 입장에 있다. 그러므로 시에 대한 플라톤의 비판은 대체로 소크라테스에게서도 기대할 수 있을 법하다.

플라톤의 시 비판은 특히 『국가』의 정치적 기획과 연관되어 있다. 우리가 쉽게 간과하는 사실이 하나 있는데, 그것은 일반적으로 희랍인들이 시인을 예술적인 가치가 있는 작품을 제작하는 자로 간주한 것이 아니라 시민 의식을 계발하고 신에 대한 경건한 마음을 갖게 하는 교육자로, 신과 인간 본성에 대한 정보를 제공하는 최고의 원천으로 여겼다는 점이다. 이러한 상황에서 플라톤은 시인을 비판했고, 그 비판의 요지는 '시인에게 그러한 교육자 역할을 할 능력이 정말 있는가?' 였다. 플라톤이 문학 작품의 예술적인 호소력 자체를 부인한 것은 아니다. 오히려 그는 바로 이 호소력, 즉 관객의 마음을 움직이는 작품의 힘이 진실을 그릇되게 묘사하는 데에 사용될 경우, 나라가 큰 해를 입게 된다고 우려했다(387a 참조). 국가를 참된 토대 위에 올바로 세우기 위해, 시인들의 왜곡된 생각을 철학자의 올바른 생각으로 대체해야 한다는 것이다.

플라톤은 2권의 후반과 3권의 초반에 시인이 어디서부터 잘못되었는지 설명한다. 이 논의를 촉발시킨 원래의 주제는 수호자[>6] 교육이다. 수호자 계층에 속하는 자는 용감하고 현명하며 날렵하고 체력이 강해야 한다. 그렇다면 그들은 어떤 형태의 교육으로 이러한 성향을 계발하도록 훈련받을 수 있을까? 몸을 단련하기 위해 체육 교육을, 마음을 닦기 위해 문학 교육(무시케, *mousikē*는 단지 음악이 아니라 교양 일반을 의미한다)을 받아야 한다. 이 교육의 최초 형태는 아이들에게 설화를 들려주는 것인데(377a), 플라톤이 보기에 당대에 널리 퍼져 있는 설화는 아이들이 듣기에 적합하지 않았다. 그에 의하면, 시인이 전하는 신들에 대한 이야기와 영웅에 대한 이야기가 옳지 못하다는 데에 문제가 있다. 비판을 위해 플라톤이 고른 첫 번째 이야기는 우라노스 신이 자기 아들인 크로노스 손에 거세되고 이후 제우스가 크로노스를 물러나게 한다는 내용의 신화이다. 플라톤에 따르면, 이런 식의 행동은 신들에게 어울리지 않고, 이런 이야기를 어린이에게 들려주어서는 안 된다.

> 어린 아이가 듣고 있는데, 극도로 부정의한 짓을 하는데도 대수롭지 않은 일을 하는 것처럼 말해서도 안 되고, 또 불의를 범한 아버지를 온갖 방식으로 벌하는데도 신들 중에 으뜸이자 가장 위대한 신들이 하는 일을 하는 것처럼 말해서도 안 되네(378b).

위와 같이 신화를 비판하면서, 플라톤은 소크라테스의 도움을 받고 있

>6 역자주: 『국가』 2권에서의 수호자는 통치자와 군인 모두를 일컫는데, 현 문맥에서는 특히 군인에 초점이 맞춰져 있다.

다. 『에우티프론』에서 에우티프론은 자기 아버지를 살인죄로 고발한 것을 정당화하는데, 그 근거로 제우스와 크로노스도 그들의 아버지를 그렇게 대우했다는 점을 들었다(5e~6a). 그러자 소크라테스가 이러한 신화를 받아들이지 못하겠다고 답한다. 아마 이것이 소크라테스가 불경건죄로 고소당한 이유였을 것이다. 당시 대부분의 희랍인들과 달리, 소크라테스는 신이야말로 가장 도덕적이라고 생각했다(그래서 소크라테스는 자신보다 더 현명한 자는 없다는 아폴론의 신탁이 거짓말이라고 믿기를 거절했다). 플라톤은 바로 이러한 스승의 선례를 따랐던 것이다.

그러므로 신들끼리 싸우는 장면을 담은 모든 설화를 거부해야 한다. 플라톤에 의하면, "누군가 신에 대한 이야기를 서사시에 표현하든 서정시에 표현하든 비극시에 표현하든, 항상 신의 모습 그대로 신을 묘사해야 하네"(379a). 신의 모습 그대로 묘사하면, 신은 선하다. 선한 신이어야 나쁨의 원인이 아니라 오직 좋음의 원인일 수 있다.

> 내가 말했네. "신은 선하기 때문에, 많은 사람들의 주장처럼 모든 것의 원인이 아니라, 인간들에게 소수의 것의 원인이지 많은 것의 원인이 아니네. 왜냐하면 우리에게 나쁜 것보다 좋은 것이 훨씬 더 적기 때문이네. 그리고 좋은 것의 원인으로 어떤 다른 것을 내세워서는 안 되고, 나쁜 것의 원인으로는 신이 아닌 다른 것을 찾아야 하네"(379c).

신이 모양을 바꿔 변장한다고 해서도 안 된다. "신들 각각은 가능한 한 가장 아름답고 훌륭해서 언제나 단적으로 자신의 모습으로 남아 있을 것으로 보이네"(381c). 호메로스를 비롯한 시인들의 작품 속 묘사와 달리, 신은 거짓을 싫어하고 사람을 속이려고 거짓말을 하지 않는다(382c).

시인이 들려주는 영웅에 대한 이야기도 더 나을 것이 없다. 국가의 수호자는 용감해야 하고 또 용감하려면 죽음을 두려워하지 말아야 하므로, 저승의 일을 음울하게 묘사하거나 영웅이 죽음을 두려워한다고 표현하는 설화를 금지해야 한다.

> 우리는 이러한 설화와 관련해서 이야기하려고 하는 자들을 감독해야 하고, 그들에게 저승의 일을 무조건 그렇게 험하게 말해서는 안 되고 오히려 찬양해야 한다고 요구해야 할 것 같네. 왜냐하면 그들이 진실을 말하는 것도 아니고, 앞으로 전쟁에 나갈 사람들에게 유익한 내용을 말하는 것도 아니기 때문이네 (386b~c).

소크라테스도 이와 비슷한 주장을 한 적이 있다. 『변론』에서 소크라테스는 죽음이 진정 나쁜지 아무도 알지 못한다고 말했고, 또 저승을 대단히 열망할 만한 것으로 묘사했다.[>7] 반면, 희랍 비극시의 큰 특징은 죽음을 개인에게 끔찍한 손실로 간주한다는 점이다. 2장에서 보았듯 플라톤은 소크라테스의 죽음을 비극으로 그리기를 거부했는데, 이는 그가 죽음에 대한 비극시의 관점을 받아들이지 않았기 때문이다.

죽음이 두려워할 일이 아니라면, 영웅은 동료의 죽음을 슬퍼하지 말아야 한다. "잘 사는 것과 관련하여 이러한 사람이 스스로 가장 자족적이다"(387d~e). 그래서 영웅은 친구나 친척을 잃었을 때 눈물을 흘리거나 절망적으로 통곡하지 않고 침착하게 견딜 것이다. 마치 파트로클로스[>8]의 죽음 앞에서 아킬레우스가 보였던 모습처럼 말이다. 또 영웅을 웃기 좋아하는 자로 묘사하지 말아야 하고, 거짓말을 하거나 자제하지 못하는

>7 역자주: 『변론』, 29a~b, 40e~41b 참조.

>8 역자주: 아킬레우스의 절친한 친구

인물로 표현해서도 안 된다. 영웅은 상관에 순종하고 정직하며 유혹을 견뎌내는 자로 그려져야 한다. 마치 "자기 가슴을 치면서 이런 말로 자기 심장을 꾸짖었던" 오디세우스처럼 말이다(『오디세이아』 20, 17; 플라톤은 390d에서 이 문구를 인용하고, 441b에서 또 한 차례 언급한다. 이 책의 178~179쪽 참조). 장차 수호자가 될 젊은이가 듣고 본받으려 해야 하는 사례가 바로 이러한 것이다. 사악하거나 비천하게 표현된 영웅의 모습은 바람직하지 않다.

플라톤이 주장하기를, 이상 국가에서는 아이들에게 올바른 설화만 들려주기 위해 '검열'의 방법을 택해야 한다. 사실 검열이라는 해결책은 우리의 반감을 불러일으키기 십상이다. 그래서 아마 독자들은 이 이야기를 듣자마자 거부할 것이다. 단, 플라톤의 주장에 우리가 간과하기 쉬운 점이 있는데, 그 두 가지 사항을 짚고 넘어가도록 하자. 첫째, 플라톤이 시인들의 잘못된 견해를 나라에서 완전히 사라지게 해야 한다고 말하기는 했지만, 그의 관심사는 일차적으로 젊은이들의 교육이다. 플라톤 주장의 핵심은 젊은이들이 터무니없는 거짓에 노출되지 말아야 한다는 점이었다. 왜냐하면 거짓된 설화가 그들의 영혼을 망쳐 버릴 것이기 때문이다. 사실 거의 대부분의 부모들이 이러한 태도를 가지고 있고 자식이 읽어도 되는 책과 (요즘에 더 흔한 일로) 보아도 되는 TV 프로를 선별하며 통제한다. 자식이 듣고 볼 이야기를 "검열"하기 위해 부모들이 사용하는 논변은 플라톤의 주장과 매우 유사하다. 플라톤과 우리에게 차이가 있다면, 플라톤은 저런 자료를 사회에서 완전히 제거하는 것이 아이들의 노출을 막을 유일하게 효과적인 방법이라고 믿었다는 점(이 부분에서는 플라톤이 옳을 수 있다), 그리고 심지어 성인까지도 시인이 들려주는 이야기의 유혹에 빠질 수 있다고 생각했다는 점이다. 더욱이 그는 언론의 자유라는 아주 기본적인 권리도 인정하지 않았다. 언론의 자유를 인정하면, 틀림없이 성인들은 그릇된 여러 견해를 접할 것이기 때문이다. 만일 성인에 대한 플라톤의 판단이 옳지 않다면, 검열을 주장하는 그의 논변도 실패할 것이다. 그러나 어린이의 학습 자료에 대해 플라톤이 제기한 문제가 진지하지 못하다거나 타당하지 않다고 평가할 수는 없다.

둘째, 검열 자체에 대한 플라톤의 인식은 우리의 것과 다르다. 우리에게 검열은 특정 정권이나 기관에 위협이 될 만한 정보를 금지하는 방법으로, 그 정보가 진실이거나 진실일 수 있기 때문에 검열한다. 그리고 우리가 검열에 반대하는 이유는 반드시 진실을 밝혀야 한다고 믿기 때문이다. 반면, 플라톤이 검열해야 한다고 주장한 자료는 거짓이고 위험한 것이다. 왜냐하면 신들과 인간에 대한 틀린 생각을 전달하기 때문이다. 현대의 우리는 신이나 인간에 관한 것과 같은 종류의 문제에 정답이 없다고 보는 경향이 있고, 아니면 적어도 '진실을 전달하는 문학 작품만 선별적으로 허용해야 한다'는 주장을 거부하려 한다. 그러나 플라톤은 시인을 교육자로 보고 있다. 어떤 진화 생물학자가 창조 과학을 과학적 진리를 공격하는 사이비 과학으로 여겨서, 창조론을 가르치는 데에 진화론 수업과 똑같은 시간을 들이고 싶어하지 않는다고 해 보자. 이 진화 생물학자가 창조 과학자를 바라보는 눈길이 바로 플라톤이 호메로스를 대하던 시선이다. 이에 대해 독자들은 플라톤이 자신의 철학에 과학으로서의 생물학과 똑같은 지위를 요구할 자격이 없다고 생각할 수 있겠다. 그럼 플라톤의 철학이 실제로 과학으로서의 생물학과 같은 지위를 갖는다고 가정해 보자. 이렇게 가정한다고 해도, 경쟁하는 다른 이론들을 검열하는 것이 과연 정당한가라는 물음은 여전히 제기될 수 있다. 이 물음이 우리를 불편하게 만드는데, 이는 우리가 철학적 진리나 문학적 진리가 과학적 진리와 근본적으로 다르다고 생각하기 때문인 것 같다. 그러나 철학적 진리와 문학적 진리라는 개념을 완전히 포기하지 않는 한, 이 둘과 과학적 진리의 차이를 명료하게 설명하는 것은 매우 어려운 일이다. 그러므로 철학과 문학에 정답이 있고 그 정답을 알 수 있다고 전제한 플라톤에 반대하려다가, 결국 플라톤의 전제가 옳음을 인정하게 될 수 있다.

계속해서 플라톤은 이상 국가가 수용할 수 있는 시의 리듬과 장르에 대해 논의한다. 그는 지금까지 자신이 제시한 교육론이 완전하지 못하다고 말한다. 왜냐하면 시에 나타난 일반 사람들의 모습에서 무엇이 잘못되었는지 아직 밝히지 못했고, 이를 밝히려면 정의가 이로운가 아니면 부정의가 이로운가라는 물음에 먼저 답해야 하기 때문이다(392a~c). 그는 10권에서 시에 대해 다시 논의하는데, 바로 이곳에서 정의가 이롭다는 답이 내려진다. 단, 여기서 플라톤은 2권의 내용을 반복하지 않고, 형상에 대한 형이상학적 논의와 영혼 삼분설 및 그간 발전시켜 온 철학적 입장을 사용하면서 시를 비판한다.

시에 반대하는 10권의 논변은 두 가지이다. 첫 번째 것은 그의 형이상학에 기초하고 있다. 우리는 같은 이름을 가진 모든 개별적인 것들의 집합에 해당되는 하나의 형상이 있다고 가정한다. 예컨대 침대의 형상이 있고, 식탁의 형상이 있다. 장인은 이 형상을 보면서 개별적인 침대들과 식탁들을 만든다(596a~b). 그런데 목수가 만든 침대와 식탁을 이번에는 작가가 본다. 침대나 식탁을 묘사 또는 모방하여 작품을 만들 때 말이다. 작가는 장인이 만든 침대의 상(像)을 만들기 때문에 모상(模像)의 모상을 만드는 셈이고, 그래서 작가의 작품은 "본질로부터 세 번째인 산물"이다(597e; 본질 자체를 순서에 넣지 않으면, 두 번째라고 할 수 있겠다). 작가는 목수가 만든 침대의 내적인 성질을 표현하려고 노력하지 않고, 오직 외적인 보임새만 나타내려 한다. 그러므로 침대의 형상은커녕, 목수가 임무를 다해 만든 침대의 내적인 성질을 아는 것도 작가에게 필수적인 일이 아니다.

플라톤은 더 나아가, 작가가 상을 만든다는 것은 그가 사물의 본질에 무지하다는 증거라고 주장한다.

> 내가 생각하기에, 만일 그가 자신이 모방하는 것들에 대해 진정으로 알고 있다면, 그는 모방물보다 행동에 훨씬 더 전념할 것이고, 많은 훌륭한 행동을 자신의 기념물로 남기려 애쓸 것이며, 칭찬하는 자가 아니라 칭찬받는 자가 되려고 열심일 것이네(599b).

플라톤은 화가에 대해 하던 비판을 호메로스에게도 한다(599b~601a). 그가 보기에, 시인도 화가처럼 모방하는 작가 유형에 속하기 때문이다. 소크라테스가 『변론』을 비롯한 대화편에서 주장했듯, 시인은 자신이 표현하는 대상에 대한 지식을 가지고 있지 않다. 그러므로 시인은 교육자로서의 자격이 없고, 그를 국가에서 추방해도 무방할 것이다.

이 논변은 몇 가지 점에서 문제가 있다. 첫째, 이 논변의 타당성은 플라톤의 형이상학이 옳은가에 달려 있다. 사실 이 논변은 선분의 비유를 곧장 적용한 것이다. 즉, 작가들의 활동 영역은 선분에서 가장 하위 구간, 즉 상상의 영역이다. 그리고 장인의 영역은 두 번째 구간인 믿음의 영역이다. 그 위로 세 번째와 네 번째 구간은 수학자와 철학자에게 배정된다. 둘째, 플라톤의 형이상학을 받아들인다고 해도, 작가를 단순히 모방하는 자로 간주할 수 있을지, 또 정말 모방이라는 것이 무지한 자가 외형만 따라하는 과정인지 따져 물을 수 있다. 작품 속에 인간의 본성을 제대로 표현하기 위해, 작가는 인간의 형상에 대해 무언가 알고 있어야 하지 않을까? 호메로스를 비롯한 작가들의 성공이 작가도 그러한 지식을 가진다는 증거가 되지 않을까? 셋째, 대상을 작품으로 표현하는 것보다 행동하는 것이 더 낫다는 플라톤의 전제에 이의를 제기할 수 있다. 예컨대 우리는 회화를 비롯한 "미술"을 높이 평가하고, 그래서 대가가 그린 침대의 가치가 침대 자체의 가치보다 훨씬 더 클 수 있다고 말하지 않는가? 심지어 우리와 달리 미술과 공예를 구분하지 않았던 희랍인들조차, 제욱시스나 아펠레스처럼 위대한 작가의 그림이 거기에 그려진 대상보다 훨씬 더 값지다고 여겼을 것이다. 플라톤의 일차적인 관심사였던 정치적 주제에만 한정하여 묻는다고 하더라도, 그의 생각이 옳은지 분명하지 않다. 아킬레우스처럼 살면서 용맹하게 행동하는 것이 더 훌륭한가, 아니면 호메로스로 살면서 탁월한 서사시를 쓰는 것이 더 훌륭한가? 플라톤은 답이 확실하다고 생각한 것 같은데, 사실 그렇지 않다.

두 번째 논변의 근거는 좀 더 탄탄하다. 예술, 특히 시는 이성이 아니라 감각과 감정에 호소한다. 선구자인 호메로스에서 이어받아 아테네 시인들이 완성시킨 비극이라는 예술 형태가 번창할 수 있었던 것은 그것이 인간의 고통과 갈등을 담고 있기 때문이다. 반면, 플라톤이 말하는 훌륭한 자는 아들을 잃는 등의 불행을 겪게 되었을 때 밀려오는 슬픔을 다스리고 억제하면서 이 안타까운 상황을 가능한 한 침착하게 견뎌낼 것이다. 그는 가슴 아픈 소재를 다루는 공연을 보러 다니기보다 자신의 슬픔을 억누르면서 마음을 치유하려 할 것이다(604d, 이것이 바로 이 장 초반에 언급했던 플라톤적 금욕주의의 한 예이다). 그런데 비극 작가가 이런 사람을 등장인물로 삼을 수는 없는 일이다. 왜냐하면 연극 무대에 설 사람은 자신의 감정을 마음껏 표현할 수 있어야 하기 때문이다. 그래서 우리는 자연히 풍부한 감정 표현을 좋아하게 되고, 이렇게 묘사된 인물에게 연민을 느끼게 된다(아킬레우스가 파트로클로스를 잃고 슬퍼하는 모습이나 오이디푸스가 자신의 운명에 애통해 하는 모습을 떠올려 보라). 그러나 플라톤은 이러한 묘사가 위험하다고 보았다.

> 내가 생각하기에, 남들의 불운에서 즐기는 것은 필히 자신의 불운으로 되게 마련임을 소수의 사람만 헤아려 알 수 있네. 남들의 불운 속에서 연민의 부분이 양분을 얻어 강하게 되면, 자신이 고통스러울 때 이 부분을 억제하기가 쉽지 않기 때문이지(606b).

비극뿐 아니라 희극도 마찬가지이다.

> 성욕과 격정 및 욕구적인 모든 것들, 그리고 우리의 모든 행동에 수반된다고 우리가 말하는 영혼의 쾌락과 고통과 관련하여, 시의 모방이 이와 같은 것을 우리에게 일으키네. 왜냐하면 시의 모방은 말라 버리게 해야 하는 이런 것들에 물을 주어 길러서, 이것들이 우리를 다스리는 자로 자리 잡게 하기 때문이네. 우리가 더 못하고 더 비참해 지는 것이 아니라 더 낫고 더 행복해지기 위해서는 이들이 다스려져야 하는데도 말이네(606d).

위 논변은 시의 영웅 묘사 방식에 반대하던 2~3권의 논점을 환기시킨다. 이 부분에서도 플라톤은 앞에서와 마찬가지의 비판을 받을 수 있다. 도덕적인 이유만으로 시민들이 『일리아스』나 『오이디푸스 왕』과 같은 작품을 접하지 못하게 하면서, 문학 작품이 합당하게 갖는 예술적 가치를 완전히 무시했다는 비판 말이다. 분명 플라톤은 국가의 행복에서 도덕적 가치가 차지하는 비중이 대단히 크기 때문에 자신의 극단적인 제안이 정당화된다고 답할 것이다. 또한 시가 오직 감정에만 호소한다는 그의 주장도 비판받을 수 있다. 왜냐하면 그가 없애려 했던 종류의 시를 포함하여 많은 시들이 인간의 조건에 대해 성찰해 볼 기회를 제공하기 때문이다. 아마 플라톤이 호메로스와 비극 시인에 대해 가졌던 진정한 문제의식은 그들이 감정적인 반응을 일으킨다는 점이 아니라 사람들을 잘못된 생각으로 이끈다는 점이었을 것이다. 그럼 우리를 오도하지 않는 내용의 시는 어떠할까? 이 경우에도 시, 특히 비극시가 강렬한 감정을 불러일으킨다는 것, 그리고 이것이 바로 비극시의 본성임은 사실이다. 만일 누군가가 플라톤에 대항하여 시를 옹호하려 한다면, 강렬한 감정을 유도하는 것 자체가 해롭지 않음을 보여야 할 것이다.

사실 플라톤은 추방된 시를 국가로 다시 돌아오게 할 여지를 남겨 두었는데, 이것이 그에게 변명이 될 수 있을지 모르겠다(607c~e). 독자들은 시 전체가 위태롭게 되었다고 생각하겠지만, 플라톤이 기꺼이 보존하겠다고 약속한 특수한 문학이 있다. 그것은 국가의 목적에 부합하는 일들을 촉진시키는 문학, 아름다울 뿐 아니라 공동체에 이롭기도 한 문학이다. 이 말을 들었을 때, 플라톤이 요즘의 전체주의 국가가 사용하는 선전물 정도만 인정한 것이 아닌가 싶을 수 있다. 그러나 플라톤 자신이 뛰어난 예술가였던 만큼, 이런 선전 용도의 문학을 수용할 만한 것으로 보았을 것 같지 않다. 대화를 마치면서 플라톤은 "에르 신화"를 소개하는데, 그가 어떤 문학을 염두하고 있었는지 이 신화에 잘 나타난다. 물론 자신이 생각하는 문학이 바로 이런 종류라고 플라톤이 직접 말한 것은 아니다. 그러나 분명 이 신화는 희랍의 전통적인 영웅들이 플라톤이 인정한 방식대로 행동하는 모습을 보여 주고, 그래서 플라톤이 2~3권에서 제시한 허용 기준에 충족된다. 사실 플라톤 자신도 『고르기아스』, 『파이돈』, 『파이드로스』 등의 대화편에서 신화를 자주 도입했다. 그가 사용한 신화는 보통 사후 세계에 대한 이야기이다. 아마 그는 철학적으로 설명하기 쉽지 않은 주제를 다루기 위해(결국 소크라테스는 『변론』에서 누구도 사후 세계에 대한 철학적인 지식을 갖지 못한다고 주장하지 않았는가?), 상상을 불러일으키는 문학의 기술을 사용한 것이리라.

"에르 신화"는 영혼 불멸에 대한 논의 바로 다음에 나오는데, 여기서 플라톤은 잘못에 대한 처벌과 올바른 행동에 대한 보상이 사후의 사람들을 기다리고 있다고 묘사한다. 이 신화에 따르면, 고칠 수 없을 정도로 사악한 자는 파멸되고,[>9] 교정될 수 있는 자는 그들이 저지른 잘못의 열 배의 처벌을 받는다. 반면, 유덕한 자는 그 선행에 부합하는 상을 받는다(615a~616a). 정화의 시기가 끝나면, 죽은 자의 영혼은 새 삶을 선택하여 다시 육화된다. 그런데 그들이 선택한 삶은 그들 각자의 탓이다(617d~e). 왜냐하면 그들은 자신의 전생에 상응하는 삶을 택하게 되기 때문이다. 그래서 때때로 처참한 결과가 나오기도 한다. 반면, 오디세우스는 마지막 제비를 뽑았다.

> 이전의 고난에 대한 기억이 오디세우스를 명예욕에서 풀어 주었고, 그는 오랫동안 둘러보면서 나랏일에 연루되지 않는 사적인 사람의 삶을 찾다가, 남들의 시선 밖에 어디엔가 놓여 있던 마지막 제비를 간신히 찾게 되었네. 그는 그 제비를 보자, 첫 번째 제비를 뽑았다고 해도 똑같은 행동을 했을 거라고 말하면서, 기쁘게 그걸 선택했다고 하네(620c~d).

위 신화의 배경이 먼 과거이기도 하고 화자가 소크라테스이기 때문에, 플라톤은 그가 본으로 삼았던 철학자인 소크라테스가 어떤 삶을 택했을지 보여 줄 수 없었다. 대신 플라톤은 문학 작품에서 지혜로 가장 유명한 영웅을 선택하여 그가 영웅의 이상을 거부하는 모습을 보여 준 것이다. 『일리아스』의 아킬레우스처럼 오디세우스도 '명예로운 삶'과 '이름을 날리지 않는 고요한 삶' 중에 택일하게 되었지만, 아킬레우스와 달

>9 역자주: 고칠 수 없을 정도로 사악한 자는 타르타로스로 떨어져서 감금된다(『국가』, 616a).

리 그는 후자를 선택한다. 플라톤은 오디세우스가 택한 삶이 철학적으로 탁월하다고까지 주장할 수는 없었다. 왜냐하면 플라톤의 묘사에 나타나듯, 죽은 자가 선택한 다음 생에 그자의 영혼이 갖는 고유한 성향이 반영되기 때문이다(618b). 그러나 철학자 왕의 삶을 선택하는 것이 가능하지 않다면 적어도 철학적 자질을 갖추는 데에 오디세우스의 선택이 매우 중요하다고 플라톤은 생각했던 것 같다.

플라톤은 시를 비판했고 동시에 스스로 시적인 신화를 사용했는데, 이러한 시도는 『국가』라는 대화편 전체의 강점과 약점을 동시에 드러낸다. 또한 독자들은 플라톤의 철학을 비현실적이라고 비판할 수 있겠다. 왜냐하면 그의 철학의 토대인 형이상학 자체에 논쟁의 여지가 있기 때문이다. 그리고 그의 철학이 지나치게 금욕적인 특색을 띠고, 초점이 편협하며, 특정한 좋음을 옹호하는데 지나치게 열심인 나머지 다른 것을 희생시킨다는 비판도 있을 것이다. 그럼에도 불구하고 선대 사상가들의 주장에 비하면, 그 포괄성과 논의의 타당성에서 볼 때 플라톤의 철학은 상당한 진전이다. 또한 그는 영혼 삼분설을 주창함으로써 덕을 설명하기에 적합한 영혼론을 최초로 제시했다. 우리는 다음 장에서 아리스토텔레스를 살펴볼 텐데, 그는 『국가』에 나타난 형이상학적 입장을 받아들이지 않았지만 그래도 플라톤의 영혼론과 덕론으로부터 많은 도움을 받았다. 마지막으로 눈여겨 볼 점 하나를 추가하려고 한다. 플라톤은 정의가 우리 자신에게 좋다는 점을 입증함으로써 회의주의자(이 경우, 트라시마코스)에게 도덕성을 정당화해 보이려 시도했던 몇 안 되는 철학자 중 한 명이다. 물론 위에 언급한 것처럼 그의 답변이 완전하지는 않지만, 철학사적으로 볼 때 그의 이론은 왜 도덕적이어야 하는가라는 물음에 대한 가장 만족스러운 답변 중 하나로 남아 있다.

4
아리스토텔레스의 『니코마코스 윤리학』

아리스토텔레스는 역사적으로 위대한 철학자 중 한 명이고, 그의 『니코마코스 윤리학』 역시 도덕 철학 분야에서 뛰어난 저서에 속한다. 덕에 대한 희랍 철학적 사유의 역사는 아리스토텔레스의 윤리학에 이르러 정점에 달하게 된다.

아리스토텔레스의 생애와 저서

아리스토텔레스는 기원전 384년 희랍 북부의 스타게이로스(Stagira)라는 도시에서 태어났다. 그는 평생 생물학에 관심을 가졌고 이 관심이 윤리학을 비롯한 대부분의 저작에 나타난다. 이는 아마도 의사였던 아버지로부터 많은 영향을 받았기 때문인 것 같다. 그의 아버지는 마케도니아의 왕이었던 아민타스(Amyntas) 3세의 시의(侍醫)였다. 아민타스는 필리포스(Philip)의 아버지이고, 필리포스는 알렉산드로스(Alexander) 대왕의 아버지이다. 마케도니아 왕정에서의 부친의 지위 때문에, 아리스토텔레스는 일찍부터 희랍의 가장 강력한 왕조와 인연을 맺게 되었다.

기원전 367년, 아리스토텔레스는 플라톤의 학원 아카데메이아(Academy)에 들어가 플라톤의 제자가 된다. 기원전 347년에 플라톤이 사망할 때까지, 아리스토텔레스는 그곳에 머물러 공부했다. 이 시기 동안 아리스토텔레스가 어떻게 지냈는지 알려진 바는 거의 없다. 그러나 그의 후기 저서로 미루어 볼 때, 그가 플라톤을 존경하고 찬미했음에도 스승의 견해를 비판 없이 수용하는 복종적인 학생은 결코 아니었음이 확실하다. 왜냐하면 그는 플라톤의 철학을 딛고 넘어서서 자신의 고유한 입장을 발전시켰기 때문이다. 플라톤이 기원전 347년에 사망하자, 아리스토텔레스는 십 년 넘게 아테네를 떠나 있었다. 이 시기에 그는 에게해 지역을 여행했고 생물학을 연구했으며 결혼도 했다. 또 한 동안은 어린 알렉산드로스의 가정교사로 일하기도 했다. 그런데 알렉산드로스가 추구하던 거대한 제국과 아리스토텔레스가 『정치학』에서 묘사한 전통적 폴리스의 큰 차이에 비추어 보건데, 아리스토텔레스가 알렉산드로스에게 미친 철학적 영향은 미약했을 것이라 추측된다.

기원전 335년, 아리스토텔레스는 아테네로 다시 돌아가 자신의 학원 리케이온(Lyceum)을 설립한다. 플라톤의 아카데메이아가 서양 최초의 고등 교육 학원이라면, 리케이온은 최초의 연구 중심 대학이라고 할 수 있을 것이다. 현재까지 보존되고 있는 아리스토텔레스 저서 중 대부분이 바로 이 시기에 쓰였다. 확실히 이 시기에도 아리스토텔레스는 알렉산드로스 대왕과의 친분을 유지하고 있었다. 왜냐하면 알렉산드로스가 기원전 323년에 사망했을 때, 아테네인들은 아리스토텔레스를 불경견이라는 죄목으로 집단 고소하면서 자신들의 반(反)마케도니아적인 감정을 그에게 분출했기 때문이다. 이 상황에서 아리스토텔레스는, 소크라테스와 다르게, 재판 받기를 거부하고 아테네를 떠났다. 아리스토텔레스가 했다고 전해지는 말에 따르면, 이는 "아테네가 똑같은 죄를 두 번 범하게 하지 않기 위해서"였다. 이듬해에 아리스토텔레스는 사망한다.

아리스토텔레스의 저서는 크게 두 종류로, 대화편과 논문 형식의 글로 구분된다. 고대인들에게 그 문체로 칭송된 대화편들 중에 현재까지 전해지는 것은 오직 소수의 단편뿐이다. 보존되어 온 아리스토텔레스 저작의 대부분은 논문 형식으로 되어 있다. 그 문체가 간결하나 난해한 면도 있다. 이 논문 형식의 글들은 널리 배포할 목적으로 쓰인 것은 아니었을 것이다. 그가 리케이온에서 강의할 때 쓰인 강의록일 가능성이 크다.

아리스토텔레스의 윤리학 저서로 보통 네 편이 꼽히는데, 이들 중 하나(『덕과 악에 관하여』)는 아리스토텔레스 자신이 쓴 것이 분명 아니고, 다른 하나(『대 윤리학』)의 출처는 불확실하다. 반면, 『에우데모스 윤리학』은 그의 저작으로 현재 널리 인정받고 있다(『니코마코스 윤리학』보다 먼저 쓰인 작품으로 추정된다). 그리고 『니코마코스 윤리학』의 저자가 아리스토텔레스 자신이라는 사실에는 의문의 여지가 없다. 역사적으로 이 책은 『에우데모스 윤리학』에 비해 훨씬 더 집중적으로 연구되었고 보다 큰 영향을 미쳐 왔다. 현재 철학자들은 『니코마코스 윤리학』을 아리스토텔레스의 윤리학적 주장을 확인하기 위한 결정적인 자료로 삼고 있다.

『니코마코스 윤리학』의 구조

아리스토텔레스의 논문 형식의 저서 대부분이 그러하듯, 『니코마코스 윤리학』이 현재의 형태를 갖추게 된 것도 편집자의 덕택이다(이 책의 제목은 아리스토텔레스의 아들인 니코마코스(Nicomachus)라는 이름을 땄다. 이는 아리스토텔레스가 이 책을 아들에게 헌정했기 때문이거나, 아니면 아들이 손수 이 책을 편집했기 때문일 것이다). 『니코마코스 윤리학』은 총 열 권으로 이루어졌는데, 그 중 세 권(5권, 6권, 7권)은 『에우데모스 윤리학』의 내용과 겹친다. 그리고 쾌락에 관한 두 논의가 포함되어 있다(하나는 7권 후반부에, 다른 하나는 10권의 초반부에 소개된다). 전반적으로 이 책은 탄탄하고 조밀한 구조를 갖추고 있다.

아리스토텔레스는 우리가 덕성을 함양하는 목적이 에우다이모니아(*eudaimonia*), 즉 행복 또는 좋은 삶에 있다고 믿었다. 『니코마코스 윤리학』의 1권은 바로 이 개념에 대한 탐구로 시작된다. 그는 에우다이모니아를 아레테(*aretē*), 즉 덕이라는 용어로 정의하는데, 이것이 2권에 덕 일반에 대한 논의가 등장하는 이유이다. 나아가 그는 덕을 규정하면서 프로하이레시스(*prohairesis*), 즉 선택이라는 개념을 사용한다. 이 개념은 3권 1장~5장에서 다루어진다. 그리고 3권의 나머지 부분과 4권 및 5권 전체는 개별적인 도덕적 덕들을 세밀히 논의한다. 그런데 도덕적 덕들을 적절히 실현하기 위해 프로네시스(*phronēsis*), 즉 실천적 지혜라는 지적인 덕이 요구된다. 그래서 아리스토텔레스는 6권에서 프로네시스에 대해 고찰하고, 7권에서는 자제하지 못함(이는 행위자가 프로네시스를 아직 획득하지 못한 상태임을 반영한다)이라는 문제를 논한다. 8권과 9권은 친애(親愛) 문제를 집중적으로 다루는데, 친애는 고대 윤리학과 정치학에서 핵심적인 개념이기도 하다. 그리고 10권의 쾌락에 대한 논의와 좋은 삶에 대한 재검토를 통해 『니코마코스 윤리학』이 끝을 맺는다.

아리스토텔레스의 방법론

『니코마코스 윤리학』의 초반부는 방금 개괄한 핵심적 주제뿐 아니라 윤리학에 적합한 탐구 방법이 무엇인가의 문제도 탐구한다. 아리스토텔레스는 학문을 다음의 세 종류로 구분했다. 첫째, 수학, 자연학, 형이상학과 같은 이론적 학문이다. 둘째, 윤리학과 정치학을 비롯한 실천적 학문이다. 셋째, 목공술이나 도예술과 같은 제작에 관한 학문이다. 그가 보기에 이론적 학문은 영원불변하고 필연적으로 존재하는 것들을 대상으로 삼는다. 이론적 학문은 불변의 것을 대상으로 삼기 때문에, 실천적 학문이나 제작에 관한 학문보다 더 높은 안정성과 정밀성을 보장받는다.

반면, 실천적 학문과 제작에 관한 학문은 우리 자신의 노력으로 변화시킬 수 있는 것을 다룬다. 그런데 실천적 영역의 경우, 우리가 행동을 하고 성품을 계발하지만, 별도의 생산물은 산출되지 않는다. 반면, 제작 영역의 경우에는 생산물, 즉 작품이 산출된다. 그리고 실천적 학문의 대상 자체가 가변적이기 때문에 실천적 학문에 이론적 학문만큼의 정밀성을 요구할 수 없다.

> "정치학의 탐구 대상은 도덕적으로 훌륭한 것들과 정의로운 것들인데, 이 대상들은 많은 차이와 가변성을 갖기 때문에, 어떤 이들은 이것들이 오직 관습에 의해서만 존재할 뿐 자연적으로 존재하지는 않는다고 여길 정도이다. 그런데 좋음도 이와 같은 가변성을 갖는다. 왜냐하면 많은 경우 좋은 것들에서 해로운 결과가 따르기 때문이다. 지금까지 어떤 이들은 부(富) 때문에, 또 어떤 이들은 용기 때문에 파멸하곤 했기 때문이다. 그러므로 이러한 대상에 대해 논할 때, … 우리는 큰 틀에서 개략적으로 진리를 보이는 것에 만족해야만 한다. 즉, 항상성이 아닌 일반성을 지니는 대상과 전제를 논할 때 우리는 일반적인 결론을 내리는 것으로 만족해야 한다"(1권 3장, 1094b 14~22 ; 1권 7장과 2권 2장 참조).

이상의 언급은 윤리학에 대한 아리스토텔레스와 플라톤의 관점의 주된 차이를 잘 보여 준다. 이론적 학문과 실천적 학문을 구분하고 각 학문에 알맞은 정밀성만을 요구해야 한다는 아리스토텔레스의 주장을 플라톤은 인정하지 않았을 것이다. 『국가』에서 소크라테스와 케팔로스의 대화에 나타나듯, 플라톤은 윤리적 원칙들이 일반성 정도만 갖는다는 사실에 결코 만족하지 않았을 것이다. 오히려 그는 덕과 좋음에 관한 철학적 설명에서도 수학에서 준수되는 만큼의 정밀성을 구하려고 하지 않았는가? 플라톤에게 윤리학은 어떤 영원하고 불변하는 형상에 대한 탐구이고, 그래서 아리스토텔레스가 이론적 학문으로 분류한 다른 학문들만큼 "이론적"이다.

방법론에서의 이러한 차이는 플라톤에 대한 아리스토텔레스의 비판으로 이어진다. 예컨대 1권 6장에서 아리스토텔레스는 좋음에 대한 플라톤의 생각을 살피면서 부정적인 입장을 취했다. 그에 의하면, 플라톤의 철학에서 좋음은 "인간이 행동으로 성취할 수 있는 것도 아니고 획득할 수 있는 것도 아님이 분명하다. 그런데 우리가 지금 찾고 있는 것은 인간이 행동으로 성취할 수 있고 획득할 수 있는 좋음이다"(1096b33~5). 만일 플라톤주의자가 '좋음 자체는 획득될 수 없을 지라도, 획득 가능한 다양한 좋은 것들이 무엇인지 판단할 때 좋음 자체가 기준이 되므로 가치 있다'고 반박한다면, 이에 대한 아리스토텔레스의 응답은 다음과 같을 것이다.

"물론 그러한 논변은 어느 정도의 설득력을 지니지만, 여러 학문에 들어맞지 않아 보인다. 왜냐하면 모든 학문이 어떤 좋음을 목적으로 삼고 부족한 점을 메우기를 추구하지만 좋음 자체에 대한 지식은 논외로 남겨 두기 때문이다. … 직공이나 목수가 좋음 자체를 앎으로써 자신의 기술에 어떤 도움을 받는지, 또 좋음의 이데아를 본 자라고 해서 어찌 더 의사답고 더 장군답다는 것인지 이해하기 어렵다"(1097a3~11).

위 인용문에 드러난 것처럼, 아리스토텔레스는 학문 활동이 이루어지는 현실적인 모습을 플라톤보다 훨씬 더 강조했다. 일반적으로 받아들여진 의견을 더욱 중요시했던 쪽도 아리스토텔레스이다. 물론 아리스토텔레스가 대중적인 의견에서 자신의 이론을 직접 도출하는 단순한 방식을 취한 것은 아니다. 그러나 그가 대중적인 의견을 윤리적 성찰의 대상으로 진지하게 대했음은 분명하다. 플라톤의 이데아론이 인정했던 윤리적 행동의 외재적 기준을 거부하면서, 아리스토텔레스는 윤리학의 원칙들을 윤리적 행동과 의견들 내에서 구하려 했다.

이러한 방법론의 차이가 실질적인 차이로 이어진다. 플라톤은 인간 행위의 판단 근거로서 독립적으로 존재하는 기준(즉 형상들, the forms)에 접근할 수 있다고 믿으면서, 일반적인 견해들을 올바르지 않은 것으로 간주하여 적극 거부했다. 이로 인해 플라톤은 가족 제도의 폐지나 남녀평등과 같은 급진적인 결론에 도달할 수 있었다. 물론 이러한 결론은 당대 희랍인의 믿음에 상당히 어긋났다. 반면, 아리스토텔레스에게는 이런 식의 급진적인 결론을 찾아볼 수 없는데, 이는 그가 희랍인들의 일반적인 의견을 수용했기 때문이다.

아리스토텔레스는 당대의 도덕적 전통을 존중하여 지켰고, 플라톤은 그 전통을 수용하는 것이 자신의 목적에 부합하지 않을 때 이를 단호히 거절했다. 그런데 명백히 양쪽 모두 완벽한 방법론은 아니다. 전통 자체가 건전하다면 아리스토텔레스의 접근 방식이 타당하겠지만, 전통에 문제가 있다면 평가는 달라질 수 있다. 또 희랍적 사유의 한계를 파악하고 이를 수정할 수 있다는 측면에서, 플라톤이 아리스토텔레스보다 앞선다.

그러나 플라톤의 방식으로는 "쇠뿔 고치려다 소 죽이는" 격으로 어떤 소중한 것을 잃기 쉽다.

좋음: 에우다이모니아(*eudaimonia*)

플라톤처럼 아리스토텔레스도 기본적으로 목적론의 관점에서 윤리학에 접근한다. 이는 『니코마코스 윤리학』 1권의 첫 문장에서부터 나타난다. "모든 기예(技藝)와 모든 탐구, 마찬가지로 모든 행위와 선택은 어떤 좋음을 목적으로 삼는 것 같다"(1권 1장, 1094a1~2). 그러나 플라톤과는 달리 아리스토텔레스는 다양한 목적이 있다고 믿었다. "활동과 기예와 학문이 여러 가지이기 때문에, 목적도 여럿이다"(1094a6~8). 각 활동이나 학문 및 기술 등은 관련 영역이 의술이든 조선술이든 군사 전략이든 나름의 고유한 목적을 가진다. 그렇다면 모든 인간이 지향하는 유일한 목적으로서의 좋음을 어떻게 찾을 수 있을까? 즉, 윤리학에 적합한 단 하나의 목적을 어떻게 찾을 수 있을까?

아리스토텔레스는 이 문제를 해결하기 위해, '어떤 활동과 그 활동의 목적'이 '다른 활동과 이 활동의 목적'에 종속됨을 지적한다. 예컨대 말의 고삐를 만드는 기술은 마술(馬術)이라는 목적에 도움이 되고, 다시 마술은 군사 전략에 기여한다(아리스토텔레스의 시기에 마술은 군사 기술이었다). 즉, 목적은 여럿이지만, 이 목적들이 하나의 위계를 이루며 질서 지워져 있다는 의미이다. 그러므로 위계라는 피라미드의 정점에 하나의 학문이 존재한다면, 하나의 궁극적인 좋음이 존재할 것이다.

아리스토텔레스는 행위를 다루는 학문 중에 위와 같은 최상의 학문이 존재한다고 믿었는데, 그것은 바로 정치학이다.

> "왜냐하면 도시 국가에 어떤 학문들이 있어야만 하는지, 그리고 각각의 사람들이 어떤 종류의 학문을 어느 정도로 익혀야 하는지를 정치학이 규정하기 때문이다"(1권 2장, 1094a 28~b2).

다른 곳도 아닌 윤리학의 서두에서 실천 철학의 최고봉은 윤리학이 아니라 정치학이라고 주장하니, 독자들이 의아해할 만하다. 그러나 대부분의 희랍인들처럼 아리스토텔레스도 정치학과 윤리학은 기본적으로 "인간을 위한 좋음"이라는 동일한 목적을 가진다고 생각했다. 정치학이 윤리학보다 우위에 있는 이유는 다만, 한 사람을 위해서보다 도시 국가 전체를 위해 좋은 삶을 지키고 유지하는 것이 "더 위대하고 더 완전하며 … 더 고귀하고 더 신적이기"(1094b 8~10) 때문이다.

실천적 학문 중에 최상의 학문이 있고 따라서 인간의 모든 활동에 하나의 궁극적인 목적이 존재한다는 점을 입증한 후, 이제 아리스토텔레스는 그 목적이 과연 무엇인지 묻는다.

> "그 명칭에 관해서는 거의 대부분의 사람들이 동의한다. 왜냐하면 대중이든 교육을 많이 받은 사람이든 모두 그것을 '행복'이라 부르고, '잘 삶'과 '잘 행위함'이 '행복함'과 똑같다고 생각하기 때문이다"(1권 4장, 1095a 17~20).

위에서 "행복"으로 번역한 단어는 에우다이모니아(*eudaimonia*)이다. 그런데 아리스토텔레스의 위 주장을 보면, 에우다이모니아의 의미가 우리말 "행복"의 뜻과 다소 다름을 알 수 있다. 서론에서 간략히 언급했듯, 우리말 "행복"은 쾌락이나 기쁨과 같이 어떤 심리적인 만족 상태를 가리킨다. 물론 희랍어 에우다이모니아에 이런 주관적 요소가 전혀 없진 않지만, 그렇다고 주관적 만족이 이 단어의 핵심적인 의미는 아니다. 반면,

우리말 "행복"은 주관적이고 심리적인 만족의 의미를 다분히 내포한다. 예컨대 지능이 무척 떨어지는 사람이라고 해도 즐거운 환경에서 살고 있다면, 우리는 그가 행복하다고 말할 수도 있다. 그 사람이 지적인 활동을 전혀 할 수 없는데도 말이다. 심지어 유아를 성추행하고 있는 자에게까지 '그는 행복을 느낀다'라는 표현을 사용할 정도이다. 그러나 아리스토텔레스를 비롯한 어떤 희랍인도 이런 사람을 에우다이몬(*eudaimōn*)이라 부르지 않았을 것이다. 왜냐하면 아리스토텔레스가 지적했듯, 그들은 에우다이모니아를 "잘 삶" 또는 "잘 행위함"이라고 여겼기 때문이다.

에우다이모니아라는 개념은 업적과 달성 그리고 도덕적 탁월함을 함의하는데, "행복"이라는 번역어는 이러한 의미를 포함한다고 보기 어렵다. 에우다이모니아는 "좋은"을 의미하는 희랍어 접두사 에우(*eu-*)와 "영(靈)"을 의미하는 다이몬(*daimōn*)이 결합된 단어이다. 그래서 이 단어는 좋은 영혼을 가진 상태를 의미한다. 엄격히 말하자면, "잘 삶" 또는 "잘 행동함"은 그 영혼이 좋은 상태에 있는 자에게만 가능하다. 그렇다면 에우다이모니아를 탐구하기 위해, 영혼의 좋은 상태가 무엇인지부터 규정해야 할 것이다. 아리스토텔레스는 영혼의 좋은 상태가 우리말 "행복"과 연관된 만족 및 기쁨까지도 산출한다고 생각했다(대부분의 희랍인들이 여기에 동의할 것이다). 따라서 아리스토텔레스의 관점에서 에우다이몬인 사람이라면 누구든 행복할 것이다. 그러나 행복한 자라고 해서 모두 에우다이몬인 것은 아니다. 이러한 맥락에서 에우다이모니아의 번역어로 "행복"보다는 "좋은 삶"이 더 적절하겠다.

인간의 좋음이란 에우다이모니아이고 이는 곧 잘 삶과 같다는 점에 대부분의 희랍인들이 동의했지만, 무엇이 에우다이모니아를 구성하는가에 대한 그들의 답변은 분분했다. 마치 오늘날의 우리가 좋은 삶이 무엇으로 이루어지는가에 대해 의견의 일치를 보지 못하는 것처럼 말이다. 아리스토텔레스에 의하면, 좋은 삶으로 간주될 수 있는 주요 후보가 셋 있는데, 그것은 쾌락적인 삶, 정치적인 삶, 그리고 학문 활동을 하는 삶이다.

아리스토텔레스는 쾌락적인 삶을 중요시하지 않았다. 그에 의하면, 이는 "짐승의 삶을 선택하여 자신이 완전히 노예적임을 드러내는 많은 이들"의 삶이다(1권 5장, 1095b19~20). 그런데 아리스토텔레스가 쾌락적인 경험이 풍부한 모든 삶을 부정적으로 평가한 것은 아니다. 왜냐하면 그는 좋은 삶도 어떤 의미에서 쾌락적이라고 생각했기 때문이다. 그가 비판한 쾌락적인 삶은 오로지 먹고 마시는 쾌락 및 성적 쾌락에만 탐닉하는 삶이라는 점에 유의하자. 아리스토텔레스의 영혼론에 따르면, 실제로 이는 짐승의 삶이다. 그에 의하면, 서로 다른 영혼의 능력들이 일종의 위계질서를 이루면서 존재한다. 이들 중 가장 기본적인 능력은 영양섭취 능력과 생식 능력인데, 이 능력은 식물을 비롯한 모든 생명체에게 다 있다. 다음 단계는 감각 능력과 장소 이동 능력이다. 바로 이 능력의 유무에 의해 식물과 동물이 구분된다. 그리고 기억과 상상 능력은 여타 동물에게도 있다. 그러나 오직 인간만이 이성을 가진다. 쾌락적인 삶을 살기 위해서는 영양섭취, 생식, 감각 능력, 그리고 아마 상상 능력의 사용까지 요구될 것이다. 그러나 이러한 삶이 이성을 요하지는 않는다. 그러므로 쾌락적인 삶은 하등 동물에게 적합할 뿐, 인간 삶에서의 고유한 가치를 지니지는 못한다.

정치적인 삶은 명예를 추구한다. 여타 동물이 아닌 오직 인간만이 명예를 추구한다는 점에서, 명예는 쾌락보다 낫다. 그러나 궁극적인 목적으로서는 부족하다.

"왜냐하면 명예는 명예를 받는 사람보다 주는 사람에게 달려 있다고 보이는 반면, 우리가 예감하기에 좋음이란 그것을 가진 자에게 고유한 어떤 것이어서 그에게서 떼어 내기 어렵기 때문이다. 더욱이 사람들은 자기가 선하다는 확신을 얻기 위해 명예를 추구하는 듯하다. 적어도 그들은 현인들에 의해서 그리고 자신을 아는 사람들에게서 명예를 얻고자 하고, 그 근거가 덕 또는 탁월함이었으면 한다"(1095b 24~9).

그러나 탁월함을 지닌 자의 삶 그 자체만으로는 아직 좋은 삶일 수 없다. 왜냐하면 탁월함을 지닌 자라고 해도

"잠든 상태로 있을 수 있고 일생 동안 아무런 실천도 하지 않을 수 있으며, 이에 더하여 큰 재앙이나 불행을 겪을 수도 있기 때문이다. 단지 주장을 방어하기 위해서가 아니라면, 어느 누구도 이렇게 사는 자를 행복하다고 말하지 않을 것이다"(1095b 32~1096a 2).

고민 끝에 아리스토텔레스는 좋은 삶의 후보로 부유한 삶을 추가시키기는 했으나, 다음의 한 문장으로 부(富)를 곧장 기각한다. "명백히 부는 우리가 찾고자 하는 좋음이 아니다. 왜냐하면 부는 단지 유용한 것, 즉 다른 것을 위한 수단이기 때문이다"(1096a 6~7). 부는 선진화된 현대 사회에서 가장 널리 인정받는 가치인데, 아리스토텔레스는 부에 대해서 더 이상 길게 논의해야 할 필요성을 느끼지 않았다. 이러한 점도 『니코마코스 윤리학』에서 주목할 만한 특징 중 하나이다.

좋은 삶의 다양한 후보들을 검토하고 이것들이 모두 부족하다는 결론을 내린 뒤, 이제 아리스토텔레스는 1권 7장에서 에우다이모니아에 대한 자신의 고유한 견해를 피력한다. 여기서 그의 답변에 토대가 되는 개념은 오직 인간에게만 고유한 "역할 · 기능(function)"이다.

> "피리연주자, 조각가, 모든 기술자, 일반적으로 말해서 어떤 역할(function)과 활동을 갖는 사람의 경우, 그들의 좋음과 잘함은 그들의 고유한 역할 속에 있는 것 같다. 그래서 인간에게 고유한 역할이 있다면, 인간의 좋음과 잘함도 인간의 고유한 역할 속에 있는 듯하다. 목수와 제화공에게도 각자의 고유한 역할과 활동이 있는데, 인간에게는 그런 것이 전혀 없고 본성상 아무 역할도 없다고 할 수 있겠는가?" (1097b 25~30)

영어 단어 "function"은 어떤 목적을 가진 자가 그 목적을 달성하기 위해 사용하는 '도구 · 수단'의 의미를 강하게 갖는다. 예컨대 자동차는 우리가 원하는 장소로 우리를 이동시켜 주는 기능을 갖는 도구이다. 그러나 이런 의미의 "function"을 우리가 사용하는 도구에 적용한다면 몰라도 도구를 사용하는 우리에게 적용하기는 어려운 것 같다. 예컨대 어떤 공동 작업에 참여하는 경우, 사람들은 "우리가 달성하려는 바가 어떤 목적이지?"라고 묻지, "우리는 무엇의 도구이지?"라고 묻지는 않는다. "function"으로 번역한 희랍어는 에르곤(*ergon*)이다. 그런데 희랍어 에르곤의 의미 폭은 영어 "function"보다 훨씬 좁다. 에르곤을 문자 그대로 풀이하면 "일(work)"이다. 물론 도구도 우리를 위해 일하지만, 우리 자신도 일한다. 우리는 일을 잘할 수도 있고 제대로 하지 못할 수도 있는데, 어떤 경우에든 우리가 도구는 아니다. 한편, 에르곤을 "일"이라고 풀이하는 데에도 약간의 오해 소지가 있기는 하다. 왜냐하면 "일"이라고 할 때, 흔히 우리는 보수를 받기 위해 하는 노동을 떠올리기 때문이다. 반면, 아리스토텔레스가 찾고자 했던 인간의 에르곤은 오직 인간만이 참여할 수 있는 특수한 활동을 뜻한다. 우리가 어떤 도구적 "기능"은 갖지 않을지라도 인간만의 고유한 활동인 에르곤을 갖는다고 할 수는 있을 것이다.

실제로 아리스토텔레스는 인간에게만 속하는 특징적인 활동이 있다고 믿었다.

> "인간에게 이런 역할(ergon)이 있다면 그것은 무엇일까? 생명 활동은 식물에게도 공통되지만, **지금 우리는 인간에게만 고유한 것을 찾고 있다.** 따라서 영양 섭취와 성장 활동도 배제해야 한다. 다음으로 감각 활동이다. 그러나 감각도 말이나 소, 모든 동물에게 공통된다. 그렇다면 이제 남은 것은 이성적 부분을 실현하는 활동이다"(1097b 33~1098a 4, 고딕체는 나의 강조).

위 인용문은 아마 아리스토텔레스의 윤리학 전체를 통틀어 가장 중요한 논변일 것이다. 지금 아리스토텔레스는 인간만의 고유한 활동이 무엇인가라는 문제에 마치 자신이 생물학자인 것처럼 접근하면서, 앞에서 소개한 영혼 능력의 위계를 다시 한번 보여 주고 있다. 사실 그가 배제한 능력들이 인간의 좋은 삶이 무엇인지 규정하는 데에 별 도움이 되지 않는다는 점은 우리가 꼭 생물학자가 아니어도 쉽게 이해할 수 있다. 어떤 이가 음식을 잘 먹는다든지 다산(多産)했다든지 또는 민감하다고 해서 우리가 그를 좋은 사람이라고 평가하지 않는 사실을 상기하는 것으로 충분하다.

한편, 인간의 에르곤이 이성적 능력에 있음을 보이는 아리스토텔레스의 논증은 과연 타당할까? 그렇지 않은 것 같다. 아리스토텔레스는 여타 종(種)의 것과 구분되는 인간의 특징을 찾았지만(이는 위 인용문에서 고딕체로 강조한 문장에 잘 나타난다), 인간을 특징짓는 활동이 다른 종들의 활동과 반드시 구분되어야 할 필요는 없지 않은가? 또 굳이 인간이라는 종을 다른 종과 구분해야 한다면, 인간의 본질적 특성과 무관한 부분을 그 구분 기준으로 삼을 수도 있지 않은가? 인간을 두 발 달린 깃털 없는 동물로 정의했던 플라톤의 경우처럼 말이다. 아니면 십분 양보하여,

인간의 가장 중요한 특징, 즉 인간 삶의 핵심적인 특징이 실제로 이성이라고 해 보자. 그러나 고래나 돌고래와 같은 다른 종도 합리적이라는 사실이 발견되면서, 이 주장도 설득력을 잃을 수 있다.

아리스토텔레스의 결론에 대해 제기될 수 있는 두 가지 반론이 더 있다. 첫째, 그의 논증은 제거의 방식으로 진행되는데(이는 플라톤도 사용한 방식이다. 『국가』 4권에서 플라톤은 '정의(正義)란 자신의 고유한 일을 수행하는 것'이라는 결론을 이끌어 내기 위해 제거의 방식을 취했다), 제거의 방식을 취하는 논증이면 으레 그렇듯, 이 논증의 성패도 인간의 모든 특징을 빠짐없이 조사했는가에 달려 있다. 그런데 선대 철학자들처럼 아리스토텔레스 역시 적어도 다음의 두 측면을 간과한 것 같다. 그 중 하나가 의지(will)이다. 의지는 아우구스티누스를 비롯한 중세 철학자들이 인간의 핵심적인 특성으로, 그리고 선과 악의 근원으로 간주한 부분이다. 다른 하나는 도덕적 감성 또는 도덕적 감정이다. 흄을 비롯한 계몽주의 사상가들은 이러한 감정을 도덕성의 근원으로 강조했다. 그렇다면 적어도 도덕성의 관점에서 볼 때, 인간의 본질적인 특징은 이성적 활동에서라기보다, 의지적 행위 또는 타인들의 고통에 대한 공감에서 찾아질 수 있지 않을까?

두 번째 반론은 인간의 에르곤이 영혼의 능력들 중 한 가지 능력만 실현하는 활동에서가 아니라 여러 활동의 조화로운 통합에서 찾아질 수 있다는 주장이다(이는 『국가』에서 플라톤이 제시한 견해이다). 인간의 본질적 특성은 순수한 사유 활동에서 가장 잘 나타나겠지만, 영양 섭취 능력이나 생식 및 감각 능력의 목적을 실현하기 위해 우리가 이성을 사용할 때에도 나타날 수 있다. 아리스토텔레스도 실천적 지혜에 대해 설명하면서 이러한 측면들을 고려한 것 같기는 하다. 그럼에도 불구하고 그는 10권에서 인간 삶의 최고 형태를 묘사하면서, 실천 이성을 통한 조화롭고 통합적인 삶이 더 나은가 아니면 방해받지 않고 순수하게 학문 활동을 하는 이론 이성의 삶이 더 나은가라는 물음에 결국 후자의 손을 들어 주었다. 내가 보기에 이러한 10권의 결론은 인간의 에르곤에 대한 1권의 논의에 이미 예고되어 있다. 이상의 여러 이유 때문에, 인간의 에르곤이 이성적 활동이라는 아리스토텔레스의 결론이 그가 제시한 논변만으로 정당화되기는 어렵다. 그렇다고 아리스토텔레스가 완전히 틀렸다는 말은 아니다. 왜냐하면 이성적 활동이 인간 삶의 특징들 중 하나라는 사실만큼은 명백하기 때문이다. 대부분의 후대 철학자들이 아리스토텔레스를 수용하여 이성적 활동을 윤리학의 중추로 간주한 이유가 바로 여기에 있다. 비록 좋은 삶이 이성적 활동으로 완벽하게 정의될 수는 없지만, 윤리학에서 이성이 얼마나 중요한 역할을 맡는지에 대한 그의 고찰은 분명 상당한 가치를 지닌다.

이쯤에서 다시 아리스토텔레스의 논변으로 돌아가자. 인간 삶의 특징이 이성적 활동이라면, 인간의 좋은 삶이란 이성 능력이 잘 실현되는 삶일 테고, 이는 "뛰어난 사람"의 삶일 것이다. 왜냐하면 "각 역할은 자기에게 고유한 탁월성에 따를 때 잘 실현되기"(1권 7장, 1098a 15) 때문이다. 이로부터 에우다이모니아에 대한 아리스토텔레스의 정의가 도출된다.

> "인간의 좋음이란 탁월함 또는 덕에 따르는 영혼의 활동이다. 만일 덕이 여럿이라면, 인간의 좋음은 그들 중 최고의 그리고 가장 완전한 덕에 따르는 영혼의 활동이다"(1098a 16~18).

위 정의를 온전히 이해하기 위해, 앞서 살펴본 이성 개념을 반드시 참고해야 한다. 영혼의 활동 중 어떤 것이 덕에 따른다고 해서 이런 식의 모든 활동에서 인간의 좋음이 찾아지는 것은 아니다. 예컨대 절제라는 덕에 일치하도록 먹는다면 그렇게 먹는 것도 분명 탁월하지만, 이는 영양섭취라는 가장 낮은 단계의 능력에 관련될 뿐이다. 이와 달리, 인간의 좋음은 영혼의 능력 중 최상의 능력을 실현시키는 데에 놓여 있고, 이 능력이 바로 이성이다. 즉, "최고의 그리고 가장 완전한" 탁월함 또는 덕은 이성적 능력을 실현하는 데에서의 탁월함이다. 그러므로 인간의 좋은 삶은 잘 먹는 것 또는 출산, 감각, 장소 이동, 기억 및 상상을 잘하는 것이 아니라, 이성 능력을 잘 실현시키는 데에 있다.

인간의 좋은 삶이 이성 능력을 잘 실현시키는 삶이라는 결론은 '인간의 에르곤은 이성적 활동이다'라는 전제와 '자신의 고유한 에르곤을 잘 수행하는 것이 곧 좋은 것이다'라는 전제로부터 도출된다. 두 번째 전제에는 논란의 여지가 없어 보이기 때문에, 위 논증에서 발생할 수 있는 모든 문제점은 사실 첫 번째 전제에 있다. 우리는 그 문제점 중 몇 가지를 위에서 살펴보았다.

그러나 좋은 삶에 대한 위 정의를 수용한다면, 에우다이모니아에 대한 아리스토텔레스의 설명은 완벽하다. 나아가 그는 에우다이모니아가 어떤 짧은 시기가 아니라 "생애 전체를 통해"(1098a 18) 평가되어야 한다는 점을 추가한다. 이로부터 희랍의 다른 도덕 철학자들처럼 아리스토텔레스 역시 특수한 행동이나 어떤 구체적인 사건들이 아니라, 생애 전반에 대한 평가에 주목했음을 알 수 있다.

에우다이모니아에 대한 아리스토텔레스 설명의 틀이 1권 7장에 이르러 완전한 형태를 갖추는데, 그래도 여전히 많은 의문점이 남는다. 인간의 좋은 삶이 이성 능력을 잘 실현시키는 삶이라고 할 때, 탁월한 이성적 활동이란 도대체 어떤 형태의 것인가? 잘 사유한다는 것이 탁월성의 실현을 의미한다면, 이는 어떤 종류의 탁월성 또는 덕을 말하는가? 희랍 철학에서 전통적으로 인정되어 온 덕과 아리스토텔레스가 말한 좋은 삶은 어떤 점에서 서로 부합하는가? 또 덕과 좋은 삶의 관계는 무엇인가? 이 물음에 답하기 위해, 이제 아레테(*aretē*), 즉 탁월함 또는 덕에 대해 살펴보자.

아레테(*aretē*): 도덕적 탁월함 또는 덕

도덕적 덕에 대한 분석이 『니코마코스 윤리학』 2권 전체를 차지하기는 하지만, 이 논의는 사실 1권의 마지막 장에서 이미 시작되었다. 여기서 아리스토텔레스는 우선 영혼을 크게 이성적 부분과 비이성적 부분으로 나눈다. 후자는 또 다시 둘로 구분된다. 하나는 영양섭취 능력으로 식물적 부분이라고 할 수 있는데, 이는 덕과 무관하다. 비이성적 부분 중 다른 하나는 "육욕을 비롯한 욕구 일반의 자리"(1권 13장, 1102b 30)이다. 그런데 이 욕구적 부분은 이성적이라고 할 수도 있고 비이성적이라고 할 수도 있다. 이성의 명령에 "대립하고 반대로 가는" 한 욕구적 부분은 비이성적이다. 그런데 "이성의 말을 듣고 설복될 수 있는 한" 욕구적 부분은 이성적이다(1102b 30~1).

영혼에 대한 아리스토텔레스의 설명은 『국가』에서의 플라톤의 설명과 일면 유사하지만, 정확히 같지는 않다. 영혼을 이성적 부분과 욕구적 부분으로 나누었다는 점만 보자면, 둘의 입장은 같다. 그러나 플라톤과 달리, 아리스토텔레스는 영혼의 식물적 부분을 언급했고, 욕구적 부분에서 "기개"를 분리시키지 않았다. 반면, 이성이 욕구에 행사하는 영향력을 서술할 때, 아리스토텔레스도 플라톤처럼 설득이라는 말을 사용한다. "비이성적 부분이 이성적 부분에 의해 어떤 의미에서 설득될 수 있다는 사실은, 충고와 모든 꾸지람 및 권고가 효과를 나타냄을 보아 알 수 있다"

(1102b 33~1103a 1).

영혼의 부분들이 이렇게 구분되었으니, 덕도 영혼의 각 부분에 상응하는 덕들로 구분될 수 있다.

> "영혼의 이러한 구분에 따라 덕도 구분된다. 어떤 덕들은 지적인 덕이라고 불리고, 어떤 덕들은 성격의 덕 · 도덕적 덕이라고 불린다. 이론적 지혜, 이해, 실천적 지혜는 지적인 덕이고, 관후와 절제는 성격의 덕 · 도덕적 덕이다" (1103a 3~7).

분명 아리스토텔레스는 지적인 덕이 영혼의 이성적 부분에 속하고 도덕적 덕 또는 성격의 덕은 비이성적 부분에 속한다고 보려고 했다. 후자가 이성적 부분에 의해 설득될 수 있음을 전제하고 말이다. 이는 인간의 좋은 삶에 기여하는 주된 요인이 지적인 덕이라는 점을 함축한다. 왜냐하면 아리스토텔레스는 인간의 좋은 삶을 이성적 활동으로써 정의했기 때문이다. 도덕적 덕은 오직 간접적으로만 좋은 삶에 기여한다. 여기서 도덕적 덕의 기여가 인정되는 이유도 영혼의 하위 부분들이 이성의 지시를 따르기 때문이다. 아리스토텔레스가 『니코마코스 윤리학』 2권부터 5권에 이르기까지 도덕적 덕에 대한 세밀한 분석에 치중했기 때문에 지적인 덕과 도덕적 덕의 위상이 이렇게 다르다는 점이 간과되기 쉽다.

아리스토텔레스는 도덕적 덕과 지적인 덕을 따로 고찰했다. 도덕적 덕을 주되게 다루고, 실천적 지혜를 포함한 지적인 덕에 대해서는 단지 6권에서만 논의했다. 분량을 이렇게 할애했으니, 아리스토텔레스가 도덕적 덕에만 편중하지 않았나 하는 인상을 받기 마련이다. 그러나 도덕적 덕은 궁극적으로 실천적 지혜라는 지적인 덕에 의해 완성된다는 점, 그리고 도덕적 덕이 실천적 지혜와 별도로 다루어졌지만 도덕적 덕에 대한 그의 설명은 실천적 지혜에 대한 6권의 논의로 보완되어야 한다는 점을 반드시 기억해야 한다. 예를 들어, 그는 도덕적 덕에 대한 설명을 시작하면서, 도덕적 덕이 "습관의 결과로 생긴다"(2권 1장, 1103a 17)고 주장한다. 이로 인해 도덕적 덕이 마치 반성 작용 없이 기계적으로 획득되는 것처럼 생각하기 쉬운데, 이는 1권 13장에 서술된 영혼의 이성적 부분과 비이성적 부분의 변증법적 관계에 부합하지 않는다. 만일 우리가 정의롭게 행동하는 데에 익숙해져 있다면, 이는 우리가 실천적 지혜의 지휘를 따르고 있고 우리 영혼의 비이성적 부분이 지적인 덕과 일치된 상태에 있음을 의미한다.

아리스토텔레스에 의하면,

> "덕은 본성적으로 타고 나는 것도 아니고 본성에 반하여 생기는 것도 아니다. 우리는 본성적으로 덕을 받아들일 수 있고 습관을 통해 완성시킨다" (1103a 23~6).

그러므로 우리는 본성적으로 선하지도 악하지도 않다. 다만, 우리는 훈련을 통해 선하게 될 수도 있고 악하게 될 수도 있다(이후 6권 13장에서 아리스토텔레스는 우리가 본성적으로 이러 저러한 덕을 획득하기에 유리한 성향을 타고 날 수 있고 이것이 사람마다 다를 수 있다는 가능성을 인정한다). 아리스토텔레스 자신이 여기서 강조하지는 않았지만, 우리가 가진 능력이 적절하고 올바른 훈련으로 계발된다면 덕으로 실현될 수 있고 그릇된 훈련에 의해서는 똑같은 능력이 악으로 귀결될 수도 있다. 그래서 그는 다음과 같이 주장한다.

> "어릴 때부터 어떤 습관을 갖느냐가 일으키는 차이는 결코 작지 않다. 그것은

상당한 차이를, 아니 모든 차이를 낳는다"(1103b 23~5).

아리스토텔레스에 의하면, 우리는 도덕적 덕들을 훈련을 통해 획득한다. 우리는 덕행을 직접 해 봄으로써 덕에 이를 수 있는 습관을 형성한다는 것이다. 그런데 아리스토텔레스는 덕행을 덕인과의 관계를 통해 규정한다.

> "어떤 행동이 정의롭고 절제된 행동이라고 불리는 것은 그것이 정의롭고 절제 있는 사람이 했을 만한 행동일 때이다. 그런데 단순히 정의롭고 절제된 행동을 한 사람이라고 해서 정의롭고 절제 있는 사람인 것은 아니다.[>1] 정의롭고 절제 있는 사람은 그런 행동을 정의롭고 절제 있는 사람이 하는 방식으로 하는 자이다"(2권 4장, 1105b 5~9).

우리가 유덕해지고자 한다면, 덕인(德人)의 행동을 본받아야 한다. 아리스토텔레스에게 도덕적 인식의 주된 원천은 일련의 도덕적 원칙들이라기보다 덕인이다. 도덕 교육을 대하는 아리스토텔레스의 시각과 현대 윤리학자들의 시각이 정확히 일치하지는 않지만, 적어도 아이들이 부모를 비롯한 성인의 행동을 모방함으로써 좋은 습관이나 나쁜 습관을 가지게 된다는 사실만큼은 부정할 수 없다. 비록 어린이나 청소년이 본받아야 할 올바른 역할 모델이 무엇인지 쉽게 확정할 수는 없지만, 이들에게 심어 주어야 할 도덕적 원칙이 무엇인지 정확하게 규정하는 것보다는 수월한 것 같다.

>1 역자주: 겉으로 보기에 똑같이 정의롭고 절제된 행동이라고 해도, 그것이 유덕한 성품에서 우러나왔는가 아니면 그 행동의 이면에 욕구의 갈등이 있었는가에서 다를 수 있다. 전자의 경우에만 정의롭고 절제 있는 사람으로 인정한다는 아리스토텔레스의 주장이다.

물론 덕행을 단순히 모방한다고 해서 유덕해지는 것은 아니고, 그 이상이 요구된다. 위 인용문에 나타나듯, 덕인은 특정한 방식으로 행동한다. 아리스토텔레스에 의하면,

> "덕에 따라 이루어지는 행위들은 설사 그것들이 어떤 성질을 가진다고 해서 정의롭게 또는 절제 있게 행해진 것은 아니고, 그러려면 행위자도 어떤 마음 상태에서 행해야 한다. 우선 알고서 행위해야 하고, 다음으로 선택하여 행위하되 그 행위 자체 때문에 선택해야 하며, 셋째로 확고하고 흔들리지 않는 마음 상태에서 행위해야 한다"(1105a 28~34).

왜 덕의 소유가 덕행을 하는 것 이상을 요구하는지는 쉽게 이해할 수 있다. 내가 플랫폼에 서 있는데 지하철 철로 쪽으로 어린 아이가 떨어졌다고 해 보자. 그리고 이 장면을 본 내가 철로로 뛰어들어 지하철이 돌진해 오기 직전에 아이를 밖으로 끌어올려 구했다고 해 보자. 의심의 여지 없이 이 행동은 용감한 행동이다. 그럼 용감한 행동을 한 나는 용감한 사람인가? 아직 단정할 수 없다. 왜냐하면 내가 당시 상황의 위험성을 몰랐을 수 있고(나는 지하철이 들어오는 것을 보지 못했거나 그 소리조차 듣지 못했을 수 있다), 어떤 외적인 동기 때문에 그렇게 행동했을 수도 있기 때문이다(순간적으로 큰 보상을 기대했을 수 있다). 또 내가 평소 성격과 다르게 행동했을 수도 있다(나는 용감하게 행동하기보다 대체로 비겁하게 행동하던 사람일 수 있다). 그러므로 나의 행동뿐 아니라 나라는 사람도 용감하다고 할 수 있으려면, 위 인용문에 언급된 조건이 반드시 충족되어야 한다.

처음에 유덕한 성격을 형성하려면, 덕행을 반복적으로 해 보아야 한다. 그런데 이후 유덕한 성격이 갖추어졌다면, 이 성격은 단순히 덕행의

결과가 아니다. 이제 성격은 우리가 덕행을 하는 원인이 된다. 그래서 아리스토텔레스는 다음과 같이 주장한다.

> "여러 덕이 생기고 성장하는 것과 덕이 소멸하는 것은 동일한 행동으로부터 그리고 동일한 행동에 의해서이다. 뿐만 아니라 덕의 실현도 그 동일한 행동 안에 있다. … 체력의 경우도 마찬가지이다. 왜냐하면 체력은 많은 음식을 먹는 것과 많은 단련을 견디는 것으로부터 생겨나고, 이런 일을 가장 잘할 수 있는 자는 체력이 강한 사람이기 때문이다. 덕의 경우도 이렇다. 왜냐하면 쾌락을 멀리하는 일로부터 우리는 절제 있게 되고, 또 우리가 절제 있게 되면 쾌락을 멀리하는 것을 가장 잘할 수 있기 때문이다. 용기의 경우도 마찬가지이다. 왜냐하면 두려운 것들을 대수롭지 않게 보며 그것들을 견디는 습관을 들임으로부터 우리가 용감하게 되고, 또 우리가 용감하게 되면 두려운 것들을 가장 잘 견딜 수 있을 것이기 때문이다"(2권 2장, 1104a 27~1104b 3).

지금까지 도덕적 덕이 어떻게 획득되는지 살펴보았고, 이제 덕이 무엇인가에 대한 설명을 확인해야 한다. 2권 5장에서 아리스토텔레스는 덕을 정의하면서 우선 덕의 일반적인 종류를 설명한다. 덕이란 헥시스(*hexis*), 즉 성격의 특성 내지 상태이다. 그는 이 결론을 도출하기 위해 제거의 방식으로 논증했다. 앞에서(1권 7장) 에우다이모니아를 정의할 때처럼 말이다. 그러나 이 논증도 에우다이모니아를 정의하기 위한 앞의 논증보다 더 나을 것이 없어 보인다. 아리스토텔레스에 따르면, 덕은 능력도 아니고 감정도 아니기 때문에 성품이어야 한다. 그러나 선택지가 반드시 이 셋으로 제한될 필요는 없지 않은가? 이 논증은 좋지 않으나, 그래도 결론만큼은 옳아 보인다. 왜냐하면 도덕적 덕은 실제로 성품이기 때문이다.

한편, 덕이 성품이라고 할 때 어떤 성품을 말하는 것일까? 우선 모든 덕은 "(1) 덕이 속한 바로 그것을 좋은 상태에 있게 하고, (2) 그것이 자신의 역할을 잘 수행하게 해 준다"(2권 6장 1106a 16~17). 그런데 인간의 고유한 역할이 이성적 활동이므로, 예상컨대 인간의 덕이란 잘 사고하게 해 줌으로써 우리를 좋은 인간이게 하는 성품일 것이다.

이제 아리스토텔레스는 덕에 대한 명시적인 정의를 제시한다.

> "그러므로 덕 또는 탁월성은 선택과 연관된 성품으로, 우리와 관련된 중용 안에 있다. 여기서 중용은 이성에 의해, 실천적 지혜를 가진 자가 규정할 방식으로, 규정된다. 이는 두 악덕, 즉 과도에 따른 악덕과 부족에 따른 악덕 사이의 중용이다"(1106b 36~1107a 3).

덕이 선택과 연관된 성품이라고 주장할 때, 분명 아리스토텔레스는 3권에서 논의될 선택 개념을 염두하고 있었다. 현재로서는 그가 말한 선택이 숙고의 산물임을 짚고 넘어가는 것으로 충분하다. 여기서 숙고는 실천적인 일들에 적합한 이성적 활동이다. 그러므로 덕이 선택과 연관된 성품이라는 언급을 통해 아리스토텔레스가 지적하고자 했던 점은 바로 덕의 이성적 특징이다.

그럼 유덕한 선택은 무엇일까? 그것은 "우리와 관련된 중용"에 맞는 행동을 선택하는 것이다. 이 말은 또 무엇을 의미하는가? 2권 6장의 앞부분에서 아리스토텔레스는 중용 개념을 설명했고, 중용을 두 종류로 구분했다. 하나는 사물 자체와 관련된 중용이고, 다른 하나는 우리와 관련된 중용이다. 아리스토텔레스는 연속체의 균등한 부분을 가지고 중용을 정의한다. 예컨대 다음과 같은 선을 생각해 보자.

A ———————————— B ———————————— C

하나의 연속적인 선분에서 A와 C는 양 극단이다. 그리고 B가 바로 중용이다. 즉, B는 양 극단의 중간 지점으로서, 하나의 선분을 균등한 두 부분으로 나눈다. 중용에 대한 위와 같은 정의는 사물 자체와 관련된 중용이 무엇인지 명료하게 보여 준다. 그렇다면 우리와 관련된 중용의 경우는 어떠한가?

> "사물에 관련된 중용은 양 극단으로부터 같은 만큼 떨어져 있는 것을 말하는데, 이는 모든 사람에게 하나이고 동일하다. 그런데 우리와 관련된 중용은 너무 많지도 너무 적지도 않으나, 모든 사람에게 하나가 아니고 동일하지도 않다. 예를 들어, 10은 많고 2는 적다면, 사물과 관련된 중용으로 6을 취한다. 왜냐하면 6이 같은 만큼 초과하고 같은 만큼 초과되기 때문이다. 이는 수적인 비례에 따르는 중용이다. 그러나 우리와 관련된 중용을 이런 식으로 취해서는 안 된다. 어떤 이에게 10근의 음식물은 먹기에 많고 2근의 음식물은 적다고 해서, 운동 코치가 모든 사람에게 6근의 음식물을 먹으라고 지시하지는 않을 것이기 때문이다. 왜냐하면 6근의 음식물도 어떤 이에게는 많고 어떤 이에게는 적을 수 있기 때문이다. 노련한 레슬링 선수인 밀로에게는 적겠지만 운동을 막 시작한 초보자에게는 많을 것이기 때문이다"(1106a 29~1106b 4).

위 인용문에서 확인되듯, "우리와 관련된 중용"은 특정한 개인에게 알맞고 올바른 정도를 의미한다. 그러므로 아리스토텔레스의 윤리학은 일면 상대성을 띤다. 즉, 어떤 구체적인 상황에서 해야 할 올바른 행동이 모든 사람에게 동일하지 않을 수 있다. 먹기에 알맞은 음식물의 양이 모든 사람에게 같지 않은 것처럼 말이다. 이것이 바로 플라톤의 윤리학처럼 아리스토텔레스의 윤리학이 보편적으로 적용 가능한 일련의 규칙들로 환원될 수 없는 이유이다. 그러나 아리스토텔레스의 윤리학적 입장을 오로지 상대주의로 볼 수만은 없다. 첫째, 그는 "이 상황에서 나는 무엇을 해야 하는가?"라는 물음에 하나의 객관적인 답이 있다고 믿었기 때문이다. 마치 내가 얼마만큼의 음식을 먹어야 하는가에 하나의 답이 있는 것처럼 말이다. 둘째, 아리스토텔레스는 이 물음에 대한 대답이 개인의 판단에 의존한다고 생각하지 않았기 때문이다. 예컨대 '자신에게 가장 좋은 것이 무엇인가에 대한 찰리의 판단'과 '찰리에게 실제로 가장 좋은 것'은 다를 수 있다. 그러나 올바른 행위는 "이성에 의해, 실천적 지혜를 가진 자가 규정할 방식으로, 규정되는" 행동이다.

그러므로 "실천적 지혜를 가진 자", 즉 **프로니모스**(*phronimos*)는 아리스토텔레스 윤리학에서 상대주의적 측면이 어느 정도까지 허용되는지, 그 중요한 경계를 보여 준다. 한편, **프로니모스**란 어떤 사람일까? 윤리적인 문제를 올바르게 파악하는 자, 어떤 사람이 취해야 할 올바른 행동 방식을 파악하는 자이다(확실히 아리스토텔레스는 **프로니모스**를 남성으로, 정확히 말하면 희랍 시민인 성인 남자로 제한했다. 물론 우리가 이러한 견해까지 받아들여야 할 이유는 없다). 그런데 방금 말한 '어떤 사람'이 꼭 **프로니모스** 자신이어야 하는 것은 아니다. 즉, '어떤 사람'이 타인일 수 있다. 예컨대 찰리에 대한 충분한 정보가 주어졌다면, **프로니모스**는 특정 상황에서 찰리가 해야 할 올바른 행동까지 말할 수 있고, 찰리가 행동할 때 입각해야 하는 올바른 원칙을 결정할 수 있다. 찰리의 이런 실천적 문제에 대한 **프로니모스**의 판단은 찰리 자신의 판단보다 더 나을 것이다. 단, 이 원칙은 모든 사람에게 타당한 보편적 원칙이 아니라, 찰리라는 구체적 개인에게 그리고 그가 처한 구체적 상황에 특수한 원칙이어야 한다. **프로니모스**에 대한 풍부한 설명은 6권에 가서야 제시되니까 **프로니모**

스에 대한 상세한 논의는 다음으로 미루자. 지금으로서는 개인들의 행동을 평가할 객관적 기준 또는 잣대가 바로 **프로니모스**라는 모델임을 기억하는 것으로 충분하다. 결국, 우리가 어떤 특정 상황에서 해야 할 올바른 행동이란, **프로니모스**가 바로 그 상황에서 할 법한 행동에 다름 아니다.

"우리와 관련된 중용"이 특정한 개인에게 알맞고 올바른 정도를 의미한다면, 왜 아리스토텔레스는 이러한 정도를 굳이 중용이라고 표현하려 했을까? 왜냐하면 그가 보기에, 이 올바른 정도는 언제나 두 극단 사이의 중용이기 때문이다. 이제 그가 중용론을 도덕적 덕에 어떻게 적용시키는지 살펴보자.

> "도덕적 덕은 감정과 행동에 관계하고, 이 감정과 행동 속에 과도와 부족 및 중용이 있다. 예를 들어 두려움과 대담함, 또 육욕이나 분노 및 연민, 일반적으로 쾌락과 고통을 느끼는 일을 너무 많이 또는 너무 적게 할 수 있는데, 양쪽 모두 잘하는 것이 아니다. 반면, 이것들을 마땅한 때에, 마땅한 일에 대해, 마땅한 사람들에 대해, 마땅히 추구해야 할 목적을 위해, 그리고 마땅한 방식으로 느끼는 것이 바로 중용이자 최선이고, 이것이 덕의 특징이다"(2권 6장, 1106b 16~23).

위 인용문은 주로 감정에 초점이 맞추어져 있지만, 아리스토텔레스는 위 주장을 행위에 적용시켜 다시 설명한다.

아리스토텔레스의 "중용론"은 그의 윤리학에서 가장 잘 알려진 이론이면서, 동시에 가장 많이 비판받고, 내가 보기에 가장 많이 오해되어 온 부분이기도 하다. 아리스토텔레스는 단순히 평균이나 적당함을 옹호하지 않았다. 그가 주장하기를, "덕의 실체와 덕의 본질을 말하는 정의에 따르면, 덕은 중용이다. 그러나 최선과 잘함이라는 기준에서 보면, 덕은 극단이다"(2권 6장, 1107a 6~8). 그가 덕을 중용이라고 정의한 이유는 탁월함의 정점이 중용에서 찾아진다고 믿었기 때문이다. 왜 이렇게 믿었을까? 아마 그가 여러 가지 덕에 대한 경험적 탐구를 기반으로 일반화를 시도했기 때문일 것이다. 다시 말해서, 그는 부족–중용–과도라는 모델이 그가 다루고 싶은 중요한 도덕적 덕들에 훌륭하게 적용된다는 사실을 발견했을 것이다. 그래서 이 모델을 일반화했고, 덕을 정의할 때 이 모델을 사용했을 것이다.

아리스토텔레스는 중용론이 덕을 분류하는 기준으로서 가치 있다고 생각했다. 그러나 그가 중용을 실천 추론에 사용될 수 있는 아주 정밀한 도구로 여긴 것 같지는 않다. 무엇보다도 그는 중용이 여러 가능성을 포함하는 행동과 감정에만, 특히 좋은 행동과 감정에만 적용된다는 점을 잘 알고 있었다.

> "모든 행위와 모든 감정에 중용이 있는 것은 아니다. 왜냐하면 어떤 행위나 감정은 이미 나쁜 의미를 갖는 이름으로 불리기 때문이다. 예컨대 심술, 파렴치, 질투와 같은 감정 그리고 행동의 경우에는 간통, 절도, 살인 등이 그러하다. … 이러한 경우에는, 예컨대 마땅히 할 여자와 간통하는지, 마땅한 때에 마땅한 방식으로 간통하는지, 이런 일들에는 잘함도 없고 제대로 하지 못함도 없다. 이들 중 무엇을 하든 무조건 잘못이다"(1107a 8~15).

둘째, 아리스토텔레스는 "우리와 관련된 중용" 개념이 올바른 행위의 선택을 아주 정확하게 규정하지 못함을 알고 있었다. 그래서 그는 6권 1장에서 다음과 같이 주장한다.

> "지나치게 또는 부족하게 노력해서도 쉽게 여겨서도 안 되고 중용에 맞고 올

> 바른 이성이 지시하는 대로 해야 한다는 말은 옳다. 그러나 단지 이 사실을 안다고 해서 더 지혜롭지는 않을 것이다"(1138b 27~30).

덕이 단지 사물 자체와 관련된 중용을 포착하는 성품이라면, 아마 중용 개념은 올바른 행동을 선택하는 데 한 치의 오차도 없을 만큼 정확하게 사용될 수 있을 것이다. 그러나 우리와 관련된 중용의 경우, 개인마다 알맞고 올바른 정도가 다르다. 그래서 아리스토텔레스는 **프로니모스라는** 모델을 통해, 감정을 느끼고 행동함에 있어서 과도와 부족의 극단을 피해야 한다는 일반적 지침을 제시하는 것으로 그쳤다. "너무 쉽게 여겨서도 안 되고", "지나쳐도 안 된다"는 식으로 말이다. 구체적 상황에서 요구되는 행동과 감정이 무엇인지 정확히 규정하기 위해, 우리는 아리스토텔레스의 일반적 덕론에 더하여 개별적 덕들에 대한 다음의 논의를 살펴보아야 한다.

개별적 덕들: 용기와 절제

아리스토텔레스는 2권 7장에서 개별적 덕들에 대한 설명을 시작한다. 이 설명은 3권 초반에 잠시 중단된 후, 3권 6장에서 다시 시작되어 5권의 끝까지 계속된다. 3권 1장부터 5장까지는 선택 및 이와 관련된 개념들에 대한 논의이다(이는 **숙고, 선택, 그리고 실천적 지혜**에서 살펴볼 것이다). 그는 개별적 덕들에 대한 설명을 통해, 각각의 개별적 덕도 덕을 정의할 때 사용했던 부족–중용–과도라는 유형에 들어맞는다는 점을 보이고자 했다. 우선 그는 선대 철학자들이 인정했던 것보다 훨씬 더 다양한 덕들의 목록을 제시한다(아래의 도표 참조). 중요한 덕으로 네 개, 많게는 다섯 개(지혜, 용기, 절제, 정의, 그리고 때때로 경건)를 언급했던 플라톤이나 소크라테스와 달리, 아리스토텔레스는 열두 개의 개별적 덕을 소개한다. 더욱이 플라톤이 말한 덕들 중 몇몇은 아리스토텔레스의 목록에 빠져 있다. 먼저 정의(正義)가 없다. 그러나 아리스토텔레스는 정의를 이후에 별도로 논의하겠다고 약속했다. 확실히 그는 정의도 두 극단의 중용이라고 믿었다. 또 지혜도 빠져 있다. 그런데 아리스토텔레스의 분류에 따르면, 지혜는 지적인 덕이지 도덕적 덕이 아니다. 그래서 지혜는 다른 지적인 덕들과 함께 6권에서 논의된다. 덕 목록에 경건도 빠져 있는데, 아리스토텔레스는 경건을 제외한 이유를 밝히지 않았다.

소크라테스와 플라톤에 비해 아리스토텔레스는 여러 덕이 발휘되는 영역의 경계를 더 정확하게 규정했다. 물론 소크라테스는 모든 덕이 하나라고 생각했기 때문에, 각 덕이 발휘되는 영역에 따라 개별적인 덕을 구분하는 데에 별 관심이 없었다. 한편, 플라톤은 주요한 기본 덕들을 영혼의 서로 다른 부분에 대응시켰다. 그래서 지혜는 이성에 대응되고, 용기는 기개에, 절제[>2]와 정의는 부분들의 관계라는 측면에서 세 부분 모두에 해당된다. 그러나 플라톤도 이 이상으로 더 세밀하게 구분하지 않았다. 반면, 아리스토텔레스는 개별적 덕들을 더 구체화하여 각각의 범위를 상당히 엄격하게 제한했다.

그런데 개별적 덕들에 대한 그의 논의를 살펴보면, 부족-중용-과도라는 도식에 다소간의 한계가 있음을 알 수 있다. 예컨대 아리스토텔레스는 위 목록에서 적합한 명칭이 없는 경우도 있다고 말했는데, 표에 꼭 들어맞도록 현실을 약간 억지스럽게 끼워 넣었다는 점이 여기에서부터

>2 역자주: 플라톤에 따르면, 절제는 세 부분 모두에 요구되지만 특히 욕구 부분에 더 많이 요구된다.

드러난다. 과도하게 두려워하는 자를 일컬어 '비겁' 한 자라고 하지만, 두려워하지 않음에서 과도한 자를 가리키는 명칭은 없다. 또 쾌락을 과도하게 쫓는 자를 '방탕' 한 자라 하지만, 쾌락을 추구함에서 부족한 자를 가리키는 명칭은 없다(아리스토텔레스는 이런 사람을 지칭하기 위해 아나이스테토이(*anaisthētoi*), "무감각한"이라는 용어를 사용하자고 제안한다. 그런데 그가 2권 7장 1107b 7에서 인정했듯이, 현실에 이런 사람은 "거의 없다"). 이와 유사한 다른 경우도 있다. 그러나 이보다 더 심각한 일은, 심술과 질투에 대해 논의하면서 아리스토텔레스 자신이 혼돈을 겪었다는 사실이다. 그의 규정에 따르면, 질투는 타인의 행운에 대해 지나치게 부정적으로 반응하는 것이다. 그런데 심술이 질투의 반대 개념이라면, 심술은 타인의 행운에 긍정적인 반응을 적게 보이는 것이어야 한다. 그런데 사실 에피카이레카키아(*epichairekakia*), "심술"은 타인의 불행에 대해 기뻐하는 마음이다. 그러므로 문자 그대로 보자면, 심술은 질투의 반대 개념이 아니라 질투와 충분히 양립가능하다. 즉, A라는 동일한 사람이 B라는 사람이 잘된 것에 질투하면서 동시에 C라는 사람이 겪는 불행에 기뻐할 수 있다.

이상의 문제점이 있는 것은 사실이지만, 부족－중용－과도라는 도식의 강점에 비추어 보면 대수롭지 않은 한계이다. 왜냐하면 이 도식은 덕과 악이라는 이분법의 구도보다 더 진전되어 있고, 이로써 아리스토텔레스는 이전 철학자들보다 훨씬 더 세밀하게 덕을 분석할 수 있었기 때문이다. 실제로 그러한지, 그가 검토했던 덕 중에 용기와 절제를 살펴보자.

아리스토텔레스는 3권 6장~9장에서 용기에 대해 논의한다. 우선 용기는 두려움과 대담함에 관련된 중용이다. 두려움의 대상은 악인데, 그렇다고 모든 악이 용기에 연관된 것은 아니다. 용기 있는 자는 오명이나 가난 또는 질병의 위협에 두려움 없이 행동하는 자가 아니라, 죽음에 대해 두려움 없이 행동하는 자이다. 그리고 죽음도 모든 종류의 죽음이 아니라, 전쟁에서 직면하게 되는 것과 같은 고귀한 죽음만 가리킨다.

> "정확히 말하면 고귀한 죽음에, 그리고 갑작스럽게 닥쳐서 죽음을 초래하는 일들에 두려워하지 않는 자가 용감하다고 하겠다. 그런데 전쟁에서 일어나는 일들이 주로 이렇다. 물론 용감한 사람은 바다에서나 질병에 대해서도 두려워하지 않지만, 뱃사람들의 태도와는 다르다. 왜냐하면 용감한 자들은 목숨을 구하기를 단념하고 〈명예를 드높이지 못한 채〉[>3] 그렇게 죽게 되는 것을 분하게 여기지만, 뱃사람들은 자기들의 경험 때문에 살 수 있다는 희망으로 낙관하기 때문이다" (3권 6장, 1115a 32~b 4).

용감한 자는 위와 같은 상황에서 죽음을 대면하는데, 그렇게 행동하는 것이 고귀하기 때문이다. 즉, 용감한 자는 고귀함 또는 명예를 위해 행동한다. 아리스토텔레스는 이러한 용감한 태도를 그와 유사해 보이는 다른 몇몇의 태도와 비교한다. 여기에는 그의 선조들이 용기와 동일시했던 태도도 포함된다. 우선 시민 군인은 용감한 자가 하듯 죽음에 맞선다. 그러나 시민 군인은 명예를 위해서가 아니라 어디까지나 법에 복종하기 위해 그렇게 할 뿐이다. 또 직업 군인, 그리고 일반적으로 위험에 직면해 본 경험이 많은 자들도 용감해 보인다. 아리스토텔레스는 이런한 경험이 많은 자를 가리키면서 "이런 이유로 소크라테스가 용기를 지식이라고 생각했다"(3권 8장, 1116b 4~5)고 말한다. 그러나 이들은 더 강력한 적을 만나면 맞서기보다 도망가 버리기 때문에, 진정 용감한 자가 아니다. 또 용

>3 역자주: 앞으로 4장에 나오는 모든 꺽쇠(〈 〉) 안의 내용은 윌리엄 J. 프라이어가 택한 번역서, *Nichomachean Ethics*(Macmillan Publishing Company, 1962)의 역자인 Martin Ostwald의 삽입이다.

아리스토텔레스의 덕 목록

영역	부족(악)	중용(덕)	과도(악)
두려움과 대담함	비겁	용기	무모
쾌락과 고통	무감각	절제	방탕
보통 규모의 재물	인색	관후[>4]	낭비
큰 규모의 재물	쩨쩨함	호탕[>5]	몰취미 천박함[>6]
큰 명예	작은 포부(소심)	큰 포부	허영
일반적인 명예	야심 없음	(명칭 없음)	야심 많음
분노	화낼 줄 모름	온화	성마름
진실	자기 비하	진실성	허풍
놀이에서의 즐거움	촌스러움	재치	익살 · 까불거림
일상에서의 즐거움	투덜거림	친근함	굽실거림 아첨
수치	파렴치	염치	조마조마해 함
타인의 행운	심술	의분	질투

>4 역자주: 희랍어는 "eleutheriotēs"(관후 또는 자유인다움)이다(2권 7장 1107b 9). 알맞은 양의 재물을 올바르게 취하고 주는 성향인데, 특히 남들에게 주는 일과 더 밀접하다.

>5 역자주: 주로 제식이나 국가적인 행사와 관련하여 큰 돈을 쓰되, 상황과 자신의 경제력에 알맞은 만큼 지출하는 성향을 의미한다.

기와 기개는 완전히 같지 않다(플라톤이라는 이름을 언급하지 않았지만, 여기서 아리스토텔레스는 틀림없이 『국가』편에서 플라톤이 말한 용기를 염두에 두고 있었을 것이다). 단, 아리스토텔레스는 "선택과 목적이 더해진다면, 그러한 기개는 참된 용기가 되는 것 같다"(1117a 4~5)고 말한다. 또 낙관적인 자는 용감한 자처럼 대담하다. 그러나 낙관적인 자도 역경을 헤쳐 나감에 있어서 방금 말한 직업 군인보다 나을 것이 없다. 상황이 계획대로 진행되지 않으면 달아나 버리기 때문이다. 마지막으로 무지한 자도 표면적으로 용감한 자처럼 행동할 수 있다. 그러나 우리는 이런 사람이 진정 용감한 자일 수 없음을 이미 잘 알고 있다.

이제 아리스토텔레스는 위와 같은 방식으로 절제를 설명한다. 그는 먼저 절제의 덕이 발휘되는 영역을 규정하는데, 그의 선조들이 생각했듯, 그것은 쾌락의 영역이다. 그러나 모든 쾌락을 다 포함하지는 않는다. 절제는 주로 육체적 쾌락에, 특히 먹고 마시는 쾌락과 성적인 쾌락에 관련되어 있다. 아리스토텔레스는 이러한 쾌락을 적당한 만큼보다 덜 즐기는 사람들은 "거의 없다"(3권 11장, 1119a 6)고 하면서, 이런 욕구의 측면에서 잘못을 범하는 자들은 "한쪽 방향으로만", 즉 부족하게가 아니라 "과도하게"(1118b 16) 행동한다는 점을 인정한다. 이렇듯 욕구 중에 어떤 하나를 과도하게 추구함으로써 잘못을 범하기도 하지만, 모든 사람이 즐기는 것은 아닌 특정 대상에 대한 욕구를 키움으로써 잘못을 범하기도 한다.

"젊고 혈기 왕성한 자라면 누구든 성교의 욕구를 가진다. 그런데 어떤 종류의

>6 역자주: 희랍어는 "apeirokalia"와 "banausia"이다(2권 7장 1107b19). 쩨쩨함이나 호탕의 경우처럼 공공의 명예를 드높이는 일과 관련된다. 적은 지출로 충분한 때에 큰 돈을 내면서 자신의 부를 과시하는 성향을 말한다.

음식 또는 어떤 종류의 성교를 욕구하는가에서 모든 사람이 일치하지는 않는다"(1118b 11~12).

절제 있는 자는 자연적인 욕구를 알맞은 만큼 가지는 자이고, "자연적이지 않은" 쾌락에서 기쁨을 느끼지 않는 자이다.

"절제 있는 자는 건강이나 좋은 상태에 도움이 되는 쾌락적인 것들을 적절하게 그리고 마땅한 방식으로 욕구한다. 그리고 다른 쾌락적인 것들도, 건강과 좋은 상태에 방해가 되지 않는 한 또는 고귀함에 어긋나지 않고 자기 힘을 넘지 않는 한, 욕구한다"(1119a 16~18).

절제는 욕구를 무조건 억제하는 것이 아니라, 적절한 욕구를 충족시키는 것이다. 적절히 욕구하도록 훈련함으로써, 우리는 절제의 덕을 가질 수 있다. 반면, 이러한 훈련이 없다면, 욕구를 통제하지 못하거나 아예 통제하지 않으려 하는 방탕한 자가 되기 쉽다. 물론 이 훈련은 이성의 안내를 받는다. 아리스토텔레스가 보기에, 이성이 이끌어 주지 않는 한, 욕구는 만족을 모른 채 계속 분출되려고 한다.

그렇다면 도덕적 덕의 특성에 대한 위 설명이 어떻게 좋은 삶에 대한 아리스토텔레스의 관점에 부합한다는 말인가? 도덕적 덕은 이성의 지시를 따른다는 점에서 이성적이다. 도덕적 덕의 이성적 측면은 "실천적 지혜를 소유한 사람"인 프로니모스(*phronimos*)에게서도 잘 나타난다. 실천적 지혜의 삶이 에우다이모니아(*eudaimonia*)의 한 형태인 이유는, 도덕적 덕이 이성적 활동을 요구하기 때문이다. 그러므로 아리스토텔레스 관점에서, 욕구와 감정을 단순히 습관적으로 통제하는 것은 본래적으로 가치 있는 일이라 할 수 없다. 희랍 윤리학에서 전통적으로 인정되어 온 도덕적 덕들은 좋은 삶을 사는 데에 기여하는데, 여기서 중요한 점은 그 이유이다. 그것은 도덕적 덕이 본질적으로 이성적 활동을 포함하기 때문이다. 보통 덕은 행복이라는 목적의 수단이라고 불리는데, 이는 정확한 표현이 아니다. 아리스토텔레스가 보기에, (프로니모스가 극단적인 불운을 겪지만 않는다면) 프로니모스의 삶이 곧 에우다이모니아이다. 그가 에우다이몬(*eudaimōn*)인 이유는 그의 삶에 포함된 탁월한 이성적 활동 때문이다. 행복과 덕의 관계는 (분리 가능한) 목적과 수단의 관계가 아니라, 완전한 전체와 그 구성 요소의 관계이다.

정의와 친애

아리스토텔레스는 덕을 좋은 삶 또는 행복한 삶의 일부로 보았기 때문에, 덕을 통해 가장 많은 이익을 얻는 자는 덕을 가진 당사자라고 생각하는 경향이 있었다. 절제의 경우, 이 덕으로 가장 많은 이익을 얻는 자는 분명 절제 있는 사람 자신이다. 그러나 용기의 경우에는 이야기가 다를 수 있다. 특히, 전쟁에서의 용기를 보자. 이는 아리스토텔레스 자신도 주목했던 내용이다. 왜냐하면 아리스토텔레스가 1권 3장에서 지적했듯, 사람들이 용기로 인해 "파멸했기" 때문이다. 확실히 전쟁터에서 용감한 군인의 죽음은 그가 생명을 지켜 주고자 했던 사람들에게 이익을 줄 수 있지만, 이 죽음이 어떻게 그 군인 자신에게 이익을 주는지 이해하기 어렵다. 그러나 이에 대해 아리스토텔레스는 '영웅의 죽음이 죽은 당사자에게 이익을 준다'는 변호하기 까다로운 입장을 지지한다. 그 죽음이 그에게 명예를 가져다주기 때문이라는 것이다. 아리스토텔레스가 아레테와 에우다이모니아 사이의 긴밀한 연관성을 강조해 왔다는 점을 고려한다면, 왜 그가 저런 주장을 했는지 쉽게 알 수 있을 것이다.

그러나 아리스토텔레스가 기본적으로 이타적이라고 생각했던 두 가지 덕이 있다. 그것은 정의(正義)와 친애이다. 왜냐하면 이 두 덕은 '타인의 좋음'을 나의 목적 달성에 필요한 수단으로 보지 않고 목적 자체로 보기 때문이다. 아리스토텔레스는 정의를 설명하는 데에 5권 전체를, 그리고 친애를 설명하는 데에 8권과 9권을 모두 할애했다. 『니코마코스 윤리학』의 많은 내용이 그의 도덕 철학이 기본적으로 이기적인 특징을 가진다는 인상을 주는데, 저 부분만큼은 그렇지 않다. 그러나 정의와 친애의 경우에도, 자기 지시적인 측면이 여전히 남아 있기는 하다. 이에 대해서는 곧 살펴볼 것이다.

정의는 중요한 덕이다. 이 사실은 『니코마코스 윤리학』의 초반에 이미 예고되어 있었다. 왜냐하면 거기서 아리스토텔레스는 가장 중요한 실천적 학문으로 정치학을 택했기 때문이다. 『정치학』에서 언급되었듯, 인간은 "정치적인 동물"이고, 정의야말로 핵심적인 정치적 덕목이다. 좋은 삶이 정치적 공동체 속에서만 실현될 수 있다면, 그리고 모든 정치적 공동체가 정의를 요구한다면, 분명 정의는 좋은 삶에 필수적인 덕일 것이다.

아리스토텔레스는 5권 1장에서 "정의(正義)"의 두 의미를 구분한다. 일반적 정의(넓은 의미의 정의)와 개별적 정의(좁은 의미의 정의, 부분 정의)가 그것이다. 전자는 법을 지키는 것이다. 그리고 후자는 분배의 형평성과 시정(是正)의 형평성으로 다시 구분된다. 한편, 일반적 정의가 준법이라는 주장이 놀라울 수 있겠다. 이 말을 듣자마자 우리는 정의롭지 못한 법을 떠올리기 때문이다. 그러나 아리스토텔레스가 말하는 법은 입법의 고유한 목적에 부합하는 법임을 기억하자. 그에 의하면, "우리는 정치적 공동체를 위해 행복과 행복의 부분들을 산출하고 보존하는 것들을 '정의롭다'고 말한다"(1129b 17~20). 법은 "어떤 행동을 명령하고 어떤 행동을 금지한다. 제대로 제정된 법은 명령과 금지를 올바르게 하고, 경솔하게 제정된 법은 이렇게 잘하지 못한다"(1129b 24~5). 그러므로 모든 법이 정의로운 것이 아니라, 입법의 목적을 성취시켜 주는 법만 정의롭다.

아리스토텔레스에 의하면, 이러한 일반적 정의는

> "완전한 덕 또는 탁월성이다. 그러나 무조건 이렇지는 않고, 타인과 관계되어야 완전한 덕이다. 바로 이러한 이유로 정의는 종종 모든 덕 중에 최고의 덕으로 간주된다. … 정의의 덕을 가진 자는 그 덕을 자신에게뿐 아니라 타인에 대해서도 발휘할 수 있기 때문이다. 많은 사람이 자기의 덕을 사적인 일에서 발휘할 수 있지만 타인과의 관계에서는 그러지 못하니 말이다. … 덕 중에 오직 정의만이 타인의 좋음인 것 같다. 정의는 타인과 관계하기 때문이다. … 가장 선한 사람은 덕을 자신에 대해서가 아니라 타인에 대해 발휘하는 자이다. 이것은 어려운 일이기 때문이다. 그러므로 이러한 정의는 덕의 부분이 아니라, 덕 전체이다"(1129b 26~1130a 9).

정의가 완전한 덕인 이유는 그것이 여러 가지 덕행을 모두 요구하기 때문이다. 정의는 좁은 의미의 정의(분배 정의와 시정 정의)뿐 아니라, 용감하기를 요구하고 절제하기를 요구하며 온화하기를 요구한다. 또 정의는 이런 행동을 나의 이익이 아니라 타인의 이익을 위해 행하기를 요구한다. 정의가 "무조건적인 의미의 덕"이 아닌 이유가 바로 여기에 있다. 예컨대 정의는 나의 명예를 위해서가 아니라 우리 공동체의 잘 삶을 위해 용감하라고 요구한다. 아리스토텔레스는 이렇게 정의를 실현하는 것이 "어려운 일"라고 말했는데, 사람들이 본성적으로 자기중심적 성향을 갖는다는 사실, 그래서 자신의 이득을 먼저 고려하고 타인의 이익은

(조금이라도 생각한다면) 나중에 생각한다는 점을 잘 알았던 것 같다. 아리스토텔레스가 규정한 일반적 정의는 플라톤의 『국가』에 나오는 국가의 정의와 유사하다. 그러나 플라톤과 다르게 아리스토텔레스는 정의가 궁극적으로 정의로운 자 자신의 이익이 된다는 점을 애써 증명하려고 하지는 않았고, 대신 정의란 "타인의 좋음"이라는 상식적인 견해를 받아들였다.

개별적 정의는 모든 종류의 잘못에 연관되지 않고 탐욕적인 동기에서 비롯된 행동에만 연관된다는 점에서 일반적 정의와 다르다. 좁은 의미의 정의에서 보자면, 정의롭지 못한 사람은 합당한 만큼보다 더 많은 재물을 가져가길 원하고, 나쁜 것은 합당한 만큼보다 덜 가져가길 원한다. 어떤 이가 정의로운지 정의롭지 않은지를 나타내 주는 것은 겉으로 드러난 행동이 아니라, 이러한 탐욕스런 동기가 있는가 없는가이다.

> "어떤 이는 이득을 위해 간통을 하여 돈을 벌고, 다른 이는 돈을 내고 손해를 보면서도 육체적 욕구 때문에 간통을 한다면, 후자는 '더 많이 챙기려는 사람'이 아니라 '방탕한 자'라 생각되고, 전자는 '방탕한 자'가 아니라 '부정의한 자'라고 보인다. 이는 전자가 이득 때문에 간통을 했다는 점에서 분명히 드러난다"(5권 2장, 1130a 24~8).

아리스토텔레스는 좁은 의미의 정의를 두 종류로, 즉 분배 정의와 시정 정의로 구분한다. 분배 정의는 국가의 시민에게 공공의 재화(물질적인 재화나 이득일 수도 있고 명예일 수도 있다)를 분배하는 일에 연관된다. 공공의 재화를 공평하게 분배하려면, 받는 자의 가치를 고려해야 한다. 아리스토텔레스는 모든 시민이 가치라는 기준에서 동등하다고 생각하지 않았다. 그는 현실적으로 사람마다 가치가 다르다고 보았고, 그래서 공평한 분배를 위해 반드시 가치의 차이가 반영되어야 한다고 주장한다. 그렇다면 가치를 판단하는 기준은 무엇일까? 아리스토텔레스는 이 물음에 직접 답하지 않고, 단지 이렇게 지적하는 데에 그쳤다. "민주정을 지지하는 자는 자유 시민의 신분이 가치라고 말하고, 과두정 지지자는 부(富)나 좋은 혈통이 가치라고 말하며, 귀족정 지지자는 덕이 가치라고 말한다"(5권 3장 1131a 27~9). 여기서 정의에 대한 각 정체의 이론은 중립적이지 못하지만 아리스토텔레스의 설명은 중립적이라는 점이 드러난다. 그 대신 분배 정의에 대한 그의 설명은 다소 추상적이고 일반적인 서술이 되어 버렸다.

분배 정의에서 중용을 달성한다는 말은 분배받는 자의 가치에 비례하도록 재화를 분배한다는 것을 의미한다. 그래서 이 경우의 평등은 수(數)적 평등이 아니라 비례적 평등이다. 반대로 시정(是正) 정의의 경우, 평등은 수적 평등이다. 시정 정의의 경우(여기에는 우리의 민법이나 형법에 해당되는 것이 포함된다), 판사의 목적은 범죄나 사기의 피해자에게 잃은 것을 보상해 주고, 가해자의 부당한 획득물을 빼앗음으로써 그를 벌하는 것이다.

> "선한 자가 악한 자한테 사취를 했든 악한 자가 선한 자한테 사취를 했든, 또 선한 자가 간통을 했든 악한 자가 했든, 차이가 없다. 법은 그 손해의 차이만을 고려한다. 법은 양쪽을 동등하게 간주하고, 어떤 쪽이 부정의를 범했고 어떤 쪽이 당했는지, 그리고 어떤 쪽이 해를 입혔고 어떤 쪽이 해를 입었는지에 대해서만 묻는다. 이러한 종류의 부정의는 동등하지 않은 것이기 때문에, 재판관은 이것을 동등하게 만들려고 노력한다. … 판사는 가해자의 이득을 빼앗아 가해자에게 손해를 입힘으로써 동등하게 만들려고 한다"(5권 4장, 1132a 2~10).

달리 말하면, 분배 정의는 반드시 가치를 고려해야 하는데, 시정 정의에서 가치는 고려 대상에서 제외된다. 그러니 분배 정의는 귀족정의 특징을 갖고, 시정 정의는 평등주의의 특징을 갖는다고 할 수 있다.

개별적 정의이든 일반적 정의이든, 정의는 "타인의 좋음"이다. 그리고 여기에는 타인이 받아야 할 "합당한 몫" 또는 타인이 받아야 할 "합당한 형벌"을 결정하는 일도 포함된다. 그렇다면 왜 우리는 정의롭게 되길 원할까? 이 물음에 대해 아리스토텔레스가 직접 말한 것은 없지만, 두 가지 답변이 제시될 수 있을 것 같다. 첫째, 분배 정의와 시정 정의를 실현하려면 중용을 포착해야 하므로, 정의는 실천적 지혜가 결정하는 객관적인 문제이다. 그러므로 누군가 정의로운 상황보다 부정의한 상황을 좋아한다면, 그는 사적인 이득을 바라는 욕망(탐욕) 때문에 옳은 것보다 그릇된 것을 좋아하는 자이다. 그러나 탐욕은 인간 본성의 여러 측면 중 가장 뛰어난 부분(이성)과 양립할 수 없다. 아리스토텔레스에 의하면, 이성이야말로 우리를 풍요롭게 해 줄 수 있는 부분이다. 그래서 에우다이모니아를 제대로 파악하고 있는 사람이라면 자신이 탐욕스럽게 되도록 방치하지 않을 것이다. 프로니모스(*phronimos*)는 정의롭게 행동하는데, 이는 그의 실천 이성이 무엇이 정의로운 행동인지를 규정해 주기 때문이다. 그리고 프로니모스의 삶은 좋은 삶의 한 버전이기 때문에, 좋은 삶을 원하는 사람이라면 누구든, 정의로운 행동이 그에게 직접적인 이익을 주지 못한다고 하더라도, 정의롭게 행동하기를 원할 것이다. 다음으로 5권의 논의를 실마리 삼아 두 번째 답변을 추측할 수 있다. 정의는 단지 추상적인 이상(理想)이 아니라, 우리가 사는 도시 국가의 관습이나 법 안에 내재되어 있다. 합리적인 사람이 되기를 바라고 행복해지기를 바라는 우리는 단지 개인이 아니라 정치적 공동체의 일부이다. 아리스토텔레스에 따르면, "정치적 정의는 자족적이기를 목표로 삼고 공동의 삶을 꾸리는 사람들, 자유롭고 비례에 따라서든 수에 따라서든 동등한 사람들 사이에서 찾아진다”(5권 6장, 1134a 25~7). 만일 내가 정치적인 삶을 통해 얻을 수 있는 자족성과 자유 및 평등을 원한다면, 이런 삶을 가능하게 만들어 주는 정의의 규율을 지켜야 할 이유가 있다. 아무 대가도 없이 공동체의 삶에서 이득을 취하기를 바라는 것은 실천적으로 현명해지길 원하면서 동시에 탐욕적으로 행동하는 것만큼 불합리하다. 물론 저런 좋은 것들을 제공해 줄 정치적 조직체가 없다면, 우리가 정의롭게 될 이유는 전혀 없을 것이다. 그러나 아리스토텔레스는 인간이 본성적으로 사회적 또는 정치적 동물이라고 믿었기 때문에, 공동체 참여를 통해 자족성과 자유 및 평등을 획득할 수 있도록 공동체가 조직되기를 바라는 것이 우리에게 자연스럽고 어울리는 일이라 생각할 것이다.

이제 필리아(philia), 즉 친애를 살펴보자. 아리스토텔레스에 따르면, 친애는 정의와 유사한 역할을 갖는데, 정치가에게는 정의보다 친애가 특히 더 중요하다.

> “친애는 폴리스들도 결속시키는 것 같다. 그리고 입법자들은 정의보다 친애를 구현하기 위해서 더 열심인 것 같다. … 친애하는 사람들 사이에는 정의가 새삼스레 필요하지 않지만, 정의로운 사람들 사이에는 친애가 추가로 필요하다”(8권 1장, 1155a 22~7).

필리아는 지금의 “우정”보다 더 넓은 의미를 지닌 단어이다. 지금의 우리는 흔히 친구를 가족과 구분하고 우리가 속한 “조직”과도 구분한다. 그러나 고대 아테네의 시민은 자신의 가족이나 애정을 느끼는 지인뿐 아니라 정치 활동이나 경제적 활동을 함께 하는 동료들도 “사랑스러운 · 친근한(필로스, *philos*)” 자에 포함시킬 것이다. 그렇다고 필리아라는 개념에 애정이 완전히 배제된다는 말은 아니다. 물론 아리스토텔레스는 "애정은 감정을 닮았고 친애는 성품을 닮았다"고 하면서(8권 5장, 1157b 28~9), 애정과 친애를 구분했다. 그럼에도 불구하고 그의 친애 이론은 애정의 대상에 기초하고 있다. 그에 따르면, "모든 것이 다 사랑받는 것이 아니라 사랑할 만한 것이 사랑받는 것 같다. 사랑할 만한 것이란 좋은 것이나 쾌락적인 것, 또는 유용한 것이다"(8권 2장, 1155b 18~19). 애정의 대상이 세 종류이기 때문에, 이에 대응하는 세 종류의 친애가 있다. 세 가지의 친애는 각각 유용성, 쾌락, 그리고 좋음에 기초한다.

아리스토텔레스에 따르면, 유용성과 쾌락에 기초한 친애의 경우, 우리는 친구보다 그 친구가 주는 쾌락이나 유용성을 사랑한다.

> "유용성 때문에 서로 사랑하는 자들은 서로를 그 자체로 사랑하는 게 아니라, 상대로부터 자기들에게 어떤 좋음이 생겨나는 한에서 사랑한다. 그런데 쾌락 때문에 사랑하는 자들도 마찬가지이다. 그들은 재담꾼을 사랑하되 그들의 성품 때문에 사랑하는 게 아니라, 자기들에게 유쾌하기 때문에 사랑하니 말이다"(8권 3장, 1156a 10~14).

그러나 좋음에 기초한 친애의 경우는 위와 다르다.

> "가장 완전한 친애는 선한 사람들, 그리고 덕에서 비슷한 사람들 사이의 친애이다. 왜냐하면 이들은 상대방이 선한 사람인 한에서 상대에게 좋은 것을 원하고, 그들은 그 자체로 선한 사람이기 때문이다"(1156b 7~9).

그런데 이 완전한 친애가 쾌락이나 유용성에 기초하진 않아도, 쾌락적이고 유용한 측면을 부수적으로 갖는다. 그리고 완전한 친애는 친구들의 좋은 성품에서 비롯되기 때문에, 쾌락이나 이득에서 비롯된 친애와 달리 변치 않는다. 낮은 등급의 두 친애는 누구든 가질 수 있다. 그러나 최고의 친애는 좋은 사람들 사이에서만 형성될 수 있다.

아리스토텔레스는 타인과의 친애가 자기애(自己愛)라는 기반을 가진다고 보았다. 그에 따르면, 일반적으로 사람들은 친애에 대해 아래와 같이 생각한다.

1. 친구들을 위해 그들의 좋음을 바라고 그들에게 좋은 일을 한다.
2. 친구들을 위해 그들이 살아 있기를 원한다.
3. 친구들과 함께 지낸다.
4. 친구들이 원하는 것을 똑같이 원한다.
5. 슬픔과 기쁨을 친구들과 나눈다.

이후, 아리스토텔레스는 "선한 사람은 이것들 각각을 자기 자신에 대해 가진다"(9권 4장, 1166a 10~11)고 말한다. 선한 사람은 자신의 좋음을 소망하고 자신의 삶을 소중히 여기며, 자신이 속한 모임을 즐긴다. 이 사람이 원하는 것들은 서로 충돌하지 않는다. 그가 기뻐하는 것들과 슬퍼하는 것들의 경우도 마찬가지이다. 반면, 나쁜 사람에게는 이런 특징이 없다. 아리스토텔레스에 따르면, 나쁜 인간의 삶에는 플라톤이 『국가』에서 설명했던 방식의 모순이 상당히 많다. 선한 사람의 경우, 자신에 대해 갖는 태도와 친구들에 대해 갖는 태도가 똑같다. 그래서 선한 사람에게 친구는 "또 다른 자기"(1166a 31~2)이다.

친구를 "또 다른 자기"라고 묘사했을 때, 아리스토텔레스가 말하려 했던 것은 '타인에 대한 사랑의 필요조건이 자기애이다'라는 심리학적인 내용이 아니다(아리스토텔레스가 이러한 내용으로 설명을 끝맺기는 했지만). 아리스토텔레스 주장의 핵심은 타인에 대한 사랑이 스스로에 대한 사랑과 같다는 점이었다. 그리고 이 주장이 제대로 적용되는 경우는 "완전한" 형태의 친애뿐이다. 이 특별한 친애를 나누는 친구들은 타인의 좋음을 원하되 진정 타인을 위해서 원한다. 마치 우리가 우리의 좋음을 우리 자신을 위해 원하는 것처럼 말이다. 게다가 오직 선한 자만 이런 친애를 형성할 수 있기 때문에, 선한 사람들은 같은 소망과 바람을 갖고 같은 일에 함께 기뻐하고 슬퍼할 것이다. 왜냐하면 그들이 공유하는 덕이 소망과 바람의 대상이나 기쁨과 슬픔의 대상을 규정할 것이기 때문이다. 그러므로 아리스토텔레스의 관점에서, 선한 사람 두 명이 서로 알게 된다면, 양쪽 모두 같은 대상을 선호하기 때문에 이들은 서로를 좋아하게 될 것이다.

친애가 자기애에 기반을 두고 있다고 말한 후, 9권 8장에서 아리스토텔레스는 자기애가 본래 자기중심적이거나 이기적인지 묻고, '이기(利己)'라는 말의 여러 의미를 구분하면서 이 물음에 답한다. 참고로, 이렇게 특정 용어의 여러 의미를 구분하며 답하는 것은 아리스토텔레스의 전형적인 서술 방식이다.

> "'자신을 사랑하는 자 · 이기적인 자(egoist)'라는 말을 치욕스럽게 생각하는 사람들은 재물이나 명예나 육체적 쾌락에서 자신에게 더 많은 몫을 할당하는 자들을 이렇게 부른다. … 이런 대상들을 더 많이 취하려는 자들은 육체적 욕구를, 일반적으로 감정과 영혼의 비이성적인 부분을 만족시킨다. 많은 사람들이 이렇다. 바로 이런 까닭에 '자신을 사랑하는 자'라는 말이 부정적인 의미를 띠고 생겨나게 되었는데, 흔히 볼 수 있는 자기애는 좋지 않은 것이기 때문이다. 이런 방식으로 자신을 사랑하는 자를 비난하는 일은 정당하다. … 그런데 만일 누군가가 정의로운 행동이나 절제 있는 행동 또는 덕에 따르는 다른

그런 행동을 하려고 어느 누구보다 열심이라면, 그리고 일반적으로 그가 항상 자신에게 고귀한 것을 공고히 한다면, 어느 누구도 그를 '자신을 사랑하는 자' 라고 부르지 않을 것이고 비난하지도 않을 것이다"(9권 8장, 1168b 15~28).

위 인용문의 마지막 부분에 나오는 사람이 현실에서는 진정한 이기주의자 또는 자기애자로 보일지 모르겠다. 어쨌든 이런 사람은 가장 고결하고 좋은 일을 자신에게 부과하고, 자신에게서 가장 주권적인 부분의 요구를 만족시킨다. 어떤 행동을 하든 그는 이 부분의 명령에 따른다.

한 사람에게서 가장 주권적인 부분이란, 물론 이성이다. 아리스토텔레스는 심지어 이성과 개인이 동일하다고 보기까지 했다.

"그러므로 각 사람은 곧 이성이고 다른 무엇보다도 이성이라는 점, 그리고 선한 사람은 어떤 다른 부분보다도 이성을 사랑한다는 점이 분명하다. 이러한 이유로 선한 사람은 진정한 의미에서 이기적인 자(egoist) 또는 자기애자(self-lover) 이다"(9권 8장, 1169a 2~4).

다스리는 부분, 즉 이성은 정의나 친애가 관련된 일에서 타인을 위해 행동하라고 요구하곤 한다. 그러므로 이성의 명령을 실행하는 것은 편협한 자기 이익을 위해 행동하는 것을 의미하지 않는다. 자기희생적인 바로 그 행동에서, 행위자는 이성의 명령에 따르면서 고결함을 성취하는 것이다. 그래서 이런 경우, '이타(利他)' 와 '이기(利己)' 는 반대되지 않고, 오히려 서로 일치한다.

아리스토텔레스는 "참된 자기"를 이성과 동일시했다. 이 점을 고려하면, 정의와 친애에 부합하는 객관적인 명령을 따르는 행동이 어떻게 "자기 이익"의 동기를 내포한다는 것인지 이해할 수 있다. 물론 우리가 정의에서 행동하기보다 친애에서 행동하기를 선호하는 이유는 더 쉽게 이해가 된다. 왜냐하면 정의는 완전히 낯선 사람을 위해 나의 이익에 반대되는 행동을 하라고 요구할 수 있지만, 친애는 내가 이미 알고 좋아하는 친구, 그의 이익이 나의 이익과 같은 친구, 이런 친구의 이익을 위해 행동할 것만을 요구하기 때문이다. 그럼에도 불구하고 두 종류의 행동 모두 나보다 타인의 행복을 위해 행동할 것을 요구한다. 그리고 아리스토텔레스의 설명은 왜 내가 타인의 행복을 위해 행동하려는 동기를 갖게 되는지 보여 준다.

정의와 친애에 대한 아리스토텔레스의 설명은 철학적 분석의 본보기로 남아 있다. 단, 친애에 대한 설명은 불완전하다. 왜냐하면 나와 이익을 공유하는 많은 지인들 가운데 왜 특정 인물을 친구로 선택하는지, 왜 저 사람들이 아니라 하필 이 사람들을 좋아하는지 설명하지 못하기 때문이다. 다른 한편, 친애에서 사적인 애정의 역할을 많은 부분 축소시켰기 때문에, 아리스토텔레스는 친구들이 공유하는 가치의 역할을 강조할 수 있었다. 우리가 쉽게 간과해 버리는 친애의 특징이 바로 이러한 가치이다. 친애(가족 관계나 업무상의 관계도 포함하여)가 안정적이려면 애정 이상의 것이 필요하다. 변치 않는 친애에 바탕이 되는 것은 더불어 잘 삶이다.

숙고, 선택 그리고 실천적 지혜

지금까지 도덕적 덕을 살펴보면서 우리는 도덕적 덕이 합리적임을 강조했지만, 다양한 활동에서 이성이 담당하는 실질적인 역할에 대해서는 말을 아껴 왔다. 아리스토텔레스는 『니코마코스 윤리학』 3권 1장~5장과 6

권에서 이성이 기능하는 방식을 설명한다. 3권의 목표는 '일반적으로 우리는 자기 행동에 대해 책임이 있다'는 점을 입증하는 것이다. 그런데 6권에서 그는 실천적 지혜라는 지적인 덕을 다룬다. 그래서 3권과 6권은 논의의 강조점에서 서로 다르다. 그럼에도 불구하고 이 두 논의를 통해 행위의 본성에 대한 일반적인 그림이 그려지게 된다.

3권은 자발적 행동에 대한 설명으로 시작한다. 아리스토텔레스에 따르면, "자발적 행동이란 그 행동의 시원(始原)이 행위자 자신 안에 있고, 그가 구체적인 행동 상황을 알고 있는 경우의 것으로 보인다"(3권 1장, 1111a 22~4). 반면, 반(反)자발적 행동은 어떤 이가 그 행동에 개입되기는 했지만 "아무것에도 관여지 않은" 행동 또는 그가 자기 행동의 어떤 측면이나 세부 사항을 모르고서 한 행동이다. 그러므로 자발적 행동을 구성하는 두 가지의 필수 요소가 있다. '행동의 시원'과 '구체적인 행동 상황에 대한 앎'이다. 이어지는 아리스토텔레스의 설명에 따르면, 행동의 시원이란 특정 목적을 달성하려는 행위자의 욕구이다. 그리고 구체적 상황에 대한 앎은 아리스토텔레스가 "지각"이라고 부른 능력의 결과이다. 따라서 행동을 아주 단순화하면 아래처럼 정리할 수 있다.

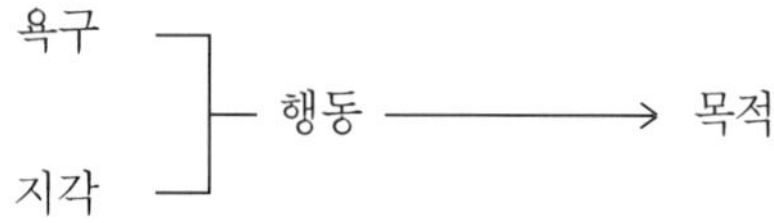

그러나 특정 결과를 욕구하고 그 결과를 이끌어 내기 위해 자발적으로 한 행동은 우리 행동의 모든 면을 다 설명해 주지 못한다. 우리의 많은 행동에 욕구와 지각뿐 아니라 숙고와 선택도 포함되기 때문이다. 아리스토텔레스는 3권 2장에서 선택(프로하이레시스, *prohairesis*)을 설명하는데, 문자 그대로 말하자면 이 희랍어는 "선호"를 뜻한다. 그리고 3권 2

장의 마지막 부분에 나타나듯, 두 개 이상의 선택지 중에 하나를 고른다는 뜻이 상당히 강하다. 그렇다면 어느 하나를 고르기 위해 선택지들을 비교 평가하는 과정이 있을 텐데, 이것이 바로 아리스토텔레스가 말한 숙고이다. 그는 단지 여러 개의 선택지가 있음을 강조한 것이 아니라, 선택과 숙고의 연관성 및 숙고 과정의 합리성을 강조했다. 인간의 행동이 이성과 연결되는 지점이 바로 숙고이다.

아리스토텔레스는 "선택은 덕과 가장 밀접하게 연관되어 있는 것 같다"(1111b 5~6)고 하면서 이야기를 시작하는데, 여기서 우리는 앞에 언급한 덕의 정의(定義), 즉 '덕은 이성에 따라 중용을 선택하는 것과 연관된 성품'이라는 규정을 떠올리게 된다. 선택은 자발적이다. 그러나 자발적 행동이라고 해서 모두 선택된 것은 아니다. 왜냐하면 아기와 동물은 자발적으로 행동하지만 선택을 하지는 않기 때문이다. 아리스토텔레스는 왜 이러한지 설명하지 않았지만, 분명 아기와 동물은 그들이 하려는 행동에 대해 숙고하지 않고 충동적으로 행동하기 때문일 것이다. 이와 더불어 선택은 두 가지 특징을 추가로 갖는다. 첫째, 선택의 대상은 우리 스스로 성취할 수 있는 일들로 제한된다. 둘째, 선택은 목적보다는 수단에 관계한다.

> "우리는 건강하기를 소망하고 우리를 건강하게 만들어 주는 것들을 선택한다. 또 우리는 행복하기를 소망하고 이렇게 말하기도 한다. 그러나 우리가 행복하기를 선택한다고 말하는 것은 적절하지 않다"(1111b 27~9, 고딕체는 나의 강조).

선택은 "미리 숙고한 결과"이다. 그리고 선택은 "이성과 사유를 내포한다"(1112a 15~6). 이후, 아리스토텔레스는 다음과 같이 말한다.

> "행동의 출발점은 선택이다. … 그런데 선택의 출발점은 욕구와 어떤 목적을 향한 추론이다. 바로 이러한 이유로 지성과 사유 없이 … 선택은 있을 수 없다"(6권 2장, 1139a 31~4).

아리스토텔레스는 선택을 "욕구에 의해 동기 부여된 지성 또는 사고를 통해 발현되는 욕구"(1139b 4~5)[>7]라고 표현하고, 좀 더 간결하게는 "숙고적 욕구"(1139a 23)라고 표현한다.

그렇다면 숙고는 무엇일까? 선택처럼 숙고도 목적보다는 수단에 연관되고 우리의 능력에 달려 있는 일들을 대상으로 삼는다. 숙고의 경우,

> "사람들은 목적을 설정해 놓고 나서, 그 목적이 어떻게 그리고 어떤 수단을 통해 달성될지 고찰한다. 만약 여러 가지의 수단을 통해 달성될 것으로 보이면, 어떤 수단을 통해 가장 쉽고 가장 훌륭하게 달성될지 찾는다. 반면, 목적이 하나의 수단을 통해 완성된다면, 그로써 목적이 어떻게 실현될지 또 저 수단은 무엇을 통해 구할지 찾는다. 이렇게 하여 제1의 원인에까지 도달하게 되는데, 여기서 제1의 원인은 발견에서 보면 가장 마지막이다. … 만일 불가능한 것에 부딪치게 되면, 예컨대 돈이 필요한데 그걸 구할 수 없을 경우, 단념한다. 그러나 가능한 것으로 보일 때에는 행동에 착수한다"(3권 3장, 1112b 15~27).

그러므로 숙고는 우리가 원하는 어떤 목적을 성취하기 위해 가장 좋은 수단을 헤아리며 찾아가는 합리적인 과정이다. 위 인용문에서 아리스토텔레스는 숙고가 정점에 이를 때 행동이 시작된다고 말하고 있다. 즉, 우

>7 역자주: 희랍어로는 간단히 "욕구적 지성 또는 사유적 욕구(orektikos nous ē orexis dianoētikē)"이다.

리가 목적 달성의 수단으로 어떤 행동을 찾았다면, 그리고 그 행동이 우리의 능력 안에 있음을 알게 되었다면, 이제 우리는 그 행동을 한다. 좀 더 정확히 표현해서, 숙고가 정점에 이르면 선택이 이루어지고, 선택은 행동으로 이어진다. 왜냐하면 선택은 숙고하는 과정이 종결된 상태이기 때문이다. 아리스토텔레스가 주장했듯, "선택의 대상이 이미 결정되어 있다는 점을 제외하면, 숙고의 대상과 선택의 대상은 같다. 왜냐하면 숙고를 통해 판단 내려진 것이 선택의 대상이기 때문이다"(1113a 2~5).

숙고 과정의 결론은 행해야 할 구체적 행동에 대한 합리적 선택으로 이어진다. 그러므로 숙고는 보편적 원칙뿐 아니라 구체적 개별과도 연관되어 있고, 오히려 후자와 더 밀접하다. 아리스토텔레스는 실천적 지혜에 대해 다음과 같이 말한다.

> "실천적 지혜는 개별(극단)과 연관되어 있다. 행해져야 할 것이 이런 개별이다. … 실천적 지혜는 개별에 관계하는데, 개별은 학문적 인식의 대상이 아니라 지각의 대상이다"(6권 8장, 1142a 24~7).

실천적 지혜는 숙고의 탁월성을 포함하기 때문에, 아리스토텔레스가 실천적 지혜에 대해 말한 내용이 숙고에도 적용된다. 숙고가 정점에 이르면, 나는 이 특수한 상황에서 이 개별적 행동을 하는 것을 선택한다. 위 인용문에서 아리스토텔레스는 개별에 대해 학문적 지식이 아니라 지각적인 앎을 가질 수 있다고 주장했는데, 이 말은 '바로 이것이 내가 해야 할 적절한 행동이구나' 라는 앎을 의미한다. 보다 쉽게, 내가 해야 하는 행동에 대한 직관을 가진다고 표현할 수도 있다. 단, 이때의 직관은 아리스토텔레스가 자발적 행동의 필수 조건이라고 주장한 것, 즉 내가 무엇을 행하고 있는지에 대한 앎을 반드시 포함해야 한다. 우리는 앞에서 자발적 행동을 도식화했는데, 여기에 숙고와 선택을 포함시켜서 다시 정리하면 다음과 같다.

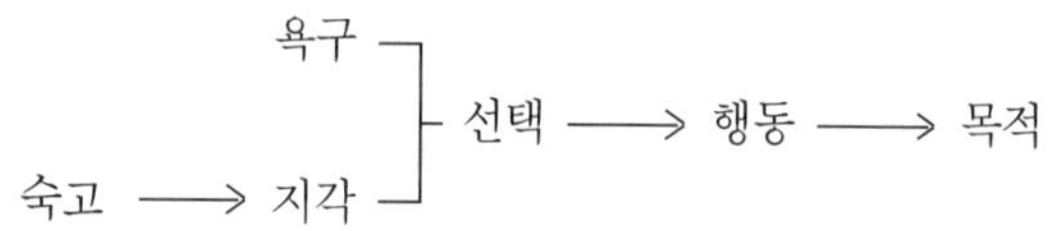

위 도식을 기억하면서, 이제 실천적 지혜에 대한 6권의 논의로 돌아가자. 6권은 전부 지적인 덕에 대한 설명이다. 아리스토텔레스는 이전에 영혼 전체를 이성적 부분과 비이성적 부분으로 구분했는데, 이제 영혼의 이성적 부분을 "학문적 인식의 부분"과 "이성적으로 헤아리는 부분"으로 다시 나눈다. 우리는 학문적 인식의 부분을 통해 "그 원리가 다르게 됨을 허용하지 않는 존재자들을 성찰한다"(6권 1장, 1139a 6~8). 반면, 이성적으로 헤아리는 부분을 통해서는 다르게 됨을 허용하는 가변적인 대상들을 성찰한다. 이 구분은 위에서(**아리스토텔레스의 방법론**에서) 언급했던 학문 분류에 대응한다. 그래서 우리는 영혼의 학문적 인식의 부분으로 이론적 학문들을 탐구하고, 이성적으로 헤아리는 부분으로는 실천적 학문과 제작에 관한 학문들을 탐구한다.

영혼의 비이성적 부분의 덕을 "성격의" 덕 또는 "도덕적" 덕이라 칭하듯, 영혼의 이성적 부분의 덕은 "지적인" 덕이라고 부른다. 앞에서 영혼의 이성적 부분을 또 다시 구분했는데, 이 부분들에도 각기 고유한 덕이 있다. 예컨대 학문적 인식의 부분에 상응하는 덕은 이론적 지혜(소피아, *sophia*)이다. 소피아는 학문의 제1 원리들에 대한 앎(아리스토텔레스에 의하면, 이 앎은 "지성" 또는 누스(*nous*)에 의해 얻어진다)도 요구하고, 그 제1 원리들로부터 타당한 추론을 구성하는 능력, 즉 학문적 정리(定理)들을 논증하는 능력(그는 이 능력을 에피스테메(*epistēmē*)라고 부른다)도 요구한다. 이론적 지혜의 대상은 진리인데, 특히 "가장 고귀한 대상들"(6권 7장, 1141a 20)에 대한 진리, 즉 신(神)과 자연의 영원한 존재들에 대한 진리이다. 여기에 윤리학과 정치학적 진리는 포함되지 않는다. "왜냐하면 인간이 우주 안에 있는 것들 중 최선의 존재가 아닌데, 정치술이나 실천적 지혜를 최선의 앎으로 간주한다는 것은 말이 안 되기 때문이다"(1141a 20~2). 실천적 지혜보다 이론적 지혜가 더 우월하다는 이 주장에 이론적 지혜의 삶이 실천적 지혜의 삶보다 더 낫다는 10권의 주장이 예비되어 있다.

제작에 관련된 학문에서의 덕은 기술(테크네, *technē*)이고, 실천적 학문에서의 덕은 실천적 지혜(프로네시스, *phronēsis*)이다. 이론적 지혜의 목적이 영원한 존재들에 대한 진리를 아는 것이라면, 실천적 지혜의 목적은 우리의 능력 하에 있는 일들에서 좋음을 성취하는 것이다. 실천적 지혜의 목적은 단지 지식이 아니라 행동이다. 그러나 이론적 지혜처럼, 실천적 지혜도 복잡한 구조를 띤다. 그래서 이론적 지혜가 '제1 원리에 대한 앎'과 '논증하는 능력'을 동시에 요구하듯, 실천적 지혜도 '행동의 궁극 목적에 대한 올바른 욕구'와 '그 목적에 적합한 수단을 찾아 이성적으로 헤아리는 능력'을 동시에 요구한다. 그런데 앞에서 확인했듯, 어떤 목적을 위한 수단을 이성적으로 헤아려 탐색하는 능력이 곧 숙고이다(아리스토텔레스에 따르면, "숙고와 이성적으로 헤아림은 같은 것이다"(6권 1장 1139a 12~13)). 그러므로 실천적 지혜는 숙고의 탁월성을 포함한다. "숙고를 잘하는 사람이 실천적 지혜를 가진 자"(6권 5장, 1140a 31)이고, "실천적 지혜를 가진 자의 특징은 무엇보다도 숙고를 잘하는 일이다"(6권 7장, 1141b 9~10).

이렇듯 숙고란 우리가 추구하는 목적에 부합하는 수단을 찾는 과정이니, 숙고에서의 탁월성을 어떤 목적이든 그 달성을 위해 가장 좋은 수단을 발견하는 능력이라고 단정하기 쉽다. 그러나 이러한 능력은 실천적 지혜의 일부분일 뿐이다. 아리스토텔레스에 따르면,

"사람들이 '영리함'이라고 부르는 능력이 있는데, 이는 우리가 설정한 목표로 뻗어 있는 일들을 행하고 그 목표를 달성할 수 있게 하는 능력이다. 그런데 그 목표가 고귀한 것이라면 영리함이 칭찬받을 만하고, 목표가 나쁜 것이라면 영리함은 교활함일 뿐이다. … 실천적 지혜가 곧 영리함의 능력은 아니지만, 이 능력 없이는 실천적 지혜가 있을 수 없다. 덕이 없다면 영혼의 눈 〈즉 지성〉에 〈실천적 지혜라는〉 안정적인 상태가 생기지 못한다. … 목적 즉 최고선이 무엇이든, 그것은 선한 사람에게만 나타난다. 왜냐하면 사악함이 우리를 삐뚤어지게 하고 행동의 출발점에 관해 우리를 속게 만들기 때문이다. 그러므로 선한 자가 되지 않고서는 현자가 될 수 없음이 분명하다"(6권 12장, 1144a 23~b 1).

실천적 지혜에 포함된 숙고의 탁월성은 단지 영리함이 아니라 그 이상이다. 즉, 숙고의 탁월성은 아무 목적이 아니라 도덕적으로 훌륭한 목적을 달성하기 위해 수단을 찾는 능력이다.

"자기에게 좋은 것과 유익한 것에 관해 훌륭하게 숙고하는 능력이 실천적 지혜를 가진 사람의 특징으로 간주된다. 그런데 이는 부분적인 것들, 예를 들어 어떤 것이 건강이나 체력에 좋고 유익할까에 대해서가 아니라, 잘 삶 일반에 어떤 것이 좋고 유익할까에 대해 훌륭하게 숙고하는 것을 의미한다"(6권 5장, 1140a 25~8).

지금까지 우리는 숙고가 수단에만 관계할 뿐 목적에는 관계하지 않는다고 말해 왔다. 그렇다면 실천적 지혜를 가진 자가 올바른 목적을 추구

하는 것은 무엇을 통해서일까? 조금 전에 인용한 6권 12장이 보여 주듯, 답은 '도덕적 덕'이다. 아리스토텔레스가 12장의 다른 곳에서 말한 것처럼, "덕은 우리가 추구하는 목표를 올바르게 해 주고, 실천적 지혜는 그 목표 달성에 이바지하는 수단을 올바르게 해 준다"(1144a 8~9; 6권 13장, 1145a 5~6의 주장도 마찬가지이다. "덕은 목적을 결정하고, 실천적 지혜는 그 목적 달성에 이바지하는 행동을 하게 한다"). 그러므로 실천적 지혜는 이성적인 요소와 성격적 · 도덕적인 요소를 모두 가지는 것 같다. 그래서 실천적 지혜를 도덕적 덕에 영리함이 더해진 것이라고 표현하는 것이 적절해 보인다. 비록 아리스토텔레스가 이와 똑같이 주장하지는 않았지만 말이다.

만일 위 표현이 옳다면, 실천적 지혜가 지적인 덕에 속한다는 아리스토텔레스의 주장에 약간의 문제가 있다고 할 수 있다. '실천적 지혜는 숙고의 탁월성이라는 지적인 덕과 성격적 · 도덕적 덕의 종합이다'라고 말하는 것이 더 나은 것 같다. 도덕적 덕이 숙고의 탁월성에 의해 완전해지는 것처럼, 영리함도 도덕적 덕에 의해 올바른 목적으로 정향됨으로써 덕에 속하게 된다. 이렇듯 지적인 덕과 도덕적 덕이 계발되고 있는 중이라면 양쪽 다 서로를 필요로 하고, 상호 작용을 통해 양쪽 모두 완성되면 그것이 실천적 지혜이다. 바로 이것이 6권 12장의 결론인데, 아리스토텔레스는 이 내용에 기초하여 6권 13장의 논의를 이끌어 간다. 6권의 마지막 장인 13장에서, 아리스토텔레스는 실천적 지혜와 도덕적 덕의 관계에 대해 세 가지 주장을 한다.

1. 엄밀한 의미에서 덕은 실천적 지혜를 필요로 한다. 소크라테스는 덕과 실천적 지혜를 단순 동일시했다는 점에서 틀렸지만, 덕이 실천적 지혜를 필요로 한다고 보았다는 점에서는 옳다.

2. 덕은 올바른 이성(실천적 지혜)에 단순히 이끌리지 않고, 올바른 이성과 통합되어 있다.
3. 물론 어떤 이들은 몇몇의 덕을 각기 다른 정도로 타고 났다. 그러나 다른 덕들까지 완전한 형태로 갖추지 않는다면, 실천적 지혜를 획득할 수 없다.

위의 세 주장으로부터 실천적 지혜와 도덕적 덕("선천적으로 타고 난" 덕 말고, 완전해진 덕을 지칭)이 서로를 포함한다는 점을 확인할 수 있다. 그러므로 아리스토텔레스는 '도덕적 덕이 이성적 상태나 지식과 완전히 똑같다'는 극단적인 견해를 수용하지 않았지만, 지적인 덕과 도덕적 덕이 서로 통합되어 있다는 소크라테스적인 주장을 그도 할 수 있다. 여기서 잠시, 숙고를 거친 행동에 대한 우리의 도식으로 돌아가 보자. 어떻게 우리가 실천적 지혜를 통해 잘 행동할 수 있다는 말인지, 이제 독자들은 이해할 수 있을 것이다.

실천적 지혜(= 도덕적 덕 + 영리함)

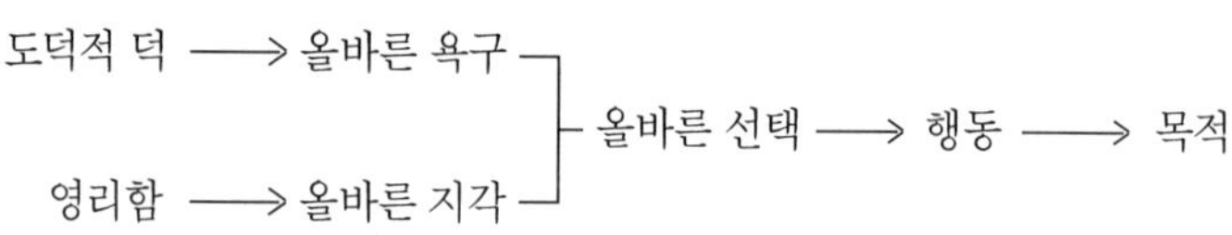

확실히 이 도식은 이성과 욕구를 상당히 강하게 결합시키고 있다. 그 결합의 강도는 플라톤이 『국가』에서 보여 주었던 것보다 더 크다. 그러나 이 도식은 몇 가지 골치 아픈 문제를 일으킨다. 아리스토텔레스의 설명에 따르면, 실천의 영역에서 이성이 맡은 공식적인 역할은 올바른 목적을 달성하기 위해 적절한 수단을 결정하는 도구적 역할이다. 그러나 실천적 지혜의 삶이 (아리스토텔레스가 인정했듯) 에우다이모니아의 한 형태라면, 그러한 삶에서의 이성적 활동은 도구적 가치를 지닌 활동이 아니라 본래적 가치를 지닌 활동이어야 한다. 과연 이성은 어떤 목적에 알맞은 수단을 결정하는 도구적 가치를 지니면서 동시에 그 목적의 구성요소로서의 본래적 가치를 지닐 수 있을까?

더욱이 우리가 욕구를 형성하는 데에서 이성은 아무런 역할도 하지 않는 것 같고, 어떤 목적을 설정할 때 바탕이 되는 것은 욕구이다. 그렇다면 아리스토텔레스는 우리가 행동의 목적을 평가하는 데에 이성이 아무 역할도 맡지 않는다고 생각했을까? 1권에서 아리스토텔레스가 몸소 보여 준 실천에 비추어 보면, 그렇지 않은 것 같다. 왜냐하면 그는 1권에서 좋은 삶의 다양한 후보를 열거한 뒤, 이 후보들에 대해 이성적으로 평가하는 절차를 밟았기 때문이다. 그럼에도 불구하고 목적을 평가할 때 이성이 중요한 역할을 한다는 점을 아리스토텔레스가 이론적으로 좀 더 명확히 밝혀 주었으면 좋았을 것이라는 아쉬움은 남는다. 이런 측면에서 보자면, 『국가』에서 이성에 대한 플라톤의 분석이 아리스토텔레스의 분석보다 뛰어난 것 같다.

앞에서 아리스토텔레스는 도덕적 덕이 올바른 이성과 통합되어 있다고 주장했었다. 그러나 결국엔 도덕적 덕이 우리의 목적을 결정하고 실천 이성은 수단을 결정해 준다고 말했고, 이때 그는 (2권~5권에 나타나듯) 도덕적 덕을 습관의 산물로 생각하고 있었음에 틀림없다. 또 그는 우리가 자신의 행동(옳은 행동이든 그릇된 행동이든)에 책임이 있다고 주장하길 원했다. 그러나 분명 어렸을 때 받은 훈련은 우리에게 달려 있지 않다. 어떤 사회에서든, 어린 시절의 우리는 덕을 배울지 악을 배울지 선택할 수 없지 않은가? 그런데 아리스토텔레스가 지적했듯, 만일 우리가 악을 익히게 되었다면 인간 삶의 목적에 대해 잘못된 관념을 가질 것이다. "왜냐하면 사악함이 우리를 삐뚤어지게 하고 행동의 출발점에 관해 우리를 속게 만들기 때문이다"(6권 12장, 1144a 34~6). 만일 어떤 사람이 악을 익히도록 훈련받아서 목적에 대한 이성적 평가를 할 수 없게 되었다면, 이런 상태의 사람이 어떻게 자신의 행동을 바로잡기를 원할 수 있겠는가? '이런 사람은 자신의 나쁜 성격에 대해 책임이 있다'는 말을 어떻게 이해해야 할까?

내가 생각하기에, 실천적 지혜에 대한 아리스토텔레스 설명의 한계가 이러한 문제들에서 드러난다. 특히, 합리적 숙고에 대한 그의 설명에 '목적을 평가할 때 발휘되는 이성의 역할'이 추가될 필요가 있다. 물론 그는 도덕적 사고에서 이성이 역할을 수행하는 한 가지 방식, 즉 수단을 탐색하는 방식에 대해서는 탁월하게 설명했다. 그러나 이는 이성이 역할을 발휘하는 유일한 방식이 아니고, 1권에서 아리스토텔레스가 직접 보여준 실천에 비추어 볼 때 유일한 방식일 수 없다.

자제하지 못함

『니코마코스 윤리학』 7권의 대부분이 자제하지 못함(아크라시아, *akrasia*)에 대한 논의이다. 이는 6권의 내용과 매우 밀접하게 연관된다. 6권에서 살펴보았듯이, 실천적 추론이 정점에 달했을 때 우리가 어떤 선택을 하고, 이 선택으로부터 행동이 직접 따라 나온다. 보통은 선택과 행동의 연결이 매우 단단한데, 자제하지 못하는 자의 경우에는 선택과 행동 사이에 어떤 것이 개입한다. 그래서 자제하지 못하는 자는 어떤 행동이 좋은지 알지만, 결국 이 앎에 반대되는 행동을 한다.

7권은 추구할 만한 성품과 피해야 할 성품에 대한 유형론으로 시작된다. 피해야 할 성품에는 세 유형이 있는데, 악, 자제하지 못함, 그리고 야만성이다. 이에 반대되는 성품, 즉 추구해야 할 세 성품은 절제의 덕, 자제, 그리고 아리스토텔레스가 "초인적 덕"이라고 부른 것이다. 이들의 관계를 표로 나타내면 다음과 같다.

	추구해야 할 성품	피해야 할 성품
최대	초인적 덕	야만성
	덕: 절제	악: 방탕함
최소	자제	자제하지 못함

가장 바람직한 성향인 초인적 덕과 그 반대인 야만성이 목록의 맨 위에 놓인다. 이 여섯 가지의 구분이 모든 덕 각각에 적용될 수 있는지는 분명하지 않다. 자제하지 못함의 영역은 육체적 욕구와 연관된다는 점에서, 특히 먹고 마시는 것과 성적인 욕구와 연관된다는 점에서, 절제의 영역과 같다(아리스토텔레스에 의하면, "자제하지 못함"이라는 명칭이 분노나 이득과 관련하여 사용될 때도 있다. 그러나 이는 정확한 용법은 아니고, 육체적 욕구와 관련하여 이 명칭을 사용하는 경우와 비슷한 면이 있을 뿐이다). 같은 영역에서 악한 성품은 방탕함이고, 덕은 절제이다.[>8]

>8 역자주: 자제(self-control)는 엥크라테이아(enkrateia)의 번역어로서, 그 반대는 자제하지 못함(아크라테이아, akrateia)이다. 그리고 절제(temperance)는 소프로쉬네(sōphrosynē)의 번역어이다. 아크라테이아는 이성적 판단 · 이성적 욕구와 그릇된 육체적 욕구 사이의 갈등을 겪다가 결국 후자에 따라 행동하는 성품이다. 반면, 같은 갈등 상황에서 육체적 욕구를 억제하고 이성적 판단 · 이성적 욕구에 따라 행동하는 성품이 엥크라테이아이다. 한편, 소프로쉬네의 경우에는 이러한 억제가 불필요하다. 왜냐하면 소프로쉬네는 이성적 욕구와 대립하는 비이성적 욕구를 갖지 않는 성품이기 때문이다. 따라서 소프로쉬네를 획득한 자는 그릇된 육체적 욕구를 충족시킬 것인가 아니면 이성에 따라 행동할 것인가라는 갈등 자체를 하지 않는다. 아리스토텔레스는 성품이 비교적 안정적이어서 쉽게 바꿀 수는 없다고 말했지만, 그렇다고 기존의 성품을 변화시킬 가능성을 완전히 부정하지는 않았다.

앞에서 살펴보았던 덕과 악의 유형에 위 유형론을 적용시키면 이야기가 다소 복잡해지는데, 요점을 간추리면 이렇다. 첫째, 덕행과 악행 말고도 여러 가지 행동이 있다. 둘째, 아리스토텔레스는 『니코마코스 윤리학』에서 보통의 덕은 인간적인 덕이고 특별히 비범한 능력을 요구하지 않으므로 일반적인 모든 사람이 얻을 수 있다고 여러 차례 주장했는데, 위 표를 통해 이 주장의 정확한 뜻을 이해할 수 있다. 셋째, '절제의 덕'과 '자제'에는 중요한 차이가 있다. 아마 현대의 독자들은 덕이란 강렬한 육체적 욕구에 끝까지 저항하는 것이고 특히 절제의 덕이 이렇다고 생각하기 쉽겠다. 그러나 아리스토텔레스에 따르면, 강렬한 육체적 욕구에 끝까지 저항하는 성품은 '덕'이 아니라 '자제'이다.

> "자제하는 자는 육체적인 쾌락 때문에 이치에 어긋나게 행동하는 일이 없는 사람이다. 절제 있는 자도 그렇기는 한데, 자제하는 자는 나쁜 육욕을 갖지만 절제 있는 자는 갖지 않는다. 또 절제 있는 자는 이치에 어긋나는 것에서 쾌락을 느끼지 않는 사람이지만, 자제하는 자는 그런 데에 쾌락을 느끼기는 하나 이끌리지 않는 사람이다"(7권 9장, 1151b 34~1152a 3).

나아가 아리스토텔레스는 '보통의 악'과 '야만성'도 구분한다. 악한 사람(이 경우, 방탕한 사람)은 숙고를 통해 그리고 의도적으로 잘못을 범한다. 왜냐하면 방탕한 사람은 좋음에 대해 잘못 이해하고 있기 때문이다. 방탕한 사람의 행동도 선택을 거친 것이다. 반면, 야만적인 자는 선

이러한 성품의 변화 가능성을 고려한다면, 그리고 어느 누구도 한 순간에 덕을 획득할 수 없다는 상식을 취한다면, 엥크라테이아는 소프로쉬네의 획득 과정에서 현실적으로 거치게 되는 한 단계라고 할 수 있겠다. '자제'와 '절제'라는 단어는 위와 같은 의미 차이를 제대로 보여 주지 못할 뿐 아니라 동의어에 가깝기까지 하지만, 편의상 이렇게 옮긴다.

택을 하지 못한다. 야만성은 몸의 장애, 습관 또는 "타락한 본성"에 기인한다(7권 5장, 1148b 18). 아리스토텔레스에 의하면, 야만성의 궁극적인 원인은 무엇보다도 비정상적인 마음이다. 이는 현대인들이 도덕적 선택에서 문제가 있다고 보지 않고 병리학적으로 정신적 질환의 문제를 갖는다고 보는 대상에 가깝다. 우리가 어떤 사람을 야만적이라고 말하는 이유는 그가 이성적으로 숙고하고 선택하는 능력을 잃었기 때문이다. 즉, 이런 사람은 숙고하면서 행동하지 않고, 강박적인 충동에서 행동한다. 그래서 아리스토텔레스는 이런 사람이 "악의 경계 밖에 있다"(1148b 34~1149a 1)고 말한다. 그에 의하면, 야만성은 "악보다 더 무서운 것이지만 악보다 덜 나쁜 것이다"(7권 6장, 1150a 1~2). 야만성이 악보다 덜 나쁜 이유는 "악인은 짐승보다 수만 배 더 나쁜 짓을 할 수 있기 때문이다"(1150a 6~7). 그러나 야만성은 악보다 더 끔찍하다. 왜냐하면 야만성은 인간 본성에서 가장 뛰어난 요소가 결여되거나 심하게 왜곡되어 생기기 때문이다.

초인적 덕에 대한 설명은 거의 없다. 다만, 아리스토텔레스는 초인적 덕이 "영웅적이고 신적"이라는 점(7권 1장, 1145a 20), 그리고 야만적인 사람이 극소수이듯 초인적 덕을 가진 사람도 좀처럼 찾기 힘들다고 말한다. 일상에서 흔히 볼 수 있는 성품은 아니지만, 야만성과 초인적 덕에 관한 아리스토텔레스의 표현은 상당히 직접적이고 이해하기 쉽다. 지금까지 우리는 덕과 악 및 자제를 살펴보았다. 그런데 앞 장에서 이야기했듯, '자제하지 못함'은 논쟁의 여지가 있다. 그래서인지 아리스토텔레스는 자제하지 못함이 무엇이고 어찌하여 자제에 실패하게 되는지 밝히는 데에 7권의 많은 양을 할애했다.

자제하지 못하는 사람은 무엇이 좋은지 알면서도 나쁘게 행동하는 자이다. 행동만 보면 그는 악한 사람을 닮았고, 그의 생각만 보면 덕인이나 자제하는 사람을 닮았다. 아리스토텔레스는 왜 이 문제가 이해하기 어려운지 설명하면서, 소크라테스의 견해를 언급한다.

> "〈자신이 해야 하는 행동을〉 올바르게 파악하는 사람인데도 어떻게 이런 사람이 자제하지 못하게 되는지, 문제가 될 수 있겠다. 이에 대해 어떤 이들은 〈자신이 해야 하는 행동을〉 아는 자라면 자제하지 못할 수 없다고 주장한다. 소크라테스가 생각했듯, 앎을 가지는데도 어떤 다른 것이 이 앎을 지배하고 마치 노예를 끌고 다니듯 그 앎을 이리 저리 끌고 다닌다는 것은 이상하다는 게 그들의 이유이다. 사실 소크라테스는 … 자제하지 못함이 있을 수 없다고 생각했다"(7권 2장, 1145b 21~6).

아리스토텔레스에 의하면, 소크라테스의 이론은 "우리의 현실과 명백히 충돌한다"(1145b 27~8). 이제 아리스토텔레스가 할 일은 '무엇이 좋은지 아는데도 불구하고 어떻게 나쁜 행동을 하게 되는가'를 설명하는 것이다.

그는 이 문제를 해결하기 위해, "안다"라는 말의 두 의미를 구분한다.

> "우리는 "안다"라는 말을 두 가지 의미로 쓰기 때문에, 즉 앎을 가지고 있으나 그 앎을 사용하지 않는 자도 '안다'고 하고 앎을 사용하는 자도 '안다'고 하므로, 해서는 안 되는 일에 대해 알면서 그 앎을 사용하지 않는 것과 사용하는 것에는 차이가 있겠다. 앎을 사용하면서 잘못을 범하는 것은 이상해 보이지만, 사용하지 않아서 그러는 거라면 이상할 것이 없기 때문이다"(7권 3장, 1146b 31~5).

지금 아리스토텔레스는 '자제하지 못하는 사람이 앎을 갖긴 하는데,

어떤 개별적 상황에서 이 앎을 사용하지 못한다'는 점을 보이려 하고 있다. 기발한 아이디어는 아니지만 옳은 주장이다. 자제하지 못하는 사람이 과도한 쾌락에 이끌려 행동하는 것을 보고 그가 앎을 사용하고 있다고 생각하는 사람은 아무도 없을 것이다. 왜냐하면 좋음에 대한 앎을 사용한다는 말은 곧 올바르게 행동한다는 말이기 때문이다. 문제는 이것이 아니라, 앎을 갖는데도 왜 사용하지 못하느냐이다.

다음으로 아리스토텔레스는 실천 추론에 두 종류의 전제, 즉 보편적 전제와 개별적 전제가 있다고 주장한다. 자제하지 못하는 사람도 개별적 전제를 알고 있을 수 있다. 단, 그는 개별적 전제를 추상적으로만 안다. 아리스토텔레스의 예를 빌리면, 자제하지 못하는 자도 말린 음식이 모든 사람에게 좋다는 것을 안다. 그리고 어떤 음식이 말린 음식에 해당하는지도 안다. 그런데 그는 "자기 앞에 놓인 바로 이 음식이 말린 음식인지 아닌지에 대한 앎을 가지고 있지 않거나, 아니면 이 앎을 사용하지 못하거나"(1147a 7), 둘 중 하나이다. 아리스토텔레스가 주장하기를, 자제하지 못하는 사람이 진실을 일반적인 방식으로만 "안다"면 그의 행동 방식이 이해가 가지만, 그가 진실을 완전한 개별성에서까지 알고도 (즉, 바로 이 개별적 행동이 바로 이 개별적 상황에서 해야 하는 옳은 행동임을 알고도) 그렇게 행동했다면 말이 안 된다.

계속해서 그에 의하면, "사람들은 지금 논의된 것 말고 다른 방식으로 앎을 가지기도 한다"(1147a 10~11). 그 다른 방식이 무엇인지 밝히기 위해, 앞에서 "안다"라는 말의 두 의미를 구분했던 것처럼, 이제 그는 "앎을 가진다"라는 표현의 두 의미를 구분한다.

> "앎을 가지지만 사용하지 않는 경우 내에서도 상태의 차이가 확인된다. 그래서 '어떤 의미에서는 앎을 갖는데 또 한편으로는 갖고 있지 않는 상태'가 가

> 능하다. 마치 자고 있는 사람, 미친 사람, 술에 취한 사람의 경우처럼 말이다. 감정에 사로잡혀 있는 자들이 바로 이런 상태에 있다. 왜냐하면 격분과 성욕 및 이런 종류의 감정들이 몸에 변화를 일으키고, 어떤 사람들에게는 심지어 광기까지 야기하기 때문이다. 그러니 분명, 자제하지 못하는 사람들이 이와 마찬가지의 상태라고 말해야 하겠다"(1147a 12~18).

아리스토텔레스는 자제하지 못하는 자의 상태를 수업 시간에 들은 말을 "줄줄 읊지만 뜻은 알지 못하는"(1147a 21~2) 신입생에 비유하기도 한다.

이제 자제하지 못함에 대한 마지막 설명을 살펴보자. 자제하지 못하는 사람의 경우, 무엇을 해야 하는가에 관한 그의 의견들이 서로 충돌할 수 있다.

> "맛보는 것을 금지하는 보편적 의견이 있고, '달콤한 것은 모두 쾌락적이다' 라는 또 다른 〈보편적〉 의견도 있으며, '내 앞에 놓인 이 개별적인 것은 달콤하다' 라는 〈구체적 지각〉도 있다고 해 보자. 그리고 이 사례에서 〈구체적 지각〉이 행동을 결정한다고 해 보자. 이에 더해서, 마침 육체적 욕구가 생겼다고 하자. 그렇다면 〈결과적으로〉 하나의 의견이 그 음식을 피하라고 말하지만, 육욕이 우리를 음식으로 이끈다. 육욕은 우리의 사지 각각을 움직이게 할 수 있기 때문이다. 그러므로 자제하지 못한 행동에 추론과 의견의 영향도 어떤 의미에서 포함된다. 그런데 추론과 의견은 올바른 이치에 자체적으로 반대되는 것이 아니라 부수적으로 반대된다. 왜냐하면 올바른 이치에 반대되는 것은 의견이 아니라 육체적 욕구이기 때문이다"(1147a 31~1147b 3).

지금까지 자제하지 못함에 대해 세 가지 설명이 소개되었는데, 이 셋은 서로 다르고 각기 독립적이다. 사실 이들은 각기 다른 현상에 대한 설명으로 보인다. 두 번째 설명에서 자제하지 못하는 사람은 미친 사람이나 잠든 사람 또는 술에 취한 사람에 비유되었는데, 이 두 번째가 자제하지 못함을 "대표하는" 설명으로 여겨져 왔다. 그리고 아리스토텔레스 자신도 7권 3장의 후반부에서 논의를 요약할 때 바로 이 설명을 사용했다. 그런데 이 설명은 다소 놀라운 결과를 가져오게 된다.

> "우리는 소크라테스가 확립하려 했던 결론에 도달한 것 같다. 자제하지 못하는 상태가 생기는 것은 엄격한 의미의 앎이라고 생각되는 것을 가지고 있을 때가 아니요, 또 감정 때문에 이리 저리 끌려다니는 것은 엄격한 의미의 앎이 아니라 감각적인 앎이다"(1147b 14~17).

앞에서 아리스토텔레스는 소크라테스의 생각이 "우리의 현실과 명백히 충돌한다"고 비판했었다. 그런데 지금 결론 부분에서 소크라테스 이론의 핵심이라고 할 내용을 스스로 인정하고 있으니, 이상한 일이다. 무엇이 잘못된 것일까?

아리스토텔레스는 일반적인 앎과 개별적인 앎, 그리고 잠재적인 앎과 현실적인 앎을 구분했다. 소크라테스는 이런 구분을 하지 않았지만, 분명 소크라테스가 말하려 했던 것은 '무엇을 해야 하는지에 대한 현실적이고 개별적인 앎을 가지는데도 그릇되게 행동하는 것은 불가능하다'는 점이었을 것이다. 또 이 문제를 다룰 때, 우리는 '자제하지 못함'과 '심리적인 강박적 충동'을 구분해야 한다. 무엇이 올바른가에 대한 앎을 가졌지만 저항할 수 없는 충동에 압도되어 그릇된 행동을 한 자는 자제하지 못하는 자가 아니라 심리적인 문제 때문에 어쩔 수 없이 그렇게 행동하게 된 자이다. 우리는 자제하지 못한 사람은 비난해도, 이런 사람을 비난하지는 않고, 오히려 불쌍히 여긴다. 그러므로 자제하지 못함이라는 고전적 문제를 요약해서 다시 말하자면, '무엇을 해야 하는가에 대한 현실적이고 개별적인 앎을 가짐에도 불구하고 어떻게 그릇된 행동을 하게 되는가' 이다. 여기에 심리적인 강박 충동과 같은 장애는 없다.

문제를 이런 식으로 서술했을 때, 분명 아리스토텔레스의 세 가지 설명 중 앞의 두 개는 문제에 대한 해결책이 되지 못한다. 우선 첫 번째 설명을 보자. 어떤 행동을 해야 하는지를 단지 일반적인 방식으로만 알고 있다면, 그릇된 행동을 할 수 있다. 그리고 두 번째 설명에 따르면, 해야 하는 행동에 대해 잠재적인 앎만 가질 뿐 현실적인 앎은 갖고 있지 못하다면, 그릇된 행동을 할 수 있다. 그런데 이 두 경우 모두, 자제하지 못함의 사례가 아니다. 그래서 아리스토텔레스가 두 번째 설명을 제시하다가 자신이 앞에서 비판했던 소크라테스의 입장으로 돌아가게 된 것은 놀라운 일이 아니다.

그렇다고 소크라테스의 입장으로 돌아갈 필요까지는 없었던 것 같다. 왜냐하면 세 번째 설명이 해결책으로 적격이기 때문이다. 세 번째 설명에 따르면, 자제하지 못하는 자는 해야 하는 일에 대해 현실적이고 구체적인 앎을 가지고 있으나 육체적 욕구에 휩쓸려서 그 앎에 반하는 행동을 하는 것이다. 단, 육체적 욕구가 그릇된 행동을 하게끔 그 사람을 강제한 것은 아니다. 육욕은 그가 결정을 내릴 때 영향을 미친 요인 중 하나일 뿐이다. 또 다른 요인은 하지 말아야 한다는 의견에 반대되는 방향으로 이루어진 추론 과정, 즉 그릇된 행동으로 귀결된 추론 과정이다. 자제하지 못하는 자는 추론을 하면서 그릇되게 행동한다. 왜냐하면 육체적 욕구가 그릇된 행동을 택하도록 추론의 방향을 틀어놓기 때문이다.

아리스토텔레스의 세 번째 설명은 자제하지 못하는 자에 대한 통찰력 있는 설명이다. 자제하지 못함과 심리적인 강박을 구분했고, 왜 자제하지 못하게 되는지 이해하기 쉽게 보여 주었다. 이 내용은 실천 이성에 대한 그의 생각과도 양립가능한데, 그 이유는 다음과 같다. 세 번째 설명에 따르면, 충분히 숙고하고도 자제하지 못하는 자의 행동에 두 가지의 필수적인 사항이 포함되어 있다. 첫째, 분명 그는 판단을 하고 행동했다. 둘째, 그의 행동 결정에 틀림없이 육체적 욕구가 개입되어 있다. 그런데 실천적 지혜를 가진 자가 자제하지 못하는 일은 있을 수 없다. 왜냐하면 그는 나쁜 종류의 육체적 욕구를 갖지 않기 때문이다. 그리고 그의 유일한 판단 기준은 '무엇이 진정 올바른 행동인가' 이기 때문이다. 이러한 사실에 비추어 보면, 아리스토텔레스가 자제하지 못함이 어떻게 가능한지 밝히는 데에 성공했다고 평가할 수 있다. 그러나 하필 스스로 그다지 중요시하지 않던 세 번째 설명에서 이런 성과를 거두었다는 점이 다소 놀랍다.

이론적 지혜의 삶과 실천적 지혜의 삶

『니코마코스 윤리학』 10권에서 아리스토텔레스는 에우다이모니아에 대한 1권의 물음으로 되돌아간다. 10권은 우선 쾌락에 대한 논의로 시작된다. 그에 의하면, 쾌락은 좋은 것들 중 하나이지, 좋은 유일한 것은 아니다. 쾌락을 어떤 운동이나 과정으로 보았던 플라톤과 달리, 아리스토텔레스는 쾌락이 '어떤 활동 또는 상태' 라고 주장한다. 단, 쾌락은 다른 활동에 수반되는 상태이다. 예를 들어 체스 게임에 직접 참여하지 않는 한, 체스 게임을 하는 쾌락을 맛볼 수 없다. 단, 인간의 좋은 활동에서 나오는 쾌락이 좋은 쾌락이고, 이러한 쾌락이 따를 때 그 활동의 좋음이 증가되거나 충만해진다. 그래서 쾌락은 비록 좋은 활동에 뒤따르는 효과일 뿐이고 쾌락 자체가 활동의 목적은 아니지만, 활동의 좋음을 완성시킨다. 에우다이모니아의 삶이 이성적 활동의 삶인 만큼, 우리는 아리스토텔레스가 이런 삶을 쾌락적인 삶이라고 주장할 것이라 예상할 수 있다. 왜냐하면 이성적 활동에 상응하는 쾌락이 그 활동 자체에 수반될 것이기 때문이다.

이렇게 쾌락을 논의하다가, 아리스토텔레스는 가장 훌륭한 인간의 삶은 어떤 삶일까라는 주제로 돌아선다. 세 후보가 제시되는데 그것은 오락을 추구하는 삶, 이론적 지혜의 삶, 그리고 실천적 지혜의 삶이다. 여기서 오락을 추구하는 삶은 곧장 탈락된다.

> "행복은 오락에 있지 않다. 우리의 목적이 오락이고 오락을 하기 위해 삶 전체 동안 노력하고 힘든 일을 감내한다는 것은 말이 안 되기 때문이다. 아나카르시스에 따르면 일하기 위해 놀라는데, 옳은 말인 것 같다. 왜냐하면 오락도 일종의 휴식이기 때문이다. … 그런데 휴식이 목적은 아니다. 왜냐하면 휴식은 어떤 〈더 나아간〉 활동을 하기 위해 취하는 것이기 때문이다"(10권 6장, 1176b 27~1177a 1).

다음으로 아리스토텔레스는 행복이 최고의 덕에 따르는 활동임을 상기시킨다. 여기서 최고의 덕이란 우리가 가진 제일 좋은 부분의 덕, 즉 가장 신적인 부분의 덕이다. 그리고 이 최고 덕에 따르는 활동이 바로 테오리아(*theōria*), 즉 관조이다. 이는 우리 영혼의 학문적 인식 부분의 활동이고, 이 활동의 덕이 바로 이론적 지혜이다. 여기서 한 가지 짚고 넘어가자면, 아리스토텔레스는 테오리아라는 말을 '탐구 또는 연구하는 지적 활동'이 아니라 '그러한 활동의 완전한 결과를 보는 것'이라는 의미로 사용하고 있다. 즉, 세계에 대한 완성된 학문적 설명을 개관한다는 말이다. 테오리아에 참여한다는 말은 곧, "신의 눈으로" 세계를 조망한다는 말이다. 마치 스피노자가 영원의 상(相) 아래에서(*sub specie aeternitatis*) 세계를 본다고 했던 것처럼 말이다.

한편, 왜 '이론적 지혜의 삶'이 곧 살펴볼 '실천적 지혜의 삶'보다 더 나은가? 첫째, 테오리아라는 활동이 인간 활동에서 가장 좋기 때문이다. "왜냐하면 지성은 우리 안에 있는 것 중 최고이고, 지성의 대상이 앎의 대상 중 최고이기 때문이다"(10권 7장, 1177a 20~1). 둘째, 테오리아가 인간의 활동 중에 가장 연속적이기 때문이다. "우리는 어떤 것이든 실천하는 일보다 관조하는 일을 더 연속적으로 할 수 있기 때문이다"(1177a 21~2). 셋째, 그것이 여타 활동에 따르는 쾌락들 중에 가장 쾌락적이기 때문이다. "여하튼 … 철학은 순수성과 견실성에서 놀랄 만한 쾌락을 갖는 것 같다"(1177a 25~6). 넷째, 이 활동이 자족적이기 때문이다.

> "철학자는 혼자 있어도 관조할 수 있고, 더 지혜로울수록 더 잘할 것이다. 함께 철학할 사람들이 있다면 더 잘할 수도 있겠지만, 그럼에도 그가 가장 자족적이다"(1177a 32~b 1).

다섯째, 테오리아는 "그 자체 때문에 사랑받는 유일한 활동으로 보이기" 때문이다(1177b 1~2). 실천적 덕은 실천하는 활동 이상의 어떤 이익을 제공하지만, 테오리아는 그렇지 않다. 마지막으로 여섯째, 관조는 여가의 활동이지만, 실천 이성의 활동은 외부에서 일어나는 사건들에 의존하기 때문이다.

테오리아의 삶은 신에게 어울리지만, 프로네시스는 그렇지 않다.

> "우리는 신들이 최고로 복되고 최고로 행복하다고 생각한다. 그런데 어떤 종

류의 행동이 신들에게 속한다고 해야 할까? 정의로운 행동일까? 신들이 계약을 하고 빚을 갚는 등 이런 일을 한다는 것은 우스꽝스럽지 않은가? … 실천에 관련된 일들은 시시하고 신들에게 어울리지 않아 보일 것이다. 그러나 모든 사람은 신들이 산다고 생각하고, 활동도 한다고 생각한다. … 사는 존재에게 실천적 활동을 배제한다면, 특히 무언가를 만드는 행동을 배제한다면, 그럼 관조 말고 뭐가 남는가?"(10권 8장, 1178b 8~21)

아리스토텔레스에 따르면, 이러한 삶은 "인간의 차원보다 훨씬 높을 것이다"(10권 7장, 1177b 26~7). 그렇다고 그가 인간의 삶을 멸시한 것은 아니다.

"우리가 인간이니까 인간적인 일을 생각하라거나 가사적(可死的) 존재이니까 가사적인 것을 생각하라고 권고하는 자들을 따르지 말고, 가능한 한 불사적(不死的)이 되도록 해야 하고 우리 안에 있는 최고의 것에 따라서 살기 위해 온갖 노력을 다해야 한다"(1177b 31~4).

앞에서 아리스토텔레스는 '우리 안에 있는 최고의 것'을 '우리 자신'과 동일시했다. "무엇보다도 지성이 사람이다"(1178a 7).

실천적 지혜, 즉 프로네시스의 삶도 역시 행복하다. 그러나 "이차적인 의미에서" 행복할 뿐이다(10권 8장, 1178a 9).

"어떤 감정들은 몸에서부터 나오는 것 같고, 성격의 덕은 많은 면에서 감정과 밀접하게 연결되어 있는 것 같다. … 성격의 덕이 감정과도 연결되어 있으므로 성격의 덕은 우리의 복합적 본성에 관련된다. 그리고 우리의 복합적 본성의 덕들은 인간적인 덕이다. 그리고 이 덕들에 따르는 삶도 행복도 인간적인

> 것이다. 반면, 지성의 덕은 분리된 것이다"(1178a 14~22).

이제 이론 이성의 삶이 실천 이성의 삶보다 더 나은 이유가 밝혀졌다. 이론 이성은 신적이고 실천 이성은 인간적이기 때문이다.

그렇다면 테오리아의 삶에 대한 아리스토텔레스의 선호를 어떻게 이해해야 할까? 아리스토텔레스가 실천보다 관조가 우월한 이유를 여섯 가지나 제시하기는 했지만, 그는 단지 자신이 좋아하는 삶의 방식을 보여 주고 있는 것이 아닌가? 독자들은 이런 의구심을 가질 법도 하다. 분명, 그가 제시한 이유들이 아주 설득력 있지는 않다. 물론 그는 1권 7장에서 행복의 자족성을 주장했다. 그러나 분명 그는 타인들과 고립되어 혼자 지내는 것은 행복의 자족성과 아무 상관도 없다고 말했었다.

> "우리는 고립되어 사는 사람이 아니라, 부모와 자식과 아내, 그리고 일반적으로 친구와 동료 시민들과도 더불어 사는 사람을 말한다. 왜냐하면 인간은 본성상 사회적이기 때문이다. … 그 자체만으로 삶을 선택할 만하게 만들고 어떤 부족함도 없게 하는 것을 우리는 자족적인 것이라 규정한다"(1권 7장, 1097b 8~15).

그런데 아리스토텔레스는 10권에서 테오리아의 자족성을 지지하면서 테오리아는 혼자서도 할 수 있다는 점을 든 것이다.

그가 제시한 다른 근거들도 썩 좋지 않다. 관조 활동이 실천적 활동보다 더 쾌락적인가의 문제는 관조하는 훈련을 얼마나 잘 받았는가 또는 관조에 얼마나 능숙한가에 달려 있다고 볼 수도 있다. 관조를 얼마나 더 연속적으로 하느냐의 문제도 마찬가지이다. 또 아리스토텔레스는 오직 관조만이 자체 목적적으로 수행된다고 주장했는데, 이는 그가 도덕적 덕에 대해 앞에서 한 이야기와 모순되는 것 같다. 또 실천적인 삶보다 여가의 삶을 선호하는 것은 여러 다른 문화에 (우리의 문화도 포함하여) 흔치 않은 희랍인들만의 성향을 나타내는 듯 하다. 마지막으로 신들에 대한 논의를 보자. 우리가 우주에서 가장 뛰어난 존재가 아니라고 하더라도, 우리보다 더 뛰어난 존재, 즉 관조하는 신들이 어떤 직접적인 방식으로 우리의 행복에 기여하는지 불명확하다. 우리가 행복할 수 있는 길은 우리 자신의 본성 실현 또는 목적 실현을 통해서인 만큼, 인간의 행복에는 신들의 관조가 아닌 인간의 관조가 포함되어야 할 것으로 생각된다.[>9] 그래서 인간과 관련된 문제에서 적절한 연구 대상은 인간이 아닌가라고 이의를 제기할 수 있겠다.

물론 관조적인 삶에 대한 아리스토텔레스의 선호가 단순히 개인적인 편견은 아니지만, 그렇다고 여기에 소개한 논변들로 완전히 정당화되는 것도 아니다. 앞에서 지적했듯이 (**좋음**: **에우다이모니아** 참조) 이러한 선호는 1권에 이미 예고되어 있다. 1권에 따르면, 인간의 에르곤은 영혼의 여러 능력들의 통합적 활동이라기보다, 최고의 능력을 발휘하는 활동이다. 만일 아리스토텔레스가 영혼의 일부가 아닌 부분들의 통합을 강조했다면, 10권과 반대되는 결론이 나왔을 것이다. 그래서 10권에서 프로네시스보다 테오리아가 더 낫다고 주장한 방식(테오리아는 인간적이라기보다 신적이라는 논의 방식)과 똑같은 방식으로 그는 프로네시스의 손을 들어주었을 것이다. 왜냐하면 부분들의 통합은 신적이라기보다 인간적이기 때문이다.

>9 역자주: 정확히 말하면 10권 8장, 1178b 6~33은 신들의 관조가 인간의 행복에 기여한다거나 신들의 관조가 인간의 행복에 포함된다는 내용이 아니다. 여기서 아리스토텔레스는 인간의 활동 중에 행복을 구성하는 최고의 활동이 무엇인지 답하기 위해서, 제일 행복하다고 여겨지는 신들의 활동과 가장 닮은 인간의 활동을 찾고 있다.

더욱이 왜 우리가 프로네시스의 삶과 테오리아의 삶 중에 굳이 하나를 택해야 하는지 의아스러울 수 있다. 논의를 지적인 덕에만 한정해 보자. 그래서 가장 훌륭한 사람의 완전한 삶의 모습에서 영혼의 하위 부분들에 상응하는 덕을 제외시킨다고 해 보자. 이렇게 한다고 해도 문제가 남는다. 아리스토텔레스의 영혼론에 따르면, 이성적 부분에 다시 두 부분이 있고, 이에 상응하는 두 가지 덕이 있기 때문이다. 이론적 지혜와 실천적 지혜 말이다. 왜 이론적 지혜를 계발할지 실천적 지혜를 계발할지 선택해야 할까? 둘 다라고 하면 왜 안 될까? 분명 이론적인 삶은 (아리스토텔레스가 인정했듯) 실천적 덕도 요구할 것이다. 그렇다면 실천적인 삶은 관조에 의해 더 향상되고 더 넓은 시야를 갖추게 되지 않을까? (충실한 아리스토텔레스주의자라고 하더라도) 그의 이분법적인 시각을 꼭 받아들일 필요가 있을까 싶다.

결 론

이 장의 맨 처음에 나는 희랍 윤리학이 아리스토텔레스의 『니코마코스 윤리학』에 와서 최고조에 이르렀다고 말했다. 그렇다고 아리스토텔레스의 체계가 완벽하다는 뜻은 아니다. 예컨대 실천적 지혜의 삶에서 이성이 가지는 협소한 역할과 좋은 삶이라는 개념에 논쟁의 여지가 분명 있다. 또 편협한 주장도 여럿 있고, 희랍인들의 태도 중에 우리가 더 이상 공유하지 않는 부분을 그가 기꺼이 수용했다는 문제도 있다. 그러나 그의 업적을 무시할 수는 없다. 그는 도덕적 숙고에서 이성이 하는 역할을 대단히 명료하게 보여 주었고, 도덕적 덕에서 이성과 감정을 플라톤보다 훨씬 밀접하게 결합시켰다. 덕에 대한 그의 분석은 선대 사상가들이 했던 것보다 훨씬 더 치밀하며, 덕과 좋은 삶의 관계에 대한 자세한 설명은 그 이전의 철학자에서 찾기 힘들다. 또 흥미롭게도 덕에 대한 그의 설명을 앞에 소개한 논쟁거리와 독립적으로 볼 수 있다. 예컨대 아리스토텔레스 덕 이론의 타당성을 인정하면서 좋은 삶에 대한 그의 입장은 거절할 수 있다. 다소 난해하지만 그래도 명확한 글들에 아리스토텔레스의 철학적 재능이 잘 나타나 있다. 그래서 그에게 동의하지 않는다고 하더라도 그의 글은 읽어 볼 가치가 있다. 그의 저서가 현재 윤리학을 공부하는 이들에게 꼭 읽어야 할 고전으로 남아 있을 만큼, 아리스토텔레스는 훌륭한 도덕 철학자이고 그의 윤리학 또한 철학적 전통의 정점에 서 있다.

5
에피쿠로스주의와 스토아주의

헬레니즘의 세계

아리스토텔레스가 사망할 무렵, 알렉산드로스 대왕의 정복이 희랍 세계를 변화시키고 있었다. 알렉산드로스의 아버지 필리포스는 희랍 본토를 마케도니아의 통치 하에 놓음으로써 희랍 도시 국가들이 수백 년 동안 누린 독립적 지위에 종지부를 찍었다. 이후, 알렉산드로스가 짧은 생애 동안 마케도니아 제국을 넓혔고, 그 결과 제국의 경계는 동쪽으로 인도 국경까지, 남쪽으로는 이집트까지 닿았다. 그리고 페르시아 제국을 정복하여 그 자리에 자신의 제국을 세웠다. 이 과정에서 알렉산드로스는 희랍 문명과 희랍어를 동부 지중해 지역에 널리 퍼뜨리기 시작했다. 비록 그가 죽자마자 그의 제국이 셋으로 분할되었지만, 희랍 문화가 지중해 지역에 미친 영향은 오랫동안 지속되었다. 이렇게 하여 독립적인 도시 국가들로 이루어진 희랍의 문명이 하나의 광대한 제국의 문명으로 이전되어 갔는데, 보통 전자를 "헬라스 · 희랍의(Hellenic)" 문명이라 하고 후자를 "헬레니즘의(Hellenistic)" 문명이라고 칭한다.

이렇게 희랍 문명이 이전되고 전파되면서 철학에 여러 방식으로 영향을 미쳤다. 첫째, 동부 지중해 지역에 희랍 철학이 예전보다 훨씬 더 널리 알려지게 된다. 과거에 철학은 희랍 원주민 중에서도 소규모의 엘리트 집단에 속한 학문이었으나, 이제 여러 다른 인종들로 구성된 훨씬 더 큰 집단의 사람들이 철학을 접하게 된 것이다. 과거에는 희랍인과 "바르바로이"(barbarian)를 구분했었고, 이는 플라톤과 아리스토텔레스의 철학에서 중요한 부분이었다. 그런데 헬레니즘 시기에 다양한 사람들이 철학을 접할 수 있게 되자, 양자의 구분은 사실상 사라지게 된다. 희랍인들이 "바르바로이"에 대해 편견을 가진 이유는 인종이 달라서가 아니라, 언어가 달라서였다. "바르바로이"이라는 말은 비(非)희랍인들을 가리키는 것이 아니라 낯선 언어를 사용하는 사람들을 가리켰다. 왜냐하면 희랍인들에게 타 언어를 쓰는 사람들의 말소리가 "바르-바르"처럼 들렸기 때문이다. 그런데 대부분의 사람들이 희랍어를 사용하고 희랍 문화를 배우게 되자, 이 구분은 별 의미가 없어진 것이다. 그래서 이집트를 비롯하여 원래는 희랍이 아니었으나 알렉산드로스 제국에 속하게 된 여러 다른 지역, 이러한 지역 출신의 사람들 중에 희랍어로 글을 쓰고 희랍 철학의 전통을 계승하는 철학자들이 자연스럽게 생겨나게 된다.

두 번째 영향은 정치 철학에 관한 것이다. 알렉산드로스 제국에 희랍 문화가 전파되는 과정에서 고전적인 정치 철학이 변화를 겪게 되는데, 이는 필리포스와 알렉산드로스가 도입한 통치 형태 때문이었다. 이전에 플라톤과 아리스토텔레스는 폴리스(*polis*)에 적합한 도덕 철학과 정치 철학을 제시했었다. 왜냐하면 이들이 보기에, 인간의 번영을 증진시키기 위한 가장 이상적인 정치적 단위가 바로 도시 국가였기 때문이다. 물론 두 철학자 모두 페르시아 제국과 같은 거대 국가를 알고 있기는 했지만, 이런 큰 규모의 공동체가 희랍에서 가능하리라고 생각하지 않았다.

그런데 필리포스와 알렉산드로스가 이 모든 생각을 바꾸어 놓았다. 헬레니즘의 세계에서, 그리고 이후의 로마 세계에서, 제국의 통치는 피할 수 없는 현실이 된 것이다. 폴리스가 계속 존속하기는 했지만 자율성을 갖지는 못했다. 결과적으로 통치의 중심부가 폴리스에서 황실로 바뀐다.

이러한 변화로 인해, 플라톤과 아리스토텔레스의 윤리학 및 정치학적 견해 중 많은 부분이 시대에 뒤떨어진 내용으로 보이게 되었다. "아테네의" 정치 체제 또는 "스파르타의" 정치 체제에서 인정되던 고전적인 개념이 더 이상 현실에 부합하지 않으니, 새 시대의 철학자들은 그들의 정치적 정체성에 상응하는 새로운 개념을 제시해야 했다. 또 철학자들은 자신과 타인들 사이에 차이점 보다 유사점이 더 많다고 생각했고, 그들이 하는 일이 전 인류가 수행하는 총체적 작업 중 일부라고 여기기 시작했다. 왜냐하면 통치 형태가 바뀌기도 했고, 희랍인과 이방인 사이의 경계가 점점 흐릿해지다가 결국 사라져 버렸기 때문이다. 스토아학파는 이러한 변화를 반영하여 "세계 시민(cosmopolitan)"이라는 명칭을 사용한다.

플라톤과 아리스토텔레스가 공유했고 인정했던 정치적 틀은 확실히 헬레니즘 시기의 새로운 환경에 적합하지 않았지만, 과거에 그것은 덕 함양에 적합한 사회적 환경을 제공했다는 점에서 상당히 유익했었다. 즉, 폴리스에서의 삶을 통해, 덕과 좋은 삶에 대한 고전적 견해가 사람들의 마음속에 자리 잡았었다. 소규모의 도시 국가에 사는 사람들은 개인적인 성공과 국가 수호 모두를 위해 용기와 절제, 정의와 실천적 지혜를 갖추려 했고, 이와 더불어 그 지혜를 효과적으로 표현할 수 있는 능력도 계발하려 했다. 집회에서 조리 있게 토론하여 의사를 관철시키거나 전쟁에서 진지를 지켜 성과를 얻음으로써 개인이 어떤 실질적인 차이를 만들어 낼 수 있었는데, 이것이 가능한 사회 조직의 한 형태가 바로 폴리스였다. 그러나 마케도니아의 제국에서 이런 모습은 더 이상 찾아 볼 수 없게 되었다. 황제와 가까운 사람들만 공공 정책에 영향을 미칠 수 있었고, 다른 사람들은 정책 결정에 전혀 참여하지 못한 채 결과를 받아들여야 했다. 상황이 이러하니, 사람들은 자연히 '이 시대에 덕은 개인에게 어떤 쓸모가 있을까?' 라고 묻게 되었다. 그래서 이 새로운 사회가 덕과 좋은 삶에 대한 새로운 설명을 찾으려 한 것이다.

폴리스의 쇠퇴가 철학에 미친 또 다른 영향이 있다. 고전기에 사람들이 가졌던 자아 의식은 많은 부분 '시민' 으로서 맡은 역할로 구성되었다. 폴리스는 구성원들이 덕을 갖출 수 있는 환경을 조성해 주었을 뿐 아니라, 덕을 바탕으로 실제 삶을 꾸려갈 수 있는 문화도 제공했다. 도시의 정치적 · 사회적 업무에 참여하는 것은 아테네 시민들에게 일상이었다. 그들은 도시의 축제에 가고, 배심원으로서의 의무를 다하고, 집회에 참석하며, 전쟁이 있을 때에는 병역을 수행했다. 헬레니즘 시기에도 이런 일들이 계속되기는 했지만, 제국의 통치가 출현하면서 그 중요성이 상당 부분 감소했다. 이러한 정체의 변화가 일종의 공허를 낳았다. 광대한 제국은 사람들에게 멀게만 느껴졌으니, 시민 의식은 개인의 정체성을 형성하는 데에 별다른 역할을 하지 못했다.

이 공허를 채워 줄 그 무엇, 사람들에게 자신이 누구인가를 알려 줄 그 무언가가 필요했는데, 새롭게 생겨난 종교뿐 아니라 철학도 이러한 역할을 맡게 된다. 과거에는 폴리스 단위로 섬기는 신들이 있었고, 폴리스의 종교를 믿는 것은 그것이 정치적인 삶과 연결되어 있다는 이유만으로 시민들에게 어떤 정체성을 심어 준 바 있었다. 그러나 폴리스가 점차 사라져 가자 폴리스의 종교도 점점 힘을 잃었다. 이제 개인의 구원을 약속하는 신비주의 종교들과 오르페우스교가 그 빈자리를 오랫동안 메웠고, 헬레니즘 시기에 이르러 이와 유사한 여러 종교들(예컨대 이집트의 신 이시스와 오시리스를 숭배하는 종교 등)이 동쪽 지역에서 수입되었다.

사람들에게 개인이 전체의 부분임을 일깨워 준 것은, 폴리스 시절의 시민 의식이 아니라, 바로 이러한 새로운 종교들이었다. 물론 이때의 '전체'는 폴리스라는 좁은 지역의 공동체가 아니라 특정 믿음을 갖는 신자들의 세계적 공동체를 의미하지만, 사람들은 종종 신자들의 지역적 모임에 참여하기도 했다. 제국에 대한 정치적 충성은 이들에게 추상적으로 느껴졌지만, 신실한 종교 활동만큼은 구체적이고 현실적인 일이었다.

한편, 폴리스의 쇠퇴가 야기한 정체성의 "구멍"을 채우기 위해, 종교 대신 철학으로 돌아서는 사람들도 꽤 있었다. 이 새로운 기대에 부응하기 위해, 철학은 특정 방식으로 변모해야 했다. 과거, 피타고라스가 설립한 철학적 공동체는 제자와 스승의 관계 및 스승의 가르침이 갖는 지위에서 볼 때 종교 단체와 유사했었다. 그러나 고전기에 가장 유명했던 교육 기관은 아무래도 플라톤의 아카데메이아와 아리스토텔레스의 리케이온이다. 이 둘은 피타고라스학파의 모임과 다른 의미의 학교였던 것 같다. 왜냐하면 그 구성원들은 어떤 교리나 한 사람의 철학자를 믿고 따르려는 자들이 아니라, 철학적인 물음을 던지고 진리를 탐구하려는 자들이었기 때문이다. 소크라테스와 플라톤, 그리고 아리스토텔레스의 철학은 특수한 믿음들의 집합을 보여 주는 체계라기보다 합리적으로 사고하는 법을 보여 주는 체계에 더 가까웠다.

그런데 헬레니즘 시기의 "학파"는 플라톤이나 아리스토텔레스의 학파보다 피타고라스학파를 더 닮았다. 왜냐하면 이 시기의 철학은 "삶의 안내자" 역할을 해야 했고, 그러기 위해서 확고히 정립된 입장을 가져야 하지 끊임없는 논쟁에 빠져들어서는 안 되었기 때문이다. 행복에 이르는 길을 찾던 제자들도 특정 학파의 이론을 이성적으로 따져 보아야 할 가설이 아니라, 받아들여야 하고 때로는 암기해야 하는 진리로 여겼다. 그렇다고 이 시기에 비판적 이성이 사라졌다는 말은 아니다. 그러나 한 학파 내에서 탐구의 목적으로 비판적 이성을 사용하기보다, 주로 경쟁하는 학파끼리 상대방을 논파하기 위해 사용한 것은 사실이다.

이에 상응하여, 공정하고 객관적인 방식으로 철학적 문제를 탐구하는 방법을 제시하기보다, 어떻게 하면 제자들이 바라는 행복을 성취할 수 있을지를 완전하고 명료한 이론으로 보여야 한다는 부담이 철학자들에게 생기게 된다. 당시 제자와 스승은 철학에 대해 당파적이고 독단적인 태도를 취했다. 이러한 태도는 사고의 혁신을 더디게 만들었지만, 그래도 특정 학파를 지지하는 사람들에게 안전감을 주었다. 스토아학파와 에피쿠로스학파뿐 아니라, 아카데메이아와 피론주의라는 회의주의적 학파들도 독단적인 모습을 보이기는 마찬가지였다. 왜냐하면 회의주의 학파, 특히 피론주의자들은 자신들이 독단적이지 않다고 자처했지만, 인식의 가능성에 대한 그들의 견해를 따르는 사람들을 불러 모으되 다른 입장을 가진 자들은 배제했기 때문이다.

이제 우리는 위 시기에 생겨난 가장 유명한 두 철학적 학파, 에피쿠로스학파와 스토아학파의 윤리적 이론을 검토해 볼 것이다. 특히, 에피쿠로스의 저서 중 현재까지 전해지는 소수의 글과 에픽테토스가 쓴 엥케이리디온(*Encheiridion*, 『편람』)을 살펴보려고 한다. 이들의 철학은 고전적 주제들에 대한 발전된 연구로, 또 헬레니즘 시대에 와서 변화를 겪은 정치적 · 사회적 환경에 대한 철학적 반응으로 이해될 수 있겠다.

에피쿠로스주의

에피쿠로스는 기원전 341년 사모스(Samos) 섬에서 태어났다. 그런데 그의 아버지가 아테네 사람이어서 그는 아테네 시민권을 가졌다. 마침내 그는 아테네로 이주했고, 307/6년에 학파를 세웠다. 자신의 정원에서 모임을 가졌기 때문에 학파의 이름이 "정원"이다. 바로 이 "학파"에서 철학으로서의 에피쿠로스주의가 시작된다. 이 "학파"는 나름의 원칙에 입각하여 활동한 철학적 공동체였던 것 같다. 여성과 노예도 구성원으로 수용한다는 등의 원칙 말이다. 271년 사망하기까지 에피쿠로스는 그곳에 살면서 글을 쓰고 가르쳤다. 약 300개의 파피루스 두루마리에 달하는 엄청난 양의 글을 썼다고 알려졌는데, 많은 양이 소실되고 극히 일부분만 전해지고 있다. 로마의 시인 루크레티우스가 에피쿠로스의 글을 서사시 형태로 옮겨 『만물의 본성에 대하여』(*De Rerum Natura*)라는 책을 썼는데, 불행히도 이 책에는 우리의 관심사인 에피쿠로스의 윤리학에 대한 정보가 별로 없다. 그래서 우리는 남겨진 그의 저술 말고도, 다른 학파 사람들이 에피쿠로스를 비판하면서 한 말들에 의존할 수밖에 없다. 물론 비판가들이 그의 생각을 잘못 전달할 수 있으니 항상 조심해서 보아야 한다.

에피쿠로스의 철학은 그의 추종자들에게서 전폭적인 신뢰를 받았고 반대자들에게는 강한 혐오감을 일으켰다. 반대하는 논적들이 그의 생각을 오해하는 일이 흔했다. 그의 많은 책들이 기독교 정신에 맞지 않는다는 이유로 파기된 것 같은데, 사실 에피쿠로스 철학을 적대시 한 것은 기독교인들뿐만이 아니었다. 그의 사상에 대한 가장 심각한 오해는 "식도락가 · 미식가(epicure)"라는 말을 파생시킨 관점에서, 즉 에피쿠로스를 감각적 쾌락을 추구하는 저속한 쾌락주의자로 보는 관점에서 찾아진다. 아래에서 살펴보겠지만, 이러한 관점이 에피쿠로스의 사상을 가장 부당하게 희화시켰다.

동시대의 다른 철학들과 마찬가지로, 에피쿠로스 철학의 주된 목적은 행복을 얻는 것이었다. 에피쿠로스에 따르면, 행복에 가장 큰 방해 요소는 공포, 특히 죽음에 대한 공포와 미신적인 종교 때문에 생기는 불안이다. 그는 자신의 철학으로 우주의 본성을 설명하고 바로 이 본성의 한 결과인 우리가 어떻게 살아야 하는지 가르침으로써, 공포 또는 이와 연관된 근심을 없애려고 했다. 달리 말하면, 에피쿠로스의 자연학과 윤리학은 모두, 행복이라는 하나의 문제에 대한 대답이다. 뿐만 아니라, 그의 윤리학은 자연학을 전제한다. 그러므로 에피쿠로스의 윤리학을 검토하기 이전에, 간단하게라도 그의 자연학을 반드시 살펴보아야 한다.

에피쿠로스는 희랍의 원자론자인 레우키포스와 데모크리토스에게서 자연학적 이론을 전수받았다. 그리고 이들의 원자론을 자신의 목적에 맞게 수정했다. 그러나 선대 원자론자들이 자신의 철학에 기여한 바를 에피쿠로스가 직접 밝히지는 않았다. 그는 레우키포스와 데모크리토스를 따라, 오직 '원자들'과 원자들이 운동하는 '허공'만 존재한다고 생각했다. 그리고 감각적 세계와 분리된 이데아의 세계를 주장한 플라톤의 전통, 그리고 형상이 이 세계에 내재해 있다고 보는 아리스토텔레스의 전통, 두 전통 모두가 내세우는 형상 이론을 에피쿠로스는 부인했다. 이런 면에서 볼 때, 에피쿠로스는 유물론자이다. 그가 원자론에 매력을 느낀 것은 원자론이 신의 섭리를 부정했기 때문으로 보인다. 원자론에 따르면, 우주는 플라톤이 주장한 신적인 설계의 산물이 아니라 원자들의 우연한 충돌이 낳은 결과이다.

그런데 에피쿠로스의 원자론이 레우키포스와 데모크리토스의 이론과 차별성을 갖는 한 가지의 중요한 측면이 있다. 선대 원자론자들은 원자들이 영원히 운동하되 어떤 방향으로든 운동할 수 있다고 믿었다. 즉, 원자가 이 방향이 아니라 하필 저 방향으로 운동해야 할 이유가 없다. 여기까지의 설명은 우주적 현상의 임의성 또는 우연성을 인정한다. 그러나 그들에 의하면, 원자들이 한 번 충돌하고 나면 원자 충돌 시 작용하던 힘이 그 원자들의 새로운 운동을 낳는다. 다시 말해서 처음의 원자 운동 속도와 운동 방향이 주어지면, 충돌한 다음에 원자들이 어떻게 운동할 지는 기계적으로 결정된다. 그런데 에피쿠로스는 이 모델을 받아들이지 않았다. 왜냐하면 그가 보기에 이는 결정론으로 귀착될 수 있는 이론이기 때문이다. 그래서 에피쿠로스는 원자들이 원래 무한한 허공 속에서 엄청나게 큰 속도로 "아래로" 운동하다가 우연한 시점에 "이탈한다"고 주장했다. 이탈의 결과로 원자 충돌이 일어나고 원자들이 결합되어 마침내 큰 물체들이 생기게 된다는 것이다. 이에 에피쿠로스는 모든 방향으로 무한한 우주에 어떻게 정해진 "위", "아래"가 있을 수 있는가라는 비판을 받았는데, 이 비판은 타당해 보인다. 그래도 그는 원자 이탈 개념을 통해 선대 원자론의 한계로 간주된 결정론적인 결과를 피할 수 있었다. 원자 이탈은 어떤 시점에든 일어날 수 있기 때문에, 초기 조건을 가지고 우주의 미래 상태를 예측하는 것은 불가능하다. 에피쿠로스는 원자 이탈이 인간의 자유 의지가 존재하기 위한 필수적인 조건이라고 믿었다. 그러나 원자 수준의 우연성에서 인간의 자유를 어떻게 이끌어 낼 수 있는가라는 문제가 아직 해결되지 않은 채 남아 있다.[>1]

에피쿠로스는 신의 섭리를 믿지 않았지만, 그렇다고 신들의 존재를 부정한 것은 아니다. 간단히 말하면, 그는 물체의 표면에서 원자들의 얇은 막이 방사되어 우리의 감각 기관과 접촉함으로써 감각적 인상이 생겨난다고 주장했다. 그에 의하면, 대상에서부터 우리의 감각 기관으로 이동해 오는 과정에서 이 얇은 막이 손상될 수 있지만 그래도 인상 자체는

>1 역자주: 이 문제에 대한 여러 학자들의 연구가 있어 왔다. 이들의 다양한 입장 가운데, 에피쿠로스의 철학에서 원자 이탈은 원자 충돌을 설명하기 위한 개념이지 인간의 자유를 정초하기 위한 개념은 아니었을 것이라는 주장과 설명으로 T. O'Keefe, *Epicurus on Freedom*(Cambridge, 2005) 참조.

틀릴 수 없다. 또 그는 모든 사람이 신들에 대한 인상을 감각 기관이 아닌 마음으로 직접 수용한다고 보았고, 따라서 이 인상의 원인인 신들이 존재한다고 생각했다. 나아가 그는 신들이 불사적 존재이고 최고로 행복한 존재라고 믿었다. 다만, 신들이 우리의 삶에 관여한다는 통속적인 생각만큼은 받아들일 수 없었다. 신들은 가장 복되고 완벽한 삶을 누리므로, 우리에게 참견하는 일에 아무 관심도 없다는 것이다.

이렇듯 에피쿠로스는 신이 인간사에 개입한다는 두려움을 없앰으로써 인간이 미래에 대해 갖는 불안의 가장 큰 요인을 제거하려 시도했다. 행복을 가로막는 또 다른 장애물은 죽음에 대한 공포인데, 그는 원자론이 이 공포도 사라지게 할 수 있다고 믿었다. 에피쿠로스는 우리의 몸뿐 아니라 영혼도 원자들로 이루어진 물질이라고 생각했다. 우리가 죽으면, 영혼을 구성하던 원자들이 흩어진다. 그 결과 우리는 더 이상 존재하지 않게 된다. 따라서 죽음을 두려워할 필요가 없다. "죽음은 우리에게 아무 것도 아니다. 왜냐하면 원자들이 흩어지면 감각을 갖지 못하고, 감각을 갖지 못하는 것은 우리에게 아무 것도 아니기 때문이다"(「중요한 가르침」, 2).

우리가 살아 있을 때, 신들은 우리를 괴롭게 하지 않는다. 또 우리가 죽으면, 죽은 후에 신들이 그럴 것이라는 걱정도 없다. 그러니 이제 행복은 주어진 환경 속에서 살아가는 우리 자신에게 달려 있다. 반복해서 말하지만, 에피쿠로스 윤리학의 목적은 행복에 도달하는 것이다. 이제 행복에 대해 본격적으로 살펴보도록 하자. 그에 의하면 쾌락은 인간 삶의 목적, 즉 좋음이다. 그리고 고통은 악이다.

> "왜냐하면 우리는 쾌락이 제1의, 그리고 본성상 우리와 동종인 좋음이라는 점을 알아 왔고, 쾌락으로부터 모든 선택과 기피를 시작하며, 느낌을 기준으로

> 모든 좋음을 판단하는 한 우리는 쾌락으로 돌아가기 때문이다"(「메노이케우스에게 보내는 편지」, 129).

에피쿠로스는 고통을 육체적 고통과 마음의 근심으로 구분했고, 육체적 고통은 사그라뜨리기 쉽다고 생각했다. 우선 배고픔이나 갈증과 같은 평범한 고통은 아주 단출한 음식과 음료로도 해결될 수 있다. 그럼 다른 종류의 고통, 예컨대 질병에 따르는 고통의 경우는 어떨까?

> "고통은 살 속에 똑같이 쭉 지속되지 않고, 극심한 고통은 아주 짧은 시간 동안만 있고 쾌락을 넘어서기만 할 정도의 약한 고통은 여러 날 계속되지 않는다. 그런데 오래 가는 질병의 경우, 살 속에 고통보다 쾌락이 더 많을 수 있다"(「중요한 가르침」, 4).

인간 삶의 목적은 "행복한 삶"인데 이는 "몸의 건강과 마음에 동요가 없음(아타락시아, *ataraxia*)"을 의미한다(「메노이케우스에게 보내는 편지」, 128). 그런데 에피쿠로스는 몸의 건강보다 마음의 평온을 더 소중히 여겼다. 그래서 "우리가 어떤 행동을 하든 그 목적은 고통을 겪지 않고 두려워하지 않기 위해서이다. 이런 일이 우리에게서 실현되면, 영혼의 모든 폭풍이 가라앉는다"고 말했다(같은 곳).

그러므로 사람들의 오해와 다르게, 에피쿠로스는 무절제한 유흥의 삶을 인정하지 않았다. 이에 대한 그의 입장은 아주 단호하다.

> "우리가 쾌락이 목적이라고 말할 때, 이는 어떤 무지한 자들과 우리에게 동의하지 않는 자들 또는 우리의 말을 그릇되게 받아들이는 자들이 생각하듯이 방탕한 자의 쾌락이나 성적으로 즐기는 일에 있는 쾌락을 의미하는 게 아니라,

> 몸에 고통이 없음과 영혼에 동요가 없음을 의미한다. 왜냐하면 쾌락적인 삶을 낳는 것은 계속 마시고 흥청망청하는 것도 남녀가 성적으로 즐기는 것도 생선이나 사치스러운 식탁에 놓인 다른 음식도 아니라, 선택과 기피의 원인을 찾는, 그리고 영혼에 가장 큰 소란을 일으키는 믿음을 사라지게 하는, 건전한 추론이기 때문이다"(「메노이케우스에게 보내는 편지」, 131~2).

에피쿠로스가 희랍 윤리학의 고전적 전통에 속할 수 있는 이유가 위 인용문에 잘 나타나 있다. 에피쿠로스 역시 행복의 달성에서 이성의 역할을 강조했기 때문이다. 이에 대해서는 아래에서 좀 더 자세히 살펴볼 것이다.

그는 위 인용문에 나열한 쾌락들에 원칙적으로 반대하지 않았다. 즉, 그는 저 쾌락들이 본래 나쁘다고 생각하지 않았다. 그래서 그는 "어떠한 쾌락도 그 자체로 나쁘지 않다"고 말한다(「중요한 가르침」, 8). 그렇다면 왜 그는 저 쾌락들을 권장하지 않았을까? 두 가지 이유가 있다. 첫째, 저런 쾌락들은 마음의 평온을 얻기 위해 충분하지 않기 때문이다.

> "만일 방탕한 자들의 쾌락을 산출하는 대상이 마음의 두려움을 사라지게 한다면, … 나아가 욕구의 한계를 가르쳐 준다면, 이 대상을 비난할 이유가 전혀 없을 것이다"(같은 글, 10).

그러나 육체적인 쾌락은 마음의 근심을 사라지게 하지 못한다.

> "만일 어떤 이가 우주의 본성을 알지 못하는 채로 신화의 내용이 긴가민가하면서 살아간다면, 가장 중요한 문제들에 관한 두려움이 결코 사라질 수 없다. 그러므로 자연에 대한 탐구가 없으면 순수한 쾌락을 가질 수 없다"(같은 글, 12).

좋은 삶을 위해서는 자연에 대한 철학적 탐구뿐 아니라 실천적 지혜 또는 사려 분별(프로네시스)이 요구된다. 에피쿠로스에게 실천적 지혜는 "선택과 기피의 원인을 찾는 … 건전한 추론"을 지칭하는 도덕적 덕으로서, 감각적인 쾌락을 거부해야 하는 두 번째 이유를 알려 준다. 장기적으로 볼 때, 감각적 쾌락은 쾌락보다 고통을 더 많이 준다는 것이다. 에피쿠로스는 실천적 지혜가 각각의 행동에서 나올 쾌락과 고통을 측정하고 계산하는 역할을 한다고 보았던 것 같다. 그래서 실천적 지혜는 현명한 자로 하여금 특정 행동을, 그것이 아무리 쾌락적으로 보인다고 해도, 하지 않게 이끈다.

"쾌락이 제1의 좋음이고 우리에게 본성적이기 때문에, 바로 이 이유로 우리는 모든 쾌락을 선택하지 않고 많은 쾌락들을 지나치는 때가 있다. 그 쾌락으로부터 더 큰 불편함이 우리를 따르는 경우 말이다. 마찬가지로 우리는 많은 고통들이 쾌락보다 더 낫다고 생각하는데, 그 고통을 오랜 시간 동안 견딤으로써 더 큰 쾌락이 우리를 따라올 때에 그렇다. 그래서 쾌락은 우리의 것과 동종의 본성을 지니므로 모든 쾌락이 다 좋은데, 그렇다고 모든 쾌락이 다 선택되지는 않는다. 마찬가지로 모든 고통이 나쁘지만, 모든 고통이 항상 피해져야 하는 그런 것은 아니다. 그럼에도 우리는 이익과 손해를 견주고 검토함으로써 모든 문제를 판단해야 한다"(「메노이케우스에게 보내는 편지」, 129~30).

실천적 지혜는 왜 육체적 쾌락에 매몰된 방탕함을 멀리하라고 요구하는 것일까? 이에 답하기 위해, 쾌락에 대한 에피쿠로스의 정의를 다시 한번 확인해 보자. 쾌락이란 "몸에 고통이 없음과 영혼에 동요가 없음"이다. 그런데 이렇게 쾌락을 고통과 동요의 부재(不在)로 정의함으로써, 에피쿠로스는 고대 희랍 사유의 주류에서 벗어나게 된다. 예컨대 쾌락주의와 거리가 멀었던 플라톤은 욕구가 충족됨으로써 고통이 사라진 상태인 "중간 상태"를 '쾌락'과 조심스럽게나마 구분했다. 플라톤보다 조금 더 나아가서, 아리스토텔레스와 키레네학파(키레네학파는 감각적 쾌락이 실제로 좋다고 주장했다)는 쾌락이란 단지 고통 없는 상태가 아니라 이보다 더 긍정적인 상태라고 주장했다. 그런데 이들과 달리, 에피쿠로스는 쾌락과 중간 상태가 완전히 같다고 본 것이다. 에피쿠로스 말대로 쾌락과 중간 상태가 똑같다고 볼 수 있는지 의문스럽기는 하지만, 그래도 쾌락의 이러한 특성은 그의 철학 전체에서 중요한 위치를 차지한다. 배고픔이나 갈증과 같은 고통이 끝난 상태가 곧 육체적 쾌락의 상태라면, 진수성찬이 아니라 빵 한 조각과 물 한 모금에도 육체적 쾌락을 느낄 수 있을 것이다.

> "부족으로 인한 모든 고통이 사라지면, 평범한 음식도 값비싼 음식만큼의 쾌락을 가져다준다. 그리고 보리빵과 물 한 모금이 필요한 자가 이것을 입에 넣었을 때, 이것은 그에게 최고의 쾌락을 준다. 그러므로 단출하고 소박한 식사에 익숙해지면 우리는 가장 건강해지고, 삶에 필수적인 일과 관련해서 적극적이게 되며, 이따금 값비싼 음식을 접하게 되었을 때 잘 행동하게 되고, 운에 대해 두려움을 갖지 않게 된다"(「메노이케우스에게 보내는 편지」, 130~31).

예컨대 단출한 음식에 익숙해진 사람이 기름진 음식과 술을 많이 먹을 수 있는 자리에 초대받아 가면, 이런 음식을 열렬히 좋아하는 자 못지않게 그도 잘 먹을 수 있다. 게다가 이 소박한 사람은 식량이 부족한 시기에 훨씬 덜 고생한다. 그래서 그는 입이 고급인 사람 보다 더 자족적이다. 에피쿠로스가 보기에, 좋은 삶의 중요한 요소 중 하나가 이 자족성이다.

에피쿠로스에게 쾌락은 '고통이 없는 상태'이기 때문에, 기름진 음식이 소박한 음식보다 더 많은 쾌락을 준다는 것은 말이 안 된다. 왜냐하면 "쾌락의 크기가 최고인 때는 모든 고통이 제거된 때"이기 때문이다(「중요한 가르침」, 3). 그래서 고통이 제거되었다면, 쾌락이 더 증가할 수는 없고, 느끼는 쾌락의 종류가 달라질 수 있을 뿐이다(같은 글, 18). 그런데 변화하는 쾌락에 신경 쓰다 보면 마음이 어수선해져서 평온이 깨질 것이므로, 아마 에피쿠로스는 쾌락의 변화에 신경 쓰는 일도 부정적으로 평가했을 것이다. 결과적으로 몸의 쾌락을 위해서가 아니라 마음의 평온을 위해 사는 자가 진정한 에피쿠로스주의자이다.

위에서 살펴보았듯이, 아타락시아, 즉 마음의 평화를 얻을 수 있는 두 통로는 철학적인 이해와 실천적 지혜이다. 철학적인 이해는 번민의 주범인 죽음과 신의 응징을 두려워하지 말라고 가르쳐 주고(「헤로도토스에게 보내는 편지」, 81~2), 실천적 지혜 또는 사려 분별은 유덕한 삶을 살라고 말해 준다. 그런데 에피쿠로스는 철학적 이해보다 실천적 지혜를 더 우위에 두었다.

> "프로네시스가 철학보다도 더 소중하다. 바로 이 프로네시스에서 다른 모든 덕들이 나오고, '지혜롭고 훌륭하고 정의롭게 살지 않으면 쾌락적으로 살 수 없고 또 쾌락적으로 살지 않으면 지혜롭고 훌륭하고 정의롭게 살 수 없다'는 점을 프로네시스가 가르쳐 주기 때문이다. 왜냐하면 덕들과 쾌락적으로 사는 것은 본성상 동종이고, 쾌락적으로 사는 것은 덕들과 불가분하기 때문이다"(「메노이케우스에게 보내는 편지」, 132~3).

그러므로 에피쿠로스는 무엇이 좋은 삶인가에 대해 이전 철학자들과 다소 다른 견해를 가졌지만, 덕 이론에서만큼은 선배들과 매우 유사한 입장을 보인다. 덕의 소유는 행복의 필요충분조건이고, 덕 중에도 프로네시스가 가장 핵심적이다. 앞에서 우리는 프로네시스가 방탕한 삶이 낳는 쾌락과 고통을 신중히 계산하여 절제에 이를 수 있게 해 준다는 점을 확인했다. 뿐만 아니라, 프로네시스는 우리를 우정과 정의, 고결함과 명예로 이끌어 주기도 한다.

어떻게 하면 아타락시아를 성취할 수 있을지 판단할 때 실천적 지혜가 원칙으로 삼는 점이 하나 있는데, 그것은 욕구의 종류이다. 에피쿠로스에 의하면, "우리의 욕구 중, 어떤 욕구는 본성적이면서 필수적이지만, 어떤 욕구는 본성적이긴 하나 필수적이지는 않다. 또 어떤 욕구는 본성적이지도 않고 필수적이지도 않다"(「중요한 가르침」, 29). 고대 주석가 한 명이 이 욕구 분류를 아래와 같이 풀이했다.

> "에피쿠로스는 고통을 사라지게 하는 욕구를 본성적이면서 필수적인 욕구로 간주했다. 목이 마를 때 음료를 마시려는 욕구처럼 말이다. 반면, 고통은 없애지 못하고 단지 쾌락을 다양하게 만들 뿐인 욕구는 본성적이기는 하나 필수적이지 않다. 값비싼 음식을 먹으려는 욕구가 그 예이다. 마지막으로 어떤 욕구는 본성적이지도 않고 필수적이지도 않다. 예컨대 관을 쓰고 싶어 하거나 조각상을 세우려는 욕구가 이렇다"(같은 글, 29).

본성적인 욕구이든 아니든 필수적이지 않은 욕구라면 "충족되지 않아도 우리를 고통으로 이끌지 않는다." 그리고 이런 욕구는 "사그라뜨리기 쉽다"(같은 글, 26). 분명, 필수적이지 않은 욕구는 멎어야 한다. 왜냐하면 고통이 멎고 나면 쾌락은 더 이상 증가하지 않고, 그래서 필수적이지 않은 욕구를 만족시킨다고 한들 삶의 쾌락이 증가하는 것은 아니기 때문이다. 더욱이 이러한 욕구들은 끝이 없고 불안정하다. 반면, 본성적이면서 필수적인 욕구는 끝이 있고 쉽게 충족된다(같은 글, 15). 그러므로 자신의 욕구를 본성적이면서 필수적인 욕구로 제한한다면, 이러한 욕구를 충족시키면서 행복하게 살 수 있다. 반면, 필수적이지 않은 욕구를 가진 자는 이 끝없는 욕구를 결코 충족시킬 수 없다(같은 글, 21). 에피쿠로스는 본성적이기는 하지만 필수적이지 않은 욕구, 그래서 단념해야 하는 욕구 중 하나로 성욕을 들었다. "성적 쾌락은 결코 이득을 주지 못한다. 해를 입히지 않는다면 그나마 다행이다"(「바티칸 잠언」, 51). 현명한 자는 쉽게 충족되는 것을 욕구하므로, 그는 불안을 일으키는 원인 중 하나인 불운에 좌우되지 않는다(「중요한 가르침」, 16).

욕구의 제한에 대한 위 가르침을 배운 자에게 이제 에피쿠로스는 "고요하고 군중에서 멀리 떨어진 삶"을 권장한다(「중요한 가르침」, 14). 물론 에피쿠로스 자신과 정원의 구성원들도 이렇게 살았다. 정치적인 일에 연루되면 고요하게 살기 힘들어진다. 단, 우정만큼은 소중하다. "삶 전체의 지복을 위해 지혜가 갖추는 것들 중 가장 중요한 것은 우정의 소유이다"(같은 글, 27). 에피쿠로스의 관점에서 우리 각자가 추구하는 쾌락과 마음의 평온은 어디까지나 우리 자신의 것이라는 점에 유념하자. 그래서 그의 윤리학은 소크라테스의 윤리학처럼 이기적인 특징을 띤다. 바로 이 점 때문에, 에피쿠로스의 입장은 대표적인 공리주의 철학자인 벤담과 밀의 입장과 다르다. 에피쿠로스 윤리학의 이기적 특성만 제외하면, 양쪽은 많이 닮았다. 그러므로 우정이 좋은 삶의 일부임을 보이기 위해, 에피쿠로스는 내 친구들이 나의 행복 증진에 기여한다는 점을 입증해야 했다. 특히, 우정은 우리의 안전을 증대시킨다(같은 글, 28). 그렇다고 내 친구를 단지 나의 안전을 위한 도구로 사용하라는 말도 아니고, 친구 자체를 위해 무언가를 하지 말라는 것도 아니다. 실제로 에피쿠로스는 우정 자체를 위한 행동을 긍정적으로 보았고, 그래서 "모든 우정은 그 자체로 선택할 만하다. 유용성에서 시작되기는 하지만"(「바티칸 잠언」, 23)

이라고 말했다. 그럼에도 불구하고 왜 우정의 관계를 맺어야 하는가에 대한 에피쿠로스의 답이 이기적 특징을 보인다는 점은 부정할 수 없는 것 같다. 우리가 앞에서 살펴본 바와 같이, 이는 아리스토텔레스의 친애 개념에서도 마찬가지였다.

이제 정의에 대해 살펴보자. 에피쿠로스는 왜 정의롭게 행동해야 하는가에 대해 우정의 경우에서와 마찬가지 방식으로 설명한다. 그런데 흥미롭게도 그의 설명은 플라톤의 『국가』 2권에서 글라우콘이 말했던 내용과 매우 유사하다. 즉, 정의는 관습의 산물로서, 타인에게서 해를 입지 않도록 스스로를 보호하기 위해 체결한 사회적 계약이다. 에피쿠로스에게 피해로부터 자신을 보호하는 것 자체는 본성적인 좋음이지만, 정의는 구체적인 상황에서 자신의 보호를 보장할 사회적 약속을 필요로 한다.

> "정의는 자체적인 어떤 것이 아니라, 사람들이 모여서 서로 교류할 때 어디에서든 언제든 해를 입히지도 해를 입지도 않기로 하는 일종의 협약이다"(「중요한 가르침」, 33).

그리고

> "공통점을 기준으로 하면, 정의는 모든 이들에게 똑같다. 정의는 서로간의 교류 속에 있는 어떤 이익이기 때문이다. 그러나 지역적 특수성이나 어떤 환경이든 환경의 특수성을 기준으로 하면, 정의는 모든 이들에게 다 똑같지 않다"(같은 글, 36).

협약이 없는 곳에는 정의도 없고 불의(不義)도 없다.

"서로 해를 입히지도 말고 해를 입지도 말자고 협약하지 못하는 동물에게는 정의로운 것도 없고 불의로운 것도 없다. 같은 목적으로 협약을 맺을 능력이 없거나 맺기를 원하지 않는 부족들에게도 정의와 부정의가 없기는 마찬가지이다"(같은 글, 32).

내가 타인으로부터 불의를 당하는 일이 나쁘다는 것은 명백하다. 왜냐하면 내가 해를 입기 때문이다. 한편, 에피쿠로스에게 정의는 본성적 좋음이라기보다 관습의 산물이다. 그렇다면 내가 타인에게 불의를 가하는 것이 왜 나쁜가? 이 물음에 대해서도 에피쿠로스는 글라우콘과 비슷하게 답한다. 불의롭게 행동하면 나에게 나쁜 결과가 초래된다는 것이다.

"부정의(不正義) 그 자체가 악은 아니고, 부정의한 행동을 처벌하는 사람들에게 적발될 거라는 의구심에 따르는 두려움, 이 두려움 속에 부정의가 있다. 해를 입히지도 해를 입지도 않기 위해 하지 말자고 서로 협약한 바를 몰래 저지른 자는 적발되지 않을 거라고 확신할 수 없다. 그가 지금까지 적발을 수천 번 피해 왔다고 해도 말이다. 왜냐하면 죽기 전까지는, 적발되지 않을지가 확실하지 않기 때문이다"(같은 글, 34~5).

부정의한 행동을 하고 싶지 않게끔 만드는 것은 바로 위 사실에 대한 파악에서 오는 두려움이다. 어떤 종류의 두려움이든 두려움은 마음의 평온을 깨뜨리기 때문이다. 에피쿠로스에 따르면, "정의로운 자는 동요에서 거리가 가장 멀다. 반면, 부정의한 자는 극한 동요로 가득 차 있다"(같은 글, 17). 그러므로 현명한 사람은 자신의 안전을 위해 정의의 협약을 맺을 것이고, 영혼에 미치는 좋은 효과 때문에 협약에 따라 살 것이다.

지금까지 우리는 에피쿠로스가 주장한 좋은 삶이 실천적 지혜와 절제, 우정과 정의라는 덕들을 필요로 한다는 점을 살펴보았다. 그렇다면 그는 용기를 어떻게 보았을까? 지금까지 전해지는 그의 저술에 용기의 덕에 대한 논의는 없다. 앞서 아리스토텔레스는 용감한 사람을 "고귀한 죽음에, 그리고 갑작스럽게 닥쳐서 죽음을 초래하는 일들에 두려워하지 않는 자"라고 규정했었다(『니코마코스 윤리학』 3권 6장, 1115a 33~4). 또 그에 의하면, "전쟁에서 일어나는 일들이 주로 이렇다. 물론 용감한 사람은 바다에서나 질병에 대해서도 두려워하지 않는다"(3권 6장, 1115a 35~b 1). 에피쿠로스 철학의 전반적인 목적은 자기 제자들이 죽음과 관련된 두려움을 갖지 않게 하는 것이었다. 그런데 여기서 죽음은 아리스토텔레스가 가장 두려운 사건으로 간주한 대상이다. 이런 점에 비추어 보면, 에피쿠로스도 아리스토텔레스가 말한 의미의 용기를 어느 정도 지지했다고 할 수 있겠다. 에피쿠로스 자신은 고통스러운 질병으로 죽었다. 전해지는 바에 따르면, 그는 질병을 태연하게 견뎠다고 한다. 그러니 에피쿠로스는 질병으로 인한 죽음에 두려움 없이 맞서는 것을 좋은 삶의 중요한 부분으로 여겼을 것이다. 단, 그가 용기를 부각시키지 않았던 이유는, 아리스토텔레스가 지적했듯, 용기가 전쟁과 밀접히 연관되기 때문이 아닐까 싶다. 왜냐하면 에피쿠로스는 전쟁을 헛된 (본성적이지도 않고 필수적이지도 않은) 쾌락을 추구하는 활동으로 간주하여 틀림없이 거부했을 것이기 때문이다. 전쟁에 참여하는 것, 일반적으로 말해서 나라의 일에 참여하는 것은, 에피쿠로스가 강조했던 조용한 은둔의 삶에 들어설 자리가 없다.

요컨대, 에피쿠로스는 전부는 아니라고 해도 거의 대부분의 고전적 덕목을 수용했다. 물론 좋은 삶에 대한 플라톤과 아리스토텔레스의 생각과 그의 견해에 다소간의 차이가 있기는 하지만 말이다. 앞에서 나는 "폴리스가 더 이상 인간 삶의 중심적 형태가 아니게 된 상황에서, 도대체 덕이 어떤 의미가 있을까?"라고 물었다. 에피쿠로스의 윤리학은 이 물음에 대한 나름의 답변을 가지고 있다. 스토아학파가 제시한 대안을 검토해 보기 전까지, 나는 에피쿠로스의 윤리학에 대한 비판적 평가를 삼가려고 한다. 그러나 "우리는 웃어야 하고, 동시에 철학해야 한다"(「바티칸 잠언」, 41)는 주장에 반영된 그의 태도는 분명 매력적이다.

스토아주의

스토아학파의 창시자는 키티온(Citium) 지역 출신의 제논(Zenon)이다. 제논은 기원전 약 333년에 태어나 약 261년에 사망했다. 그가 아테네의 **스토아 포이킬레**(*stoa poikile*), 즉 채색주랑(彩色柱廊)에서 학생들을 가르쳤기 때문에 그의 학파가 '스토아'라고 불린다. 한 명의 철학자가 주축이 되었던 에피쿠로스주의와 달리 스토아 철학에 기여한 철학자는 여러 명인데, 이는 스토아 철학이 오랜 시간의 발전을 거치며 형성되었기 때문이다. 제논 이후에 클레안테스(Cleanthes)가 학파의 수장을 맡았고, 이후 크리시포스(Chrysippus)가 클레안테스의 뒤를 이었다. 스토아주의의 역사에서 후기에 이르면, 포세이도니오스(Posidonius)가 스토아 철학에 플라톤 철학의 색채를 가미한다. 그런데 이들 중 초기 인물들의 저술은 단편 형태로만 남아 있어서, 어떤 이론을 누가 처음으로 주창했는지 알아보기 힘든 경우가 많다. 에피쿠로스가 그러했듯 스토아학파 사람들도 소크라테스 이전의 철학자(특히, 헤라클레이토스)와 메가라학파와 같은 선대 사상가들의 견해를 자유로이 수용하여 자신들의 철학에 반영했던 것 같다. 스토아학파의 윤리학은 키니코스학파의 디오게네스(Diogenes)로부터 많은 영향을 받았는데, 디오게네스는 관습을 무시하고 "자연에 따라" 살 것을 주장한 철학자로 유명하다. 자연에 따르는 삶은 실제로 스토아 윤리학의 이상(理想)으로 자리 잡게 된다.

오늘날 가장 잘 알려져 있는 스토아 철학자는 로마의 황제 마르쿠스 아우렐리우스(기원후 121년~180년)와 노예 출신인 에픽테토스(기원후 60년경~138년경)인데, 이들은 제논과 크리시포스보다 훨씬 나중의 인물이다. 황제와 노예의 삶의 조건이 무척 다름에도 불구하고 이 두 인물이 하나의 스토아 철학 형성에 기여했으니, 스토아 철학에 대한 관심이 얼마나 폭넓었는지 가늠할 수 있다. 위에 언급한 철학자들의 경우와 달리, 이들이 쓴 책은 남아 있다. 현재 널리 알려진 책은 마르쿠스 아우렐리우스의 『명상록』과 에픽테토스의 『담화록』과 『편람(便覽)』(『편람』은 에픽테토스의 제자인 아리아노스가 스승의 강의를 간추려 기록한 것이다)이다. 에픽테토스와 마르쿠스 아우렐리우스는 이전의 스토아 철학자들보다 실천의 문제에 더 많은 관심을 가졌다. 스토아주의에서 이들의 가장 큰 공헌은 형이상학이나 인식론을 심화하기보다 도덕 철학을 대중적인 형식으로 제시했다는 점이다. 이 장에서 우리는 에픽테토스 강연의 요약본인 엥케이리디온(이 희랍어는 "안내서" 또는 "편람"을 의미한다)을 자세히 살펴볼 것이다. 이 책에서 에픽테토스는 스토아학파가 윤리학을 대하는 기본적 관점을 보여 주고 있다. 그래서 에픽테토스를 제외한 다른 스토아 철학자들도 이 책의 내용에 큰 틀에서 동의할 것이다. 단, 그렇다고 이들이 에픽테토스의 모든 세부적 주장에 동의했다고 볼 이유는 없다. 또 이 책은 이론 철학적 저서가 아니라 스토아 윤리학의 입문서로 기획되었다는 점에도 유의하자.

에피쿠로스 윤리학이 그의 자연학을 전제했듯, 스토아학파의 윤리학도 스토아 형이상학에 기반을 두고 있다. 스토아의 유물론이 에피쿠로스주의의 유물론보다 덜 엄격하긴 하지만(예컨대 스토아학파는 명제와 같은 추상적 대상을 정신적 존재로 인정했고, 아리스토텔레스의 형상-질료 구분을 그들의 목적에 맞게 변형시키면서 수용했다), 그래도 기본적으로 스토아학파 사람들 역시 유물론자이다. 그러나 에피쿠로스주의자와 달리, 스토아학파는 결정론을 인정했다. 즉, 이들은 이 세계에서 일어나는 모든 일이 선행하는 원인들에 의해 그렇게 일어나도록 미리 결정되어 있다고 생각했다. 그래서 에피쿠로스가 "원자 이탈" 개념을 통해 피하려고 노력했던 것, 즉 '선행하는 원인들의 목록이 완전하게 주어진다면 미래에 어떤 일이 일어날지 모두 예측할 수 있다'는 가능성을 스토아학파는 인정했다. 그러나 에피쿠로스가 우려했던 것과 달리, 스토아학파에게 결정론은 기계적인 힘들이 일으키는 맹목적인 작용이 아니었다. 왜냐하면 이들은 우주의 미래를 결정하는 능동적인 힘이 곧 신이라고 믿었기 때문이다. 그러므로 이들은 에피쿠로스가 거부했던 또 하나의 이론, 즉 신의 섭리도 수용한다. 스토아학파 사람들이 유물론자였던 만큼, 그들은 신을 이 세계에서 끊임없이 작용하는 우주적 불이라고 생각했다. 그리고 이와 동시에 신을 인격화된 이성, 즉 <u>로고스</u>(*logos*)라고 생각했다. 우주의 모든 운동을 일으키는 물질이 최고로 이성적이기 때문에, 우주에서 일어나는 모든 일들도 합리적이다. 또 이 모든 일들은 합리적이기 때문에 좋다. 그러므로 스토아학파는 일어나는 모든 일들에 합리적 설명이 주어질 수 있다고 믿었고, 또 그것들이 최상의 상태라고 생각했다.

스토아학파의 형이상학에 의하면, 미래를 변화시키려는 모든 시도가 무용하다. 왜냐하면 일어나는 모든 일들이 이미 운명 지어져 있기 때문이다. 또 미래를 변화시키려는 시도는 어리석기도 하다. 항상 최선을 위해 활동하는 신적 이성이 모든 일들을 규제하는데, 어리석은 자가 아니라면 어느 누가 신적 이성에 반대하여 행동하기를 원하겠는가? 이런 관점에 따르면, 악은 존재하지 않는다(『편람』, 27). 왜냐하면 신적 이성이 우주를 지배하고, 그래서 이 우주가 완전하기 때문이다. 이쯤 되면 불만을 갖는 독자들이 생겨날 것 같다. 왜냐하면 이 세계가 그다지 완전해 보이지 않기 때문이다. 즉, 세상에는 많은 악들이 존재하는 것으로 보인다. (질병이나 재해처럼) 자연적으로 발생하는 나쁜 일도 있고, (악인이나 악행을 비롯한) 도덕적인 악도 있지 않은가. 스토아 윤리학은 왜 우리가 이러한 의구심을 갖게 되는지 설명하고 우리의 근본적인 태도를 교정하고자 애썼다. 스토아 윤리학의 목적은 외부 세계를 변화시키는 것이 아니다. 왜냐하면 이는 불가능하기 때문이다. 그 목적은 우리의 이성과 의지를 세계의 본성에 맞추는 것이다.

에픽테토스는 『편람』의 맨 처음에 이 물음을 소개한다. 우선 그는 대상을 두 종류를 구분한다.

> "존재하는 것들 중, 어떤 것은 우리에게 달려 있고 어떤 것은 우리에게 달려 있지 않다. 우리에게 달려 있는 것은 생각, 충동, 욕구, 혐오, 한마디로 우리 자신이 하는 모든 일이다. 우리에게 달려 있지 않은 것들은 몸과 소유물, 평판, 직위를 비롯하여, 한마디로 우리 자신이 하지 않는 모든 일이다. 우리에게 달려 있는 것들은 본성적으로 자유롭고 저지되지 않고 방해받지 않으나, 우리에게 달려 있지 않은 것들은 약하고 노예적이며 저지되고 다른 것들에 의존한다" (『편람』, 1).

위에서 스토아학파는 형이상학적 구분을 시도하고 있는데, 이는 결정론을 인정한 결과라고 할 수 있다. 우리에게 달려 있지 않은 것들에 타인들의 태도(이것이 우리의 평판과 직위를 결정한다)와 물리적 대상들(몸과 소유물)이 포함되었다. 전자는 우리 자신이 아니라 어떤 다른 이에게 달려 있다. 그리고 후자는 신이 통제하는 대상이다.

한편, 우리의 몸과 소유물이 "우리에게 달려 있지 않다"는 말이 이상하게 들릴 수 있겠다. 왜냐하면 우리는 보통 자신의 몸과 재산을 스스로 통제한다고 여기기 때문이다. 그러나 조금만 더 생각해 보자. 예컨대 나는 내 팔을 올리고 싶을 때 올릴 수 있다. 그리고 나는 원하는 시기에 그리고 원하는 종목에 내 돈을 투자할 수 있다. 그러나 내 신경에 문제가 생겨서 팔을 올리지 못할 수도 있고, 돈을 도둑맞거나 주식 시장에서 다 날려 버릴 수도 있다. 그러니 아주 상식적으로 보아도, 내 몸과 재산에 대한 나의 통제가 완전할 수는 없는 일이다. 그런데 스토아학파는 이보다 더 나아간 주장을 한다. 내가 나의 신체를 움직이는 일도 사실 신이 지배하는 우주의 일부이고, 그래서 실제로는 신에 의해 통제된다는 것이다. 이 점을 설명하기 위해, 에픽테토스는 삶을 연극에서의 역할에 비유했다.

> "네가 연극배우이고 어떤 배우인지는 극작가가 원하는 대로임을 기억하라. 만일 극작가가 연극이 짧기를 원한다면 연극은 짧고, 길기를 원한다면 연극은 길다. 만일 극작가가 네게 거지 역할을 하기를 원한다면, 너는 그런 역할도 능숙하게 수행해야 한다. 네게 절름발이나 공직 관리 또는 평범한 사람의 역할을 하기를 원한다면, 너는 이렇게도 해야 한다. 왜냐하면 이것이 너의 일이기 때문이다. 네게 주어진 역할을 잘 수행하는 것 말이다. 그러나 배역을 택하는 것은 다른 이의 일이다"(『편람』, 17).

보이는 것과 다르게, 내 팔이 올라간 것은 나 자신의 결정에 따르는 일이 아니다. 팔 올리기가 우주 전체를 기준으로 최선의 일이라면, 내가 팔 올리기를 의지했든 하지 않았든, 팔은 올라갈 것이다. 그러니 우리에게 달려 있는 것에 대한 에픽테토스의 생각과 우리 상식이 아주 조금 다르지만, 이 차이는 실로 대단하고, 실제로 스토아 윤리학에 상당한 영향을 미쳤다. 그런데 혹자는 에픽테토스의 위 구분을 어떤 연속적인 직선 모델로 변형하고 싶어할 수 있겠다. 한쪽 끝에는 우리의 생각(이는 전적으로 우리에게 달려 있다)이 놓여 있고, 반대쪽 끝에는 날씨나 중국의 홍차 가격 (이는 대부분의 사람들의 통제를 완전히 벗어나 있다) 등이 놓여 있으며, 그 중간의 어딘가에 우리의 신체 운동이 놓여 있는 직선 말이다. 그러나 에픽테토스는 이러한 틀을 단호히 거부하고, 우리에게 달려 있는 것과 그렇지 않은 것에 대한 날카로운 구분을 고수했다.

위 인용문에 나타나 있듯, 스토아학파가 양자를 구분한 목적은 인간이 자유로운 영역이 어디까지인지 그 경계를 짓기 위해서였다. 스토아학파 사람들이 운명론자인 것은 사실이지만, 이들의 운명론은 외부 세계에 일어나는 사건에만 적용된다. 마음의 문제에 관한 한, 그들은 자유 의지를 믿었다. 한 가지 덧붙이자면, 에픽테토스는 인간의 자유 의지에 대한 자신의 믿음을 정당화하지는 않았고, 자유 의지의 존재를 그의 체계에서 의심의 여지없는 자명한 전제로 놓았다. 통상 우리는 신체적인 일들 중에 내가 겪는 일도 있지만 내가 직접 일으키는 일도 있다고 생각하는데, 스토아학파의 운명론은 이 구분을 파괴하고 전자만 인정했다. 단, 마음의 활동에서는 후자를 인정한다. 실제로 에픽테토스는 '신체적인 일은 단지 나에게 일어나는 것인 반면, 마음의 활동은 내가 일으키는 것'이라고 생각했다. 그래서 자연의 세계는 결정론적인 세계이지만, 마음의 세계는 자유 의지가 유효한 세계이다(단, 에픽테토스가 이 구분을 항상 지켰다고 보기는 어렵다. 왜냐하면 『편람』 33과 46 등에서 그는 우리가 어떤 태도를 가지면 좋은지 권장하는 데에 그치지 않고, 아예 어떻게 행동하라고 구체적으로 정해 주기 때문이다). 결정론을 옹호하는 철학은 대체로 무력함이라는 난제에 직면하게 되는데, 스토아주의는 자유 의지를 인정함으로써 이 문제를 어느 정도 피할 수 있었다. 왜냐하면 세상일들의 경로가 정해져 있다고 하더라도, 이 고정된 경로에 대한 나의 태도만큼은 내가 통제할 수 있기 때문이다.

한편, 미래에 어떤 일들이 어떻게 일어날지 이미 결정되어 있다면, 우리는 행복의 성취를 위해 태도를 어떻게 바꾸어야 할까? 이에 대해 에픽테토스는 다음과 같이 조언한다. "일들이 네가 원하는 대로 일어나기를 요구하지 말고, 일어나는 대로 일어나기를 원해라. 그러면 너는 평온할 것이다"(『편람』, 8). 즉, 내 의지가 사건들에 순응하도록 만들어야 하지, 사건들이 내 의지를 따르도록 만들려고 해서는 안 된다는 말이다. 이것이 바로 스토아학파가 주장한 "자연에 따르는 삶"이다. 이를 위해, 무엇보다도 좋음과 나쁨에 대한 나의 태도를 바꾸어야 한다. 그리고 다음을 알아야 한다.

> "인간의 마음을 어지럽히는 것은 사건들이 아니라, 사건들에 관한 인간의 판단이다. 예를 들어, 죽음은 전혀 두려운 것이 아니고 소크라테스에게도 두렵지 않은 것으로 나타났을 것이다. 오히려 죽음에 관한 판단, 즉 죽음이 두렵다는 판단, 바로 이것이 두려운 것이다"(『편람』, 5).

모욕의 경우도 마찬가지이다.

> "너를 모욕하는 것은 네게 욕설을 퍼붓거나 너를 때리는 사람이 아니라, 이 사람들이 너를 모욕한다는 너의 판단임을 기억하라. 그래서 누군가 너를 화나게 할 때, 너의 생각이 너를 화나게 한다는 점을 알아라"(『편람』, 20).

일반적으로 말해서, 중대한 일이든 사소한 일이든 외부의 일에 무관심해야 한다. 그리고 우리는 외부 사건들이 그 자체로 좋다거나 나쁘다고 판단해서는 안 된다(그런데 이 주장은 에픽테토스의 신관(神觀)과 일치하지 않는 것 같다. 자비롭고 이성적인 신이 모든 것을 규제한다면, 그래서 외부 사건들을 신이 일으켰다면, 이 사건들을 좋다고 해야 하지 않을까?). 한편, 에픽테토스의 충고 중에 따르기 쉬운 것도 있지만 어려운 것도 있는 것 같다. 예컨대 타인에서 받는 명예나 무시에 개의치 말라는 『편람』 25의 충고 정도는 괜찮다(사실 이 충고는 스토아학파와 유사한 철학자들의 영향 때문에 우리에게 친숙하다). 그러나 아래의 권유는 어떻게 이해해야 할까?

> "네 마음을 끌거나 유용하거나 네가 좋아하는 대상들 각각에 대하여, 사소한 대상부터 시작해서, 항상 너 자신에게 '이것은 어떤 것일까?' 라고 말하는 것을 기억해라. 만일 네가 항아리를 좋아하면 '나는 그저 항아리를 좋아해' 라고 너 자신에게 말해라. 그럼 그 항아리가 부서져도 너는 마음의 동요를 겪지 않을 것이다. 만일 네가 네 자식이나 아내에게 입 맞춘다면, '나는 그저 사람에게 입 맞추고 있어' 라고 너 자신에게 말해라. 왜냐하면 그것이 죽었을 때 너는 마음의 동요를 겪지 않을 것이기 때문이다" (『편람』, 3 ; 『편람』 7, 11, 14도 참조).

지금 에픽테토스는 아내와 자식이 항아리만큼 무가치하다는 이야기를 하는 것은 아니지만, 깨져 버린 항아리에 대한 것과 같은 태도로 자식이나 아내의 죽음을 대해야 한다고 말하고 있다. 왜냐하면 신이 명령한 일은 반드시 좋은 일이어서, 죽음도 나쁘지 않기 때문이다. 그리고 인간이 영원히 살 수는 없는 일이고, 아마 이것이 가장 중요한 이유일 텐데, 아파테이아(*apatheia*), 즉 정념이나 감정으로 흔들리지 않는 마음 상태에 도달하려고 노력해야 하기 때문이다. 스토아학파의 이런 생각은 감정이 이성의 통제를 받으면서도 적절히 표출될 필요가 있다는 플라톤과 아리스토텔레스의 견해와 뚜렷하게 대조된다. 이 생각이 반영된 다른 언급을 살펴보자.

> "자식이 멀리 떠나거나 재산을 잃어버려서 슬픔에 빠져 울고 있는 자를 네가 보았을 때, 그 사람이 외부적인 나쁜 일들에 처해 있다는 인상에 사로잡히지 않도록 주의해라. 오히려 즉시 '그를 힘들게 한 것은 일어난 저 사건이 아니라 (왜냐하면 저 사건은 다른 이를 힘들게 하지는 않기 때문이다) 이 사건에 관한 그의 판단이다' 라고 생각할 준비가 되어 있어야 한다. 그러나 주저하지 말고 말로는 그와 심정을 나누고, 해야 하는 상황이라면 그와 함께 신음까지 해라. **단, 너의 내면에서까지 신음하지 않도록 주의해라**"(『편람』, 16. 고딕체는 나의 강조).

에픽테토스의 위 제안은 위선처럼 들리지만, 오히려 이를 통해 스토아학파가 내면의 고요함, 즉 아파테이아라는 이상을 지키려고 얼마나 애썼는지 짐작할 수 있다.

스토아학파 사람들이 감정을 불신했던 이유 중 하나는 우리가 감정으로 인해서 자신의 상황에 편파적으로 기울게 되기 때문이다.

> "다른 이의 노예가 술잔을 깨뜨렸을 때, 우리는 즉시 '그런 일들은 일어나게 마련이지' 라고 말할 준비가 되어 있다. 그러니 너의 술잔이 깨졌을 때에도 다른 이의 술잔이 깨졌을 때와 같은 방식으로 행동해야 한다는 점을 명심해라. 이 원칙을 더 큰일들에도 적용시켜라. 다른 이의 자식이나 아내가 죽었다면, '그게 인간사이지' 라고 말하지 않을 사람이 없다. 그러나 자기 자식이나 아내가 죽었을 때, 우리는 곧장 '아아! 나는 왜 이리 불행한가!' 라고 외친다. 우리

는 다른 이들의 경우에 그들에게서 이 말을 듣고 어떤 느낌이었는지 기억해야 한다" (『편람』, 26).

스토아 이전 시기, 대부분의 희랍 도덕 철학자들은 인간 행동의 동기에 자기중심적인 특징을 인정했고, 그래서 진정한 의미에서의 자기 이익 개념을 토대로 윤리학을 전개했다. 반면, 스토아학파는 나의 이익과 타인의 이익을 공정하게 대해야 한다는 기준을 엄격하게 지키면서 좀 더 현대적인 입장을 보여 주었다. 그들에 따르면, 일어나는 모든 일의 합리성과 좋음을 깨닫지 못하는 주된 원인은 우리가 자신의 상황에 치우친다는 데에 있다. 예컨대 우리는 어떤 일이 '우리에게' 나쁘다고 느낀다. 그래서 그것이 '우주 전체를 위해' 좋다는 점을 알지 못한다.

스토아학파 이래로 대부분의 도덕 철학자들이 윤리적 행동에서의 공평성을 강조하게 되었고, 이는 기독교에서도 마찬가지였다. "네 이웃을 네 자신같이 사랑하라"는 계명과 칸트의 정언 명법, 그리고 최대 다수의 최대 행복을 추구한다는 공리주의 지침, 이들의 핵심은 자신을 생각하는 것과 똑같은 방식으로 타인을 생각하라는 것이다. 스토아학파의 원칙도 이와 유사한데, 다만 한 가지 차이점에 주목하자. 이웃을 나 자신처럼 사랑하라는 계명은 타인의 이익을 등한시하지 말고 나의 이익과 같은 수준으로 생각하라고 요구한다. 칸트와 공리주의의 원칙에 대한 일반적인 해석도 마찬가지이다. 우리는 "제삼자"를 나처럼 생각하면서 그의 이익을 고려해야 한다. 그리고 나 자신에게 부여하는 것과 동일한 존엄성과 가치를 타인에게 부여해야 한다. 반면, 위에 언급한 스토아학파의 원칙은 윤리적 객관성을 확보하기 위한 방도로서 제삼자의 이익에 맞추어 나 자신의 이익을 낮추라고 요구한다. 스토아학파가 추구하는 목적은 개인의 본래적 가치를 인정하는 것이 아니라, 나를 비롯한 모든 사람들을 전 우주에서 작용하는 보편적 이성에 종속시키는 것이다.

스토아학파 사람들의 이타주의는 공직 수행에 대한 강조와도 연관되어 있다. 바로 여기에서 스토아주의와 에피쿠로스주의의 전형적인 차이가 드러난다. 왜냐하면 독자들도 기억하겠지만, 에피쿠로스주의는 공적인 삶에서 멀리 떨어질 것을 권장했기 때문이다. 특히 로마인들이 스토아 철학의 이 특징을 좋게 보았다. 단, 스토아학파가 공직에 종사하는 삶을 '국가에서 살아가는 삶을 더 낫게 만들기 위한 방법' 으로 보고 지지한 것은 아니라는 점에 유의하자. 이러한 일은 그들의 운명론과 배치된다. 공직은 극작가가 누군가에게 지정해 준 배역, 연극의 여러 배역 중 하나일 뿐이다. 그래서 그 사람은 공직을 받아들이고 맡은 임무를 즐겁게 수행하되, 스토아학파의 제1의 목적인 내면의 자유를 지키는 방식으로 해야 한다. 에픽테토스가 주장하기를, 네가 이 점을 깨닫는다면 "너는 장군이나 원로원 의원 및 집정관이 되기를 원하지 않고, 자유롭기를 원할 것이다. 자유에 이르는 하나의 길이 있는데, 그것은 우리에게 달려 있지 않은 일들을 우습게 보는 것이다"(『편람』, 19).

어떤 측면에서 에픽테토스의 주장은 윤리학이 요구하는 보편적 객관성에서 벗어나 있는 것처럼 보일 수 있겠다. 왜냐하면 그는 윤리적 기준으로 타인을 판단하지 말라고 주장하기 때문이다.

> "어떤 이가 빨리 목욕한다면, '그는 나쁘게 목욕한다' 고 말하지 말고 '그는 빨리 목욕한다' 고 말해라. 어떤 이가 술을 많이 마신다면, '그는 술을 나쁘게 마신다' 고 말하지 말고 '그는 술을 많이 마신다' 고 말해라. 그가 어떤 판단으로 그렇게 했는지 알기 전까지, 그가 나쁘게 행동한 것인지 네가 어찌 아느냐?" (『편람』, 45)

그러나 에픽테토스가 타인에 대해 도덕적으로 판단하지 말라고 한 것은 타인이 나쁘게 행동했는지 아닌지를 알 수 없기 때문이 아니다. 실제로 에픽테토스가 서슴없이 비난했던 많은 행동들이 있다(일례로 『편람』, 33 참조). 다만, 그는 우리가 타인에 대해 판단하면서 정작 도덕적인 자기 향상의 일에서 멀어지지 않을까 우려하고 있을 뿐이다. 그래서 그는 다음과 같이 주장한다.

> "비철학자의 태도와 특징은 이렇다: 이익이나 손해를 결코 자신에게서 찾지 않고 바깥에서 찾는다. 반면, 철학자의 태도와 성품은 이렇다: 이익이나 손해를 항상 자신에게서 찾는다"(『편람』, 48).

좋음과 나쁨이 사건 자체가 아니라 이에 대한 우리의 판단에 속한다는 에픽테토스의 주장을 참고하면, 왜 타인의 행동이 아니라 자신의 판단에 신경 써야 하는지 쉽게 이해할 수 있다. 바로 이러한 측면에서 보자면, 앞에서 살펴본 다른 고전적 도덕론과 마찬가지로 스토아주의 역시 자기중심적 특징을 지닌다고 할 수 있다. 왜냐하면 나의 목적은 타인을 바꾸는 것이 아니라 나 자신을 향상시키는 것이기 때문이다.

위에서 말했듯이, 스토아 도덕 철학의 목적은 철저하게 합리적으로 사는 것, 아파테이아 또는 무정념의 삶을 사는 것이다. 스토아학파는 이렇게 사는 사람을 일컬어 "현인(賢人)"이라고 표현하면서, 현인의 삶으로 향하는 유일한 길이 바로 철학(특히 스토아 철학)이라고 생각했다. 그러므로 에픽테토스도 다른 철학자들처럼 철학적인 삶과 좋은 삶을 동일시했다. 왜냐하면 아파테이아를 성취하기 위해 신의 섭리와 우주의 좋음에 대한 올바른 믿음을 가져야 하는데, 이 믿음이 철학적 가르침에서 나오기 때문이다. 자연을 이해해야만, 자연에 따라 살 수 있다.

그런데 에픽테토스는 철학적 삶이야말로 가장 실천적인 삶이라고 생각했다.

> "어떤 경우에도 너 자신을 철학자라고 부르지 말고, 비철학자들 사이에서 철학적 원칙에 대해 많은 것을 말하지 말되, 철학적 원칙에 따르는 것을 행하라. 예를 들어 잔치에서 어떻게 먹어야 한다고 말하지 말고, 다만 마땅히 해야 하는 대로 먹어라"(『편람』, 46).

다른 곳에서 그는 철학자들이 '거짓말이 나쁘다는 것을 증명하는 일이나 특정 종류의 논변이 타당함을 입증하는 것과 같이 추상적인 문제에만 관심을 갖는다'고 비판한다. 그가 보기에 철학자의 가장 중요한 임무는 증명된 원칙을 실생활에 적용하는 일이었다. "그러므로 우리는 거짓말을 하면 안 된다는 것을 증명할 준비가 되어 있는데, 거짓말을 하고 다닌다"(『편람』, 52).

그런데 현인이라는 이상이 보통의 삶과 거리가 멀어 보였기 때문에, 스토아학파에 반대하던 사람들뿐 아니라 스토아학파 사람들까지도 현인이 실제로 존재한 적이 있는지 의구심을 가졌다. 이에 에픽테토스는 현인의 예로 소크라테스를 꼽는다. 그가 주장하기를 "소크라테스는 마주치는 모든 일에서 이성이 아닌 다른 어떤 것에도 주의를 기울이지 않음으로써, 바로 이런 방식으로 완전하게 되었다"(『편람』, 51).>2 물론 다른 헬레니즘 철학자들도 이상적인 철학자로 소크라테스를 지목했지만, 에픽테토스까지 그를 선택한 것은 의외이다. 왜냐하면 소크라테스가 이성주

>2 역자주: 원문에 『편람』, 52로 표기되어 있으나 희랍어 원전에 맞게 옮긴이가 51로 바로잡는다.

의자였고 죽음을 두려워하지 않았지만, 확실히 그는 인간 능력의 한계에 대한 스토아학파식의 견해를 갖지 않았기 때문이다. 즉, 소크라테스는 운명론자가 아니었고, 신의 섭리에 대한 주장을 비교하면 소크라테스의 것보다 에픽테토스의 주장이 훨씬 더 포괄적이다. 이와 더불어, 우리가 소크라테스의 말을 있는 그대로 받아들인다면, 소크라테스의 덕이 지식에 기반을 둔다고 볼 수 없다. 왜냐하면 그는 반복해서 자신이 지식을 갖지 않는다고 말했기 때문이다. 현인과 소크라테스의 이러한 차이에도 불구하고, 에픽테토스는 분명 소크라테스를 현인의 전형으로 간주했다.

물론 일반 사람들에게 소크라테스와 현자라는 이상은 본받기에 너무 높은 기준이었다. 그렇다면 스토아주의는 평범한 사람들에게 무엇을 제안했을까? 초기의 스토아학파는 이 문제에 대해 꽤 완강한 입장을 취했다. 즉, 현인의 삶이 아니면 전부 나쁘고 썩었으며 무가치하다고 생각했다. 반면, 에픽테토스는 "전진" 개념을 도입하여, 엄격했던 전통적 기준을 완화한다. 그에 의하면, "네가 아직 소크라테스가 아니라고 해도, 소크라테스가 되기를 바라듯이 살아야 한다"(『편람』, 51). 현인의 이상을 향해 전진하는 자는 적어도 현인에 가까운 방식으로 행동하려고 노력할 것이기 때문이다.

> "그는 아무도 나무라지 않고 누구도 칭찬하지 않으며 아무도 질책하지 않고 그 누구도 비난하지 않는다. 그리고 자신이 대단한 사람인 듯 또는 대단한 것을 아는 듯 자신에 관해 말하지 않는다. 만일 무언가가 그를 방해하거나 저지한다면, 그는 자기 자신을 비난한다. 그리고 누가 그를 칭찬하면, 그는 자신을 칭찬하는 자에 대고 자신을 비웃는다. 누가 그를 나무라면 자신을 방어하지 않는다. 그는 낫고 있는 부위가 고정될 때까지 움직임에 조심하는 환자처럼 돌아다닌다"(『편람』, 48).

그렇다면 "전진하는" 자와 현인은 어떻게 다를까? 아래 인용문이 그 차이를 가장 잘 보여 준다.

> "연회에서 행동하듯 삶을 살아야 함을 기억해라. 음식이 전달되다가 너에게 오면, 손을 뻗어서 정중히 받아라. 음식이 너를 지나치면, 붙들지 말라. 음식이 아직도 네게 오지 않았다면, 그것을 향한 욕구를 분출하지 말고 네게 올 때까지 기다려라. 자식과 아내, 공직, 부에 대해서도 이렇게 행동해라. 그러면 언젠가 너는 신들의 향연에 어울릴 만하게 될 것이다. 그러나 이런 것들이 네 앞에 놓여 있을 때 취하지 않고 무시한다면, 너는 신들의 향연을 함께할 뿐 아니라 신들과 함께 다스리게 될 것이다"(『편람』, 15).

지금까지 우리는 세계의 질서와 좋은 삶에 대한 스토아학파의 견해를 살펴보았다. 그렇다면 좋은 삶에서 덕은 어떤 역할을 할까? 놀랍게도 에픽테토스는 『편람』에서 덕에 대해 거의 논의하지 않았다. 단, 경건에 대해서는 언급한다.

> "신들을 향한 경건과 관련하여, 가장 중요한 것이 다음임을 명심해라. 그것은 신들에 관해 올바른 생각을 가지는 것이다. 즉, 신들이 존재하고 우주를 훌륭하고 올바르게 운영한다는 생각 말이다. 그리고 모든 일이 최고의 지성에 의해 완수된다는 믿음에서, 너를 신들에게 복종하게 하고 일어나는 모든 일에 너를 내맡기게 하며 그것에 자발적으로 따르게 하는 것이다"(『편람』, 31).

또 다른 곳에서 그는 덕을 요구하는 상황에 대해 아래와 같이 말한다.

> "너에게 일어나는 모든 일에 대해, 너 자신을 향해 돌아서서 이에 사용할 어떤

> 능력을 네가 가지고 있는지 물어야 함을 기억해라. 만일 아름다운 소년이나 여인을 본다면, 너는 이에 사용할 자제의 능력을 찾을 것이다. 어떤 고된 일이 네게 주어지면, 인내를 찾을 것이다. 욕을 듣는다면, 참을성을 찾을 것이다. 네가 이런 식으로 습관을 들이면 인상(impression)이 너를 휩쓸어가지 못할 것이다"(『편람』 10).

위에 언급된 성향은 절제나 용기와 같은 고전적인 덕목이 아니다. 단, 자제, 즉 엥크라테이아(*enkrateia*)만큼은 아리스토텔레스가 『니코마코스 윤리학』 7권에서 절제라는 덕과 구분했던 '도덕적으로 강함' 또는 '의지의 강함'에 해당된다.

그래서 스토아학파가 덕을 중요하지 않게 여겼나 하는 의구심이 들 수 있는데, 전혀 그렇지 않다. 오히려 그들에게 덕은 유일하게 좋은 것이고 좋은 삶의 충분조건이다. 그럼에도 에픽테토스가 덕 일반에 대해서도 개별적 덕에 대해서도 특별히 언급하지 않은 이유는, 현자가 아파테이아를 성취할 수 있는 기반으로서의 합리성, 스토아학파에게 바로 이 합리성이 곧 덕이었기 때문이다. 달리 말해서, 이들에게 좋은 삶과 덕은 구분되지 않는다. 이들이 좋은 삶에 대해 이야기할 때, 사실 덕도 함께 논의되고 있는 것이다.

스토아학파는 여러 개별적 덕 '들'보다 '덕'을 다루려고 했다. 왜냐하면 그들은 소크라테스의 덕의 단일성 테제를 아주 엄격한 형태로 수용했기 때문이다. 즉, 스토아학파도 덕은 사실 지식이어서 모든 덕들이 결국 하나라고 믿었다. 단, 소크라테스가 그랬듯, 스토아학파도 개별적 덕 각각을 구분할 수는 있다고 보았다. 예컨대 용기는 두려운 상황을 감내하는 덕이다. 또 절제는 그릇된 쾌락에 유혹되지 않는 덕이다. 그리고 정의는 자신에게 유리하게 판단하고 싶은 마음에 저항하는 덕이다. 다른 덕도 이렇게 구분하여 서술할 수 있다. 그럼에도 불구하고 이들은 오직 형식적으로만 구분될 뿐이다. 실천을 기준으로 보자면, 이들은 하나의 행동에 다 담겨 있다. 그래서 자연을 따르는 지혜를 가진 현인은 어떤 덕을 가지는데, 그는 모든 덕을 가진 자이기도 하다.

그러므로 스토아학파는 선대의 고전적 덕 개념 중에 특히 소크라테스의 덕 개념으로 돌아간 것처럼 보인다. 단, 한 가지 측면에서 덕에 대한 양자의 생각은 다르다. 소크라테스와 달리, 스토아주의가 강조했던 덕은 무엇보다도 인내였다. 인내는 능동적인 힘이라기보다 고난을 받아들이고 "견디는" 덕이다. 이는 스토아 운명론의 자연스러운 결과이다. 그러나 스토아학파가 주장한 덕도 순수한 이성적 상태라는 점에서 소크라테스의 덕을 닮았다. 이 점에서 스토아학파는 플라톤과 아리스토텔레스가 발전시킨 덕 이론을 무시했거나 부정했던 것 같다. 플라톤과 아리스토텔레스가 감정과 육체적 욕구를 이성의 통제 하에 놓은 것은 사실이지만, 적어도 이들은 감정과 육욕에 인간의 삶 전체에서 수행할 어떤 고유한 역할을 부여하려 했다. 반면, 스토아학파는 감정과 육욕이 어떤 의미에서 "본성적"임을 인정하기는 했지만 그래도 감정과 육욕을 이성으로 완전히 대체하면서 살려고 애썼다. 혼란스러운 감정들이 생길 수 있는 상황에서도 어지럽혀지지 않고 초연하게 유지되는 마음 상태, 즉 현인의 아파테이아를 추구했다. 스토아학파가 의도했든 하지 않았든, 그들의 이상(理想)은 감정과 이성이 본질적으로 상충한다고 보는 영혼론을 낳았고, 이는 후대의 도덕 철학자에게, 특히 칸트에게 영향을 미쳤다. 플라톤과 아리스토텔레스가 옹호했던 조화로운 영혼이라는 모델은 불가피한 갈등을 겪는 영혼의 모델로 상당 부분 대체되었는데, 이러한 변화는 부분적으로 바울과 같은 기독교 신학자에 기인하고(바울은 로마서 7장에서 이 충돌을 육체와 영(靈)의 전쟁으로 특징지었다), 부분적으로는 스토아학파에 기인한다.

전통적으로 중요하게 간주되어 온 덕 이외에, 스토아학파가 강조했던 또 하나의 덕이 '겸손'이다. 이는 초기 기독교가 스토아학파를 긍정적으로 평가한 이유이기도 하다. 겸손을 칭찬하고 자긍심을 배척하면서, 사실 스토아학파는 고전적 전통의 주류에, 특히 아리스토텔레스에 반대하고 있었다. 왜냐하면 아리스토텔레스에게 적당한 자긍심은 "포부가 큰" 사람의 표식이었기 때문이다. 반면, 에픽테토스는 『편람』의 여러 곳에서 자긍심을 경계시키고 겸손을 장려한다. 우리는 자신이 가진 것에 대해(6), 자신의 말솜씨에 대해(44), 철학 책을 이해하는 능력에 대해(49), 심지어 자신이 택한 삶의 방식에 대해서도(47) 자긍심을 가져서는 안 된다. 아마 이러한 경고의 바탕에는, 우리에게 달려 있지 않은 부와 지위 등에 자긍심을 갖는 것이 부당하다는 추론, 또 태도가 우리에게 달려 있다고 해서 자신의 태도에 자긍심을 느끼는 것은 초연함의 이상에 배치된다는 추론이 깔려 있을 것이다.

스토아학파는 일어나는 모든 일이 본래적으로 좋다고 보았지만, 그럼에도 그들의 철학은 궁극적으로 염세적 철학, 체념의 철학이다. 이들 염세주의의 이론적 근거도 다시금 초연함이라는 이상이었을 것이다. 왜냐하면 어떤 대단한 것을 찾으면, 우리는 여기에 집착하게 되기 때문이다. 이러한 염세주의를 보여 주는 가장 좋은 예를 『편람』에서 찾자면, 아마 다음일 것이다.

> "네가 상당히 힘 있는 어떤 이를 만나러 갈 때, 거기서 그를 찾지 못할 것이고 네가 쫓겨날 것이며 문이 네 앞에서 꽝 닫힐 것이고 그가 네게 전혀 주의를 기울이지 않을 것이라는 생각으로 마음을 준비시켜라. 이 모든 것에도 불구하고 가는 것이 너의 의무라면, 가라. 가서 일어나는 일들을 견뎌라. 그리고 네 자

> 신에게 '이 모든 것은 가치 없는 일이야' 라고 절대로 말하지 말아라. 왜냐하면 이는 비철학자의 특징이고, 외적인 것을 의심하고 헐뜯는 자의 모습이기 때문이다"(『편람』, 33).

에픽테토스의 위 언급은 실망을 피하기 위한 염세주의적 전략을 잘 보여준다. 기대 수준을 낮추어서 낙심하는 일 자체가 일어날 수 없게 하거나, (말하자면) 예측을 통해 미리 실망해 봄으로써 그 상황에 단련되게 하기 때문이다. 그런데 이는 초기 기독교인들이 스토아학파의 이론 중 부정적으로 평가하는 부분이다. 로마 제국 시기 전반에 걸쳐 기독교의 정신이 스토아주의나 에피쿠로스주의와 같은 철학을 대체하는 데에 성공했는데, 이럴 수 있었던 이유 중 하나가 바로 기독교의 낙관론이었을 것이다.

스토아주의, 에피쿠로스주의, 그리고 고전적 전통

스토아주의와 에피쿠로스주의가 헬레니즘과 로마 세계에 미친 영향은 이루 말할 수 없이 대단했다. 어떤 면에서, 이들이 서구 문명에 미친 영향은 소크라테스와 플라톤 및 아리스토텔레스의 영향보다 더 컸다. 당시 스토아주의와 에피쿠로스주의는 희랍의 고전적 도덕 철학의 뒤를 이으려는 경쟁자라고 할 수 있겠다. 역사적으로 스토아학파가 더 큰 영향력을 보였는데, 그 가장 큰 이유는 스토아학파 이론과 기독교 교리에 일부 유사한 면이 있었기 때문이다(이 유사성을 스토아학파에서 찾자면, 신의 뜻에 대한 복종과 이타주의 및 공직 참여에 대한 인정, 특히 육체적 쾌락에 대한 불신을 꼽을 수 있겠다). 그런데 과연 각 학파는 자신이 고전 윤리학 전통의 진정한 후계자라고 진정으로 주장할 수 있을까?

스토아학파와 에피쿠로스학파가 이론적으로 큰 차이를 보이는 것은 사실이지만, 유사점도 분명히 있다. 앞에서 말한 것처럼, 양자 모두 헬레니즘 시기의 변화된 환경에 대해 철학적으로 응답하려 했다. 왜냐하면 이들 모두에게 인간이 살아가는 무대는 폴리스라는 친숙한 세계가 아니라 낯선 세계, 즉 자연이라는 소위 무관심한 세계였기 때문이다(스토아학파는 "무관심한"이라는 표현에 이의를 제기하겠지만, 스토아의 신이 개인들의 이익에는 무관심하고 우주 전체의 좋음만 고려한다는 점은 부정할 수 없다). 두 철학 모두 이 냉정한 세계에서 인간이 어떻게 행복에 도달할 수 있을지 전하려 했고, 이 세계에 갇혀 있다고 느끼는 자들에게 위안을 주고자 애썼다. 그리고 이들 모두 자신의 형이상학적 입장을 토대로 삼아 윤리학을 전개했는데, 양자의 형이상학적 입장 자체가 이미 사람들에게 위안을 제공할 목적으로 선택되었다. 결국 양쪽 모두 은둔의 삶과 초연한 삶을 권장한다. 예컨대 에피쿠로스주의는 공적인 삶에서 멀리 떨어진 생활을 추구했고, 스토아학파는 심지어 사적인 관계에 대한 초연함을 추구했다.

그런데 양쪽의 윤리학 모두 형이상학과 밀접하게 연관되어 있어서, 그만큼의 이론적 부담을 감수해야 한다. 형이상학에 문제가 있으면 윤리학에도 마찬가지의 문제가 있을 가능성이 크기 때문이다. 죽음과 신의 섭리에 대한 에피쿠로스의 견해를 예로 들어 보자. 그의 주장과 달리, 우리가 죽은 뒤에 어떤 식으로든 산다면 또는 신이 우리의 삶에 진짜 관여한다면, 도덕적 추론을 할 때 이 사실을 무시하는 것은 어리석은 일일 것이다. 그러면 에피쿠로스는 우리에게 이 어리석음을 범하라고 권하는 셈이 될 것이다. 스토아주의의 운명론도 마찬가지이다. 만일 우리의 행동으로 외부 사건들이 전개되는 방식을 바꿀 수 있다면, 그래서 우리에게 달려 있는 것이 스토아학파가 승인했던 것 이상으로 많다면, 스토아 윤리학 전체가 인간이라는 행위자에 대한 잘못된 생각에 기초하고 있는 셈이 될 것이다. 어떠한 윤리학이든 특정한 형이상학적 전제를 가지기 마련이지만, 스토아학파와 에피쿠로스학파의 윤리학만큼 입증되지 않은 그리고 아마도 입증될 수 없는 형이상학적 세계관에 기반을 둔 윤리학은 드물다.

비유하자면, 에피쿠로스주의는 좀 더 인간적이어 보이고, 스토아주의는 좀 더 숭고해 보인다. 두 학파 모두 죽음에 담담하라고 가르쳤지만, 에피쿠로스주의는 우정의 즐거움처럼 삶의 온화한 측면을 강조했고, 스토아학파는 좀 더 엄숙한 표정을 짓고 있다. 어떤 쪽이 더 매력적인지는 독자들의 선호에 달려 있다. 그리고 어떤 형이상학 체계가 더 큰 위안을 주는지도 독자들이 택할 문제이다. 어떤 독자는 이 세계가 허공 안에서 우연히 배열을 갖추게 된 물질일 뿐이라는 주장에 위로를 받을 것이고, 또 어떤 이에게는 이런 생각이 영 마음에 들지 않을 것이다. 세상의 모든 일들이 신의 섭리에 의해 결정되어 있다는 주장에 대해서도 의견이 갈릴 것이다.

혹자는 덕과 합리성을 강조했다는 이유로 스토아주의가 에피쿠로스주의보다 고전적 전통에 더 가깝다고 볼 수 있겠지만, 내 생각은 다르다. 왜냐하면 스토아주의는 적어도 두 측면에서 전통적 사유 방식으로부터 극단적으로 벗어나 있기 때문이다. 첫째, 인간이 자유 의지를 발휘할 수 있는 영역을 내면적 태도로만 엄격히 제한했다. 둘째, 쾌락을 폄하했다. 오히려 인과성과 행위자에 대한 에피쿠로스의 관점(즉, 어떤 일들은 자연 법칙에 따라 일어나고, 어떤 일은 우연히 일어나며, 어떤 일은 인간이 선택하여 일어난다는 관점)이 상식에도 더 잘 부합하고 선대 철학과도 더 가깝다. 게다가 스토아학파는 쾌락이 좋은 삶에 기여하는 측면을 전적으로 부정하며, 이전의 철학자들보다 훨씬 더 완고하게 나아갔다. 왜냐하면 스토아학파는 행복의 성취를 위해 덕만으로 충분하다고 생각했고, 덕과 합리성을 동일시하면서 모든 쾌락을 저급하고 비이성적인 것으로 치부했기 때문이다. 물론 그들이 쾌락을 나쁘다고까지 주장하지는 않았지만, (쾌락의 추구로 인해 이성이 올바른 목적에서 빗나가게 되지 않을까 걱정했고) 쾌락을 "무차별적인" 것이라고 보았다는 점은 분명하다. 심지어 소크라테스도 쾌락이 좋은 삶에 기여하는 측면을 이렇게까지 부정하지는 않았었다. 왜냐하면 『프로타고라스』에서 플라톤은 '쾌락이 좋은 것은 아닐까' 하고 생각이라도 해 보는 소크라테스의 모습을 보여 주기 때문이다. 플라톤과 아리스토텔레스가 쾌락 그 자체를 좋다고 본 것은 아니지만, 그래도 이들은 사유 활동에서의 쾌락만큼은 행복한 삶에서 핵심적인 위치를 차지한다고 주장했다.

플라톤과 아리스토텔레스를 거치며 좋은 삶이 갖는 여러 측면들이 풍부하게 논의되었는데, 스토아주의와 에피쿠로스주의 모두 이 측면들을 강조하기는 했으나 일관되게 하나로 통합하는 데에는 실패했다. 이제 내가 앞에서 고전적 전통의 정점이라고 표현했던 아리스토텔레스(물론 아리스토텔레스에 대해 내가 말한 내용 중 많은 부분이 플라톤에게도 해당된다)와 두 학파를 비교하면서, 각 학파의 결점이 무엇인지 살펴보자. 나는 스토아학파보다 에피쿠로스학파가 아리스토텔레스의 통찰을 더 잘 포착했다고 보는데, 그럼에도 양쪽 다 각자의 이론에 포함시킨 내용으로 칭찬받기보다 배제한 내용으로 비난받기 쉽다.

아리스토텔레스는 이성적인 삶이 가장 합리적이고 동시에 가장 쾌락적이라고 주장했다. 사유 활동과 이 활동을 완성시키는 쾌락이 아주 밀접히 연결되어 있어서, 둘 중 어떤 것이 우리가 원하는 목적인지 고르는 것은 가능하지도 않고 필요한 일도 아니다(『니코마코스 윤리학』 10권 4장, 1175a 11~21). 가능하지 않은 이유는 '둘 다 최고의 삶을 구성하는 핵심적 요소이기 때문' 이다. 그리고 불필요한 이유는 '활동하지 않으면 쾌락도 없고, 또 쾌락적인 활동은 쾌락을 낳기 마련이기 때문' 이다. 그런데 스토아학파와 에피쿠로스학파는 아리스토텔레스가 불가능하다고 생각했던 구분을 시도했다. 우선 에피쿠로스학파는 프로네시스 · 실천적 지혜와 이론적 지혜 · 철학을 소중히 여겼지만, 이 두 지혜를 쾌락적인 삶이라는 분리된 목적을 위한 수단들로만 보았다. 이렇게 에피쿠로스학파는 쾌락의 손을 들어 주면서 아리스토텔레스가 답할 필요가 없다고 말한 물음에 답한 셈이다. 다른 한편, 스토아학파는 합리성에 편중하여, 좋은 삶에서 쾌락이라는 항목을 아예 지워 버리려고 했다.

아리스토텔레스는 두 입장 모두 이해할 수 없다고 할 것이다. 그는 쾌락이 단지 고통이 없는 상태라는 에피쿠로스의 주장을 거부할 것이고, 이에 더하여 적극적으로 활동하면서 쾌락을 누리지 않는 삶이 어떻게 쾌락적인 삶일 수 있냐고 반문할 것이다. 다른 한편, 그는 이성적 활동이 좋은 삶의 토대라는 스토아학파의 관점을 인정하겠지만, 이성적 활동의 가치 중 적어도 일부는 그 활동이 주는 쾌락에서 찾을 수 있고 쾌락도 활동의 불가결한 부분이라고 반박할 것이다. 계속해서 아리스토텔레스는 쾌락과 활동이 개념적으로 구분될 수 있다고 하더라도 적절한 쾌락이 동반되는 활동이 아닌 그저 활동만을 선호할 사람이 누가 있겠느냐고 물을 것이다. 물론 특정 종류의 쾌락은 이성적 활동을 방해한다는 점에서 아리스토텔레스도 스토아학파와 의견을 같이 하겠지만, 아리스토텔레스에게 이성적 활동에 적합한 쾌락은 그 활동을 방해하는 것이 아니라 오히려 증진시킨다. 아리스토텔레스의 쾌락 이론이 옳든 아니든(내가 보기에는 옳은데), 스토아학파와 에피쿠로스학파 모두 자신들의 입장을 정립하면서 좋은 삶의 중요한 측면을 생략해 버렸다.

스토아학파와 에피쿠로스학파는 좋은 삶에 대해 아리스토텔레스가 제시한 모델을 반으로 가르고 저마다의 입장에서 각기 다른 반쪽을 강조했는데, 이 과정에서 아리스토텔레스 윤리학의 핵심적인 주장, 즉 좋은 삶은 곧 '활동'이라는 점을 생략했다. 그래서 좋은 삶에 대한 양 학파의 입장 모두 근본적으로 수동적이다. 물론 에피쿠로스는 적어도 인간의 행동을 통한 변화의 가능성을 허용했고 이런 측면에서 스토아학파보다 아리스토텔레스에 좀 더 가깝지만, 에피쿠로스 철학에서도 좋은 삶의 본질은 어디까지나 마음에 동요가 없음, 마음의 평온이다. 이 평온을 성취하려면 공적인 세계에서 물러나고 여기에서 일어나는 모든 일을 감수해야 한다. 또 스토아학파는 인간이 행동함으로써 사회를 변화시킬 수 있다는 생각 자체를 버리고, 인간의 행동이 영향을 미칠 수 있는 영역을 개인의 영혼으로 축소시켰다. 이 경우에도 스토아학파의 목적은 아파테이아, 즉 무정념의 상태이고, 이 역시 소극적인 목적이다. 두 학파 모두 좋은 삶을 적극적인 활동에서 찾지 않고, 외적인 방해가 없는 상태에서 찾았던 것이다.

좋은 삶에 대한 고전적 관점, 특히 아리스토텔레스의 관점이 무너지면서, 조화로운 영혼에 대한 믿음도 유지될 수 없었다. 플라톤과 아리스토텔레스는 인간의 영혼을 이성적 부분과 비이성적 부분의 결합으로 간주했었는데, 이제 스토아학파는 영혼의 이성적 측면만 부각시켰던 소크라테스 입장으로 돌아가게 된다. 에피쿠로스주의가 영혼이 다양한 요소들의 복합체라는 생각을 완전히 포기한 것은 아니지만, 그들은 쾌락을 좋은 것으로 간주함으로써 지성이 특정 욕구에 봉사하도록 만들었다. 고전적 관점이 욕구와 감정, 그리고 이성을 하나의 통합적 전체로 보았다는 점에서 그 권위를 인정받는다면, 스토아학파와 에피쿠로스주의는 이러한 통합을 깨뜨렸다는 심각한 약점을 지닌다.

이러한 결함에도 불구하고 스토아주의와 에피쿠로스주의는 대중적인 철학으로 남아 있다. 어쩌면 이들의 철학은 인간 삶의 대안으로 영원히 남겨질지도 모른다. 왜냐하면 이들은 우리의 능력 밖에 있는 사건들을 어떤 방식으로든 상대하고 처리할 수 있게 하기 때문이다. 또 스토아학파가 우리에게 달려 있는 것과 그렇지 않은 것의 경계선을 다소 잘못 그은 것 같기는 하지만, 우리에게 일어나는 일들 중 많은 것이 우리의 권한 밖에 있다는 점은 옳다. 피할 수 있을 일까지 묵묵히 받아들이라는 권유에서 스토아 철학의 나약한 모습이 드러난다면(스토아 철학보다는 덜하지만 에피쿠로스주의도 마찬가지의 지적을 받을 수 있다), 스토아 철학(과 에피쿠로스주의)의 강력한 면은 우리의 통제를 명백히 넘어서 있는 일들을 어떻게 하면 흔들림 없이 견딜 수 있는지 알려 주었다는 점에서 찾아진다.

플라톤과 아리스토텔레스는 피할 수 없는 운명을 인내하는 것보다 능동적으로 활동하는 삶을 강조했다. 왜냐하면 이들에게는 인간이 스스로 환경을 변화시킬 수 있는 활동의 장(場)인 **폴리스**가 있었기 때문이다. 그러나 **폴리스**가 쇠퇴하면서, 플라톤과 아리스토텔레스의 도덕 철학은 더 이상 시대에 맞지 않게 되었다. 인간의 행복에 대한 설명으로는 스토아 철학이나 에피쿠로스 철학보다 선대의 도덕 철학이 더 매력적이지만, **폴리스**가 사라진 헬레니즘 시기에 더 적합한 철학은 전자였다. 분명 우리의 시대는 고전기의 아테네보다 알렉산드로스 제국이나 로마 제국의 시대상에 더 가깝다. 에피쿠로스주의와 스토아주의가 현대인의 마음을 끄는 이유가 바로 여기에 있을 것이다. 그런데 만일 우리가 헬레니즘 철학에 만족하지 못하고 인간의 행복에 대한 고전적 이상을 부활시키고 싶다면, 그 이상이 추구되던 고전적 공동체를 다시 꾸려야 할 것이다. 플라톤과 아리스토텔레스가 인정했듯, 인간이 단지 인내하는 것이 아니라 활약할 수 있는 유일한 공동체는 아마도 **폴리스**일 것이다.

더 읽을거리

이 책에서 다룬 주제로 좀 더 공부해 보고 싶어 할 독자들을 위해 참고문헌을 소개한다. 내가 추천하는 문헌이 읽어야 할 전부는 아니다. 다만, 아래의 책을 통해 독자들이 이 주제에 대한 생각을 한 단계 더 진전시켰으면 하는 것이 나의 유일한 바람이다. 학술지에 실린 논문은 일반 독자에게 별로 도움이 되지 않을 거라는 생각에서, 논문 말고 책만 소개하기로 했다. 그런데 아래의 책들이 전문적인 논문을 인용하고 있기 때문에 관련 논문에 대한 정보를 얻을 수 있을 것이다. 나는 대체로 이 분야의 초심자가 읽기에 적당한 책을 골랐다. 다만 꽤 심도 있는 저술 몇 권을 포함시켰는데, 이런 책에는 표시를 해 두었다. 그리고 여러 차례의 개정을 거친 책인 경우, 내가 알고 있는 최근 판본을 택했다.

희랍 철학사 관련: A. H. Armstrong의 *An Introduction to Ancient Philosophy*(Rowman & Allanheld; 3rd edition, 1983)는 좀 오래되긴 했지만 한 권짜리 개론서로 좋다. 최근에 출판된 책으로 Terence Irwin의 *Classical Thought*(Oxford University Press, 1989)가 있다. W.

K. C. Guthrie의 *A History of Greek Philosophy*(Cambridge University Press, 1962~1981, 총 6권)는 아리스토텔레스 철학에 이르기까지의 희랍 철학사를 훨씬 더 상세하게 설명한다. 분량이 많기는 해도 깔끔하게 쓰였고 일반 독자들도 읽을 수 있다. A. H. Armstrong이 편집한 *The Cambridge History of Later Greek and Early Medieval Philosophy*(Cambridge University Press, 1967)는 아리스토텔레스 이후 시기의 철학을 다루고 있다.

희랍 윤리학 관련: Alasdair MacIntyre가 쓴 *A Short History of Ethics*(MacMillan, 1966)는 초반의 8개 장에서 희랍 윤리학에 대한 중요한 성찰을 담고 있다. Pamela Huby의 *Greek Ethics*(St Martin's Press, 1967)와 Christopher Rowe의 *An Introduction to Greek Ethics*(Barnes & Noble, 1976)는 이 책의 독자처럼 희랍 윤리학에 입문하는 독자를 위한 책이다. 어느 정도의 배경 지식을 가진 독자에게는 Martha Nussbaum의 *The Fragility of Goodness*(Cambridge University Press, 1986)를 권한다. Alasdair MacIntyre의 *After Virtue*(Notre Dame University Press, 2nd edition, 1984)도 희랍 윤리학에 상당 부분을 할애하고 있다. 이 책은 같은 저자의 *A Short History of Ethics*보다 어렵지만, 끝까지 읽고 나면 분명히 많은 것을 얻게 될 것이다.

호메로스 관련: 『일리아스』와 『오디세이아』는 시로도 산문으로도 잘 번역되어 있다. 이 책에 인용한 것은 Richmond Lattimore의 *The Iliad of Homer*(University of Chicago Press, 1951)와 *The Odyssey of Homer*(Harper & Row, 1967)이다. 내가 알기로, *The Iliad of Homer*에서 Lattimore가 쓴 서론이 호메로스의 서사시에 대한 간략한 설명으로

최고이다. Jasper Griffin의 *Homer*(Oxford University Press, 1980)도 호메로스의 두 서사시에 대한 탁월한 입문서이다. 그가 쓴 *Homer on Life and Death*(Oxford University Press, 1980)는 좀 더 전문적인 책이지만 전공자가 아닌 독자들도 읽을 수 있다. 『일리아스』를 심층적으로 연구한 책으로 Seth L. Schein의 *The Mortal Hero*(University of California Press, 1984)와 James M. Redfield의 *Nature and Culture in the* Iliad: *The Tragedy of Hector*(University of Chicago Press, 1975)를 권한다. M. I. Finley의 탁월한 저서, *The World of Odysseus*(Viking Press, 2nd revised edition, 1978)도 일반 독자들이 쉽게 읽을 수 있다.

소포클레스와 희랍 비극 관련: 소포클레스의 『안티고네』와 『오이디푸스 왕』의 번역서는 상당히 많다. 이 책에서 인용할 때 사용한 번역서는 *The Complete Greek Tragedies*(University of Chicago Press, 1959, 총 4권)이다. 소포클레스에 대해 소개하면서 희랍 비극을 다루는 좋은 책들도 꽤 있다. 널리 읽히는 책으로 H. D. F. Kitto의 *Greek Tragedy: A Literary Study*(Methuen, 3rd edition, 1961)와 Albin Lesky의 *Greek Tragedy*(Barnes & Noble, 3rd edition, 1978)를 들 수 있다, John Jones의 *On Aristotle and Greek Tragedy*(Chatto & Windus, 1967)는 아리스토텔레스의 『시학』에 입각하여 유명한 희랍 비극 작품들을 검토하는 책이다. 이 세 권의 책 모두 참고문헌을 포함하고 있다. 전공자들이 볼 만한 소포클레스 연구서로 Bernard M. W. Knox의 *The Heroic Temper: Studies in Sophoclean Tragedy*(University of California Press, 1966)를 추천한다.

소크라테스와 소피스트 관련: 플라톤 대화편들을 묶어서 번역한 책으로 Edith Hamilton & Huntington Cairns가 엮은 *Plato: The Collected Dialogues*(Princeton University Press, 1961)를 권한다. 소피스트를 다루는 책으로는 G. B. Kerferd의 *The Sophistic Movement*(Cambridge University Press, 1981)를 추천한다. 그리고 Laslo Versenyi는 *Socratic Humanism*(Greenwood Press, 1979)에서 소피스트와 소크라테스의 입장을 비교한다. 소크라테스의 철학에 대한 일반적인 연구서로 Norman Gulley의 *The Philosophy of Socrates*(St. Martin's Press, 1968)가 좋다. Michael J. O'Brien의 *The Socratic Paradoxes and the Greek Mind*(University of North Carolina Press, 1967)는 플라톤의 초기 대화편과 후기 대화편 모두를 섭렵하고 있다. Thomas C. Brickhouse와 Nicholas Smith가 함께 쓴 *Socrates on Trial*(Princeton University Press, 1989)은 특히 『변론』을 철저히 분석한다. 그리고 이 책에 나타난 Brickhouse와 Smith의 입장과 극단적으로 다른 견해를 I. F. Stone의 *The Trial of Socrates*(Little, Brown and Company, 1988)에서 찾아볼 수 있다. Richard Kraut의 *Socrates and the State*(Princeton University Press, 1984)는 『크리톤』에 대한 심층적인 연구서이다. 플라톤의 초기 단편과 중기 단편의 철학적 방법론을 다루는 고전적 저서로 Richard Robinson의 *Plato's Earlier Dialectic*(Oxford University Press, 2nd edition, 1953)이 탁월하다. Terence Irwin의 *Plato's Moral Theory*(Oxford University Press, 1977)도 플라톤의 초기와 중기 단편 모두를 다룬다. 이 책들 중 몇몇(특히 Irwin의 책)은 입문하는 독자들에게 난해할 텐데 그래도 도전해 볼 만하다.

플라톤 관련: 플라톤에 대한 좋은 입문서들은 많다. 이들 중 C. J. Rowe의 *Plato*(St Martin's Press, 1984)와 David J. Melling의 *Under-*

standing Plato(Oxford University Press, 1987)가 최근에 출간되었다. 특히 『국가』에 대한 연구서로, 일반 독자들도 읽을 수 있는 Julia Annas의 *An Introduction to Plato's* Republic(Oxford University Press, 1981)을 들 수 있다. C. D. C. Reeve의 *Philosopher-Kings: the Argument of Plato's* Republic(Princeton University Press, 1988)도 최근에 출판되었다. 앞에서 소개한 Hamilton & Cairns, Irwin, 그리고 Robinson의 책도 참고할 것.

아리스토텔레스 관련: 아리스토텔레스 저서의 번역서 전집으로, Jonathan Barnes가 편집한 *The Complete Works of Aristotle*(Princeton University Press, 1984, 총 2권)이 있고, 이보다 얇은 모음집으로는 J. L. Ackrill이 편집한 *A New Aristotle Reader*(Princeton University Press, 1987)를 들 수 있다. 아리스토텔레스 철학의 개론서로 좋은 책들도 상당히 많다. J. L. Ackrill의 *Aristotle the Philosopher*(Oxford University Press, 1981)와 J. D. G. Evans의 *Aristotle*(St Martin's Press, 1987)이 그 두 예이다. 두 책 모두에 참고문헌이 달려 있다. 특히 윤리학 개론서로 J. O. Urmson이 쉽게 쓴 *Aristotle's Ethics*(Basil Blackwell Ltd, 1988)와 Roger J. Sullivan의 *Morality and the Good Life*(Memphis State University Press, 1977)를 추천한다. 전공자라면 W. F. R. Hardie의 *Aristotle's Ethical Theory*(Oxford University Press, 2nd edition, 1980)와 Amelie O. Rorty가 편집한 *Essays on Aristotle's Ethics*(University of California Press, 1980)를 읽어 보기 바란다.

스토아학파와 에피쿠로스학파 관련: 두 학파에 대한 중요한 자료를 담고 있는 책으로, A. A. Long의 *Hellenistic Philosophy*(University of California Press, 2nd edition, 1986)와 Armstrong이 편집한 *The Cambridge History of Later Greek and Early Medieval Philosophy*(Cambridge University Press, 1967)를 꼽을 수 있다. J. N. Rist의 *Epicurus: an Introduction*(Cambridge University Press, 1972)은 에피쿠로스 철학에 대한 일반적 연구서로 좋다. 스토아 철학의 연구서로는 Rist의 *Stoic Philosophy*(Cambridge University Press, 1969)와 F. H. Sandbach의 *The Stoics*(W. W. Norton & Company, Inc., 1975)를 추천한다.

인용문 출처

소포클레스

『안티고네』
48/55*, 59-64/55, 99/55, 182-3/55, 187-91/56, 211-14/56, 279/56, 323/58, 365-72/57, 450-7/57-8, 461-2/62, 484-5/59, 523/63, 559-60/62, 693-5/58, 699/58, 756/59, 761-2/59, 848-52/63, 852-4/62, 1023-9/59, 1111-14/60, 1167/60, 1242-3/61, 1342/61, 1348-53/60

『오이디푸스 왕』
31-3/64, 44-5/64, 132/65, 135-8/65, 139-41/65, 774-5/66, 794-6/66, 1076-7/67, 1170/68-9, 1178-81/70, 1182-5/68, 1281-4/71, 1329-31/69

아리스토텔레스

『니코마코스 윤리학』
1권 1장: 1094a 1-2/240, 1094a 6-8/240

1권 2장: 1094a 28-b 2/241, 1094b 8-10 /241

1권 3장: 1094b 14-22/237

1권 4장: 1095a 17-20/241

* 역자주: 위의 인용문 출처에서 '/' 표시의 오른쪽 숫자는 이 책의 쪽수를 의미한다. 예를 들어, 소포클레스가 쓴 『안티고네』의 48행이 이 책의 55쪽에 인용된 경우, 소포클레스, 『안티고네』, 48/55로 표기한다.

1권 5장: 1095b 19–20/243, 1095b 24–9 /244, 1095b 32–1096a 2/244, 1096a 6–7/244

1권 6장: 1096b 33–5/238, 1097a 3–11 /238–9

1권 7장: 1097b 25–30/245, 1097b 33–1098a 4/246, 1097b 8–15/303, 1098a 15/248, 1098a 16–18/248, 1098a 18/ 249

1권 13장: 1102b 30/250, 1102b 30–1/ 250, 1102b 33–1103a 1/250–1, 1103a 3–7/251

2권 1장: 1103a 17/252, 1103a 23–6/ 252, 1103b 23–5/252–3

2권 2장: 1104a 27–1104b 3/255, 1105a 28–34/254

2권 4장: 1105b 5–9/253

2권 6장: 1106a 16–17/256, 1106a 29–1106b 4/257, 1106b 16–23/259, 1106b 36–1107a 3/256, 1107a 6–8/259–60, 1107a 8–15/260

2권 7장: 1107b 7/263

3권 1장: 1111a 22–4/280, 1111b 5–6/ 281, 1111b 27–9/281, 1112a 15–16/ 281

3권 3장: 1112b 15–27/282, 1113a 2–5/ 283

3권 6장: 1115a 32–b 4/264, 1115a 33–4/326, 1115a 35–b 1/326

3권 8장: 1116b 4–5/264, 1117a 4–5/ 266

3권 11장: 1118b 11–12/266–7, 1118b 16/266, 1119a 6/266, 1119a 16–18/ 267

5권 1장: 1129b 17–20/269, 1129b 24–5/269–70, 1129b 26–1130a 9/270

5권 2장: 1130a 24–8/271

5권 3장: 1131a 27–9/272

5권 4장: 1132a 2–10/272

5권 6장: 1134a 25–7/273–4

6권 1장: 1138b 27–30/260–1, 1139a 6 –8/284, 1139a 12–13/285, 1139a 23/ 282

6권 2장: 1139a 31–4/282, 1139b 4–5/ 282

6권 5장: 1140a 25–8/286, 1140a 31/ 285

6권 7장: 1141a 20/285, 1141a 20-2/285, 1141b 9-10/285

6권 8장: 1142a 24-7/283, 1144a 8-9/287

6권 12장: 1144a 23-b 1/286, 1144a 34 -6/289-90

6권 13장: 1144b 17-25/184, 1145a 5-6/287

7권 1장: 1145a 20/293

7권 2장: 1145b 21-6/294, 1145b 27-8 /294

7권 3장: 1146b 31-5/294, 1147a 7/295, 1147a 10-11/295, 1147a 12-18/295-6, 1147a 21-2/296, 1147a 31-1147b 3/296, 1147b 14-17/297

7권 5장: 1148b 18/293, 1148b 34-1149a 1/293

7권 6장: 1150a 1-2/293, 1150a 6-7 /293

7권 9장: 1151b 34-1152a 3/292

8권 1장: 1155a 22-7/274

8권 2장: 1155b 18-19/275

8권 3장: 1156a 10-14/275, 1156b 7-9 /275

8권 5장: 1157b 28-9/275

9권 4장: 1166a 10-11/276, 1166a 31-2/276

9권 8장: 1168b 15-28/277-8, 1169a 2 -4/278

10권 4장: 1175a 11-21/348

10권 6장: 1176b 27-1177a 1/300

10권 7장: 1177a 20-1/301, 1177a 21-2/301, 1177a 25-6/301, 1177a 32-b 1 /301, 1177b 1-2/301, 1177b 26-7 /302, 1177b 31-4/302

10권 8장: 1178a 7/302, 1178a 9/302, 1178b 8-21/301-2, 1178a 14-22/302-3

『형이상학』
1권 6장: 987b 1-4/137

아이스킬로스

『아가멤논』
744-54/49

에피쿠로스

「메노이케우스에게 보내는 편지」
128/317, 129/316-7, 129-30/319, 130-31/320, 131-2/317-8, 132-3/321

「바티칸 잠언」
23/323, 41/327, 51/339

「중요한 가르침」
2/316, 3/321, 4/317, 8/318, 10/318, 12/318, 14/323, 15/322, 16/323, 17/325, 18/321, 21/323, 26/322, 27/323, 28/323, 29/322, 32/325, 33/324, 34-5/325, 36/324

「헤로도토스에게 보내는 편지」
81-2/321

에픽테토스

『편람』
1/330, 3/334, 5/333, 6/344, 7/334, 8/333, 10/341-2, 11/334, 14/334, 15/341, 16/335, 17/331, 19/337, 20/333, 25/334, 26/335-6, 27/329, 31/341, 33/332, 338, 344-5, 44/344, 45/337, 46/332, 339, 47/344, 48/338, 340, 49/344, 51/339, 340, 52/339

투키디데스

『펠로폰네소스 전쟁사』
2권 27/187, 2권 65/211

프로타고라스

「단편」 1/79
「단편」 4/78

플라톤

『고르기아스』
481b-c/127, 482c-486d/87-8, 491a/86

『국가』
1권: 331e/158, 334a-b/159, 335/159, 335e/160, 336b-d/87, 336c-d/161, 337a/165, 338c/161, 338e-339a/161, 343a/87, 162, 350d-e/164, 354a/164, 354b/164

2권: 357a/157, 357a-b/164, 358a/166, 359a/166, 359d-360b/166, 361e-362a/167, 367a-b/168, 368e-369a/169, 369b/169, 369d/170, 370c/170, 371e/170, 372a/170, 372a-c/ 171, 372d/171, 372e-373a/171, 373c /172, 373e/172, 375/172, 376c-412a /172-3, 377a/220, 378b/220, 379a /221, 379c /221, 381c/221, 382c/221

3권: 386b–c/222, 387a/219, 387d–e/222, 390d/223, 392a–c/225, 412c–e/173, 414b/174, 415a/173, 416a/174, 416d–e/175

4권: 420b–421c/175, 421d–422a/186, 428c–429a/175, 429b–430b/175, 429c–d/182, 430a/183, 430c/183, 431c–d/175, 431e–432a/175–6, 432d/176, 433a/176, 434a–c/176, 435b–c/177, 435e/183, 436a–b/177, 436b/177, 439d/178, 441b/178–9, 441b/223, 441c/179, 441d/179, 441e/179, 442a–b/179, 442c–d/179, 442e–443a/180, 184, 443c–d/169, 185, 443d–444a/180, 444b/180–1, 445a–b/181

5권: 449c–d/190, 457c–461e/186, 472c/190, 473a/190, 473d–e/190–1, 473e–474a/191, 475d/194, 476a/192, 476b/192, 476c–d/192, 477b/194

6권: 504d–505b/197, 505b–c/197, 506c/197, 507b/198, 508a/198, 508e/198–9, 509b/198, 199, 510a /200, 510b/200–1, 510d–511a/200, 511b/201, 511e/199

7권: 514a–b/201–2, 515b/202, 515c–516a/202, 516a–e/202, 516e–517a/203, 517b–c/204, 520c–d/203, 531d–534d/201, 536e–537a/205

8권: 544c/207, 545b/207, 547b–c/207, 547e–548c/207, 550c–d/208, 551c/208, 554a–d/208, 557a/208–9, 557b/209, 557e/209, 558a/209, 558c/209, 561b–c/210, 561c–d/210, 567c/212

9권: 571c–d/212–3, 572b/213, 576c–580c/214, 582a/214, 585b/215, 586a–b/216, 588e–589b/216–7

10권: 596a–b/225, 597e/225, 599b/226, 599b–601a/226, 604d/227, 606b /228, 606d/228, 607b/119, 607c–e/229, 615a–616a/230, 617d–e/230, 618b/231, 620c–d/230

『라케스』

187e–188a/132, 198b 이하/147

『메논』

72b–c/136–7, 72c/138, 77b–78b/148, 79e–80b/140, 80d/140–1, 81a–b/141, 81c–d/141, 84a–b/142, 85c–d/143, 86a/144, 87c/144, 87c 이하/149, 87d/149, 88a/149, 88c–d/149, 89d/151, 92e/151, 94e/151–2, 96d/152, 97b–c/153, 98a/153, 99e–100a/153

『변론』

18b/97, 18c/98, 19b–c/97, 19c/98, 19c–d/99, 19d–e/99–100, 21b/109, 21b c/109, 21d/109–110, 22a/108, 22a/110, 23a/108, 110, 23b/108, 24a/118, 24b/92, 26b/104, 26d/98,

호메로스

찾아보기